KÜNSTLICHE GEHIRNE: DAS KOMPLIZIERTE NETZ PSYCHOLOGISCHER MUSTER IN DER KI

Mark Spencer

Copyright © 2024 Mark Spencer

Alle Rechte vorbehalten.

ISBN:9798324390525

DEDICATION

Auf den unermüdlichen Innovationsgeist und das unnachgiebige Streben nach Fortschritt.
Dieses Buch ist all jenen gewidmet, die große Träume wagen und unermüdlich daran arbeiten, ihre Visionen in die Tat umzusetzen. Meiner Familie, deren unerschütterliche Unterstützung und Liebe mein Fundament sind, und den zukünftigen Generationen von Unternehmern und Führungskräften: Mögen Sie immer danach streben, eine bessere Zukunft zu schaffen.

Inhalt

Kapitel 1: Einführung in die Künstliche Intelligenz
  Abschnitt 1: Das Aufkommen der künstlichen Intelligenz
  Abschnitt 2: Neuronale Netze verstehen
  Abschnitt 3: Maschinelles Lernen in Aktion

Kapitel 2: Die Entwicklung der KI
  Abschnitt 1: Die Ursprünge der KI
  Abschnitt 2: Die Geburt der modernen KI

Kapitel 3: Das Verständnis von KI-Systemen
  Abschnitt 1: Einführung in KI-Systeme
  Abschnitt 2: Grundlagen der KI
  Abschnitt 3: Die Arbeitsprinzipien von KI-Systemen
  Abschnitt 4: Interpretierbarkeit vs. Erklärbarkeit
  Abschnitt 5: Techniken zum Verständnis von KI

Kapitel 4: Die Bausteine eines künstlichen Geistes
  Abschnitt 1: Einführung in maschinelles Lernen und künstliche Intelligenz
  Abschnitt 2: Grundlagen des maschinellen Lernens
  Abschnitt 3: Algorithmen des überwachten Lernens
  Abschnitt 4: Unüberwachtes Lernen und Clustering
  Abschnitt 5: Deep Learning und künstliche neuronale Netze

Kapitel 5: Kognitionspsychologie und KI
  Abschnitt 1: Die Grundlagen der kognitiven Psychologie
  Abschnitt2: Erforschung des Schnittpunkts von kognitiver Psychologie und KI
  Abschnitt 3: Kognitionspsychologie und KI:

    Überbrückung der Kluft

    Abschnitt 4: Anwendungen von KI in der Kognitionspsychologie

    Abschnitt 5: Ethische Implikationen und zukünftige Wege

Kapitel 6: Die Rolle des maschinellen Lernens in der KI

    Abschnitt 1: Die Grundlagen des maschinellen Lernens

    Abschnitt 2: Verständnis der Künstlichen Intelligenz und ihrer Anwendungen

    Abschnitt 3: Techniken des maschinellen Lernens für künstliche Intelligenz

    Abschnitt 4: Ethische Überlegungen und Zukunftsperspektiven im Bereich KI und maschinelles Lernen

Kapitel 7: Neuronale Netze: Die Nachahmung des menschlichen Gehirns

    Abschnitt 2: Das menschliche Gehirn verstehen

    Abschnitt 3: Spiegelneuronen und ihre Rolle

    Abschnitt 4: Spiegelung neuronaler Netze in der Praxis

    Abschnitt 5: Herausforderungen und zukünftige Wege

Kapitel 8: Natürliche Sprachverarbeitung und KI

    Abschnitt 1: Einführung in die Verarbeitung natürlicher Sprache

    Abschnitt 2: Grundlagen der Linguistik und Sprachverarbeitung

    Abschnitt 3: NLP-Techniken zur Vorverarbeitung und Textanalyse

    Abschnitt 4: Erstellung von NLP-Modellen mit maschinellem Lernen

    Abschnitt 5: Fortgeschrittene Themen der natürlichen Sprachverarbeitung und KI

Kapitel 9: Erkennung von Emotionen in der KI

Kapitel 10: Ethische Überlegungen zur KI

Kapitel 11: Kognitive Verzerrungen in der KI

Kapitel 12: Erklärbare KI: Überbrückung der Kluft zwischen Mensch und Maschine

    Abschnitt 1: Einleitung

    Abschnitt 2: Verständnis von KI und Erklärbarkeit

    Abschnitt 3: Herausforderungen bei der Entwicklung erklärbarer KI

    Abschnitt 4: Techniken zur Entwicklung erklärbarer KI

    Abschnitt 5: Implikationen und zukünftige Wege

Kapitel 13: Die Zukunft der KI: Chancen und Herausforderungen

    Abschnitt 1: KI-Anwendungen in verschiedenen Branchen

    Abschnitt 2: Ethische Erwägungen bei der KI-Entwicklung

    Abschnitt 3: KI und die Zukunft der Arbeit

    Abschnitt 4: Aufkommende KI-Technologien und Trends

    Abschnitt 5: Herausforderungen meistern und die Zukunft annehmen

Kapitel 14: KI im Gesundheitswesen: Die Revolutionierung des medizinischen Bereichs

Kapitel 15: KI im Bildungswesen: Verbesserung von Lernerfahrungen

Kapitel 16: KI im Finanzwesen: Die Revolutionierung der Finanzindustrie

Kapitel 17: KI im Marketing: Daten für wirksame Kampagnen nutzen

Kapitel 18: KI im Verkehrswesen: Die Art und Weise, wie wir uns fortbewegen

Kapitel 19: KI in der Unterhaltung: Neudefinition von Kreativität und Engagement

Kapitel 20: Die Auswirkungen der KI auf die Gesellschaft: Chancen und Risiken

    Abschnitt 1: Die Entwicklung der KI

    Abschnitt 2: KI im täglichen Leben

    Abschnitt 3: KI im Gesundheitswesen

    Abschnitt 4: Wirtschaftliche Chancen und Störungen

    Abschnitt 5: Ethische Erwägungen und Datenschutz

    Abschnitt 6: KI und Bildung

    Abschnitt 7: Künftige Möglichkeiten und Herausforderungen

VORWORT

In einer Zeit, in der die Technologie unser tägliches Leben tiefgreifend beeinflusst, ist "Artificial Minds: The Intricate Web of Psychological Patterns in AI" (Das komplizierte Netz psychologischer Muster in der künstlichen Intelligenz) ist ein zentrales Werk zur Erforschung der künstlichen Intelligenz. Dieses Buch befasst sich mit den psychologischen Grundlagen der KI und zeigt auf, wie diese Technologien nicht nur die menschliche Kognition nachahmen, sondern auch die Struktur des menschlichen Denkens und der gesellschaftlichen Normen beeinflussen.

Dieses Vorwort ist eine Einladung an Sie, den Leser, egal ob Sie ein erfahrener Technologe, ein Psychologiestudent oder einfach nur ein Enthusiast des digitalen Zeitalters sind, sich auf eine Reise durch die komplexe Beziehung zwischen dem menschlichen Verstand und seinen künstlichen Gegenstücken zu begeben. Durch eine sorgfältige Untersuchung von neuronalen Netzen, maschinellem Lernen und kognitiver Psychologie soll dieses Buch Ihnen ein tieferes Verständnis der Fähigkeiten der KI und ihrer ethischen Dimensionen vermitteln.

Betrachten Sie diese Untersuchung nicht nur als ein akademisches Unterfangen, sondern als eine Reise in die Zukunft der KI in unserem Leben. Dieses Buch bemüht sich um eine ausgewogene Darstellung, die die technischen Errungenschaften respektiert und gleichzeitig die gesellschaftlichen Auswirkungen der künstlichen Intelligenz kritisch bewertet.

KAPITEL 1: EINFÜHRUNG IN DIE KÜNSTLICHE INTELLIGENZ

Abschnitt 1: Das Aufkommen der künstlichen Intelligenz

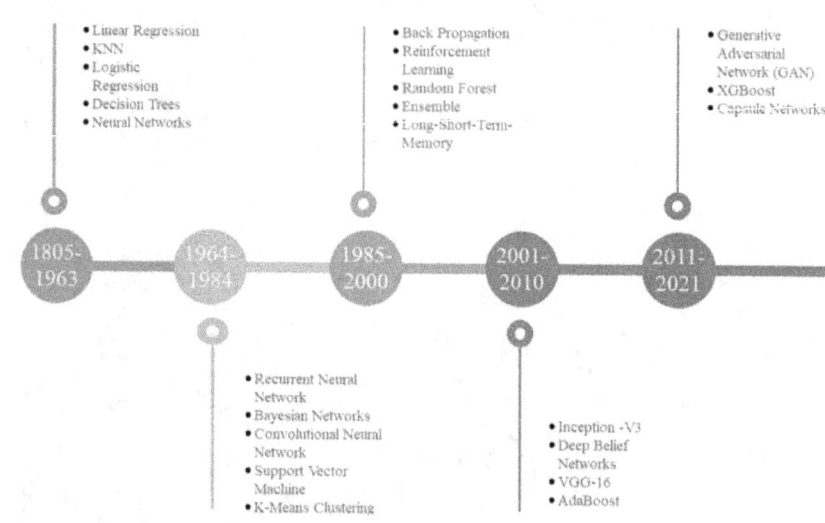

Illustration of Machine Learning and Deep Learning algorithms development timeline.

In der weiten Landschaft des technischen Fortschritts hat ein Bereich die Phantasie von Wissenschaftlern, Philosophen und Träumern gleichermaßen beflügelt: die künstliche Intelligenz (KI). Was einst nur ein Thema der Science-Fiction war, ist allmählich zu einer verblüffenden Realität geworden, mit unglaublichen Fortschritten bei der Entwicklung künstlicher Intelligenzen. Wenn wir uns mit der historischen Entwicklung und den aktuellen Fortschritten befassen, entdecken wir eine Welt voller Potenzial, in der Maschinen die Fähigkeit besitzen, zu denken, zu lernen und sogar die menschliche Intelligenz zu übertreffen.

Die Geschichte der künstlichen Intelligenz beginnt im Bereich des abstrakten Denkens, wo Pioniere wie Ada Lovelace und Alan Turing den Grundstein für die bedeutsame Reise legten, die vor uns liegt. Lovelace, eine englische Mathematikerin, entwarf das Konzept, dass Computer mehr als bloße Rechenmaschinen sein sollten, und sah das Potenzial von Maschinen voraus, Kunst und Musik zu schaffen und sogar kreativ zu denken.

Turing hingegen beschäftigte sich nicht nur mit der Theorie, sondern unternahm auch bedeutende Schritte zur praktischen Umsetzung. Seine Arbeit als Codeknacker während des Zweiten Weltkriegs verdeutlichte das Potenzial von Maschinen, komplexe Probleme zu lösen und menschliche Intelligenz zu simulieren. Turings berühmte Frage "Können Maschinen denken?" wurde zum Anstoß für Generationen von Forschern, die danach strebten, die Geheimnisse künstlicher Gehirne zu entschlüsseln.

In der zweiten Hälfte des zwanzigsten Jahrhunderts kam es zu bedeutenden Durchbrüchen auf dem Gebiet der künstlichen Intelligenz. Wissenschaftler begannen, den Bereich der neuronalen Netze zu erforschen und versuchten, die komplexe Vernetzung des menschlichen Gehirns nachzuahmen. Dies führte zur Entwicklung von Algorithmen für maschinelles Lernen, die es Computern ermöglichten, Daten zu analysieren und ihre Leistung durch Erfahrung zu verbessern.

In den 1990er Jahren rückte mit dem Aufkommen des World Wide Web die künstliche Intelligenz in den Vordergrund der technologischen Innovation. Riesige Datenmengen wurden zugänglich, was das Wachstum von KI-Anwendungen förderte und eine Ära des exponentiellen Fortschritts einläutete. Darüber hinaus schufen Fortschritte bei den Hardware-Funktionen, wie schnellere Prozessoren und größere Speicherkapazitäten, die notwendige Grundlage für die Entfaltung der KI.

Heute befinden wir uns an der Schwelle zu einer neuen Ära der KI, in der maschinelles Lernen, Deep Learning und die Verarbeitung natürlicher Sprache zu grundlegenden Bestandteilen des täglichen Lebens geworden sind. Von Sprachassistenten bis hin zu autonomen Fahrzeugen hat die KI verschiedene Branchen durchdrungen und die Art und Weise, wie wir arbeiten, kommunizieren und die Welt erleben, verändert.

Eine der bemerkenswertesten Entwicklungen der letzten Jahre war das Aufkommen von generativen KI-Modellen. Diese Modelle sind in der Lage, realistische und kohärente Inhalte zu erstellen, die von Texten und Bildern bis hin zu Musik und sogar Videos reichen. Das Zusammenspiel von fortschrittlichen Algorithmen und riesigen Mengen von Trainingsdaten hat den künstlichen Köpfen erstaunliche kreative Fähigkeiten verliehen.

Künstliche neuronale Netze, die von der Struktur und Funktionsweise des menschlichen Gehirns inspiriert sind, haben sich als besonders wirkungsvoll erwiesen. Deep Learning, ein Teilbereich der künstlichen Intelligenz, nutzt diese Netze, um komplexe Muster zu verarbeiten und zu verstehen, was zu Durchbrüchen in zahlreichen Bereichen wie Gesundheit, Finanzen und Verkehr geführt hat.

Doch mit großer Macht kommt auch große Verantwortung. Mit dem Fortschreiten der KI werden ethische Dilemmata und gesellschaftliche Auswirkungen immer wichtiger. Fragen des Datenschutzes, der Voreingenommenheit und der Auswirkungen auf die Beschäftigung erfordern eine sorgfältige Prüfung und Regulierung. Es ist wichtig, ein Gleichgewicht zu finden, das es uns ermöglicht, das Potenzial der künstlichen Intelligenz zu nutzen und uns gleichzeitig vor unbeabsichtigten Folgen zu schützen.

Die erste Hälfte dieser Sektion hat uns auf eine Reise durch die historische Entwicklung der künstlichen Intelligenz und die bemerkenswerten Fortschritte mitgenommen, die den Weg für ihr unglaubliches Potenzial geebnet haben. Wir haben die Entwicklung von abstrakten Ideen zu greifbaren Realitäten, von theoretischen Überlegungen zu praktischen Anwendungen miterlebt. Wir halten hier inne und lassen Sie gespannt zurück, denn die Geschichte der KI ist noch lange nicht zu Ende. Machen Sie sich auf die zweite Hälfte dieses Abschnitts gefasst, in der wir uns eingehender mit dem aktuellen Stand der künstlichen Intelligenz befassen und die atemberaubenden Möglichkeiten erkunden werden, die sie bietet. Die Möglichkeiten scheinen endlos, und das Potenzial der künstlichen Intelligenz (KI), unsere Welt umzugestalten, ist schlichtweg außergewöhnlich.

In den letzten Jahren hat sich das maschinelle Lernen zu einem Eckpfeiler der KI-Innovation entwickelt. Dieser transformative Bereich hat es Computern ermöglicht, nicht nur riesige Datenmengen zu analysieren, sondern auch aus diesen Daten zu lernen und ihre Leistung mit der Zeit zu verbessern. Mit jeder neuen Information werden diese Maschinen intelligenter, effizienter und leistungsfähiger.

Einer der bedeutendsten Durchbrüche im Bereich des maschinellen Lernens war die Entwicklung von tiefen neuronalen Netzen. Diese Netze sind von der komplexen Struktur und Funktionsweise des menschlichen Gehirns inspiriert und ermöglichen es Computern, komplizierte Muster auf eine Weise zu verarbeiten und zu verstehen, von der man früher annahm, sie sei ausschließlich menschlich. Deep Learning hat verschiedene Branchen - vom Gesundheitswesen über das Finanzwesen bis hin zum Verkehrswesen - mit seiner Fähigkeit, komplexe Datensätze zu verstehen und wertvolle Erkenntnisse zu gewinnen, revolutioniert.

Im Bereich des Gesundheitswesens hat sich die KI zu einem mächtigen Verbündeten im Kampf gegen Krankheiten entwickelt. Deep-Learning-Algorithmen können medizinische Bilder wie Röntgenaufnahmen und MRTs mit erstaunlicher Genauigkeit analysieren und so zur Früherkennung und Diagnose von Krankheiten beitragen, die früher schwer zu erkennen waren. Darüber hinaus können KI-gestützte Systeme riesige Mengen medizinischer Daten auswerten, um verborgene Muster zu entdecken und neue Behandlungsmöglichkeiten zu erschließen, die möglicherweise unzählige Leben retten können.

Auch der Finanzsektor hat sich durch KI verändert, da fortschrittliche Algorithmen nun Markttrends analysieren, Aktienkurse vorhersagen und den Handel automatisieren können. Diese neu gewonnene Fähigkeit ermöglicht es Anlegern, fundiertere Entscheidungen zu treffen, Risiken effektiver zu verwalten und sich an die sich schnell ändernden Marktbedingungen anzupassen. KI hat auch die Betrugserkennung revolutioniert, indem sie riesige Mengen an Finanzdaten durchforstet, um verdächtige Transaktionen zu identifizieren und Einzelpersonen und Unternehmen vor potenziellen Bedrohungen zu schützen.

In der Verkehrsbranche erleben wir den Anbruch einer neuen Ära, die von KI-gestützten Fortschritten angetrieben wird. Autonome Fahrzeuge sind nicht mehr nur ein ferner Traum, sondern werden auf unseren Straßen immer mehr zur Realität. Durch die Kombination von Deep-Learning-Algorithmen mit einer Reihe von Sensoren und Kameras können diese Fahrzeuge durch komplexe Verkehrsumgebungen navigieren, Hindernisse vorhersehen und sich an veränderte Bedingungen anpassen - alles mit dem Ziel, die Sicherheit und Effizienz auf unseren Straßen zu erhöhen.

Eine der faszinierendsten Anwendungen von KI in den letzten Jahren ist vielleicht der Bereich der generativen Modelle. Diese Modelle nutzen Deep-Learning-Techniken, um originelle und kohärente Inhalte zu erstellen, die von Kunst und Musik bis hin zu schriftlichen Werken und sogar Videos reichen. Die Ergebnisse sind oft verblüffend und lassen die Grenze zwischen menschlicher und maschineller Kreativität verschwimmen. Künstler und Musiker haben jetzt Zugang zu Werkzeugen, die sie inspirieren und ihren künstlerischen Horizont erweitern können, indem sie die Grenzen des bisher für möglich Gehaltenen verschieben.

Während wir die unglaublichen Fortschritte im Bereich der künstlichen Intelligenz feiern, ist es jedoch wichtig, sich mit den ethischen Herausforderungen und gesellschaftlichen Auswirkungen auseinanderzusetzen, die mit diesem bemerkenswerten Fortschritt einhergehen. Angesichts der zunehmenden Erfassung und Nutzung personenbezogener Daten bestehen nach wie vor Bedenken hinsichtlich des Datenschutzes. Voreingenommenheit, sowohl explizit als auch implizit, entsteht, wenn KI-Systeme die Voreingenommenheit widerspiegeln, die in den Daten enthalten ist, auf denen sie trainiert wurden, was die Notwendigkeit strenger Richtlinien zur Gewährleistung von Fairness und Inklusivität bei KI-Anwendungen unterstreicht. Da KI immer mehr Aufgaben übernimmt, die traditionell von Menschen ausgeführt werden, müssen auch die Auswirkungen auf die Beschäftigung und den Arbeitsmarkt sorgfältig bedacht werden.

Die Zukunft der künstlichen Intelligenz ist nicht in Stein gemeißelt, sondern liegt in unseren Händen. Es liegt an uns, den Schöpfern und Nutzern dieser leistungsstarken Technologie, ihren verantwortungsvollen und ethischen Einsatz zu gewährleisten. Bei der weiteren Erschließung des Potenzials der KI müssen wir Transparenz, Verantwortlichkeit und das Wohl der Menschheit in den Vordergrund stellen.

Wir stehen also an der Schwelle zu einer Zukunft, in der Maschinen die Fähigkeit besitzen, zu denken, zu lernen und etwas zu schaffen wie nie zuvor. Der Aufstieg der künstlichen Intelligenz ist nicht nur eine wissenschaftliche Kuriosität oder ein Hirngespinst; er ist eine greifbare Kraft, die unsere Welt umgestaltet. Machen wir uns dieses Zeitalter der Möglichkeiten und der Kreativität zu eigen, in dem künstliche Intelligenz und menschlicher Einfallsreichtum ihre Kräfte vereinen, um eine bessere Zukunft für alle zu schaffen. Der nächste Abschnitt erwartet uns, der uns in die unerforschten Gebiete der Gegenwart und Zukunft der KI führt.

Abschnitt 2: Neuronale Netze verstehen

Die Grundlagen neuronaler Netze, ihr Aufbau und ihre Funktionsweise und wie sie den Bereich der KI revolutioniert haben.

In der weiten Landschaft der künstlichen Intelligenz hat sich ein bahnbrechendes Konzept herauskristallisiert, das Forscher und Enthusiasten gleichermaßen in seinen Bann gezogen hat - neuronale Netze. Diese künstlichen Intelligenzen, die von der komplizierten Funktionsweise des menschlichen Gehirns inspiriert sind, haben in verschiedenen Bereichen - von der Bilderkennung bis zur Verarbeitung natürlicher Sprache - ungeahnte Möglichkeiten eröffnet. Mit ihrer Fähigkeit, zu lernen, sich anzupassen und Entscheidungen zu treffen, haben neuronale Netze eine neue Ära der Innovation und des Potenzials eingeläutet.

Um die Bedeutung und Leistungsfähigkeit neuronaler Netze wirklich zu verstehen, müssen wir zunächst ihre grundlegende Struktur begreifen. Im Kern besteht ein neuronales Netz aus miteinander verbundenen Knoten, den Neuronen, die gemeinsam Informationen verarbeiten und übertragen. Diese Neuronen sind in Schichten organisiert, von denen jede einen bestimmten Zweck in der Funktionsweise des Netzwerks erfüllt. Die Eingabeschicht empfängt Daten aus der Außenwelt, z. B. Pixelwerte in einem Bild oder Audiowellenformen bei der Spracherkennung. Diese Informationen werden dann durch verborgene Schichten - die zahlreiche miteinander verbundene Neuronen enthalten - geleitet, wo komplexe Berechnungen stattfinden. Schließlich erzeugt die Ausgabeschicht das gewünschte Ergebnis, sei es die Klassifizierung eines Bildes oder die Generierung einer Antwort.

Was neuronale Netze wirklich bemerkenswert macht, ist ihre Fähigkeit, aus Daten zu lernen. Durch einen Prozess, der als Training bezeichnet wird, werden diese Netze einer riesigen Menge von gekennzeichneten Beispielen ausgesetzt, wodurch sie Muster erkennen und genaue Vorhersagen treffen können. Dieses Training beruht auf einer mathematischen Technik namens Backpropagation, bei der das Netzwerk seine internen Parameter auf der Grundlage der Diskrepanz zwischen den vorhergesagten Ausgaben und den tatsächlich gewünschten Werten anpasst. Durch die iterative Feinabstimmung dieser Parameter werden neuronale Netze immer geschickter darin, komplexe Muster zu erkennen und zuverlässige Ergebnisse zu erzielen.

Darüber hinaus zeichnen sich neuronale Netze durch ihre Fähigkeit aus, nichtlineare Beziehungen zu verarbeiten, eine Aufgabe, die für herkömmliche Algorithmen eine Herausforderung darstellt. Durch die Verwendung von

Aktivierungsfunktionen in jedem Neuron sind neuronale Netze in der Lage, nichtlineare Transformationen einzuführen und komplizierte Muster zu erfassen, die lineare Modelle möglicherweise übersehen. Dank dieser Flexibilität können sie eine Vielzahl komplexer Probleme lösen, von der Vorhersagemodellierung bis zum Verstehen natürlicher Sprache. Infolgedessen sind neuronale Netze zum bevorzugten Werkzeug für die Bewältigung vieler realer Herausforderungen geworden.

Der Einfluss neuronaler Netze auf den Bereich der künstlichen Intelligenz kann gar nicht hoch genug eingeschätzt werden. Sie haben zu bahnbrechenden Fortschritten in zahlreichen Bereichen geführt, darunter Computer Vision, Spracherkennung und die Verarbeitung natürlicher Sprache. Im Bereich des Computersehens beispielsweise haben neuronale Netze, die auf Faltungsschichten basieren, eine noch nie dagewesene Genauigkeit bei der Erkennung und Klassifizierung von Objekten in Bildern erreicht. Bei der Spracherkennung haben rekurrente neuronale Netze unsere Fähigkeit zur Transkription gesprochener Sprache verändert und ermöglichen es Sprachassistenten, komplexe Befehle zu verstehen. Daher ist es für angehende KI-Praktiker von entscheidender Bedeutung, ein umfassendes Verständnis der neuronalen Netze zu erlangen, um ihr Potenzial voll ausschöpfen zu können.

Je tiefer wir in das Innenleben neuronaler Netze eindringen, desto mehr Feinheiten werden wir entdecken, die ihren bemerkenswerten Fähigkeiten zugrunde liegen. In den folgenden Abschnitten dieses Abschnitts werden die verschiedenen Arten neuronaler Netze wie Feedforward-Netze, rekurrente Netze und Faltungsnetze untersucht, die jeweils auf bestimmte Aufgaben zugeschnitten sind. Wir werden auch die Prinzipien des Trainings und der Optimierung neuronaler Netze untersuchen und dabei Techniken wie den Gradientenabstieg und die

Regularisierung beleuchten. Durch diese Erkundung werden wir die innere Maschinerie beleuchten, die die Lern- und Entscheidungsprozesse neuronaler Netze antreibt.

Die Reise in das Reich der neuronalen Netze verspricht, spannend zu werden. Wir stehen kurz davor, neue Grenzen der künstlichen Intelligenz zu erschließen und die ungeheure Kraft dieser künstlichen Köpfe freizusetzen. In den kommenden Abschnitten werden wir unsere Erkundung fortsetzen, die faszinierenden Feinheiten neuronaler Netze aufdecken und ihre transformativen Auswirkungen auf die KI erleben. Machen Sie sich bereit, in eine Welt einzutauchen, in der intelligente Maschinen träumen, sich etwas vorstellen und selbst die wildesten menschlichen Vorstellungen übertreffen. Es gibt noch viel mehr zu entdecken, also lassen Sie uns diese Reise gemeinsam antreten und das grenzenlose Potenzial künstlicher Intelligenz enthüllen.

Je tiefer wir in das Reich der neuronalen Netze vordringen, desto mehr entschlüsseln wir die faszinierenden Feinheiten, die ihren bemerkenswerten Fähigkeiten zugrunde liegen. In der zweiten Hälfte von Abschnitt 2 werden wir die verschiedenen Arten von neuronalen Netzen erkunden, z. B. Feedforward-Netze, rekurrente Netze und Faltungsnetze, die jeweils auf bestimmte Aufgaben zugeschnitten sind. Außerdem werden wir uns mit den Prinzipien des Trainings und der Optimierung neuronaler Netze befassen und Techniken wie Gradientenabstieg und Regularisierung beleuchten. Machen Sie sich auf eine fesselnde Entdeckungsreise gefasst, bei der intelligente Maschinen nicht nur träumen und sich etwas vorstellen, sondern auch die kühnsten menschlichen Vorstellungen übertreffen.

Lassen Sie uns zunächst in die Welt der Feedforward-Netze eintauchen. Diese Netze sind die einfachste Form neuronaler Netze, bei denen sich der Informationsfluss in eine Richtung bewegt, von der Eingabeschicht über die versteckten Schichten bis hin zur Ausgabeschicht. Sie eignen sich hervorragend für Aufgaben wie Mustererkennung und Klassifizierung und werden daher häufig in der Bild- und Spracherkennung sowie in der Stimmungsanalyse eingesetzt. Das Hauptmerkmal von Feedforward-Netzwerken liegt in ihrer Fähigkeit, die beim Training erlernten Muster zu verallgemeinern, so dass sie genaue Vorhersagen für neue, ungesehene Daten treffen können.

Mit den rekurrenten Netzen betreten wir einen Bereich, in dem die Zeit eine entscheidende Rolle spielt. Im Gegensatz zu Feedforward-Netzen haben rekurrente Netze Verbindungen zwischen Neuronen, die Schleifen bilden, so dass Informationen nicht nur von der Eingabeschicht zur Ausgabeschicht, sondern auch in rekurrenten Pfaden fließen können. Dieser zeitliche Aspekt ermöglicht es rekurrenten Netzen, Datenfolgen zu verarbeiten, was sie ideal für Aufgaben wie Sprachmodellierung, maschinelle Übersetzung und Sprachsynthese macht. Durch die Nutzung ihres internen Speichers sind rekurrente Netze in der Lage, weitreichende Abhängigkeiten und Kontexte zu erfassen, was ihnen ganz neue Möglichkeiten eröffnet.

Auf dem Gebiet der Computer Vision haben Faltungsnetzwerke die Landschaft revolutioniert. Diese Netze sind speziell für die Verarbeitung gitterförmiger Eingaben wie z. B. Bilder konzipiert. Dank ihrer Fähigkeit, aussagekräftige Merkmale aus rohen Pixeldaten zu extrahieren, haben Faltungsnetzwerke eine noch nie dagewesene Genauigkeit bei der Objekterkennung, der Bildklassifizierung und sogar der Gesichtserkennung erreicht. Durch die Verwendung von Faltungsschichten mit lernfähigen Filtern können diese Netze automatisch relevante Muster und Hierarchien in den Daten lernen, was zu einer außergewöhnlichen Leistung bei visuellen Aufgaben führt.

Nachdem wir nun die verschiedenen Arten von neuronalen Netzen kennengelernt haben, ist es an der Zeit, den Trainingsprozess zu entschlüsseln, der es ihnen ermöglicht, aus Daten zu lernen und ihre Genauigkeit zu verbessern. Eine der grundlegenden Techniken für das Training neuronaler Netze ist der Gradientenabstieg. Bei dieser Methode werden die internen Parameter des Netzes iterativ angepasst, um die Diskrepanz zwischen den vorhergesagten Ausgaben und den tatsächlich gewünschten Werten zu minimieren. Ziel ist es, den optimalen Parametersatz zu finden, der den geringstmöglichen Fehler ergibt. Durch diesen iterativen Feinabstimmungsprozess verbessern neuronale Netze schrittweise ihre Leistung, erfassen komplexe Muster und machen immer genauere Vorhersagen.

Ein weiterer wichtiger Aspekt beim Training neuronaler Netze ist die Regularisierung. Da die Modelle immer komplexer werden und komplizierte Muster erfassen können, besteht die Gefahr einer Überanpassung, bei der die Netze zu sehr auf die Trainingsdaten spezialisiert werden und bei neuen, ungesehenen Daten eine schlechte Leistung erbringen. Regularisierungstechniken wie L1- und L2-Regularisierung helfen dabei, dieses Problem zu entschärfen, indem sie dem Trainingsprozess zusätzliche Beschränkungen hinzufügen. Durch die Bestrafung großer Gewichte oder die Einführung von Sparsamkeit regt die Regularisierung neuronale Netze dazu an, besser zu verallgemeinern und eine Überanpassung zu vermeiden, was letztlich zu Modellen führt, die auch bei unbekannten Daten gut funktionieren.

Dabei wird deutlich, dass neuronale Netze ein außerordentliches Maß an Flexibilität bei der Bewältigung komplexer Probleme besitzen. Ob es um die Vorhersage von Börsentrends, das Verstehen menschlicher Sprache oder das Komponieren von Musik geht - neuronale Netze haben zahlreiche Bereiche durchdrungen und definieren die Grenzen der künstlichen Intelligenz immer wieder neu.

Zusammenfassend lässt sich sagen, dass wir in der zweiten Hälfte dieses Abschnitts tiefer in die außergewöhnliche Welt der neuronalen Netze eintauchen konnten. Wir haben die Spezialisierung von Feedforward-Netzen, die zeitlichen Fähigkeiten von rekurrenten Netzen und die visuellen Fähigkeiten von Faltungsnetzen kennengelernt. Darüber hinaus haben wir Einblicke in den Trainingsprozess gewonnen, bei dem Gradientenabstieg und Regularisierung eine zentrale Rolle bei der Gestaltung der Genauigkeit und Generalisierung neuronaler Netze spielen.

Die enormen Fortschritte in den Bereichen Computer Vision, Spracherkennung und Verarbeitung natürlicher Sprache bestätigen die transformative Wirkung neuronaler Netze auf die künstliche Intelligenz. Diese Netze mit ihrer Fähigkeit zu lernen, sich anzupassen und Entscheidungen zu treffen, sind der Schlüssel zur Erschließung neuer Grenzen in Technologie und Innovation.

Lassen Sie uns also gemeinsam diese spannende Reise fortsetzen, auf der wir die ungeheure Kraft dieser künstlichen Gehirne erleben und ihr grenzenloses Potenzial erkunden. Wenn wir noch tiefer in die rätselhafte Welt der neuronalen Netze eintauchen, werden wir weitere tiefgreifende Feinheiten entdecken und unser Verständnis und unsere Wertschätzung für die grenzenlosen Möglichkeiten, die sie bieten, weiter vertiefen. Machen Sie sich bereit, in ein Reich einzutauchen, in dem sich Intelligenz und Vorstellungskraft verbinden und die Art und Weise, wie wir Technologie wahrnehmen und mit ihr interagieren, für immer verändern werden.

Abschnitt 3: Maschinelles Lernen in Aktion

Künstliche Intelligenz (KI) hat die Art und Weise, wie wir mit Technologie interagieren, revolutioniert, und im Mittelpunkt dieses Wandels steht das maschinelle Lernen. Durch hochentwickelte Algorithmen und Rechenkapazitäten sind Maschinen in der Lage, zu lernen, sich anzupassen und fundierte Entscheidungen zu treffen. Es ist eine aufregende Zeit, in der die Macht der KI entfesselt wird und unsere Welt auf eine Weise verändert, die wir nie für möglich gehalten hätten.

Algorithmen des maschinellen Lernens sind die treibende Kraft hinter KI-Systemen. Sie ermöglichen es Computern, Wissen zu erwerben, Muster zu analysieren und große Datenmengen zu verarbeiten. Diese Algorithmen haben die bemerkenswerte Fähigkeit, aus Erfahrungen zu lernen und sich mit der Zeit zu verbessern, genau wie ein menschlicher Verstand. Dadurch haben sie das Potenzial, Branchen vom Gesundheitswesen über das Finanzwesen bis hin zum Transportwesen und zur Unterhaltung zu verändern.

Im Kern geht es beim maschinellen Lernen um die Entwicklung mathematischer Modelle, die ohne explizite Programmierung lernen und Vorhersagen treffen oder Maßnahmen ergreifen können. Durch die Nutzung großer Datensätze können KI-Systeme Muster erkennen, wertvolle Erkenntnisse gewinnen und Vorhersagen oder Empfehlungen erstellen, die bei Entscheidungsprozessen helfen.

Einer der faszinierendsten Aspekte des maschinellen Lernens ist seine Anwendung in Bereichen wie der Bild- und Spracherkennung. Mithilfe von Deep-Learning-Algorithmen können KI-Systeme Objekte, Gesichter und sogar Emotionen aus Bildern oder Videomaterial genau erkennen. Diese Fähigkeit hat weitreichende Auswirkungen, von der Verbesserung von Sicherheitssystemen bis hin zur Verbesserung medizinischer Diagnosen. Stellen Sie sich eine Welt vor, in der Maschinen selbstständig medizinische Bilder analysieren und potenzielle Risiken identifizieren oder frühe Anzeichen von Krankheiten erkennen können. Das maschinelle Lernen hat dies zur Realität werden lassen.

Algorithmen des maschinellen Lernens eignen sich hervorragend für die Verarbeitung unstrukturierter Daten, wie z. B. natürlicher Sprache. Algorithmen zur Verarbeitung natürlicher Sprache (Natural Language Processing, NLP) ermöglichen es Maschinen, menschliche Sprache zu verstehen und zu interpretieren, wodurch sich eine neue Welt der Möglichkeiten eröffnet. Von virtuellen Assistenten, die auf Sprachbefehle reagieren, bis hin zu Chatbots, die den Kunden unterstützen, haben diese Anwendungen die Art und Weise, wie wir mit Technologie interagieren, verändert. Mit den Fortschritten im Bereich NLP nähern wir uns einer Zukunft, in der Maschinen sinnvolle Gespräche mit Menschen führen können und die Kluft zwischen Mensch und Maschine überbrücken.

Das maschinelle Lernen hat sich nicht nur auf die Bilderkennung und die Verarbeitung natürlicher Sprache ausgewirkt, sondern auch Bereiche wie autonome Fahrzeuge und Prognosemodelle maßgeblich beeinflusst. Selbstfahrende Autos stützen sich auf Algorithmen des maschinellen Lernens, um Sensordaten zu interpretieren und wichtige Entscheidungen in Echtzeit zu treffen. Indem sie ständig von ihrer Umgebung lernen und sich an veränderte Straßenbedingungen anpassen, haben diese Fahrzeuge das Potenzial, den Verkehr, wie wir ihn kennen, zu revolutionieren.

Die Stärke des maschinellen Lernens liegt in seiner Fähigkeit, verborgene Erkenntnisse aufzudecken und Verbindungen herzustellen, die sonst unbemerkt bleiben würden. Durch Clustering-Algorithmen können große Datensätze in aussagekräftige Kategorien eingeteilt werden, die Unternehmen dabei helfen, Kundensegmente zu identifizieren oder Markttrends zu analysieren. Diese Fülle an Informationen ermöglicht es Unternehmen, ihre Strategien zu optimieren, personalisierte Kundenerlebnisse anzubieten und datengesteuerte Entscheidungen zu treffen.

Je tiefer wir in die Welt des maschinellen Lernens eintauchen, desto wichtiger wird die Überlegung, dass es sowohl Nutzen als auch Schaden bringen kann. Während diese Algorithmen die Fähigkeit haben, Prozesse zu automatisieren, Innovationen voranzutreiben und unsere Fähigkeiten zu erweitern, werfen sie auch ethische Bedenken auf. Fragen wie Verzerrungen in Algorithmen, Bedenken hinsichtlich des Datenschutzes und die Auswirkungen auf die Arbeitsmärkte müssen sorgfältig geprüft werden, wenn wir uns in dieser KI-gestützten Ära bewegen.

Das maschinelle Lernen steht an vorderster Front, wenn es darum geht, die Zukunft der Technologie zu gestalten, und sein Potenzial ist enorm. Von bahnbrechenden Neuerungen im Gesundheitswesen bis hin zur Veränderung der Art und Weise, wie wir pendeln, sind die Anwendungen des maschinellen Lernens grenzenlos. Während wir die Möglichkeiten weiter erforschen, ist es wichtig, ein Gleichgewicht zwischen Innovation und verantwortungsvoller KI-Entwicklung zu finden. Die Reise der entfesselten künstlichen Intelligenz hat gerade erst begonnen, und die nächste Hälfte dieses Abschnitts wird sich mit den spannenden Fortschritten, Herausforderungen und der potenziellen Zukunft des maschinellen Lernens befassen.

Mit den unglaublichen Fortschritten, die wir in der ersten Hälfte dieses Abschnitts gesehen haben, ist klar, dass maschinelles Lernen nicht nur ein Schlagwort ist, sondern eine Realität, die unsere Welt prägt. Das Potenzial künstlicher Intelligenz ist grenzenlos, und in der zweiten Hälfte dieses Abschnitts werden wir uns eingehender mit den spannenden Fortschritten, Herausforderungen und der potenziellen Zukunft des maschinellen Lernens beschäftigen.

Ein Bereich, in dem das maschinelle Lernen große Fortschritte macht, ist das Gesundheitswesen. Die Fähigkeit von KI-Systemen, große Mengen medizinischer Daten zu analysieren, hat zu Durchbrüchen bei der Erkennung und Diagnose von Krankheiten geführt. Mithilfe ausgefeilter Algorithmen können Maschinen Muster und Anomalien in medizinischen Bildern erkennen und Ärzten helfen, genauere und zeitnahe Entscheidungen zu treffen. Dies hat nicht nur die Ergebnisse für die Patienten verbessert, sondern auch die Türen für eine personalisierte Medizin und gezielte Therapien geöffnet. Das maschinelle Lernen ist zu einem mächtigen Verbündeten im Kampf gegen Krankheiten geworden, das Hoffnung macht und die Landschaft der Gesundheitsversorgung verändert.

Das maschinelle Lernen hat nicht nur das Gesundheitswesen revolutioniert, sondern auch die Art und Weise, wie wir pendeln, neu gestaltet. Die Entwicklung autonomer Fahrzeuge wurde durch die Leistung von KI und maschinellen Lernalgorithmen ermöglicht. Diese selbstfahrenden Autos lernen ständig aus ihrer Umgebung, analysieren Sensordaten und treffen in Sekundenbruchteilen Entscheidungen, um die Sicherheit der Fahrgäste zu gewährleisten. Mit weniger durch menschliches Versagen verursachten Unfällen und einem optimierten Verkehrsfluss haben selbstfahrende Autos das Potenzial, Staus zu reduzieren, Leben zu retten und das gesamte Verkehrsökosystem zu revolutionieren.

Aber maschinelles Lernen ist nicht nur auf das Gesundheitswesen und den Verkehr beschränkt, sondern verändert auch die Finanzwelt. Mithilfe komplexer Algorithmen können KI-Systeme Markttrends analysieren, Aktienkurse vorhersagen und fundierte Anlageentscheidungen treffen. Dies hat zur Automatisierung von Handelsprozessen geführt und die Finanzbranche effizienter und reaktionsschneller gemacht. Algorithmen des maschinellen Lernens können riesige Mengen von Finanzdaten verarbeiten und sinnvoll nutzen, um verborgene Erkenntnisse aufzudecken und Finanzinstitute bei datengesteuerten Entscheidungen zu unterstützen.

Die Auswirkungen des maschinellen Lernens gehen über bestimmte Branchen hinaus und ebnen den Weg für eine stärker vernetzte und intelligentere Welt. Intelligente Häuser, die mit KI-Systemen ausgestattet sind, können aus unserem Verhalten und unseren Vorlieben lernen und die Umgebung nach unseren Wünschen anpassen. Von der Temperaturregelung bis zur Steuerung des

Energieverbrauchs sorgen diese KI-gesteuerten Häuser für Komfort, Bequemlichkeit und Effizienz. Wir interagieren nicht mehr nur mit der Technologie, sondern koexistieren mit ihr, indem wir unseren Geräten erlauben, unsere Bedürfnisse zu verstehen und darauf einzugehen.

Die Fortschritte im Bereich des maschinellen Lernens sind zweifelsohne spannend, bringen aber auch einige Herausforderungen und ethische Überlegungen mit sich. Voreingenommenheit in Algorithmen kann zum Beispiel bestehende soziale Ungleichheiten und Diskriminierung aufrechterhalten. Es ist wichtig, Algorithmen zu entwickeln, die nicht nur genau, sondern auch fair und unvoreingenommen sind. Außerdem müssen Bedenken hinsichtlich des Datenschutzes und der Datensicherheit berücksichtigt werden, um sicherzustellen, dass die Vorteile des maschinellen Lernens nicht auf Kosten der Privatsphäre des Einzelnen gehen.

Mit Blick auf die Zukunft wird das Potenzial des maschinellen Lernens nur noch wachsen. Der nächste Horizont für KI liegt im Deep Reinforcement Learning, bei dem Maschinen lernen können, in dynamischen Umgebungen zu handeln, ähnlich wie Menschen. Dies hat das Potenzial, neue Horizonte in der Robotik, bei Spielen und sogar in der personalisierten Bildung zu eröffnen. Stellen Sie sich eine Welt vor, in der Maschinen uns nicht nur bei unseren täglichen Aufgaben unterstützen, sondern auch zu Partnern in der Forschung, Erforschung und Kreativität werden.

Während wir vorankommen, dürfen wir jedoch nicht vergessen, dass Technologie ein Werkzeug ist, das verantwortungsvoll genutzt werden sollte. Die Entwicklung des maschinellen Lernens unter Berücksichtigung ethischer Erwägungen wird für die Gestaltung der Zukunft, die wir uns wünschen, entscheidend sein. Es geht nicht darum, uns von unseren eigenen Schöpfungen versklaven zu lassen, sondern darum, uns selbst zu befähigen, neue Höhen zu erreichen.

Zusammenfassend lässt sich sagen, dass das maschinelle Lernen uns in eine Ära entfesselter künstlicher Intelligenz katapultiert. Von bahnbrechenden Entwicklungen im Gesundheitswesen bis hin zur Veränderung der Art und Weise, wie wir pendeln - die Auswirkungen des maschinellen Lernens sind enorm und transformativ. Doch mit dieser Macht geht auch eine große Verantwortung einher. Wenn wir weiterhin die Grenzen des Möglichen erforschen und verschieben, sollten wir dies mit einem Auge auf ethische Innovation tun. Das maschinelle Lernen revolutioniert unsere Welt und wird dies auch weiterhin tun, um eine Zukunft zu gestalten, in der künstliche Intelligenz und menschlicher Einfallsreichtum Hand in Hand arbeiten, um eine bessere Zukunft zu schaffen.

KAPITEL 2: DIE ENTWICKLUNG DER KI

Abschnitt 1: Die Ursprünge der KI

In den Weiten der Menschheitsgeschichte hat das Konzept der künstlichen Intelligenz die fantasievollen Geister der alten Zivilisationen lange Zeit fasziniert. Von den Reichen der Mythen und der Folklore bis hin zu den frühen wissenschaftlichen Überlegungen wurde die Saat der künstlichen Intelligenz gesät und die Bühne für ihre monumentale Entwicklung bereitet. Eine Reise zu den Ursprüngen der künstlichen Intelligenz bedeutet, das komplizierte Geflecht menschlichen Einfallsreichtums und menschlicher Neugierde zu enträtseln.

Im Laufe der Geschichte haben Geschichten über mechanische Wesen, die von Menschenhand zum Leben erweckt wurden, unsere kollektive Vorstellungskraft beflügelt. Antike Mythen aus verschiedenen Zivilisationen auf der ganzen Welt berichten von der Existenz künstlicher Wesen, die oft mit übernatürlichen Kräften ausgestattet sind. In der griechischen Mythologie erzählt die Geschichte von Hephaistos, dem Gott der Schmiede, von Talos, einem riesigen Bronzeautomaten, der die Insel Kreta bewachen soll.

In ähnlicher Weise erzählt die chinesische Legende von Yan Shi die Geschichte eines genialen Ingenieurs, der einen mechanischen Menschen konstruierte, der gehen, sprechen und sogar komplexe Aufgaben erfüllen konnte. Diese zeitlosen Geschichten zeigen uns, dass das Konzept des künstlichen Lebens seit jeher tief in der menschlichen Psyche verwurzelt ist.

In der Ära der wissenschaftlichen Aufklärung wächst die Faszination und Neugierde an der Idee, Maschinen zu entwickeln, die die kognitiven Fähigkeiten des Menschen nachahmen. Es war die Pionierarbeit von Visionären wie Leonardo da Vinci, der es wagte, sich Maschinen vorzustellen, die menschliche Funktionen nachahmen könnten. In seinen Manuskripten skizzierte da Vinci Entwürfe für mechanische Ritter, die durch komplexe Systeme von Zahnrädern und Riemenscheiben angetrieben wurden.

Die eigentliche Geburtsstunde der KI, wie wir sie heute kennen, liegt jedoch im 20. Jahrhundert, wo eine Reihe bahnbrechender Fortschritte den Grundstein für ihre Entwicklung legten. Die Geburtsstunde der modernen Computertechnik, die Mitte des 20. Jahrhunderts mit dem Aufkommen elektronischer Rechner eingeläutet wurde, eröffnete neue Möglichkeiten für die Erforschung des Bereichs der künstlichen Intelligenz.

In den 1940er Jahren entwickelte das Mathematikerduo Warren McCulloch und Walter Pitts ein außergewöhnliches Konzept. Sie schlugen vor, dass ein künstliches neuronales Netz das Verhalten des menschlichen Gehirns simulieren könnte, und ebneten damit den Weg für die Entwicklung neuronaler Netze und den Bereich des Konnektionismus.

Im Laufe der Zeit traten einflussreiche Persönlichkeiten wie Alan Turing auf den Plan, die das Potenzial der künstlichen Intelligenz weiter konzeptualisierten. Turings

Idee einer hypothetischen Maschine, die in der Lage ist, jede Aufgabe auszuführen, die durch eine Reihe von Anweisungen beschrieben werden kann, und die heute als Turing-Maschine bekannt ist, legte den Grundstein für das Konzept der maschinellen Intelligenz.

In den darauffolgenden Jahrzehnten erlebte die KI-Forschung einen Aufschwung, und es wurden wichtige Meilensteine erreicht. In den 1950er Jahren prägte der Informatiker John McCarthy den Begriff "künstliche Intelligenz" und organisierte die Dartmouth Conference, die weithin als Geburtsstunde der KI als formales Fachgebiet gilt. Bei dieser Veranstaltung kamen prominente Forscher zusammen, um die Möglichkeiten der maschinellen Intelligenz zu erkunden.

In dieser Zeit wurde das Streben nach KI an mehreren Fronten vorangetrieben. Die symbolische KI zielte darauf ab, die menschliche Intelligenz durch die Manipulation von Symbolen und Regeln nachzubilden, während der Bereich des maschinellen Lernens Pionierarbeit leistete, um Computer in die Lage zu versetzen, aus Daten zu lernen und ihre Leistung mit der Zeit zu verbessern.

Während sich das Kapitel der Ursprünge der KI entfaltet, stehen wir an der Schwelle einer sich ständig weiterentwickelnden Revolution. Die ersten Schritte dieser Reise ebneten den Weg für unermessliche Entdeckungen, aber sie enthüllten auch die Komplexität und die Herausforderungen, die vor uns liegen. In der nächsten Hälfte dieses Kapitels werden wir uns mit den Fortschritten und Durchbrüchen befassen, die die KI aus ihrem Anfangsstadium in den Bereich der praktischen Anwendungen geführt haben.

Bleiben Sie dran, wenn wir in der zweiten Hälfte unserer Erkundung die transformativen Wunder aufdecken, die uns erwarten, wo Pioniere und Innovatoren weiterhin die Grenzen der künstlichen Intelligenz verschieben und uns einer Zukunft näher bringen, die eng mit dem Aufstieg der Maschinen verbunden ist.

Als die ersten Pioniere der künstlichen Intelligenz den Weg nach vorne bahnten, legten sie den Grundstein für eine transformative Reise, die uns an den Abgrund einer neuen Ära gebracht hat. In der zweiten Hälfte dieses Kapitels werden wir uns eingehender mit den Fortschritten und Durchbrüchen befassen, die die KI aus ihrem Anfangsstadium in den Bereich der praktischen Anwendungen geführt haben.

Ein wichtiger Meilenstein in der Entwicklung der KI waren die Expertensysteme, die in den 1960er und 1970er Jahren entstanden sind. Diese Systeme wurden entwickelt, um das Wissen und die Entscheidungsfähigkeit menschlicher Experten in bestimmten Bereichen nachzubilden. Durch den Einsatz von Regeln und Heuristiken konnten Expertensysteme komplexe Probleme analysieren und maßgeschneiderte Empfehlungen geben. Dies war ein wichtiger Schritt zur Integration von KI in reale Anwendungen, insbesondere in Bereichen wie Medizin, Finanzen und Technik.

Gleichzeitig entwickelte sich der Bereich des maschinellen Lernens weiter, und die Forscher erforschten neue Methoden, die es Computern ermöglichen, aus Daten zu lernen und ihre Leistung im Laufe der Zeit zu verbessern. In den späten 1950er Jahren brachte die Erfindung des Perzeptrons, eines Modells eines künstlichen neuronalen Netzes, einen Durchbruch in der Mustererkennung. Dieses von Frank Rosenblatt vorgeschlagene Modell legte den Grundstein für künftige Entwicklungen im Bereich des Deep Learning, einem Teilbereich des maschinellen Lernens, bei dem künstliche neuronale Netze mit mehreren Schichten eingesetzt werden.

Während die KI weiterhin Fortschritte machte, kam es in den 1980er und 1990er Jahren zu einer Periode, die als "KI-Winter" bekannt wurde. Während dieser Zeit verlangsamte sich der Fortschritt in der KI-Forschung aufgrund hoher Erwartungen, die nicht mit den Fähigkeiten der Technologie übereinstimmten. Diese Flaute war jedoch nur vorübergehend, denn die Jahrhundertwende läutete eine neue Ära der KI-Fortschritte ein.

Das Aufkommen großer Datenmengen und Fortschritte bei der Rechenleistung haben den Bereich der KI in den frühen 2000er Jahren neu belebt. Mit der Möglichkeit, riesige Datenmengen zu verarbeiten, begannen Forscher, Techniken des maschinellen Lernens, wie z. B. tiefe neuronale Netze, zur Lösung komplexer Probleme einzusetzen. Dies läutete eine Renaissance der KI ein, mit Durchbrüchen bei der Bild- und Spracherkennung, der Verarbeitung natürlicher Sprache und sogar bei autonomen Fahrzeugen.

Einer der wichtigsten Meilensteine der letzten Jahre war die Entwicklung von Deep-Learning-Modellen, insbesondere von Faltungsneuronalen Netzen (CNNs) und rekurrenten Neuronalen Netzen (RNNs). CNNs haben die Bilderkennung revolutioniert und ermöglichen es Computern, Objekte auf Bildern mit bisher unerreichter Genauigkeit zu identifizieren. RNNs hingegen zeichnen sich durch die Verarbeitung sequenzieller Daten aus, was sie ideal für Aufgaben wie Spracherkennung, Verarbeitung natürlicher Sprache und maschinelle Übersetzung macht.

Darüber hinaus hat das Aufkommen des Verstärkungslernens die Grenzen der KI-Fähigkeiten weiter verschoben. Bei diesem Ansatz werden Agenten darauf trainiert, durch ein System von Belohnungen und Bestrafungen aus ihrer Umgebung zu lernen. Das Verstärkungslernen hat nicht nur beeindruckende Ergebnisse beim Spielen erzielt, wie z. B. AlphaGo von DeepMind, das den Weltmeister im Go-Spiel besiegt hat, sondern auch bei der Optimierung komplexer Systeme wie selbstfahrender Autos und der Robotik.

Wir haben uns von den frühen Mythen und wissenschaftlichen Überlegungen, die unsere kollektive Faszination für künstliche Intelligenz ausgelöst haben, weit entfernt. Heute durchdringt die KI jeden Aspekt unseres Lebens, von unseren Smartphones und Smart-Home-Geräten bis hin zu den Algorithmen, die Online-Empfehlungen und Suchmaschinen steuern.

Die Zukunft der KI birgt ein enormes Potenzial und unzählige Möglichkeiten. Während sich die Fortschritte weiter beschleunigen, gibt es Herausforderungen und ethische Überlegungen, die sorgfältig angegangen werden müssen. Von der Angst vor der Automatisierung von Arbeitsplätzen bis hin zu Bedenken hinsichtlich des Datenschutzes - die verantwortungsvolle Entwicklung und der Einsatz von KI werden das Verhältnis unserer Gesellschaft zu dieser transformativen Technologie prägen.

Zum Abschluss dieser Erkundung der Ursprünge der künstlichen Intelligenz können wir nur staunen, wie weit wir es gebracht haben. Von den Träumen antiker Zivilisationen bis zu den technologischen Wundern von heute - der Aufstieg der Maschinen ist eine fortlaufende Geschichte, die unsere Welt auf tiefgreifende Weise zu verändern verspricht. Lassen Sie uns also dieses aufregende Gebiet der künstlichen Intelligenz, in dem menschlicher Erfindungsreichtum und technologischer Fortschritt zusammenfließen, begrüßen, während wir uns auf eine Zukunft zubewegen, die eng mit dem Aufstieg der Maschinen verbunden ist.

Abschnitt 2: Die Geburt der modernen KI

Untersuchung der wichtigsten Durchbrüche und Persönlichkeiten, die die KI in die Moderne geführt haben, von Turings Rechentheorie bis zum Aufkommen der neuronalen Netze.

Im Bereich der künstlichen Intelligenz wurde der Fortschritt durch eine Reihe bemerkenswerter Durchbrüche und die visionären Köpfe, die sie ins Leben gerufen haben, vorangetrieben. Von Alan Turings bahnbrechender Rechentheorie bis zum Aufkommen neuronaler Netze hat jeder Meilenstein zur Entwicklung der KI beigetragen und die Welt, wie wir sie heute kennen, geprägt.

Alan Turing, ein britischer Mathematiker und Informatiker, legte mit seiner bahnbrechenden Arbeit über Berechenbarkeit und intelligente Maschinen den Grundstein für die moderne KI. Im Jahr 1936 führte er den Begriff der universellen Turing-Maschine ein und zeigte, dass jede berechenbare Funktion von einer Maschine ausgeführt werden kann, die in der Lage ist, jede andere Maschine zu emulieren. Dieses Konzept bildete das Fundament, auf dem die Entwicklung der KI in den folgenden Jahren gedieh.

Eine der ersten bedeutenden Persönlichkeiten, die auf Turings Ideen aufbauten, war John McCarthy, ein amerikanischer Computerwissenschaftler, der 1956 den Begriff "künstliche Intelligenz" prägte. McCarthy glaubte, dass Computer mit den richtigen Algorithmen intelligentes Verhalten zeigen könnten, das mit dem des Menschen vergleichbar sei. Seine Vision war die Geburtsstunde der Künstlichen Intelligenz und legte den Grundstein für weitere Fortschritte.

Als der Bereich der künstlichen Intelligenz wuchs, standen die Forscher vor der Herausforderung, lern- und anpassungsfähige Maschinen zu entwickeln. Diese Herausforderung wurde mit der Entwicklung neuronaler Netze in Angriff genommen. Inspiriert von der Struktur des menschlichen Gehirns, sollten neuronale Netze die Art und Weise modellieren, wie Neuronen miteinander verbunden sind und Informationen übertragen. Das Konzept der neuronalen Netze wurde ursprünglich von Warren McCulloch und Walter Pitts vorgeschlagen, aber es war Frank Rosenblatt, der in den späten 1950er Jahren mit der Einführung des Perzeptrons einen bedeutenden Schritt nach vorn machte.

Das Perzeptron, eine Art künstliches Neuron, bot ein Mittel zur Verarbeitung von Informationen und zum Lernen daraus. Es verwendete einstellbare Gewichte, um Eingabedaten zu analysieren und entsprechende Ausgabewerte zu erzeugen.

Dieser Durchbruch ebnete den Weg für die Entwicklung anspruchsvollerer neuronaler Netze und führte schließlich zur Geburt des Deep Learning - dem Rückgrat vieler moderner KI-Anwendungen.

Der nächste wichtige Meilenstein in der Entwicklung der KI war das Aufkommen von Expertensystemen. Expertensysteme zielten darauf ab, das Fachwissen und die Kenntnisse menschlicher Experten in einem bestimmten Bereich zu erfassen und anderen zugänglich zu machen. In den frühen 1980er Jahren demonstrierten Unternehmen wie XCON und MYCIN das Potenzial von Expertensystemen in Bereichen wie der medizinischen Diagnose und der industriellen Produktionsplanung. Diese frühen Erfolge weckten ein breites Interesse an der KI und trieben die weitere Entwicklung voran.

Ein weiterer entscheidender Moment in der Geschichte der KI war die Entwicklung von Algorithmen für maschinelles Lernen. Mit dem exponentiellen Wachstum der verfügbaren Daten und der Rechenleistung gewannen die Algorithmen des maschinellen Lernens zunehmend an Bedeutung. Sie ermöglichen es Computern, Daten automatisch zu analysieren und zu interpretieren, Muster zu erkennen und auf der Grundlage des Gelernten Vorhersagen oder Entscheidungen zu treffen. Maschinelles Lernen wurde zur treibenden Kraft hinter Anwendungen wie Spracherkennung, Bildklassifizierung und Empfehlungssystemen.

Die Fortschritte auf dem Gebiet der KI haben nicht nur die Technologie revolutioniert, sondern auch verschiedene Branchen verändert. Von selbstfahrenden Autos über virtuelle Assistenten bis hin zu personalisierten Empfehlungen - KI ist zu einem festen Bestandteil unseres Alltags geworden. Doch mit dem Eintritt in eine von KI beherrschte Ära werden ethische Überlegungen und eine verantwortungsvolle Entwicklung immer wichtiger.

Wenn wir tiefer in die Welt der künstlichen Intelligenz

eintauchen, ist es wichtig, sich an die Pioniere und Durchbrüche zu erinnern, die den Weg für ihre moderne Erscheinungsform geebnet haben. Turings Rechentheorie, McCarthys Einführung der künstlichen Intelligenz, die Entstehung neuronaler Netze und die Entwicklung von Expertensystemen und maschinellem Lernen haben alle eine entscheidende Rolle gespielt. Doch es gibt noch viel mehr zu erforschen und zu entdecken in der zweiten Hälfte dieses Kapitels, in dem wir die Zukunft der KI und ihre potenziellen Auswirkungen auf die Gesellschaft enträtseln.

Der Bereich der künstlichen Intelligenz hat im Laufe der Jahre bemerkenswerte Fortschritte gemacht, da Forscher und Innovatoren die Grenzen dessen, wozu Maschinen fähig sind, immer weiter verschieben. In der zweiten Hälfte dieses Kapitels werden wir neuere Durchbrüche und aufkommende Technologien untersuchen, die die KI in die moderne Ära katapultiert haben.

Ein wichtiger Meilenstein in der Entwicklung der KI ist die Entwicklung von Techniken zur Verarbeitung natürlicher Sprache (NLP). NLP zielt darauf ab, Maschinen in die Lage zu versetzen, die menschliche Sprache zu verstehen und mit ihr zu interagieren und so die Kluft zwischen Menschen und Maschinen zu überbrücken. Das Aufkommen von NLP hat verschiedene Anwendungen revolutioniert, z. B. virtuelle Assistenten wie Siri, Alexa und Google Assistant, die gesprochene Befehle und Anfragen verarbeiten und beantworten können.

Eine der Schlüsseltechniken im NLP ist die Stimmungsanalyse, bei der Text oder Sprache analysiert werden, um die zugrunde liegende Stimmung zu ermitteln, ob sie positiv, negativ oder neutral ist. Diese Technologie findet Anwendung in Bereichen wie der Analyse von Kundenfeedback und der Überwachung sozialer Medien. Die Stimmungsanalyse ermöglicht es Unternehmen, Einblicke in die Meinungen und Vorlieben ihrer Kunden zu gewinnen und ihre Produkte und Dienstleistungen entsprechend anzupassen.

Ein weiterer entscheidender Fortschritt in der Welt der KI ist die Computer Vision, bei der es darum geht, dass Maschinen visuelle Informationen effektiv verstehen und interpretieren können. Diese Technologie findet in verschiedenen Bereichen Anwendung, darunter medizinische Bildgebung, autonome Fahrzeuge und Überwachungssysteme.

Bildverarbeitungsalgorithmen sind in der Lage, Bilder und Videos zu analysieren, um wertvolle Informationen zu extrahieren, z. B. Objekterkennung, Szenenverständnis und sogar Gesichtserkennung. Diese Fähigkeiten haben den Weg für die Entwicklung von selbstfahrenden Autos geebnet, die ihre Umgebung erkennen und darauf reagieren können, sowie für die Weiterentwicklung von Sicherheitssystemen, die Personen identifizieren und verfolgen können.

Im Zuge der Weiterentwicklung der künstlichen Intelligenz hat ein Bereich große Aufmerksamkeit erregt: das Verstärkungslernen. Verstärkungslernen ist eine Art des maschinellen Lernens, bei dem es darum geht, Maschinen zu lehren, Entscheidungen zu treffen und Handlungen auf der Grundlage von Belohnungen und Bestrafungen aus ihrer Umgebung vorzunehmen.

Dieser Ansatz hat sich als besonders erfolgreich erwiesen, wenn es darum geht, Maschinen für komplexe Spiele zu trainieren. So machte beispielsweise AlphaGo von DeepMind 2016 Schlagzeilen, als es den Weltmeister Lee Sedol im antiken Spiel Go besiegte. Der Sieg zeigte das Potenzial des verstärkenden Lernens und der KI bei der Bewältigung komplexer Problemlösungsaufgaben.

Die Entwicklung von generativen adversen Netzen (GANs) hat ebenfalls einen bedeutenden Einfluss auf den Bereich der KI ausgeübt. GANs bestehen aus zwei neuronalen Netzen - dem Generator und dem Diskriminator -, die zusammenarbeiten, um realistische Ergebnisse zu erzielen. Der Generator erzeugt synthetische Muster wie Bilder oder Texte, während der

Diskriminator deren Authentizität bewertet.

Durch das Zusammenspiel von Generator und Diskriminator können GANs Muster lernen und Ergebnisse erzeugen, die von echten Daten nicht zu unterscheiden sind. Diese Technologie wurde in verschiedenen kreativen Anwendungen eingesetzt, von der Erzeugung realistischer Bilder und Videos bis hin zur Schaffung von Musik und Kunst.

Da die KI immer weiter fortschreitet, sind ethische Überlegungen und eine verantwortungsvolle Entwicklung zu entscheidenden Aspekten geworden, die es zu berücksichtigen gilt. Es ist von größter Bedeutung, dass KI unvoreingenommen, transparent und rechenschaftspflichtig ist, um die Verstärkung gesellschaftlicher Vorurteile zu vermeiden und Fairness und Inklusivität zu fördern.

Darüber hinaus sind die Auswirkungen der KI auf die Arbeitsplätze und die Wirtschaft nicht zu übersehen. Während KI das Potenzial hat, bestimmte Aufgaben zu automatisieren, eröffnet sie auch neue Möglichkeiten für menschliche Arbeitskräfte, damit diese sich auf kreativere und komplexere Aufgaben konzentrieren können. Bildungs- und Ausbildungsprogramme werden eine wichtige Rolle dabei spielen, Arbeitnehmer mit den notwendigen Fähigkeiten auszustatten, um die KI-gesteuerte Zukunft zu meistern.

Zusammenfassend lässt sich sagen, dass die Geburt der modernen KI durch eine Reihe von Durchbrüchen und Fortschritten in verschiedenen Bereichen gekennzeichnet war. Von der Verarbeitung natürlicher Sprache über Computer Vision bis hin zu Reinforcement Learning und generativen adversen Netzen - jede Entwicklung hat die KI in neue Bereiche vorangebracht. Da die KI jedoch unsere Welt immer mehr prägt, wird es von größter Bedeutung sein, sich mit ethischen Bedenken auseinanderzusetzen und eine verantwortungsvolle Entwicklung sicherzustellen. Indem wir die Macht der KI mit menschlichem Einfallsreichtum und menschlichen Werten kombinieren, können wir das volle Potenzial dieser transformativen Technologie freisetzen.

KAPITEL 3: VERSTÄNDNIS VON AI-SYSTEMEN

Abschnitt 1: Einführung in AI-Systeme

Künstliche Intelligenz (KI) ist in den letzten Jahren zu einem Schlagwort geworden, das die Fantasie von Technikbegeisterten beflügelt und die Zukunft von Industrien weltweit prägt. Von selbstfahrenden Autos bis hin zu virtuellen Assistenten - KI-Systeme haben die Art und Weise, wie wir leben und arbeiten, verändert. Diese komplexen Systeme zu verstehen, kann jedoch entmutigend sein, da sie sich oft hinter einem Schleier von Geheimnissen, der so genannten "Black Box", verbergen. In diesem Kapitel begeben wir uns auf eine Reise zur Entmystifizierung von KI-Systemen und enthüllen die faszinierende Technologie, die sie antreibt.

Im Kern ist ein KI-System so konzipiert, dass es seine Umgebung wahrnimmt, darüber nachdenkt und dementsprechend Entscheidungen trifft oder Maßnahmen ergreift. Durch den Einsatz von Algorithmen und riesigen Datenmengen ermöglicht die KI es Maschinen, die menschliche Intelligenz zu imitieren und Aufgaben auszuführen, für die bisher der Mensch zuständig war. Diese Systeme haben das Potenzial, Branchen zu revolutionieren, die Effizienz zu steigern und neue Möglichkeiten zu erschließen.

Die Bedeutung von KI-Systemen liegt nicht nur in ihrem enormen Potenzial, sondern auch in ihrer allgegenwärtigen Präsenz. KI ist nicht mehr nur auf Nischenanwendungen beschränkt, sondern hat verschiedene Aspekte unseres Lebens durchdrungen. Von der Gesundheitsfürsorge über das Finanzwesen bis hin zur Unterhaltung und dem Transportwesen haben KI-Systeme in unzähligen Bereichen Einzug gehalten. Da sich diese Systeme ständig weiterentwickeln, ist es für den Einzelnen unabdingbar, die ihnen zugrunde liegenden Mechanismen und Auswirkungen zu verstehen.

Das Verständnis von KI-Systemen ist besonders wichtig für den ethischen und verantwortungsvollen Einsatz dieser Technologie. Die von KI-Modellen, neuronalen Netzen und Algorithmen getroffenen Entscheidungen können Auswirkungen auf den Einzelnen und die Gesellschaft insgesamt haben. Wenn wir das Innenleben dieser Systeme nicht verstehen, riskieren wir unbeabsichtigte Folgen und Vorurteile, die gesellschaftliche Ungleichheiten verstärken können. Es liegt daher in unserer Verantwortung, uns für Transparenz einzusetzen und sicherzustellen, dass KI-Systeme mit unseren Werten und gesellschaftlichen Normen in Einklang stehen.

Um KI-Systeme zu verstehen, müssen wir uns mit den Schlüsselkomponenten befassen, die sie funktionieren lassen. Das Herzstück eines jeden KI-Systems ist das maschinelle Lernen, ein Teilbereich der KI, bei dem es darum geht, Algorithmen zu trainieren, die aus Daten lernen. Durch einen Prozess, der als überwachtes Lernen bezeichnet wird, können Algorithmen markierte Beispiele analysieren und Vorhersagen oder Klassifizierungen vornehmen. Unüberwachtes Lernen hingegen ermöglicht es Algorithmen, verborgene Muster in nicht gekennzeichneten Daten aufzudecken, sodass sie Ähnlichkeiten erkennen und fundierte Entscheidungen treffen können.

Ein weiterer wichtiger Aspekt von KI-Systemen ist das Deep Learning, ein Ansatz, der die Art und Weise nachahmt, wie menschliche Gehirne Informationen verarbeiten und lernen. Deep Learning stützt sich auf neuronale Netze, komplizierte Netze aus miteinander verbundenen Knoten, die den Neuronen in unserem Gehirn ähneln. Diese Netze können riesige Datenmengen verarbeiten und komplexe Muster erkennen, die für herkömmliche Algorithmen nur schwer zu erkennen sind.

Wenn wir uns in den Bereich der KI-Systeme vorwagen, ist es wichtig, die damit verbundenen Herausforderungen zu erkennen. Eine der grundlegenden Hürden ist die "Blackbox"-Natur vieler KI-Algorithmen. Diese Algorithmen können zwar genaue Ergebnisse liefern, aber es kann schwierig sein, die Gründe für ihre Entscheidungen zu verstehen. Diese Undurchsichtigkeit kann Bedenken hinsichtlich der Verantwortlichkeit, des Vertrauens und möglicher Verzerrungen innerhalb dieser Systeme aufkommen lassen.

Darüber hinaus ergeben sich ethische Überlegungen im Zusammenhang mit KI-Systemen, wenn wir die unscharfen Grenzen zwischen menschlicher und maschineller Entscheidungsfindung überwinden. Von autonomen Fahrzeugen, die in Sekundenbruchteilen Entscheidungen treffen, bis hin zu KI-Algorithmen, die Einstellungsprozesse beeinflussen, sind die ethischen Auswirkungen von KI-Systemen weitreichend und vielschichtig. Daher ist es für den Einzelnen von entscheidender Bedeutung, die Grundlagen von KI-Systemen zu verstehen, um sich an informierten Diskussionen und kritischen Analysen beteiligen zu können.

Im nächsten Abschnitt dieses Kapitels werden wir uns mit den realen Anwendungen von KI-Systemen befassen und untersuchen, wie sie verschiedene Branchen revolutioniert haben und sich auf unser tägliches Leben auswirken. Vom Gesundheitswesen über das Finanzwesen bis hin zur Unterhaltung und zum Transportwesen - der Einfluss von KI-Systemen ist groß und wächst ständig. Begleiten Sie uns, wenn wir die bemerkenswerten Fähigkeiten und das Potenzial dieser Systeme aufdecken und die Geheimnisse hinter ihrer Funktionsweise lüften.

Bei der weiteren Erforschung von KI-Systemen ist es wichtig, sich mit den realen Anwendungen zu befassen, die verschiedene Branchen revolutioniert haben und sich auf unser tägliches Leben auswirken. Vom Gesundheitswesen über das Finanzwesen bis hin zur Unterhaltung und dem Transportwesen - der Einfluss von KI-Systemen ist groß und wird immer größer.

Im Bereich des Gesundheitswesens haben KI-Systeme das Potenzial, die Ergebnisse für Patienten zu verbessern, die Diagnostik zu optimieren und medizinische Verfahren zu rationalisieren. Algorithmen des maschinellen Lernens werden zur Erkennung von Mustern in medizinischen Bildern wie Röntgenbildern, Mammogrammen und MRTs eingesetzt und ermöglichen die Früherkennung von Krankheiten. Dies hat sich als besonders wertvoll für die Erkennung von Anomalien bei Krebsvorsorgeuntersuchungen erwiesen und ermöglicht ein schnelles Eingreifen und eine schnelle Behandlung. KI-Systeme helfen auch bei der Erstellung personalisierter Behandlungspläne, indem sie große Mengen an Patientendaten nutzen, um auf der Grundlage individueller Faktoren die wirksamsten Medikamente und Maßnahmen zu empfehlen.

In der Finanzbranche haben KI-Systeme die Arbeitsweise von Finanzinstituten durch die Automatisierung von Prozessen, die Minimierung von Risiken und die Optimierung von Investitionen verändert. Von der Betrugserkennung bis zum Kundenservice analysieren KI-gestützte Chatbots große Mengen an Transaktionsdaten und Kundeninteraktionen, um potenzielle betrügerische Aktivitäten zu erkennen und personalisierte Finanzberatung anzubieten. Darüber hinaus nutzen algorithmische Handelssysteme das maschinelle Lernen, um Muster in Marktdaten zu erkennen, was fundiertere Anlageentscheidungen und die Vorhersage von Finanzmarkttrends ermöglicht.

Ein weiterer Bereich, der von KI-Systemen tiefgreifend beeinflusst wird, ist die Unterhaltung. Empfehlungsalgorithmen sind in Streaming-Plattformen zunehmend verbreitet und ermöglichen personalisierte Inhaltsempfehlungen für Nutzer auf der Grundlage ihrer Sehvorlieben. Diese Technologie ermöglicht ein intensiveres und ansprechenderes Nutzererlebnis, da sie relevante und ansprechende Inhalte vorschlägt. KI-gesteuerte Chatbots und virtuelle Assistenten werden ebenfalls immer beliebter, da sie personalisierte Interaktionen ermöglichen und den Kundenservice in der Unterhaltungsbranche verbessern.

Im Verkehrsbereich haben KI-gestützte Systeme die Entwicklung von autonomen Fahrzeugen und ein verbessertes Verkehrsmanagement vorangetrieben. Selbstfahrende Autos nutzen KI-Algorithmen und Sensoren, um die Umgebung zu analysieren, Entscheidungen in Echtzeit zu treffen und sicher zu navigieren. Diese Technologie hat das Potenzial, die Zahl der durch menschliches Versagen verursachten Unfälle deutlich zu verringern und die Verkehrsbranche zu revolutionieren, indem sie die Effizienz steigert und Staus reduziert.

Während KI-Systeme ein enormes Potenzial bieten, ist es von entscheidender Bedeutung, die mit ihrem Einsatz verbundenen Herausforderungen und Bedenken zu erkennen und anzugehen. Eine zentrale Herausforderung liegt in den ethischen Überlegungen zu diesen Systemen. Da KI-Algorithmen autonome Entscheidungen treffen können, ist es unerlässlich, ethische Richtlinien zu definieren und sicherzustellen, dass diese Systeme mit unseren Werten und gesellschaftlichen Normen in Einklang stehen. Fragen wie

Datenschutz, Voreingenommenheit und Verantwortlichkeit müssen gründlich geklärt werden, um das Vertrauen zu fördern und einen verantwortungsvollen Einsatz von KI zu gewährleisten.

Eine weitere Herausforderung bei der Entwicklung von KI-Systemen besteht darin, dass in den Algorithmen möglicherweise Vorurteile enthalten sind. Algorithmen für maschinelles Lernen lernen aus den Daten, mit denen sie trainiert werden. Wenn die Trainingsdaten Vorurteile enthalten, kann das resultierende KI-System diese Vorurteile verstärken und ausbauen. Dies kann gesellschaftliche Ungleichheiten aufrechterhalten und diskriminierende Ergebnisse hervorrufen. Daher ist es wichtig, Vorurteile in KI-Systemen kontinuierlich zu überwachen und abzuschwächen, um eine faire und gerechte Behandlung für alle zu gewährleisten.

Darüber hinaus stellen die Erklärbarkeit und Interpretierbarkeit von KI-Systemen eine große Herausforderung dar. Die "Blackbox"-Natur vieler KI-Algorithmen wirft Fragen dazu auf, wie Entscheidungen getroffen werden und welche Transparenz hinter diesen Entscheidungen steht. Diese Undurchsichtigkeit kann das Verständnis erschweren, Bedenken hinsichtlich Voreingenommenheit oder falscher Entscheidungen aufkommen lassen und es dem Einzelnen erschweren, diesen KI-Systemen zu vertrauen und sich auf sie zu verlassen. Es wird versucht, Methoden zu entwickeln, um die Ergebnisse von KI-Systemen zu erklären und zu interpretieren, damit die Menschen die Gründe für die von diesen Systemen getroffenen Entscheidungen nachvollziehen können.

Zusammenfassend lässt sich sagen, dass KI-Systeme in verschiedenen Branchen Einzug gehalten haben, die Effizienz steigern, das tägliche Leben verändern und neue Möglichkeiten eröffnen. Vom Gesundheitswesen über das Finanzwesen bis hin zu Unterhaltung und Transport -

die Auswirkungen von KI sind tiefgreifend. Das Erkennen des Potenzials, der Herausforderungen und der ethischen Erwägungen im Zusammenhang mit KI-Systemen ist von zentraler Bedeutung, um einen verantwortungsvollen Einsatz zu fördern und sicherzustellen, dass diese Systeme mit unseren gesellschaftlichen Werten in Einklang stehen. Wer die zugrundeliegenden Mechanismen und Auswirkungen von KI-Systemen versteht, kann sich an sachkundigen Diskussionen beteiligen, sich für Transparenz einsetzen und aktiv zur Gestaltung der Zukunft dieser bemerkenswerten Technologie beitragen.

Abschnitt 2: Grundlagen der KI

Künstliche Intelligenz (KI) hat zahlreiche Branchen revolutioniert und prägt weiterhin unseren Alltag. Von Sprachassistenten bis hin zu selbstfahrenden Autos - KI-Systeme sind zu einem festen Bestandteil unserer modernen Welt geworden. Das Innenleben dieser Systeme bleibt jedoch für viele ein Rätsel und wird oft als "Black Box" bezeichnet. In diesem Kapitel versuchen wir, KI-Systeme zu entmystifizieren, indem wir ihre grundlegenden Konzepte, Techniken und Algorithmen erklären.

Um KI zu verstehen, müssen wir zunächst die grundlegenden Begriffe begreifen, die ihrer Entwicklung zugrunde liegen. Im Kern geht es bei der KI darum, Maschinen in die Lage zu versetzen, die menschliche Intelligenz zu imitieren und Aufgaben zu erfüllen, die normalerweise menschliche kognitive Fähigkeiten erfordern. Zu diesen Aufgaben gehören Wahrnehmung, logisches Denken, Lernen und Problemlösung. Um dies zu erreichen, stützen sich KI-Systeme auf eine Kombination aus verschiedenen Komponenten.

Eine wesentliche Komponente der KI ist das maschinelle Lernen. Beim maschinellen Lernen, einem Teilbereich der KI, geht es darum, dass Maschinen aus Daten lernen und ihre Leistung im Laufe der Zeit ohne ausdrückliche Programmierung verbessern können. Diese Technik hat den Fortschritt der KI erheblich vorangetrieben. Es gibt zwei wichtige Arten des maschinellen Lernens: überwachtes Lernen und unüberwachtes Lernen.

Beim überwachten Lernen wird ein maschinelles Lernmodell mit gekennzeichneten Datensätzen trainiert, wobei jeder Datenpunkt mit einem Zielwert verknüpft ist. Durch die Analyse dieser markierten Beispiele lernt das Modell Muster und Beziehungen, die es ihm ermöglichen, Vorhersagen oder Klassifizierungen mit neuen, ungesehenen Daten zu treffen. Diese Art des Lernens wird häufig in der Bilderkennung, der natürlichen Sprachverarbeitung und in Empfehlungssystemen eingesetzt.

Unüberwachtes Lernen hingegen arbeitet mit unmarkierten Datensätzen. Im Gegensatz zum überwachten Lernen gibt es keine vordefinierten Zielwerte. Stattdessen lernt das Modell Muster und Strukturen in den Daten selbst. Unüberwachtes Lernen wird häufig für Aufgaben wie Clustering, Erkennung von Anomalien und Dimensionalitätsreduktion verwendet. Es hilft dabei, verborgene Erkenntnisse oder Muster aufzudecken, die für den menschlichen Beobachter möglicherweise nicht erkennbar sind.

Ein weiteres wichtiges Konzept der KI sind neuronale Netze. Nach dem Vorbild des menschlichen Gehirns, das aus miteinander verbundenen Neuronen besteht, zielen neuronale Netze darauf ab, diese komplexe Struktur in Maschinen nachzubilden. Neuronale Netze bestehen aus miteinander verbundenen Schichten von künstlichen Neuronen, die jeweils einfache Berechnungen durchführen. Diese Neuronen arbeiten zusammen, um Informationen zu verarbeiten und komplexe Funktionen zu simulieren.

Deep Learning, eine Untergruppe der neuronalen Netze, hat in den letzten Jahren große Aufmerksamkeit erregt. Deep-Learning-Modelle verfügen über zahlreiche Schichten, die es ihnen ermöglichen, kompliziertere Aufgaben zu bewältigen und hierarchische Darstellungen aus Daten zu extrahieren. Dieser Ansatz hat zu Durchbrüchen bei der Bild- und Spracherkennung, der Verarbeitung natürlicher Sprache und in anderen Bereichen geführt.

Während maschinelles Lernen und neuronale Netze die Grundlage der KI bilden, tragen andere Techniken und Algorithmen zu ihrer Gesamtfunktionalität bei. Beim Verstärkungslernen beispielsweise geht es darum, einem Agenten beizubringen, sequenzielle Entscheidungen zu treffen, indem Belohnungen maximiert und Strafen minimiert werden. Dieser Ansatz hat sich bei Spielen und in der Robotik als äußerst erfolgreich erwiesen.

Darüber hinaus verwenden KI-Systeme je nach Problembereich und Anforderungen eine Vielzahl von Algorithmen wie Entscheidungsbäume, Support-Vektor-Maschinen und Bayes'sche Netze. Diese Algorithmen bieten unterschiedliche Ansätze für die Bearbeitung von Klassifizierung, Regression, Clustering und anderen Aufgaben. Das Verständnis ihrer Stärken und Grenzen ist für die Entwicklung effektiver KI-Lösungen von entscheidender Bedeutung.

Abschließend haben wir uns durch die Erforschung der Grundlagen der KI auf eine Reise in die Welt der intelligenten Maschinen begeben. Wir haben über die Bedeutung des maschinellen Lernens, die Leistungsfähigkeit neuronaler Netze und die verschiedenen Algorithmen gesprochen, die zu den Fähigkeiten der KI beitragen. Dies ist jedoch erst der Anfang unserer Erkundung. In der zweiten Hälfte dieses Kapitels werden wir uns eingehender mit den realen Anwendungen der KI, ihren Auswirkungen auf die Gesellschaft und den damit verbundenen ethischen Überlegungen befassen. Begleiten Sie uns, wenn wir die Geheimnisse der KI lüften und ein besseres Verständnis für ihr Potenzial und ihre Herausforderungen gewinnen.

Mit einer soliden Grundlage in den Grundlagen der KI können wir nun die realen Anwendungen dieser bahnbrechenden Technologie erkunden und ihre Auswirkungen auf die Gesellschaft untersuchen. KI hat sich in verschiedenen Bereichen fest etabliert, revolutioniert die Industrie und verändert die Art und Weise, wie wir leben und arbeiten.

Ein wichtiger Bereich, in dem KI eine Rolle spielt, ist das Gesundheitswesen. KI-Systeme werden eingesetzt, um Ärzte bei der Diagnose von Krankheiten, der Analyse medizinischer Bilder und der Vorhersage von Patientenergebnissen zu unterstützen. Algorithmen des maschinellen Lernens können riesige Mengen von Patientendaten durchforsten, um Muster zu erkennen, die Menschen möglicherweise übersehen. Dies kann zu einer früheren Erkennung von Krankheiten, genaueren Diagnosen und personalisierten Behandlungsplänen führen. KI-gestützte Tools werden auch zur Unterstützung der Diagnose und Behandlung im Bereich der psychischen Gesundheit entwickelt und versprechen erhebliche Fortschritte in diesem wichtigen Bereich.

Im Bereich des Verkehrswesens übernimmt die KI bei der Entwicklung autonomer Fahrzeuge die Führung. Selbstfahrende Autos sind mit fortschrittlichen Sensoren, Kameras und Algorithmen für maschinelles Lernen ausgestattet, die es ihnen ermöglichen, auf den Straßen zu navigieren und Entscheidungen in Echtzeit zu treffen. Zu den potenziellen Vorteilen autonomer Fahrzeuge gehören die Erhöhung der Verkehrssicherheit, die Verringerung von Verkehrsstaus und die Verbesserung der Kraftstoffeffizienz. Allerdings müssen Herausforderungen wie ethische Dilemmata und rechtliche Rahmenbedingungen gemeistert werden, bevor vollständig autonome Fahrzeuge alltäglich werden.

KI verändert auch die Art und Weise, wie wir mit Technologie interagieren, durch Techniken der natürlichen Sprachverarbeitung (NLP). Sprachassistenten wie Siri, Alexa und Google Assistant nutzen NLP-Algorithmen, um menschliche Sprache zu verstehen und darauf zu reagieren. Diese fortschrittlichen Systeme bieten einen freihändigen Ansatz für den Zugriff auf Informationen, die Verwaltung von Aufgaben und die Steuerung intelligenter Geräte. Mit der Weiterentwicklung von NLP können wir mit noch größeren Fortschritten in der Mensch-Computer-Interaktion rechnen, wodurch Technologie für jeden zugänglicher und intuitiver wird.

Ein weiterer Bereich, in dem die KI Fortschritte macht, ist der Finanzsektor. KI-gestützte Algorithmen können große Mengen von Finanzdaten analysieren, Muster erkennen und Vorhersagen treffen. Dies hat zur Entwicklung hochentwickelter Handelssysteme geführt, die Informationen in Echtzeit verarbeiten und Markttrends erkennen können, was Finanzinstituten hilft, fundierte Anlageentscheidungen zu treffen. Darüber hinaus wird KI zur Verbesserung der Betrugserkennung, Risikobewertung und des Kundendienstes im Bankensektor eingesetzt. Durch die Automatisierung sich wiederholender Aufgaben und die Bereitstellung datengestützter Erkenntnisse ermöglicht die KI den Finanzinstituten, effizienter und effektiver zu arbeiten.

Da die KI jedoch immer weiter voranschreitet, ist es von entscheidender Bedeutung, die ethischen Implikationen ihres Einsatzes zu berücksichtigen. Fragen wie Voreingenommenheit in Algorithmen, Bedenken hinsichtlich des Datenschutzes und der Verdrängung von Arbeitsplätzen müssen sorgfältig geprüft werden. Voreingenommenheit in KI-Systemen kann gesellschaftliche Ungleichheiten aufrechterhalten, und die Verletzung der Privatsphäre kann die Rechte des Einzelnen beeinträchtigen. Auch die Angst vor der Verdrängung von Arbeitsplätzen durch die Automatisierung ist eine berechtigte Sorge. Um diese Herausforderungen zu entschärfen, ist es wichtig, die Transparenz von KI-Systemen zu gewährleisten, die Vielfalt in KI-Entwicklungsteams zu fördern und Vorschriften zum Schutz der Rechte und Interessen des Einzelnen zu erlassen.

Zusammenfassend lässt sich sagen, dass KI-Systeme weitreichende Auswirkungen auf verschiedene Branchen haben, die Gesundheitsversorgung verbessern, das Verkehrswesen umgestalten, die Interaktion zwischen Mensch und Computer revolutionieren und die Finanzdienstleistungen verbessern. Während wir die Vorteile der KI nutzen, müssen wir jedoch auch die ethischen Überlegungen und sozialen Auswirkungen berücksichtigen, die sich daraus ergeben. Das Streben nach einem verantwortungsvollen und integrativen KI-Entwicklungsansatz ist unabdingbar, um das volle Potenzial dieser leistungsstarken Technologie zu nutzen. Wenn wir die grundlegenden Konzepte, Techniken und Algorithmen verstehen, die den KI-Systemen zugrunde liegen, können wir uns in dieser aufregenden, aber komplexen Landschaft zurechtfinden und auf die Entwicklung von KI-Lösungen hinarbeiten, die der Gesellschaft als Ganzes zugute kommen.

Abschnitt 3: Die Funktionsprinzipien von KI-Systemen

Eintauchen in das Innenleben von KI-Systemen, einschließlich Datenerfassung, Vorverarbeitung, Modelltraining und Entscheidungsprozesse.

Systeme der künstlichen Intelligenz (KI) sind aus unserem Leben nicht mehr wegzudenken. Sie revolutionieren Branchen und verändern die Art und Weise, wie wir mit Technologie umgehen. Von Sprachassistenten, die unsere Befehle verstehen, bis hin zu selbstfahrenden Autos, die uns durch die Straßen navigieren, haben sich diese KI-Systeme so entwickelt, dass sie komplexe Aufgaben übernehmen, von denen man früher dachte, sie seien ausschließlich dem Menschen vorbehalten. Das Innenleben von KI-Systemen ist jedoch oft geheimnisumwittert und verbirgt sich hinter dem

Begriff der "Black Box". In diesem Kapitel versuchen wir, KI-Systeme zu entmystifizieren, indem wir uns mit ihren Funktionsprinzipien auseinandersetzen.

Datenerhebung:

Das Herzstück eines jeden KI-Systems sind Daten - der Treibstoff für seine Intelligenz. Bei der Datenerfassung werden große Mengen an Informationen aus verschiedenen Quellen gesammelt, um ein KI-System mit einem vielfältigen und umfangreichen Datensatz zu versorgen. Diese Daten können aus zahlreichen Kanälen stammen, z. B. aus Sensorwerten, Beiträgen in sozialen Medien, Kundenfeedback oder sogar manuellen Eingaben. Die Qualität und Quantität der Daten sind entscheidende Faktoren für die Leistung und Genauigkeit von KI-Systemen.

Vorverarbeitung:

Sobald die Daten gesammelt sind, werden sie einer Vorverarbeitungsphase unterzogen, um sicherzustellen, dass sie für das Training des KI-Modells geeignet sind. Dabei werden die Daten bereinigt, indem irrelevante oder redundante Informationen entfernt, fehlende Werte behandelt und Inkonsistenzen beseitigt werden. Zur Vorverarbeitung gehört auch die Umwandlung der Daten in ein maschinenlesbares Format, z. B. in numerische Darstellungen oder Vektoreinbettungen, je nach Art des KI-Systems.

Modellschulung:

Der Erfolg eines KI-Systems hängt stark von der Effektivität seiner Trainingsphase ab. Während des Modelltrainings werden extrahierte Daten verwendet, um dem KI-System beizubringen, wie man Muster erkennt, Assoziationen herstellt und aus Beispielen lernt. Die gängigste Methode zum Trainieren von KI-Modellen ist das maschinelle Lernen, das verschiedene Techniken wie überwachtes Lernen, unbeaufsichtigtes Lernen und Verstärkungslernen umfasst. Beim überwachten Lernen wird das KI-System mit markierten Beispielen trainiert, während das unbeaufsichtigte Lernen es dem System ermöglicht, selbständig Muster und Assoziationen zu finden. Beim Verstärkungslernen wird das

KI-System durch einen Versuch-und-Irrtum-Ansatz geschult, wobei es je nach den Ergebnissen seiner Aktionen belohnt oder bestraft wird.

Entscheidungsfindung:

Sobald ein KI-System ein umfangreiches Training durchlaufen hat, ist es in der Lage, Entscheidungen oder Vorhersagen auf der Grundlage der erhaltenen Eingaben zu treffen. Die Entscheidungsfindung in KI-Systemen basiert in der Regel auf Algorithmen, die die Daten verarbeiten und Ergebnisse erzeugen. Diese Algorithmen können von einfachen regelbasierten Systemen bis hin zu komplexen tiefen neuronalen Netzen
reichen. Die von KI-Systemen getroffenen Entscheidungen können binär sein, wie z. B. die Erkennung, ob ein Bild eine Katze oder einen Hund enthält, oder komplexer, wie z. B. die Empfehlung von personalisierten Inhalten auf der Grundlage von Benutzerpräferenzen. Die Genauigkeit und Zuverlässigkeit dieser Entscheidungen wird durch Feedback-Schleifen und iterative Trainingsprozesse kontinuierlich verbessert.

Wenn wir uns weiter in den Bereich der KI-Systeme vertiefen, ist es wichtig, die potenziellen Herausforderungen und ethischen Überlegungen im Zusammenhang mit ihrem Einsatz anzuerkennen. Voreingenommenheit bei der Datenerfassung, dem Modelltraining und den Entscheidungsprozessen kann unbeabsichtigt gesellschaftliche Ungleichheiten aufrechterhalten oder bestimmte Gruppen diskriminieren. Um KI-Systeme zu entwickeln, die fair, transparent und rechenschaftspflichtig sind, ist es notwendig, diese Herausforderungen zu verstehen und anzugehen.

In der zweiten Hälfte dieses Kapitels werden wir uns mit den neuesten Fortschritten in der KI-Forschung befassen und die zukünftige Entwicklung von KI-Systemen diskutieren. Machen Sie sich auf einen tieferen Einblick in die faszinierende

Welt der KI und ihre endlosen Möglichkeiten gefasst. Doch lassen Sie uns erst einmal vorsichtig vorgehen und die Komplexität hinter dem Vorhang intelligenter Technologien erkennen.

Die sich erweiternden Horizonte der KI-Systeme

Nachdem wir uns in der ersten Hälfte dieses Kapitels mit den grundlegenden Aspekten von KI-Systemen befasst haben, wenden wir uns nun den bahnbrechenden Fortschritten und zukünftigen Richtungen zu, die dieses Feld prägen. Mit der Weiterentwicklung der KI werden neue Durchbrüche erzielt, die die Grenzen dessen, was einst als unmöglich galt, verschieben und aufregende Möglichkeiten in verschiedenen Branchen bieten.

Ein Bereich, in dem KI-Systeme große Fortschritte gemacht haben, ist das Gesundheitswesen. Forscher und Praktiker haben sich die Leistung der KI zunutze gemacht, um Diagnosen zu verbessern, den Krankheitsverlauf vorherzusagen und sogar personalisierte Behandlungspläne zu entwerfen. Durch die Analyse großer Mengen medizinischer Daten können KI-Systeme subtile Muster erkennen, die sich dem menschlichen Auge entziehen, was zu einer früheren Erkennung und Behandlung von Krankheiten wie Krebs führt. Darüber hinaus können KI-gesteuerte Modelle bei der Erstellung von patientenindividuellen Behandlungsempfehlungen helfen und dabei genetische Profile, die Krankengeschichte und andere relevante Faktoren berücksichtigen.

Ein weiterer Bereich, in dem KI-Systeme tiefgreifende Auswirkungen haben, ist der Bereich der autonomen Fahrzeuge. Selbstfahrende Autos sind nicht mehr nur Science-Fiction, sondern werden immer mehr zur greifbaren Realität. KI-Algorithmen in Verbindung mit fortschrittlichen Sensoren und Kartierungstechnologien ermöglichen es den Fahrzeugen, ihre Umgebung wahrzunehmen und zu analysieren, sich in komplexen Straßennetzen zurechtzufinden und in

Sekundenbruchteilen Entscheidungen zu treffen, um die Sicherheit der Insassen zu gewährleisten. Die laufende Forschung und Entwicklung in diesem Bereich konzentriert sich auf die Verfeinerung von KI-Systemen zur Bewältigung schwieriger Szenarien wie ungünstige Wetterbedingungen, überfüllte Straßen und unerwartete Hindernisse.

Zusätzlich zu diesen praktischen Anwendungen verändern KI-Systeme auch die kreative Landschaft. Von der Musikkomposition über die bildende Kunst bis hin zur Schriftstellerei werden KI-gesteuerte Werkzeuge eingesetzt, um originelle und überzeugende Inhalte zu erzeugen. So können beispielsweise KI-Modelle, die auf umfangreichen Sammlungen bestehender Musik trainiert wurden, neue Melodien oder sogar ganze Symphonien in verschiedenen Stilrichtungen komponieren. In ähnlicher Weise können KI-Algorithmen atemberaubende Bilder erzeugen und so die Grenzen von Design und digitaler Kunst erweitern. Diese KI-generierten Kunstwerke werfen zwar philosophische Fragen zur menschlichen Kreativität auf, eröffnen aber auch neue Möglichkeiten der Zusammenarbeit zwischen Menschen und Maschinen und erweitern das kreative Potenzial.

Die Robustheit und Sicherheit von KI-Systemen sind Bereiche, an deren Verbesserung Forscher kontinuierlich arbeiten. Angriffe von Angreifern, die darauf abzielen, KI-Modelle durch subtile Veränderungen zu täuschen, können in kritischen Bereichen wie autonomen Fahrzeugen oder Cybersicherheit ernste Folgen haben. Daher entwickeln Forscher Techniken, um KI-Systeme robuster zu machen und sicherzustellen, dass sie bewussten Versuchen zur Irreführung oder Manipulation ihrer Entscheidungsprozesse widerstehen können. Fortschritte im Bereich der erklärbaren KI sind ebenfalls auf dem Vormarsch, denn es werden Anstrengungen unternommen, um KI-Systeme zu entwickeln, die nicht nur genaue Vorhersagen machen, sondern auch interpretierbare Erklärungen für ihre Entscheidungen liefern.

Dieser Forschungszweig ist von entscheidender Bedeutung, da er die Transparenz erhöht und dazu beiträgt, Vertrauen zwischen KI-Systemen und ihren Nutzern aufzubauen.

Ethische Überlegungen spielen auch bei der künftigen Entwicklung von KI-Systemen eine entscheidende Rolle. Da die KI weiterhin verschiedene Aspekte der Gesellschaft durchdringt, ist die Gewährleistung von Fairness, Verantwortlichkeit und Transparenz von größter Bedeutung. Eine große Herausforderung ist der Umgang mit potenziellen Verzerrungen in KI-Systemen, da diese Verzerrungen soziale Ungleichheiten aufrechterhalten oder bestimmte Gruppen diskriminieren können. Forscher und Praktiker arbeiten aktiv daran, Fairness in die Datenerfassung, die Vorverarbeitung und die Modelltrainings-Pipelines einzubauen. Durch die Überprüfung der Trainingsdaten auf Verzerrungen und die Einführung von Algorithmen, die Fairness berücksichtigen, wird versucht, KI-Systeme zu entwickeln, die frei von unzulässiger Beeinflussung oder Vorurteilen sind.

Am Ende dieses Kapitels wird deutlich, dass KI-Systeme seit ihren Anfängen einen langen Weg zurückgelegt haben. Dennoch gibt es noch viel zu erforschen und zu verfeinern. Die Zukunft von KI-Systemen birgt ein immenses Potenzial, das von der Erweiterung menschlicher Fähigkeiten bis zur Revolutionierung ganzer Branchen reicht. Es ist jedoch wichtig, mit Vorsicht vorzugehen und sich mit den ethischen und gesellschaftlichen Implikationen auseinanderzusetzen, die mit diesem technologischen Fortschritt einhergehen.

In den folgenden Kapiteln dieses Buches werden wir uns eingehender mit spezifischen Anwendungen von KI-Systemen in verschiedenen Bereichen wie Finanzen, Landwirtschaft und Bildung beschäftigen. Durch umfassende Fallstudien und Beispiele aus der Praxis möchten wir den Lesern ein praktisches Verständnis für die transformative Kraft der KI vermitteln. Seien Sie dabei, wenn wir die Blackbox entmystifizieren und die komplizierte Funktionsweise von KI-

Systemen aufdecken, damit wir ihr Potenzial zum Wohle der Gesellschaft nutzen können.

Im nächsten Abschnitt werden wir uns mit der Rolle von KI-Systemen in der Finanzbranche befassen und untersuchen, wie sie die traditionellen Bank- und Anlagepraktiken revolutionieren. Bleiben Sie dran für eine aufschlussreiche Diskussion über die Zukunft des Finanzwesens, die von intelligenten Technologien geprägt ist.

Abschnitt 4: Interpretierbarkeit vs. Erklärbarkeit

In der Welt der Systeme der künstlichen Intelligenz (KI) tauchen in Diskussionen häufig zwei Begriffe auf: Interpretierbarkeit und Erklärbarkeit. Diese Begriffe beziehen sich auf die Fähigkeit, die von einem KI-System getroffenen Entscheidungen oder Handlungen zu verstehen und nachzuvollziehen. Auch wenn sie sich auf den ersten Blick ähneln, haben Interpretierbarkeit und Erklärbarkeit ihre eigenen Merkmale und Auswirkungen. In diesem Kapitel gehen wir auf diese Unterschiede ein und untersuchen, wie sie sich auf KI-Systeme und ihre breiteren Anwendungen auswirken.

Interpretierbarkeit bei KI-Systemen bezieht sich auf die Fähigkeit, die interne Funktionsweise des Modells zu verstehen und zu interpretieren, einschließlich der Faktoren oder Merkmale, die es bei seinen Entscheidungen berücksichtigt. Sie gibt Einblick in den Entscheidungsprozess und ermöglicht es uns, die wichtigsten Faktoren hinter den Vorhersagen eines KI-Systems zu erkennen. Die Interpretierbarkeit ermöglicht es uns zu entschlüsseln, warum bestimmte Entscheidungen getroffen werden, was in Bereichen, in denen Transparenz und Rechenschaftspflicht von größter Bedeutung sind, wie z. B. im Gesundheits-, Finanz- oder Rechtswesen, entscheidend sein kann.

Andererseits geht die Erklärbarkeit über die Interpretierbarkeit hinaus, indem sie nicht nur Einblick in den Entscheidungsprozess gewährt, sondern auch Rechtfertigungen oder Gründe für diese Entscheidungen liefert. Die Erklärbarkeit ermöglicht es uns, nicht nur das "Was", sondern auch das "Warum" hinter den Ergebnissen eines KI-Systems zu verstehen. Sie zielt darauf ab, die Kluft zwischen der internen Funktionsweise des Modells und dem menschlichen Verständnis zu überbrücken, wodurch KI-Systeme zugänglicher und vertrauenswürdiger werden. Erklärbarkeit ist besonders wichtig, wenn KI-Systeme an kritischen Entscheidungsprozessen beteiligt sind, wie z. B. bei autonomen Fahrzeugen oder medizinischen Diagnosen.

Obwohl sowohl die Interpretierbarkeit als auch die Erklärbarkeit wichtige Aspekte von KI-Systemen sind, unterscheiden sie sich in ihrem Grad an Transparenz. Die Interpretierbarkeit konzentriert sich auf das Verständnis der internen Mechanismen, unabhängig davon, ob sie einem menschlichen Beobachter leicht erklärt werden können. Sie bringt Licht in das Innenleben der Blackbox, auch wenn diese komplex und schwer zu vermitteln ist. Bei der Erklärbarkeit hingegen geht es darum, den Entscheidungsprozess für den menschlichen Nutzer verständlich und transparent zu machen, was oft einfachere und intuitivere Erklärungen erfordert.

Die Auswirkungen von Interpretierbarkeit und Erklärbarkeit in KI-Systemen sind weitreichend. Die Interpretierbarkeit ermöglicht es uns, Verzerrungen, Schwachstellen oder Fehler im Entscheidungsprozess des Modells aufzudecken. Wenn wir verstehen, welche Faktoren am meisten zu den Vorhersagen eines KI-Systems beitragen, können wir potenzielle Verzerrungen oder diskriminierende Muster erkennen, die möglicherweise aus den Trainingsdaten gelernt wurden. So können wir diese Probleme angehen und fairere und unvoreingenommenere KI-Systeme entwickeln.

Die Erklärbarkeit hingegen stärkt das Vertrauen und die Akzeptanz von KI-Systemen, indem sie ihre Entscheidungen für menschliche Nutzer verständlich macht. Wenn die Nutzer nachvollziehen können, wie ein KI-System zu seinen Schlussfolgerungen kommt, gewinnen sie Vertrauen in seine Zuverlässigkeit und sind eher geneigt, ihm zu vertrauen und es zu übernehmen. Dies ist besonders wichtig in Bereichen, in denen Menschenleben oder sensible Informationen auf dem Spiel stehen, da die Erklärbarkeit die Verantwortlichkeit fördert und den Eindruck einer "Blackbox" von KI-Systemen verringert.

In dem Maße, in dem sich KI-Systeme weiterentwickeln und verschiedene Aspekte unseres Lebens durchdringen, wird die Notwendigkeit der Interpretierbarkeit und Erklärbarkeit immer wichtiger. Ein hohes Maß an Interpretierbarkeit und Erklärbarkeit zu erreichen, ist jedoch nicht immer eine einfache Aufgabe. KI-Modelle, wie z. B. tiefe neuronale Netze, funktionieren oft wie ein komplexes Netz miteinander verbundener Knoten, so dass sie schwer zu interpretieren oder vollständig zu erklären sind. Die Abwägung zwischen Modellleistung und Interpretierbarkeit/Erklärbarkeit kann ein schwieriges Unterfangen sein.

Abschließend - und dies ist nicht die letzte Schlussfolgerung dieses Kapitels - sind Interpretierbarkeit und Erklärbarkeit zwei unterschiedliche, aber miteinander verbundene Konzepte im Bereich der KI-Systeme. Während sich die Interpretierbarkeit auf das Verständnis der internen Mechanismen konzentriert, fügt die Erklärbarkeit eine zusätzliche Ebene hinzu, indem sie Rechtfertigungen oder Gründe für diese Mechanismen liefert. Sowohl die Interpretierbarkeit als auch die Erklärbarkeit tragen zur Entwicklung transparenter, nachvollziehbarer und vertrauenswürdiger KI-Systeme bei. In der zweiten Hälfte dieses Kapitels werden wir uns eingehender mit den Techniken und Ansätzen befassen, die zur Erreichung von

Interpretierbarkeit und Erklärbarkeit verwendet werden, und die Fortschritte und Herausforderungen auf diesem spannenden Gebiet untersuchen.

In der zweiten Hälfte dieses Kapitels werden wir uns eingehender mit den Techniken und Ansätzen befassen, die verwendet werden, um Interpretierbarkeit und Erklärbarkeit in KI-Systemen zu erreichen, und die Fortschritte und Herausforderungen auf diesem spannenden Gebiet untersuchen.

Die Interpretierbarkeit und Erklärbarkeit von KI-Systemen ist entscheidend für die Verbesserung von Transparenz, Verantwortlichkeit und Vertrauen in diese Systeme. Dies ist jedoch nicht immer eine einfache Aufgabe, insbesondere bei komplexen Modellen wie tiefen neuronalen Netzen oder Black-Box-Algorithmen. In den letzten Jahren haben Forscher erhebliche Fortschritte bei der Entwicklung verschiedener Techniken und Ansätze zur Bewältigung dieser Herausforderung gemacht.

Eine der grundlegenden Methoden für die Interpretierbarkeit ist die Analyse der Bedeutung von Merkmalen. Bei diesem Ansatz geht es darum, die einflussreichsten Merkmale im Entscheidungsprozess eines KI-Systems zu ermitteln. Indem wir verstehen, welche Faktoren am meisten zu seinen Vorhersagen beitragen, können wir Einblicke in den Entscheidungsprozess des Modells gewinnen. Techniken wie die Permutation der Merkmalsbedeutung, partielle Abhängigkeitsdiagramme und SHAP-Werte (Shapley Additive Explanations) werden häufig verwendet, um komplexe Modelle zu interpretieren und die Rolle einzelner Merkmale zu verstehen.

Neben der Analyse der Bedeutung von Merkmalen haben Forscher auch Methoden zur Extraktion von Regeln erforscht, um die Interpretierbarkeit zu verbessern. Regelextraktionsalgorithmen zielen darauf ab, verständliche und für den Menschen lesbare Regeln aus komplexen Modellen zu extrahieren, ohne deren Leistung zu beeinträchtigen. Diese Regeln können ein intuitiveres Verständnis dafür vermitteln, wie das Modell zu seinen Entscheidungen kommt. Techniken wie Entscheidungsbäume, Regellisten oder sogar symbolische Regelextraktion wurden eingesetzt, um komplexe Modelle zu vereinfachen und ihren Entscheidungsprozess transparenter zu machen.

Ein weiterer Ansatz zur Verbesserung der Interpretierbarkeit ist die Vereinfachung des Modells. Komplexe Modelle mit zahlreichen Schichten und Tausenden von Parametern können schwierig zu interpretieren sein. Daher kann die Vereinfachung dieser Modelle durch Verringerung ihrer Komplexität ohne wesentliche Leistungseinbußen die Interpretierbarkeit verbessern. Techniken wie Modellkomprimierung, neuronale Architektursuche oder Wissensdestillation wurden eingesetzt, um vereinfachte Modelle zu erstellen, wobei die wichtigsten Entscheidungsmerkmale der ursprünglichen Modelle erhalten blieben.

Während sich die Interpretierbarkeit auf das Verständnis der inneren Funktionsweise von KI-Systemen konzentriert, geht die Erklärbarkeit einen Schritt weiter, indem sie Rechtfertigungen oder Gründe für diese Funktionsweise liefert. Eine gängige Methode für die Erklärbarkeit ist die Erstellung von Erklärungen in Textform oder natürlicher Sprache. Bei diesem Ansatz werden die Entscheidungen des Modells in für den Menschen verständliche Erklärungen übersetzt, die den Benutzern helfen, die Gründe für die Ergebnisse des KI-Systems zu verstehen. Techniken wie Texterzeugung, Aufmerksamkeitsmechanismen oder Konzeptaktivierungsvektoren wurden eingesetzt, um informative und interpretierbare Erklärungen zu erzeugen.

Ein weiterer wichtiger Aspekt der Erklärbarkeit ist die Verwendung von Visualisierungstechniken. Visuelle Darstellungen können komplexe Informationen besser zugänglich machen und das Verständnis der Entscheidungsprozesse von KI-Systemen erleichtern. Visualisierungsansätze wie Heatmaps, Salienzkarten oder Aktivierungskarten ermöglichen es den Nutzern, eine visuelle Vorstellung von den Bereichen im Eingaberaum zu bekommen, die am meisten zur Entscheidung des KI-Systems beitragen, was die Interpretation und das Vertrauen in die Ergebnisse des Modells erleichtert.

Darüber hinaus haben Forscher die Verschmelzung von Interpretierbarkeits- und Erklärbarkeitstechniken durch hybride Methoden erforscht. Diese Methoden zielen darauf ab, die Stärken beider Ansätze zu nutzen und ihre Grenzen zu überwinden. Die Kombination der Analyse der Merkmalsbedeutung mit textlichen oder visuellen Erklärungen kann zum Beispiel ein umfassenderes Verständnis des Entscheidungsprozesses des Modells ermöglichen. Bei hybriden Verfahren besteht häufig ein Kompromiss zwischen der Komplexität der Erklärungen und dem erreichten Grad der Interpretierbarkeit.

Trotz der Fortschritte, die in der Forschung zur Interpretierbarkeit und Erklärbarkeit gemacht wurden, gibt es weiterhin Herausforderungen. Komplexe Modelle wie tiefe neuronale Netze arbeiten als hochgradig vernetzte Netze und sind daher naturgemäß schwer vollständig zu interpretieren. Außerdem besteht häufig ein Kompromiss zwischen Modellleistung und Interpretierbarkeit/Erklärbarkeit. Die Vereinfachung des Modells zur Verbesserung der Interpretierbarkeit kann zu einem Verlust an Genauigkeit führen. Ein Gleichgewicht zwischen Transparenz und Leistung zu erreichen, bleibt ein schwieriges Unterfangen.

Zusammenfassend lässt sich sagen, dass Interpretierbarkeit und Erklärbarkeit entscheidende Aspekte von KI-Systemen sind, die Transparenz, Verantwortlichkeit und Vertrauen fördern. Durch verschiedene Techniken wie die Analyse der Bedeutung von Merkmalen, die Extraktion von Regeln, die Vereinfachung von Modellen, textuelle Erklärungen und Visualisierung haben Forscher erhebliche Fortschritte bei der Verbesserung der Interpretierbarkeit und Erklärbarkeit komplexer Modelle erzielt. Auch wenn es immer noch Herausforderungen gibt, ebnen die Fortschritte in diesem Bereich den Weg für transparentere, verantwortungsvollere und vertrauenswürdigere KI-Systeme.

Zum Abschluss dieses Kapitels haben wir uns mit den Unterschieden zwischen Interpretierbarkeit und Erklärbarkeit, ihren Auswirkungen auf KI-Systeme und den zu ihrer Erreichung eingesetzten Techniken beschäftigt. Es ist offensichtlich, dass sowohl Interpretierbarkeit als auch Erklärbarkeit wesentlich dazu beitragen, KI-Systeme zu schaffen, die verständlicher und transparenter sind und denen ihre Nutzer vertrauen. In den nächsten Kapiteln werden wir uns mit realen Anwendungen von Interpretierbarkeit und Erklärbarkeit in verschiedenen Bereichen befassen und die laufenden Bemühungen zur Gestaltung einer ethischen und verantwortungsvollen KI-Entwicklung diskutieren.

Abschnitt 5: Techniken zum Verständnis von AI

Mit der zunehmenden Verbreitung von Systemen der künstlichen Intelligenz (KI) in verschiedenen Branchen wächst auch der Bedarf, ihr Verhalten zu verstehen und zu interpretieren. KI-Systeme werden aufgrund ihrer Komplexität und Undurchsichtigkeit oft als "Black Boxes" bezeichnet, so dass es für die Nutzer schwierig ist zu verstehen, wie sie zu ihren Entscheidungen kommen. Durch die Erforschung verschiedener Techniken und Ansätze können wir jedoch Licht in diese KI-Systeme bringen und die Blackbox entmystifizieren.

Eine der wichtigsten Techniken, die eingesetzt werden, um Einblicke in das Verhalten von KI-Systemen zu gewinnen, ist die Interpretierbarkeit. Interpretierbarkeitstechniken zielen darauf ab, KI transparenter und verständlicher zu machen, indem sie Erklärungen für ihre Entscheidungen liefern. Verschiedene Methoden wie die Bedeutung von Merkmalen, Salienzkarten und Entscheidungsregeln können dazu beitragen, zu verstehen, wie KI-Systeme zu ihren Vorhersagen oder Klassifizierungen kommen. Durch die Offenlegung der Faktoren, die hinter diesen Entscheidungen stehen, ermöglichen es die Techniken der Interpretierbarkeit den Nutzern, die Zuverlässigkeit und Vertrauenswürdigkeit von KI-Systemen zu beurteilen.

Modellagnostische Ansätze spielen ebenfalls eine wichtige Rolle beim Verständnis von KI-Systemen. Diese Ansätze konzentrieren sich darauf, Informationen aus der Eingabe und Ausgabe des Modells zu extrahieren, ohne sich auf spezifische Details der zugrunde liegenden Architektur zu verlassen. Mit modellagnostischen Techniken ist es möglich, das Verhalten verschiedener KI-Systeme zu analysieren, unabhängig davon, ob sie auf neuronalen Netzen, Entscheidungsbäumen oder anderen Modellen beruhen. Indem sie KI-Systeme als Blackboxen behandeln und nur ihre Eingaben und Ausgaben untersuchen, können die Benutzer Einblicke in ihre Funktionsweise und potenzielle Verzerrungen gewinnen.

Explainable AI (XAI) ist ein Bereich, der sich mit der Entwicklung von KI-Systemen befasst, die verständliche und begründbare Erklärungen für ihre Entscheidungen liefern können. Diese Systeme sollen die Kluft zwischen der Komplexität von KI-Algorithmen und dem Bedarf an menschenfreundlichen Erklärungen überbrücken. XAI-Techniken beinhalten Interpretierbarkeit und modellagnostische Ansätze, um KI-Systeme zu schaffen, die nicht nur genaue Vorhersagen machen, sondern auch die Gründe für ihre Entscheidungen angeben. Indem sie ihr Verhalten erklären können, werden diese KI-Systeme vertrauenswürdiger und ermöglichen es den Nutzern, mögliche Fehler oder Verzerrungen zu erkennen.

Während Interpretierbarkeit, modellagnostische Ansätze und XAI-Techniken wertvolle Einblicke in KI-Systeme bieten, ist es wichtig zu beachten, dass keine einzelne Methode universell anwendbar oder narrensicher ist. Jede Technik hat ihre eigenen Vorteile und Grenzen, je nach dem spezifischen KI-System und seinem Verwendungszweck. Daher kann eine Kombination dieser Ansätze notwendig sein, um ein umfassendes Verständnis zu erlangen.

Bei der Interpretation von KI-Systemen muss auch der breitere Kontext berücksichtigt werden, in dem sie arbeiten. Faktoren wie die Datenqualität, Verzerrungen in den Trainingsdaten und die Auswirkungen menschlicher Entscheidungen in der KI-Pipeline können das Verhalten und die Ergebnisse dieser Systeme erheblich beeinflussen. Daher ist es wichtig, Methoden zur Bewertung und Berücksichtigung dieser kontextbezogenen Faktoren einzusetzen.

In der zweiten Hälfte dieses Kapitels werden wir uns eingehender mit diesen Techniken befassen und Beispiele aus der Praxis untersuchen, in denen sie erfolgreich angewendet wurden. Wir werden auch auf die Herausforderungen und ethischen Überlegungen eingehen, die mit dem Verständnis von KI-Systemen verbunden sind. Am Ende dieses Kapitels werden Sie eine solide Grundlage in den Techniken haben, die verwendet werden, um die Geheimnisse der KI zu entschlüsseln und sich in der Blackbox zurechtzufinden.

Nachdem wir nun verschiedene Methoden erforscht haben, um Einblicke in das Verhalten von KI-Systemen zu gewinnen, wird sich die zweite Hälfte dieses Kapitels mit praktischen Anwendungen, Fallstudien und aufkommenden Trends auf dem Gebiet der KI-Interpretation und des KI-Verständnisses beschäftigen. Wir werden uns mit fortgeschrittenen Interpretationsmethoden befassen, die Bedeutung von Benutzerfeedback diskutieren und aktuelle Entwicklungen aufzeigen, die die Grenzen der erklärbaren KI erweitern. In der zweiten Hälfte dieses Kapitels werden wir uns mit den Techniken und Methoden beschäftigen, die verwendet werden, um Erkenntnisse über das Verhalten von KI-Systemen zu gewinnen. Wir werden praktische Anwendungen, Fallstudien und neue Trends auf dem Gebiet der KI-Interpretation und des KI-Verständnisses untersuchen. Auf diese Weise möchten wir Ihnen ein umfassendes Verständnis für die Fortschritte bei der Entschlüsselung der rätselhaften Blackbox der KI vermitteln.

Fortgeschrittene Interpretierbarkeitsmethoden stellen eine wichtige Grenze auf dem Gebiet des KI-Verständnisses dar. Während Interpretierbarkeitstechniken wie Merkmalsbedeutung, Salienzkarten und Entscheidungsregeln wertvolle Einblicke in das Verhalten von KI-Systemen bieten, erweitern Forscher und Praktiker kontinuierlich die Grenzen, um anspruchsvollere Ansätze zu entwickeln. So ermöglichen beispielsweise Methoden wie die schichtweise Relevanzausbreitung (Layer-wise relevance propagation, LRP) und Aufmerksamkeitsmechanismen ein detaillierteres Verständnis darüber, wie verschiedene Merkmale und Regionen in einem Modell zu dessen Entscheidungen beitragen. Diese fortschrittlichen Interpretationsverfahren ermöglichen einen detaillierteren Einblick in die Funktionsweise von KI-Systemen und tragen dazu bei, Vertrauen aufzubauen und potenzielle Verzerrungen aufzudecken.

Darüber hinaus spielt das Feedback der Nutzer eine entscheidende Rolle für das Verständnis von KI-Systemen. Indem wir die Nutzer in den Interpretationsprozess einbeziehen, können wir subjektive Erkenntnisse gewinnen und die von KI-Systemen gelieferten Erklärungen validieren. Das Sammeln von Nutzerfeedback hilft nicht nur, die Transparenz und Verantwortlichkeit von KI-Systemen zu verbessern, sondern fördert auch das gegenseitige Verständnis und die Zusammenarbeit zwischen Nutzern und KI-Algorithmen. Techniken wie interaktive

Erklärungsschnittstellen und Human-in-the-Loop-Systeme erleichtern diese Feedback-Schleife und stellen sicher, dass KI-Systeme mit den Bedürfnissen und Erwartungen ihrer Nutzer übereinstimmen.

Fallstudien aus der Praxis liefern wertvolle Beispiele dafür, wie Interpretierbarkeitsverfahren und Nutzerfeedback erfolgreich eingesetzt wurden, um die Herausforderungen von KI-Systemen zu verstehen und zu bewältigen. In der Gesundheitsbranche zum Beispiel wurden Interpretationsmethoden eingesetzt, um die Vertrauenswürdigkeit von KI-Systemen für medizinische Diagnosen und Behandlungsempfehlungen zu verbessern. Durch die Bereitstellung von Erklärungen für diese KI-gesteuerten Entscheidungen können medizinische Fachkräfte die Genauigkeit des Systems überprüfen und ihr Fachwissen für eine fundiertere Zusammenarbeit einbringen.

Darüber hinaus erfährt die erklärungsbedürftige KI kontinuierliche Fortschritte, die darauf abzielen, die Lücke zwischen der Komplexität der KI-Algorithmen und menschenfreundlichen Erklärungen zu schließen. Jüngste Entwicklungen in diesem Bereich nutzen Techniken zur Generierung natürlicher Sprache, um Erklärungen auf verständlichere und intuitivere Weise bereitzustellen. Diese Systeme generieren menschenlesbare Erklärungen, die die Gründe für KI-Entscheidungen detailliert darlegen und sie einem breiteren Publikum zugänglich machen. Solche Fortschritte sind entscheidend, um das Vertrauen und die Akzeptanz von KI-Systemen in verschiedenen Bereichen zu erhöhen.

Ethische Überlegungen zum Verständnis von KI sind von größter Bedeutung. In unserem Bestreben, die Geheimnisse der KI zu entschlüsseln, müssen wir potenzielle Vorurteile, ethische Dilemmata und Risiken, die mit diesen Systemen verbunden sind, erkennen und abmildern. Die Grundsätze der Fairness, Verantwortlichkeit und Transparenz (FAT) leiten die

Entwicklung und den Einsatz ethischer KI und betonen die Notwendigkeit, Vorurteile zu beseitigen und sicherzustellen, dass KI-Systeme fair und nicht diskriminierend sind. Darüber hinaus werden derzeit rechtliche Rahmenbedingungen und Richtlinien für den verantwortungsvollen Einsatz und die Nutzung von KI geschaffen, um eine transparentere und ethischere KI-Landschaft zu fördern.

Zusammenfassend lässt sich sagen, dass sich der Bereich der KI-Interpretation und des KI-Verständnisses ständig weiterentwickelt, um die Feinheiten von KI-Systemen zu erhellen. In der zweiten Hälfte dieses Kapitels wurden fortgeschrittene Interpretationsmethoden, die Bedeutung von Nutzerfeedback und die jüngsten Entwicklungen im Bereich der erklärungsbedürftigen KI erörtert. Fallstudien aus der Praxis haben die erfolgreiche Anwendung dieser Techniken in verschiedenen Bereichen gezeigt und den Wert von Transparenz und Zusammenarbeit unterstrichen. Es ist jedoch von entscheidender Bedeutung, die ethischen Überlegungen im Zusammenhang mit KI-Systemen zu berücksichtigen und auf eine faire, verantwortliche und transparente KI hinzuarbeiten. Indem wir die Grenzen immer weiter verschieben und verschiedene Perspektiven einbeziehen, können wir die Blackbox der KI entmystifizieren und ihr volles Potenzial zum Nutzen der Gesellschaft freisetzen.

KAPITEL 4: DIE BAUSTEINE EINES KÜNSTLICHEN GEISTES

Abschnitt 1: Einführung in maschinelles Lernen und künstliche Intelligenz

In der heutigen, sich rasant entwickelnden Technologielandschaft haben sich die Bereiche des maschinellen Lernens und der künstlichen Intelligenz zu bahnbrechenden Gebieten entwickelt, die das Potenzial haben, unzählige Aspekte unseres Lebens zu verändern. Von autonomen Fahrzeugen bis hin zu personalisierten Empfehlungen treiben diese innovativen Technologien bedeutende Veränderungen in verschiedenen Branchen voran. Dieses Kapitel soll einen Überblick über die grundlegenden Konzepte und Prinzipien geben, die dem maschinellen Lernen und der künstlichen Intelligenz zugrunde liegen, und damit die Grundlage für die nachfolgenden Kapitel schaffen, die sich eingehender mit den Feinheiten dieser Technologien befassen. Maschinelles Lernen bezieht sich im Kern auf die Fähigkeit von

Computersystemen, aus Daten zu lernen und ihre Leistung zu verbessern, ohne ausdrücklich programmiert zu werden. Durch die Analyse großer Datensätze und die Extraktion von Mustern können Algorithmen für maschinelles Lernen Vorhersagen treffen oder Entscheidungen treffen, die die menschliche Intelligenz imitieren. Diese Fähigkeit hat die Entwicklung von Anwendungen ermöglicht, die von der Verarbeitung natürlicher Sprache bis zur Bilderkennung reichen und Branchen wie das Gesundheitswesen, das Finanzwesen und die Unterhaltungsindustrie revolutioniert haben.

Im Bereich des maschinellen Lernens stößt man häufig auf das Konzept der künstlichen Intelligenz (KI). Bei der KI geht es um die Entwicklung intelligenter Maschinen, die Aufgaben ausführen können, für die normalerweise menschliche Intelligenz erforderlich ist, wie das Verstehen natürlicher Sprache oder das Erkennen von Emotionen. Sie umfasst verschiedene Teilbereiche, darunter maschinelles Lernen, Computational Intelligence und Expertensysteme. Die Kombination dieser Bereiche hat Türen zu beispiellosen Möglichkeiten geöffnet und eine Ära intelligenter Systeme eingeläutet, die die menschlichen Fähigkeiten erheblich erweitern können.

Um die Feinheiten des maschinellen Lernens und der künstlichen Intelligenz zu verstehen, ist es wichtig, die zugrunde liegenden Prinzipien zu kennen. Ein entscheidendes Prinzip sind die Daten. Im Bereich des maschinellen Lernens dienen Daten als Treibstoff für die Algorithmen. Indem wir diese Algorithmen mit hochwertigen und vielfältigen Datensätzen versorgen, ermöglichen wir ihnen, komplexe Muster zu lernen und genaue Vorhersagen zu treffen. Es muss jedoch sichergestellt werden, dass die verwendeten Daten repräsentativ und frei von Verzerrungen sind, da inhärente Verzerrungen durch die Algorithmen aufrechterhalten und verstärkt werden können.

Ein weiterer wichtiger Grundsatz sind die Algorithmen. Algorithmen des maschinellen Lernens bilden die Grundlage von KI-Systemen und stellen Regeln und Verfahren zur Erkennung von Mustern in den Daten bereit. Diese Algorithmen können in überwachtes, unüberwachtes und verstärkendes Lernen unterteilt werden. Beim überwachten Lernen wird der Algorithmus mit markierten Daten trainiert, so dass er Vorhersagen auf der Grundlage bekannter Ergebnisse treffen kann. Beim unüberwachten Lernen hingegen kann der Algorithmus Muster und Beziehungen in den Daten ohne vorherige Kennzeichnung erkennen. Beim Verstärkungslernen wird der Algorithmus durch ein System von Belohnungen und Bestrafungen trainiert, um optimale Entscheidungsstrategien zu erlernen.

In dem Maße, wie sich der Bereich der KI weiterentwickelt, ergeben sich auch ethische und gesellschaftliche Implikationen. Es ist von entscheidender Bedeutung, ethische Überlegungen in die Entwicklung und den Einsatz von KI-Systemen einzubeziehen, um Fairness, Transparenz und Verantwortlichkeit zu gewährleisten. Darüber hinaus sollten die Auswirkungen der KI auf die Arbeitskräfte und die Beschäftigungslandschaft sorgfältig untersucht und gesteuert werden, um mögliche Störungen zu mindern. Durch einen integrativen und verantwortungsvollen Umgang mit KI können wir ihr Potenzial für den gesellschaftlichen Fortschritt nutzen.

Im zweiten Teil dieses Abschnitts werden wir uns eingehender mit den verschiedenen Arten von Algorithmen des maschinellen Lernens befassen und ihre Anwendungen und Feinheiten erkunden. Wir werden überwachte Lernmethoden wie Regression und Klassifizierung untersuchen und herausfinden, wie sie zu Aufgaben wie der Vorhersage von Immobilienpreisen oder der Identifizierung von Spam-E-Mails beitragen. Darüber hinaus werden wir die Rolle von Algorithmen des unüberwachten Lernens wie Clustering und

Dimensionalitätsreduktion bei der Aufdeckung verborgener Muster in großen Datensätzen untersuchen.

Mit einem soliden Verständnis der grundlegenden Konzepte und Prinzipien des maschinellen Lernens und der künstlichen Intelligenz können wir uns auf eine Reise begeben, die es uns ermöglicht, intelligente Systeme zu entwickeln, die über ihre derzeitigen Fähigkeiten hinausgehen. In den folgenden Kapiteln werden wir modernste Techniken erforschen, uns mit realen Anwendungsfällen befassen und die Zukunftsaussichten von maschinellem Lernen und künstlicher Intelligenz diskutieren. Lassen Sie uns nun tiefer eintauchen und die Feinheiten dieser aufregenden Bereiche aufdecken, und freuen Sie sich auf die aufschlussreiche Erkundung, die vor Ihnen liegt. Wenn wir uns weiter in die Welt des maschinellen Lernens und der künstlichen Intelligenz vorwagen, erreichen wir die zweite Hälfte dieses Einführungskapitels, in dem wir die verschiedenen Arten von Algorithmen des maschinellen Lernens und ihre Anwendungen erkunden. Durch diese Erkundung wollen wir ein tieferes Verständnis für die Feinheiten gewinnen, die diesen spannenden Bereichen zugrunde liegen.

Überwachtes Lernen ist eine grundlegende Technik des maschinellen Lernens, die es dem Algorithmus ermöglicht, Vorhersagen oder Entscheidungen auf der Grundlage von markierten Daten zu treffen. Ein gängiges Beispiel für überwachtes Lernen ist die Regression, bei der der Algorithmus die Beziehung zwischen Eingabemerkmalen und einer kontinuierlichen Zielvariablen lernt. Bei der Vorhersage von Immobilienpreisen würde der Algorithmus beispielsweise Merkmale wie die Anzahl der Schlafzimmer, die Quadratmeterzahl und den Standort analysieren, um den Preis eines Hauses zu schätzen. Die Genauigkeit dieser Vorhersagen kann durch Techniken wie lineare Regression oder Entscheidungsbäume verbessert werden, die komplexe Beziehungen zwischen Variablen effizient erfassen.

Eine weitere wichtige überwachte Lerntechnik ist die Klassifizierung, bei der die Daten anhand ihrer Merkmale in verschiedene Kategorien eingeteilt werden. Diese Technik ist in verschiedenen Anwendungen weit verbreitet, etwa bei der Erkennung von Spam-E-Mails oder der Stimmungsanalyse. Durch das Training des Algorithmus auf markierten Daten kann er Muster lernen, die zwischen verschiedenen Klassen unterscheiden und neue, ungesehene Daten genau klassifizieren. Algorithmen wie Support Vector Machines (SVM) und Random Forests haben sich bei der Bewältigung von Klassifizierungsaufgaben bewährt und liefern robuste und zuverlässige Ergebnisse in realen Szenarien.

Gehen wir über das überwachte Lernen hinaus und tauchen wir ein in das Reich des unüberwachten Lernens. Beim unüberwachten Lernen stützt sich der Algorithmus nicht auf beschriftete Daten, sondern identifiziert Muster und Beziehungen in den Daten selbst. Diese Technik ist besonders nützlich, wenn es um große Datensätze geht, bei denen eine manuelle Kennzeichnung unpraktisch oder kostspielig ist.

Clustering ist eine gängige Technik des unüberwachten Lernens, bei der ähnliche Datenpunkte auf der Grundlage ihrer intrinsischen Merkmale gruppiert werden. Durch die Analyse der zugrundeliegenden Datenstruktur können Clustering-Algorithmen aussagekräftige Erkenntnisse gewinnen und verborgene Muster aufdecken. Bei der Marktsegmentierung kann das Clustering beispielsweise verschiedene Kundengruppen mit ähnlichem Verhalten identifizieren, so dass Unternehmen ihre Marketingmaßnahmen gezielt einsetzen können.

Eine weitere wertvolle Technik des unüberwachten Lernens ist die Dimensionalitätsreduktion. Datensätze enthalten oft eine große Anzahl von Merkmalen oder Variablen, was eine effektive Analyse und Visualisierung erschwert. Algorithmen zur Dimensionalitätsreduzierung, wie die Hauptkomponentenanalyse (PCA) oder t-distributed stochastic neighbor embedding (t-SNE), reduzieren die Komplexität der Daten, indem sie sie in niedriger dimensionale Darstellungen umwandeln, wobei die wichtigen Informationen erhalten bleiben. Diese Dimensionalitätsreduktion erleichtert eine effiziente Analyse, Visualisierung und anschließende Entscheidungsfindung.

Es sei darauf hingewiesen, dass die Wahl zwischen überwachtem und unüberwachtem Lernen von der Art des jeweiligen Problems abhängt. Wenn nur wenige oder keine markierten Daten zur Verfügung stehen, können unüberwachte Lernverfahren dennoch wertvolle Erkenntnisse liefern und zugrunde liegende Muster aufdecken. Umgekehrt bieten überwachte Lerntechniken bei Aufgaben, die präzise Vorhersagen oder Klassifizierungen erfordern, eine robustere und genauere Lösung.

Es ist jedoch wichtig zu erkennen, dass diese Algorithmen nicht unfehlbar sind. Sie können anfällig für Verzerrungen in den Daten sein, die die bewussten oder unbewussten Vorurteile der Personen oder Systeme widerspiegeln, die die Daten erzeugen oder kennzeichnen. Diese Voreingenommenheit kann gesellschaftliche Ungleichheiten aufrechterhalten und verstärken, wenn sie unkontrolliert bleibt. Ethische Erwägungen, Transparenz und Rechenschaftspflicht sind entscheidend für die verantwortungsvolle Entwicklung und den Einsatz von maschinellem Lernen und KI-Systemen. Es müssen Anstrengungen unternommen werden, um Vorurteile zu erkennen und abzuschwächen und Fairness und Inklusivität bei den Entscheidungsprozessen dieser intelligenten Systeme zu gewährleisten.

Abschließend hat die zweite Hälfte dieses Kapitels einen Einblick in die Welt der Algorithmen des maschinellen Lernens gegeben, wobei der Schwerpunkt auf überwachten und nicht überwachten Lernverfahren lag. Diese Algorithmen spielen eine zentrale Rolle bei der Entdeckung von Mustern, der Erstellung von Vorhersagen und der Aufdeckung verborgener Erkenntnisse in komplexen Datensätzen. Wir müssen jedoch bei der Entwicklung und dem Einsatz dieser Algorithmen verantwortungsbewusst vorgehen und die ethischen, gesellschaftlichen und wirtschaftlichen Auswirkungen berücksichtigen, die sie hervorbringen.

Mit einem soliden Verständnis der in diesem Kapitel behandelten Grundlagen sind wir nun gerüstet, um uns auf eine Reise zu begeben, die uns tiefer in die Bereiche des maschinellen Lernens und der künstlichen Intelligenz führt. In den folgenden Kapiteln werden wir modernste Techniken kennenlernen, reale Anwendungen erforschen und die Zukunftsaussichten dieser spannenden Bereiche diskutieren. Freuen wir uns also auf die aufschlussreiche Entdeckungsreise, die vor uns liegt und bei der die Bausteine eines künstlichen Geistes darauf warten, von uns entdeckt zu werden.

Abschnitt 2: Grundlagen des maschinellen Lernens

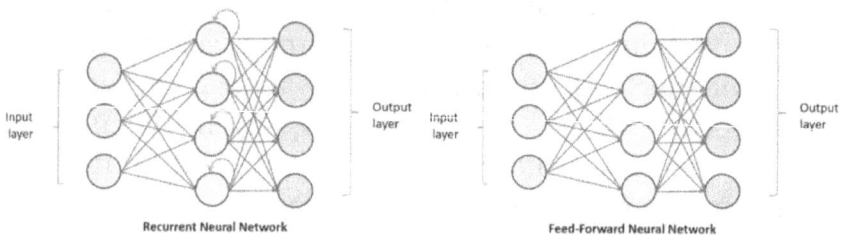

Recurrent neural network and feed-forward neural network architectures. The figure on the left shows a recurrent neural network with recurrent connections on hidden states which do the back propagation, whereas the figure on the right shoes the feed-forward architecture of neural networks that have no recurrent.

In der Welt der künstlichen Intelligenz bildet das maschinelle Lernen die Grundlage für Innovationen. Von selbstfahrenden Autos bis hin zu personalisierten Empfehlungen - Algorithmen des maschinellen Lernens ermöglichen es Systemen, große Datenmengen zu analysieren und intelligente Vorhersagen oder Entscheidungen zu treffen. Aber haben Sie sich jemals gefragt, wie diese Algorithmen funktionieren? Welches sind die grundlegenden Bausteine, die das Fundament für maschinelles Lernen bilden? In diesem Kapitel gehen wir genau darauf ein und erforschen die wesentlichen Komponenten, die maschinelles Lernen möglich machen.

Um sich auf diese Reise zu begeben, müssen wir zunächst die Bedeutung der Datenvorverarbeitung verstehen. Rohdaten enthalten oft Unvollkommenheiten, Rauschen und Unstimmigkeiten, die die Leistung von Modellen für maschinelles Lernen beeinträchtigen können. Vorverarbeitungstechniken helfen uns dabei, die Daten in ein sauberes, organisiertes und geeignetes Format umzuwandeln, bevor wir sie an die Algorithmen weitergeben.

Ein wesentlicher Schritt bei der Datenvorverarbeitung ist beispielsweise der Umgang mit fehlenden Werten. Beim Umgang mit realen Daten kommt es häufig vor, dass bei bestimmten Attributen oder Merkmalen Werte fehlen. Diese Lücken können durch Strategien wie die Imputation, bei der fehlende Werte mit verschiedenen statistischen Methoden geschätzt werden, oder die Löschung, bei der Instanzen mit fehlenden Werten vollständig entfernt werden, geschlossen werden. Ein sorgfältiger Umgang mit fehlenden Daten gewährleistet die Integrität und Effektivität der nachfolgenden maschinellen Lernaufgaben.

Außerdem müssen wir die Bedeutung der Merkmalsauswahl berücksichtigen. Bei vielen Anwendungen können die Datensätze eine überwältigende Anzahl von Merkmalen enthalten. Allerdings tragen nicht alle Merkmale gleichermaßen zum Lernprozess bei. Techniken zur Merkmalsauswahl helfen uns dabei, die informativsten und relevantesten Merkmale zu identifizieren und zu behalten, was letztendlich die Dimensionalität und die Rechenkomplexität reduziert.

Methoden der Merkmalsfilterung, wie statistische Tests oder Korrelationsanalysen, ermöglichen es uns, die Bedeutung jedes Merkmals in Bezug auf die Zielvariable zu bestimmen. Auf der anderen Seite verwenden Feature-Wrapper-Methoden iterative Prozesse und Modelle des maschinellen Lernens selbst, um Teilmengen von Merkmalen zu bewerten und die unterscheidungskräftigsten auszuwählen. Die Abwägung zwischen der Anzahl der Merkmale und ihrer Vorhersagekraft ist entscheidend für die Verbesserung der Modellleistung und die Vermeidung des Fluchs der Dimensionalität.

Darüber hinaus ist die Bewertung der Leistung von Modellen des maschinellen Lernens ein entscheidender Aspekt beim Aufbau effektiver KI-Systeme. Unabhängig von der Komplexität der verwendeten Algorithmen ist es wichtig, ihre Vorhersagefähigkeiten und ihre Fähigkeit zur Verallgemeinerung auf ungesehene Daten zu bewerten. Modellbewertungsmetriken wie Genauigkeit, Präzision, Wiedererkennung und F1-Score geben Aufschluss über die Leistung des Modells, indem sie die Richtigkeit und Vollständigkeit der Vorhersagen quantifizieren.

Kreuzvalidierungstechniken wie die k-fache Kreuzvalidierung stellen sicher, dass die Modellbewertung robust und zuverlässig ist. Anstatt sich nur auf eine einzige Trainings-/Testaufteilung zu verlassen, werden bei der Kreuzvalidierung die Daten in mehrere Teilmengen aufgeteilt, so dass wir das Modell mit verschiedenen Kombinationen trainieren und testen können. Dieser Ansatz bietet ein umfassenderes Verständnis dafür, wie gut das Modell verallgemeinert und wie empfindlich es auf geringfügige Änderungen in der Datenverteilung reagiert.

Mit den Grundlagen der Datenvorverarbeitung, der Merkmalsauswahl und der Modellevaluierung haben wir die Voraussetzungen für die zweite Hälfte dieses Kapitels geschaffen. Im nächsten Abschnitt werden wir fortgeschrittene Techniken und Algorithmen untersuchen, die die Bausteine des maschinellen Lernens bilden. Wir werden tiefer in Themen wie Regression, Klassifizierung und Clustering eintauchen und das Innenleben dieser leistungsstarken Methoden enträtseln.

Auf unserer Reise durch die Feinheiten des maschinellen Lernens dürfen wir nicht vergessen, dass diese Konzepte nur an der Oberfläche dieses riesigen Gebiets kratzen. Die wahre Stärke liegt in ihrer Kombination, Anpassung und kontinuierlichen Verfeinerung und ebnet den Weg für bahnbrechende Fortschritte in der künstlichen Intelligenz. Bleiben Sie dran für den nächsten Teil dieses Abschnitts, in dem wir die fesselnden Komplexitäten, die vor uns liegen, enträtseln werden.

Im vorangegangenen Abschnitt haben wir die grundlegenden Aspekte des maschinellen Lernens untersucht, darunter die Datenvorverarbeitung, die Merkmalsauswahl und die Modellbewertung. Diese grundlegenden Bausteine bilden die Grundlage für fortgeschrittenere Techniken und Algorithmen, die das Feld der künstlichen Intelligenz vorantreiben. In der zweiten Hälfte des Kapitels werden wir das Innenleben von Regression, Klassifizierung und Clustering enträtseln und tiefer in ihre fesselnde Komplexität eintauchen.

Beginnen wir mit der Regression, einer leistungsstarken Technik zur Vorhersage kontinuierlicher numerischer Werte. Mit Hilfe von Regressionsmodellen können wir die Beziehungen zwischen Eingabe- und Ausgabevariablen verstehen und auf der Grundlage neuer Datenpunkte Vorhersagen machen. Die Wahl des Regressionsalgorithmus hängt von der Art des jeweiligen Problems ab, z. B. lineare Regression für einfache Beziehungen oder fortschrittlichere Algorithmen wie Support-Vector-Regression oder Random-Forest-Regression für komplexe Muster.

Um die Leistung von Regressionsmodellen zu bewerten, verwenden wir Metriken wie den mittleren quadratischen Fehler (MSE), den mittleren quadratischen Fehler (RMSE) oder das Bestimmtheitsmaß (R-Quadrat). Diese Metriken quantifizieren die Fähigkeit des Modells, sich genau an die

Daten anzupassen und seine Vorhersagen auf unbekannte Instanzen zu verallgemeinern. Durch die Bewertung dieser Messgrößen erhalten wir einen Einblick, wie gut das Modell die zugrundeliegenden Muster erfasst, und können sie zur Feinabstimmung der Modellparameter für eine optimale Leistung nutzen.

Die Klassifizierung, bei der es um die Vorhersage diskreter kategorialer Kennzeichnungen geht, spielt eine grundlegende Rolle in verschiedenen Anwendungen, darunter Bilderkennung, Betrugserkennung und Stimmungsanalyse. Klassifizierungsalgorithmen ordnen Eingabedatenpunkte auf der Grundlage ihrer Merkmale vordefinierten Klassen oder Kategorien zu. Techniken wie logistische Regression, Entscheidungsbäume, Support-Vektor-Maschinen und neuronale Netze eignen sich hervorragend für verschiedene Aspekte von Klassifizierungsaufgaben.

Die Bewertung von Klassifizierungsmodellen umfasst Metriken wie Genauigkeit, Präzision, Wiedererkennungswert und F1-Score, wie im vorherigen Abschnitt erläutert. Diese Metriken helfen uns, die Fähigkeit des Modells zur korrekten Klassifizierung von Instanzen zu messen und seine Leistung über verschiedene Klassen hinweg zu verstehen. Durch die Analyse dieser Metriken können wir potenzielle Probleme wie unausgewogene Klassen oder das Vorhandensein falsch klassifizierter Instanzen erkennen, wodurch wir das Modell verfeinern und seine Genauigkeit verbessern können.

Abschließend wollen wir uns mit dem Clustering befassen, einer Technik zur Erkennung von Mustern oder zur Gruppierung ähnlicher Instanzen ohne vorherige Kenntnis ihrer Bezeichnungen. Clustering-Algorithmen zielen darauf ab, zugrundeliegende Strukturen in den Daten zu finden, indem sie diese auf der Grundlage der Ähnlichkeiten der Merkmale in Clustern organisieren. Dieser Ansatz des unüberwachten Lernens bietet wertvolle Einblicke in die Datensegmentierung und kann in verschiedenen Bereichen eingesetzt werden, z. B. bei der Kundensegmentierung oder beim Clustering von Dokumenten.

Zu den gängigen Clustering-Algorithmen gehören k-means, hierarchisches Clustering und dichtebasiertes räumliches Clustering von Anwendungen mit Rauschen (DBSCAN). Diese Algorithmen ermöglichen es uns, zusammenhängende Gruppen innerhalb der Daten zu identifizieren und bieten eine Grundlage für weitere Analysen oder Entscheidungsprozesse.

Die Bewertung der Leistung von Clustering-Algorithmen kann im Vergleich zur Regression oder Klassifizierung eine größere Herausforderung darstellen. Da es sich beim Clustering um eine nicht überwachte Technik handelt, stützen wir uns auf Maße wie den Silhouettenkoeffizienten, die Summe der Quadrate innerhalb eines Clusters oder den Davies-Bouldin-Index, um die Qualität der gebildeten Cluster zu bewerten. Diese Maße helfen uns bei der Bewertung der Kompaktheit, Trennung und Kohärenz der Cluster und ermöglichen uns die Auswahl geeigneter Algorithmen und Parameter für verschiedene Szenarien.

Zum Abschluss dieses Kapitels haben wir gesehen, dass der Bereich des maschinellen Lernens eine große Bandbreite an Techniken und Methoden umfasst, die sich ständig weiterentwickeln. Wir haben die grundlegenden Bausteine wie Datenvorverarbeitung, Merkmalsauswahl und Modellbewertung untersucht und uns mit den fortgeschrittenen Aspekten von Regression, Klassifizierung und Clustering befasst.

Denken Sie daran, dass die wahre Stärke des maschinellen Lernens nicht nur in den einzelnen Techniken liegt, sondern auch in deren Kombination, Anpassung und kontinuierlicher Verfeinerung. Wenn Sie tiefer in dieses fesselnde Gebiet eintauchen, erforschen und experimentieren Sie weiter mit verschiedenen Algorithmen, Techniken und Datensätzen. Stellen Sie sich den Herausforderungen und Komplexitäten, die vor Ihnen liegen, denn sie sind der Schlüssel zu den

bahnbrechenden Fortschritten in der künstlichen Intelligenz.
Im nächsten Teil dieses Buches werden wir uns in die Welt des Deep Learning wagen, wo wir die bemerkenswerten Fähigkeiten neuronaler Netze aufdecken und uns in innovative Anwendungen wie Bilderkennung, Verarbeitung natürlicher Sprache und generative Modelle vertiefen werden. Bereiten Sie sich auf eine faszinierende Reise in das Reich der künstlichen Intelligenz und ihrer unbegrenzten Möglichkeiten vor.

Abschnitt 3: Algorithmen des überwachten Lernens

Das maschinelle Lernen hat den Bereich der künstlichen Intelligenz revolutioniert und ermöglicht es Computern, aus Daten zu lernen und Vorhersagen oder Entscheidungen ohne explizite Programmierung zu treffen. Unter den verschiedenen Ansätzen des maschinellen Lernens spielen die Algorithmen des überwachten Lernens eine entscheidende Rolle. In diesem Kapitel werden wir in die faszinierende Welt des überwachten Lernens eintauchen und verschiedene Algorithmen und ihre Anwendungen untersuchen.

Eines der grundlegenden Konzepte des überwachten Lernens ist die Verwendung von gekennzeichneten Daten. Markierte Daten bestehen aus Eingabemerkmalen oder Attributen, die mit entsprechenden Ausgabekennzeichnungen oder Zielwerten gepaart sind. Durch das Lernen anhand dieser markierten Beispiele werden Algorithmen des überwachten Lernens darauf trainiert, Muster zu verallgemeinern und genaue Vorhersagen für ungesehene Daten zu treffen.

Entscheidungsbäume sind eine beliebte Wahl im Bereich der Algorithmen des überwachten Lernens. Stellen Sie sich eine Flussdiagramm-ähnliche Struktur vor, bei der jeder interne Knoten einen Test auf ein Attribut darstellt, jeder Zweig das Ergebnis des Tests und jeder

Blattknoten eine Entscheidung oder eine Vorhersage darstellt. Entscheidungsbäume ermöglichen es uns, die Daten auf der Grundlage von Attributwerten in Teilmengen aufzuteilen und eine hierarchische Struktur zu schaffen, die uns zur richtigen Vorhersage oder Klassifizierung führt. Sie sind intuitiv, leicht zu interpretieren und können sowohl numerische als auch kategoriale Daten verarbeiten.

Support Vector Machines (SVMs) hingegen zeichnen sich bei Klassifizierungsaufgaben dadurch aus, dass sie die optimale Hyperebene finden, die verschiedene Klassen in einem hochdimensionalen Merkmalsraum trennt. SVMs zielen darauf ab, die Spanne zwischen den Klassen oder Stützvektoren zu maximieren, so dass sie neue Instanzen effektiv klassifizieren können. Durch die Umwandlung der Eingabedaten in einen höherdimensionalen Raum können SVMs komplexe Klassifizierungsprobleme lösen, die im ursprünglichen Merkmalsraum möglicherweise nicht linear trennbar sind. Diese Flexibilität macht sie in vielen Bereichen einsetzbar, von der Bilderkennung bis zur Textkategorisierung.

Neuronale Netze, die sich an der Struktur des menschlichen Gehirns orientieren, haben in den letzten Jahren stark an Popularität gewonnen. Ein neuronales Netz besteht aus miteinander verbundenen Schichten künstlicher Neuronen oder Knoten, die Informationen verarbeiten und übertragen. Jedes Neuron empfängt Eingaben, führt eine Berechnung durch und erzeugt ein Ausgangssignal, das die nachfolgenden Neuronen beeinflusst. Diese Informationen fließen weiter durch das Netz und ermöglichen es dem Modell, komplexe Muster zu erlernen, indem es die mit jeder Verbindung verbundenen Gewichte anpasst. Neuronale Netze haben bemerkenswerte Erfolge bei Aufgaben wie der Bilderkennung, der Verarbeitung natürlicher Sprache und sogar beim autonomen Fahren gezeigt.

Entscheidungsbäume, Support-Vektor-Maschinen und

neuronale Netze stellen nur einen Bruchteil der verfügbaren Algorithmen des überwachten Lernens dar. Es gibt noch viele andere leistungsstarke Techniken, jede mit ihren eigenen Stärken und Anwendungsbereichen. Zufällige Wälder, k-nearest neighbors (KNN) und logistische Regression gehören zu den Algorithmen, die sich in verschiedenen Szenarien bewährt haben.

In der realen Welt finden Algorithmen des überwachten Lernens in einem breiten Spektrum von Bereichen Anwendung. Sie können für die Vorhersage von Aktienkursen, die Erkennung betrügerischer Transaktionen, die Diagnose von Krankheiten anhand medizinischer Daten, die Analyse des Kundenverhaltens und die Personalisierung von Empfehlungen eingesetzt werden. Durch das Lernen aus historischen Daten sind diese Algorithmen in der Lage, wertvolle Erkenntnisse zu liefern und Entscheidungsprozesse zu unterstützen.

In der zweiten Hälfte dieses Kapitels wird das Innenleben dieser Algorithmen vertieft, indem ihre Trainingsverfahren, Optimierungsstrategien und potenziellen Herausforderungen untersucht werden. Wir werden auch erörtern, wie die Leistung von überwachten Lernmodellen bewertet werden kann und wie wichtig die Auswahl von Merkmalen und die Vorverarbeitungstechniken sind.

Wenn wir die Grundlagen der Algorithmen des überwachten Lernens und ihre praktischen Anwendungen verstehen, können wir intelligente Systeme entwickeln, die aus Daten lernen und genaue Vorhersagen treffen können. Im nächsten Teil dieses Abschnitts werden wir in die Feinheiten dieser Algorithmen eintauchen, um ihre inneren Mechanismen zu entschlüsseln und ihre Leistungsfähigkeit zu entfalten.

In der zweiten Hälfte dieses Kapitels werden wir die Algorithmen des überwachten Lernens weiter erforschen, indem wir ihr Innenleben, die Trainingsverfahren, die Optimierungsstrategien und die potenziellen

Herausforderungen näher beleuchten. Darüber hinaus werden wir erörtern, wie die Leistung dieser Modelle bewertet werden kann und wie wichtig die Auswahl der Merkmale und die Vorverarbeitungstechniken sind.

Ein Aspekt, der die Algorithmen des überwachten Lernens unterscheidet, ist ihr Trainingsverfahren. Ziel ist es, die optimalen Modellparameter zu finden, die die Differenz zwischen dem vorhergesagten und dem tatsächlichen Ergebnis minimieren. Um dies zu erreichen, verwenden wir in der Regel Optimierungsverfahren wie den Gradientenabstieg, bei dem die Modellparameter auf der Grundlage der berechneten Gradienten iterativ angepasst werden. Durch die kontinuierliche Aktualisierung der Parameter wird das Modell bei den Vorhersagen immer genauer.

Es ist wichtig zu wissen, dass verschiedene Algorithmen über einzigartige, auf ihre spezifischen Merkmale zugeschnittene Trainingsverfahren verfügen können. So werden beispielsweise Entscheidungsbäume mit Hilfe von Algorithmen wie ID3 oder C4.5 erstellt, die das beste Attribut zur Aufteilung der Daten an jedem internen Knoten finden, was zu einer effizienten Baumstruktur führt. Support Vector Machines hingegen stützen sich auf konvexe Optimierungsmethoden, um die optimale Hyperebene zu finden, die die Spanne zwischen den Klassen maximiert.

Optimierungsstrategien spielen ebenfalls eine wichtige Rolle für die Leistung von Algorithmen des überwachten Lernens. Die Regularisierung ist eine gängige Technik, um eine Überanpassung zu verhindern, d. h. eine Situation, in der das Modell zu eng an die Trainingsdaten angepasst ist und nicht gut auf unbekannte Beispiele verallgemeinert werden kann. Regularisierungsmethoden wie die L1- und L2-Regularisierung fügen der Verlustfunktion einen Strafterm hinzu, was zu einem einfacheren Modell führt, das weniger anfällig für Overfitting ist.

Darüber hinaus werden Ensemble-Methoden wie Random

Forests und Boosting eingesetzt, um die Leistung der überwachten Lernmodelle weiter zu verbessern. Random Forests kombinieren mehrere Entscheidungsbäume, die jeweils auf einer anderen Teilmenge der Daten trainiert wurden, um Vorhersagen zu treffen. Diese Aggregation von Vorhersagen hilft, die Varianz zu verringern und die Gesamtgenauigkeit des Modells zu verbessern. Beim Boosting hingegen werden iterativ schwache Modelle trainiert, wobei der Schwerpunkt auf den Beispielen liegt, die in früheren Iterationen falsch klassifiziert wurden. Dieser iterative Prozess stärkt die Fähigkeit des Modells, schwierige Fälle zu klassifizieren.

Die Bewertung der Leistung von Modellen des überwachten Lernens ist entscheidend für die Beurteilung ihrer Effektivität. Zu den gängigen Bewertungsmaßstäben gehören Genauigkeit, Präzision, Wiedererkennungswert und F1-Score, die jeweils Aufschluss über verschiedene Aspekte der Modellleistung geben. Darüber hinaus helfen Techniken wie die Kreuzvalidierung dabei, den Verallgemeinerungsfehler des Modells abzuschätzen und seine Stabilität über verschiedene Teilmengen der Daten zu bewerten.

Die Auswahl von Merkmalen und die Vorverarbeitungstechniken haben ebenfalls einen erheblichen Einfluss auf die Leistung von Algorithmen des überwachten Lernens. Bei der Merkmalsauswahl geht es um die Identifizierung relevanter Merkmale, die am meisten zur Vorhersage beitragen, während irrelevante oder redundante Merkmale verworfen werden. Dadurch wird nicht nur die Genauigkeit des Modells verbessert, sondern auch die Trainingszeit und die Komplexität reduziert.

Vorverarbeitungsschritte, wie die Normalisierung oder Skalierung von Daten, behandeln Variationen im Umfang und in der Verteilung der verschiedenen Merkmale. Dadurch wird sichergestellt, dass kein Merkmal den Lernprozess aufgrund seines größeren Umfangs dominiert, so dass das Modell alle relevanten Informationen gleichermaßen berücksichtigen kann.

In diesem Kapitel haben wir Entscheidungsbäume, Support-Vektor-Maschinen und neuronale Netze als leistungsstarke Algorithmen des überwachten Lernens hervorgehoben. Die Welt des überwachten Lernens umfasst jedoch noch viele andere Techniken, die alle ihre eigenen Stärken und Anwendungen haben. Algorithmen wie k-nearest neighbors (KNN) ermitteln die k nächsten Nachbarn einer neuen Instanz und klassifizieren sie auf der Grundlage ihrer Mehrheitsklasse. Die logistische Regression ist trotz ihres Namens ein beliebter Algorithmus für die binäre Klassifizierung, bei dem die Wahrscheinlichkeit geschätzt wird, dass eine Instanz zu einer bestimmten Klasse gehört.

In der realen Welt finden Algorithmen des überwachten Lernens umfangreiche Anwendungen in verschiedenen Bereichen. Sie werden u. a. bei der Vorhersage von Aktienkursen, der Erkennung betrügerischer Transaktionen, der Diagnose von Krankheiten, der Analyse des Kundenverhaltens und der Personalisierung von Empfehlungen eingesetzt. Indem sie aus historischen Daten lernen, liefern diese Algorithmen wertvolle Erkenntnisse und unterstützen Entscheidungsprozesse.

Das Verständnis der Grundlagen von Algorithmen des überwachten Lernens ermöglicht es uns, intelligente Systeme zu entwickeln, die aus Daten lernen und genaue Vorhersagen treffen können. In diesem Kapitel haben wir uns mit verschiedenen Algorithmen des überwachten Lernens beschäftigt und ihre Anwendungen, Stärken, Trainingsverfahren und Bewertungstechniken beleuchtet. Wenn wir die Feinheiten dieser Algorithmen verstehen und die richtigen Strategien anwenden, können wir ihr volles Potenzial ausschöpfen und fortschrittliche KI-Systeme entwickeln.

Setzen Sie Ihre Reise in die Welt des überwachten Lernens

fort, indem wir in die Feinheiten dieser Algorithmen eintauchen, ihre inneren Mechanismen enträtseln und ihre Leistungsfähigkeit freisetzen.

Abschnitt 4: Unüberwachtes Lernen und Clustering

Je tiefer wir in die Welt des maschinellen Lernens und der künstlichen Intelligenz eintauchen, desto wichtiger wird es, den Bereich der unüberwachten Lerntechniken zu erforschen. Im Gegensatz zum überwachten Lernen, bei dem der Lernprozess durch gekennzeichnete Daten gesteuert wird, ermöglicht uns das unüberwachte Lernen, Muster und Strukturen in Daten ohne vordefinierte Kennzeichnungen zu entdecken. In diesem Kapitel werden wir uns auf einen bestimmten Aspekt des unüberwachten Lernens konzentrieren: Clustering-Algorithmen.

Clustering-Algorithmen spielen eine wichtige Rolle beim maschinellen Lernen und bei der Datenanalyse, da sie es uns ermöglichen, ähnliche Datenpunkte auf der Grundlage ihrer inhärenten Merkmale zusammenzufassen. Diese Algorithmen zielen auf die Identifizierung von Clustern oder Gruppen innerhalb eines Datensatzes ab, wobei die Datenpunkte innerhalb desselben Clusters ähnliche Eigenschaften oder Attribute aufweisen. Auf diese Weise können wir wertvolle Einblicke in die zugrunde liegenden Strukturen und Beziehungen in den Daten gewinnen.

Ein weit verbreiteter Clustering-Algorithmus ist der k-means-Algorithmus. K-means ist ein iterativer Algorithmus, der den gegebenen Datensatz in eine vordefinierte Anzahl von Clustern unterteilt, die durch "k" dargestellt wird. Der Algorithmus beginnt mit der zufälligen Auswahl von "k" Punkten als anfängliche Clusterschwerpunkte. Anschließend ordnet er jeden Datenpunkt dem nächstgelegenen Schwerpunkt zu und berechnet die Positionen der Schwerpunkte auf der Grundlage der neu gebildeten Cluster neu. Dieser Prozess wird iterativ bis zur Konvergenz fortgesetzt, bei der sich die Cluster stabilisieren.

Die Stärke des k-means-Algorithmus liegt in seiner Einfachheit und Effizienz, wodurch er sich für eine Vielzahl von Anwendungen eignet. Es ist jedoch anzumerken, dass bei k-means die Anzahl der Cluster vorab festgelegt werden muss, was nicht immer im Voraus bekannt ist. Nichtsdestotrotz bleibt es ein leistungsfähiges Instrument zur Entdeckung natürlicher Gruppierungen in Daten.

Ein weiterer Clustering-Algorithmus, den wir untersuchen werden, ist DBSCAN, was für Density-Based Spatial Clustering of Applications with Noise steht. Im Gegensatz zu k-means stützt sich DBSCAN nicht auf vordefinierte Clusterzentren, sondern gruppiert die Datenpunkte auf der Grundlage ihrer Dichte. Es identifiziert dichte Bereiche als Cluster und trennt spärliche Regionen als Rauschen oder Ausreißer ab.

DBSCAN arbeitet mit zwei Parametern: epsilon, das den maximalen Abstand zwischen zwei Punkten angibt, die als Nachbarn gelten sollen, und minPts, die Mindestanzahl von Punkten, die zur Bildung einer dichten Region erforderlich ist. Der Algorithmus beginnt mit einem beliebigen Punkt und erweitert den Cluster, indem er benachbarte Punkte innerhalb des Epsilon-Abstands verbindet. Dieser Prozess wird so lange fortgesetzt, bis dem Cluster keine weiteren Punkte mehr hinzugefügt werden können und somit ein Cluster gebildet wird. Der Algorithmus wiederholt diesen Vorgang dann für die verbleibenden nicht besuchten Punkte, bis alle Daten Clustern zugeordnet oder als Rauschen eingestuft wurden.

Der Vorteil von DBSCAN ist die Fähigkeit, Cluster beliebiger Form und Größe zu entdecken, was es robust gegenüber verrauschten Daten macht. Es bestimmt automatisch die Anzahl der Cluster auf der Grundlage der Datendichte, so dass die Anzahl der Cluster nicht im Voraus festgelegt werden muss.

Darüber hinaus ist das hierarchische Clustering eine weitere

Technik, die unsere Aufmerksamkeit verdient. Sie zielt darauf ab, eine baumartige Struktur, ein so genanntes Dendrogramm, zu erstellen, das die hierarchische Beziehung zwischen Datenpunkten darstellt. Beim hierarchischen Clustering muss die Anzahl der Cluster nicht im Voraus festgelegt werden, was es zu einem flexiblen Ansatz für die Erkundung hierarchischer Beziehungen innerhalb von Daten macht.

Es gibt zwei Haupttypen von hierarchischen Clustern: agglomerative und divisive. Beim agglomerativen Clustering wird zunächst jeder Datenpunkt als einzelner Cluster behandelt, und dann werden die ähnlichsten Cluster iterativ zusammengeführt, wodurch effektiv eine Hierarchie entsteht. Der divisive Ansatz hingegen beginnt mit allen Datenpunkten in einem einzigen Cluster und unterteilt diesen rekursiv in kleinere Cluster auf der Grundlage der Unähnlichkeit.

Hierarchisches Clustering bietet eine visuelle Darstellung der Datenstruktur, die es uns ermöglicht, Cluster auf verschiedenen Ebenen entlang des Dendrogramms zu identifizieren. Dieser Ansatz ist besonders nützlich, wenn es um komplexe Daten geht, die hierarchische Beziehungen aufweisen, wie z. B. biologische Taxonomien oder Marktsegmentierung.

Wenn wir in die Tiefen des unüberwachten Lernens und der Clustering-Algorithmen eintauchen, erschließen wir uns das Potenzial, sinnvolle Erkenntnisse aus nicht beschrifteten Daten zu gewinnen. Durch k-means, DBSCAN und hierarchisches Clustering können wir die zugrundeliegenden Muster und Strukturen, die in den Datensätzen verborgen sind, entschlüsseln. Das Verständnis dieser Techniken wird den Weg für die zweite Hälfte dieses Kapitels ebnen, in der wir noch tiefer in ihre Anwendungen eintauchen und ihre Grenzen und Fortschritte untersuchen werden. In der zweiten Hälfte von Abschnitt 4: Unüberwachtes Lernen und Clustering werden wir die Erforschung von Clustering-Algorithmen fortsetzen und uns mit ihren Anwendungen, Grenzen und

Fortschritten auseinandersetzen. Wenn wir diese Techniken verstehen, können wir ihre Leistungsfähigkeit nutzen und wertvolle Erkenntnisse aus unmarkierten Daten gewinnen.

Eine beliebte Variante des k-means-Algorithmus ist der k-medoids-Algorithmus, der robuster gegenüber Ausreißern ist. Im Gegensatz zu k-means, das den Mittelwert der Datenpunkte zur Berechnung der Clusterschwerpunkte verwendet, identifiziert k-medoids repräsentative Datenpunkte, die Medoide genannt werden, als Clusterschwerpunkte. Diese Medoide sind tatsächliche Datenpunkte aus dem Datensatz, was den Algorithmus resistenter gegen Ausreißer macht.

K-medoids funktioniert, indem die Medoide iterativ aktualisiert werden, um die Unähnlichkeit oder den Abstand zwischen dem Medoid und den anderen Datenpunkten innerhalb desselben Clusters zu minimieren. Dieser Prozess wird bis zur Konvergenz fortgesetzt und führt zu einer Partitionierung des Datensatzes in k Cluster. K-Medoide können besonders nützlich sein, wenn der Mittelwert nicht der beste Repräsentant des Clusters ist, wie z. B. bei kategorialen oder ordinalen Daten.

Ein weiterer bekannter Clustering-Algorithmus ist das spektrale Clustering, das auf der spektralen Graphentheorie beruht. Das spektrale Clustering kombiniert die Vorteile der Graphentheorie und der Techniken zur Dimensionalitätsreduzierung, um nicht-lineare Strukturen in Daten zu entdecken. Dabei wird ein Ähnlichkeitsgraph konstruiert, in dem jeder Datenpunkt einen Knoten darstellt und die Kanten die paarweisen Ähnlichkeiten zwischen ihnen widerspiegeln.

Zur Durchführung des spektralen Clustering berechnen wir die Laplacian-Matrix des Graphen, die die latente geometrische Struktur der Daten erfasst. Durch die Zerlegung dieser Matrix erhalten wir die Eigenvektoren, die die Datenpunkte in einem reduziert-dimensionalen Raum darstellen. Die Anwendung eines einfacheren Clustering-Algorithmus, wie z. B. k-means, auf diese Eigenvektoren ermöglicht die Zuordnung der Datenpunkte zu Clustern.

Ein Vorteil der spektralen Clusterung ist ihre Fähigkeit, komplexe Datenstrukturen aufzudecken und Datensätze mit nicht-konvexen Formen zu verarbeiten. Es ist besonders nützlich bei der Bildsegmentierung, der Erkennung von Gemeinschaften in sozialen Netzwerken und dem Clustering von Dokumenten, bei denen die zugrundeliegenden Beziehungen zwischen Datenpunkten im ursprünglichen Merkmalsraum möglicherweise nicht offensichtlich sind.

Im weiteren Verlauf ist es wichtig, die Grenzen von Clustering-Algorithmen zu erörtern, da sie sich auf die Genauigkeit der Clustering-Ergebnisse auswirken können. Eine große Herausforderung ist der Fluch der Dimensionalität, bei dem die Wirksamkeit von Clustering-Algorithmen mit zunehmender Anzahl von Dimensionen abnimmt. Die Clustering-Algorithmen haben Schwierigkeiten, aussagekräftige Muster in hochdimensionalen Räumen zu finden, da die Daten spärlicher werden und die Abstände zwischen den Datenpunkten weniger zuverlässig werden.

Eine weitere häufige Einschränkung ist die Empfindlichkeit gegenüber der Wahl der Parameter. Bei Clustering-Algorithmen müssen häufig Parameter wie die Anzahl der Cluster oder Abstandsschwellenwerte festgelegt werden. Die Auswahl ungeeigneter Werte kann zu suboptimalen Clustering-Ergebnissen führen. Daher ist eine Feinabstimmung dieser Parameter unerlässlich, um genaue Clusterzuweisungen zu erreichen.

Um diese Einschränkungen zu beseitigen und die Leistung von Clustering-Algorithmen zu verbessern, wurden im Bereich des unüberwachten Lernens verschiedene Fortschritte erzielt. Ein Schwerpunkt ist die Entwicklung von Ensemble-Clustering-Methoden, die die Ergebnisse mehrerer Clustering-Algorithmen kombinieren, um die Gesamtqualität des Clustering zu verbessern. Durch die Nutzung der Stärken verschiedener Algorithmen kann das Ensemble-Clustering robustere und genauere Clusterzuweisungen liefern.

Ein weiterer neuerer Fortschritt ist die Einbeziehung von Deep-Learning-Techniken in Clustering-Algorithmen. Deep-Clustering-Algorithmen verwenden neuronale Netze, um gleichzeitig Merkmalsdarstellungen und Clusterzuweisungen zu lernen. Durch die Nutzung der Leistungsfähigkeit von Deep Learning können diese Algorithmen automatisch komplexe und abstrakte Muster in den Daten erkennen, was zu genaueren und besser interpretierbaren Clustering-Ergebnissen führt.

Zusammenfassend lässt sich sagen, dass Techniken des unüberwachten Lernens, insbesondere Clustering-Algorithmen, leistungsstarke Werkzeuge zur Aufdeckung von Mustern und Strukturen in Daten sind. Durch die Erforschung von Algorithmen wie k-means, DBSCAN, hierarchisches Clustering, k-medoids und spektrales Clustering können wir wertvolle Einblicke in die zugrunde liegenden Beziehungen und Hierarchien in den Daten gewinnen. Diese Techniken, gekoppelt mit Fortschritten beim Ensemble-Clustering und Deep Learning, verschieben die Grenzen des unüberwachten Lernens und bieten aufregende Möglichkeiten für die Gewinnung von aussagekräftigem Wissen aus nicht beschrifteten Daten. Im weiteren Verlauf dieses Buches werden wir uns weiter mit den Feinheiten des maschinellen Lernens und der künstlichen Intelligenz befassen, damit wir das volle Potenzial künstlicher Köpfe ausschöpfen können.

Abschnitt 5: Deep Learning und künstliche neuronale Netze

Deep Learning hat den Bereich der künstlichen Intelligenz revolutioniert und die Grenzen dessen, was Maschinen leisten können, verschoben. Im Mittelpunkt des Deep Learning steht das Konzept der künstlichen neuronalen Netze, die die Struktur und Funktionsweise des menschlichen Gehirns nachahmen. Diese Netze haben sich in verschiedenen Bereichen, von der Bilderkennung bis zur Verarbeitung natürlicher Sprache und darüber hinaus, als unglaublich leistungsfähig erwiesen.

1. Die Architektur von künstlichen neuronalen Netzen

Künstliche neuronale Netze (ANN) bestehen aus miteinander verbundenen Schichten von künstlichen Neuronen, die Informationen verarbeiten und Vorhersagen treffen. Die Architektur eines ANN besteht aus einer Eingabeschicht, einer oder mehreren verborgenen Schichten und einer Ausgabeschicht. Jedes Neuron im Netz erhält Eingaben von den Neuronen in der vorherigen Schicht, wendet eine Aktivierungsfunktion auf die gewichtete Summe dieser Eingaben an und gibt das Ergebnis als Ausgabe an die nächste Schicht weiter. Die versteckten Schichten ermöglichen es dem Netz, komplexe Darstellungen der Eingabedaten zu lernen, was zu genaueren Vorhersagen führt.

2. Training künstlicher neuronaler Netze

Beim Training eines künstlichen neuronalen Netzes werden die Gewichte und Vorspannungen der Neuronen angepasst, um die Differenz zwischen den vorhergesagten und den gewünschten Ergebnissen zu minimieren. Dieser Prozess ist als Backpropagation bekannt, bei dem Optimierungsalgorithmen wie der Gradientenabstieg verwendet werden, um die Parameter des Netzes iterativ zu aktualisieren. Die Trainingsdaten, bestehend aus Eingabe-Ausgabe-Paaren, spielen bei diesem Prozess eine entscheidende Rolle. Indem man dem Netzwerk einen großen Datensatz vorlegt und die Gewichte iterativ anpasst, können ANNs lernen, sich zu verallgemeinern und genaue Vorhersagen für ungesehene Daten zu treffen.

3. Deep Learning und Bilderkennung

Eine der bemerkenswertesten Anwendungen des Deep

Learning ist die Bilderkennung. Convolutional Neural Networks (CNNs), eine spezielle Art von ANN, haben die Art und Weise, wie Maschinen visuelle Informationen verstehen und interpretieren, verändert. CNNs zeichnen sich dadurch aus, dass sie hierarchische Darstellungen aus Bildern extrahieren, indem sie Faltungsfilter, Pooling-Schichten und vollständig verbundene Schichten anwenden. Dadurch sind sie in der Lage, Objekte und Muster mit bemerkenswerter Genauigkeit zu erkennen und bei verschiedenen Aufgaben wie der Bildklassifizierung und Objekterkennung die Leistung von Menschen zu übertreffen.

4. Deep Learning und natürliche Sprachverarbeitung

Deep Learning hat auch im Bereich der Verarbeitung natürlicher Sprache (NLP) erhebliche Fortschritte gebracht. Rekurrente neuronale Netze (RNNs), eine weitere Art von ANN, haben die Sprachmodellierung, die maschinelle Übersetzung, die Stimmungsanalyse und vieles mehr revolutioniert. RNNs verarbeiten sequentielle Daten, indem sie einen internen Speicherzustand beibehalten, der es ihnen ermöglicht, Abhängigkeiten zu erfassen und sinnvolle Ergebnisse
zu erzeugen. Mit dem Aufkommen von Techniken wie Long Short-Term Memory (LSTM) und Transformer-Modellen haben sich Deep-Learning-Ansätze beim Verstehen und Erzeugen menschlicher Sprache durchgesetzt.

5. Jenseits von Bilderkennung und NLP:

Anwendungen von Deep Learning
Während Bilderkennung und NLP herausragende Bereiche sind, in denen Deep Learning glänzt, erstreckt sich sein Einfluss auf zahlreiche andere Bereiche. Im Gesundheitswesen haben Deep-Learning-Modelle bei der Krankheitsdiagnose, der Entdeckung von Medikamenten und der personalisierten Medizin geholfen. Autonome Fahrzeuge nutzen Deep-Learning-Techniken für die genaue Wahrnehmung

der Umgebung. Finanzinstitute setzen Deep-Learning-Algorithmen zur Betrugserkennung und Risikobewertung ein. Die potenziellen Anwendungen von Deep Learning scheinen grenzenlos und inspirieren zu neuen Durchbrüchen in allen Branchen.

In der zweiten Hälfte dieses Kapitels tauchen wir tiefer in die aufregende Welt des Deep Learning ein und erforschen fortgeschrittene Architekturen wie generative adversarische Netzwerke (GANs) und Deep Reinforcement Learning. Außerdem werden wir aktuelle Forschungsergebnisse, aufkommende Trends und ethische Überlegungen in diesem Bereich diskutieren. Machen Sie sich auf eine fesselnde Reise gefasst, die das unglaubliche Potenzial künstlicher neuronaler Netze und ihre Fähigkeit, die Zukunft der künstlichen Intelligenz voranzutreiben, offenbart.Abschnitt 5: Deep Learning und künstliche neuronale Netze

6. Fortgeschrittene Architekturen:

Generative Adversarial Networks (GANs)
Deep Learning entwickelt sich mit der Entwicklung fortschrittlicher Architekturen weiter, und eine dieser Architekturen, die es zu erwähnen gilt, ist das Generative Adversarial Network (GAN). GANs bestehen aus zwei neuronalen Netzen: dem Generator und dem Diskriminator. Der Generator zielt darauf ab, realistische Muster zu erzeugen, z. B. Bilder oder Musik, während das Ziel des Diskriminators darin besteht, zwischen echten und erzeugten Mustern zu unterscheiden. Die beiden Netze befinden sich in einem Wettbewerbsspiel, bei dem der Generator immer bessere realistische Ergebnisse erzeugt, während der Diskriminator immer geschickter darin wird, diese zu unterscheiden.

GANs haben sich auf verschiedene Bereiche ausgewirkt, darunter Bildsynthese, Videogenerierung und sogar Text-Bild-Übersetzung. Mit GANs ist es möglich, beeindruckende Deepfake-Videos zu erstellen, bei denen das Gesicht einer Person überzeugend über den Körper einer anderen gelegt wird. Dies wirft ethische Bedenken auf, da der Missbrauch dieser Technologie das Potenzial hat, Fehlinformationen zu verbreiten und Menschen zu täuschen. Wenn sie jedoch verantwortungsvoll eingesetzt werden, bieten GANs spannende Möglichkeiten für kreative Anwendungen und realistische Simulationen.

7. Deep Reinforcement Learning: Verschmelzung von Deep Learning und Reinforcement Learning

Reinforcement Learning (RL) ist ein Zweig des maschinellen Lernens, bei dem ein Agent lernt, mit einer Umgebung zu interagieren, um ein Belohnungssignal zu maximieren. Deep Reinforcement Learning (DRL) kombiniert die Leistung von Deep Learning mit RL-Algorithmen, um komplexe sequentielle Entscheidungsprobleme zu lösen. Bei DRL werden tiefe neuronale Netze, wie Deep Q-Networks (DQNs), verwendet, um die Werte verschiedener Aktionen in einem bestimmten Zustand zu approximieren.

DRL hat sich in verschiedenen Bereichen als äußerst erfolgreich erwiesen, darunter Spiele, Robotik und sogar Aktienhandel. Ein bemerkenswertes Beispiel ist AlphaGo, eine von DeepMind entwickelte KI, die den Weltmeister im Go-Spiel besiegte. DRL-Algorithmen wurden auch zur Steuerung physischer Systeme eingesetzt, so dass Roboter komplexe Aufgaben wie das Greifen von Objekten oder die Navigation in der Umgebung erlernen können.

Die Anwendung von DRL bringt jedoch ihre eigenen Herausforderungen mit sich. Der Trainingsprozess kann zeitaufwändig und rechenintensiv sein und erfordert oft umfangreiche Rechenressourcen und große Datenmengen. Darüber hinaus gibt es Bedenken hinsichtlich der Sicherheit und ethischer Überlegungen beim Einsatz von DRL-Agenten in realen Szenarien. Daher konzentrieren sich die laufenden Forschungsarbeiten darauf, die Effizienz und Zuverlässigkeit von DRL-Algorithmen zu verbessern und gleichzeitig diese

Bedenken auszuräumen.

8. Spitzenforschung und aufkommende Trends

Der Bereich des Deep Learning entwickelt sich rasant, und die kontinuierlichen Forschungsanstrengungen tragen zu spannenden Fortschritten bei. Durch die Entwicklung neuartiger Architekturen, die Erforschung verschiedener Trainingsmethoden und die Verbesserung der Interpretierbarkeit und Erklärbarkeit von Deep-Learning-Modellen verschieben die Forscher ständig die Grenzen der Technologie.

Ein aufkommender Trend beim Deep Learning ist die Integration von Fachwissen in datengesteuerte Ansätze. Durch die Einbeziehung von Vorwissen in den Lernprozess können Modelle robuster und effizienter werden und sich besser an das menschliche Fachwissen anpassen. Dieser hybride Ansatz hat in verschiedenen Bereichen vielversprechende Ergebnisse gezeigt, z. B. im Gesundheitswesen, wo Experten den Trainingsprozess unterstützen können, was zu genaueren Vorhersagen und besseren Patientenergebnissen führt.

Ein weiterer aktiver Forschungsbereich ist die Entwicklung effizienter und leichtgewichtiger Modelle, die auf ressourcenbeschränkten Geräten wie Smartphones oder Geräten des Internets der Dinge (IoT) laufen können. Diese Forschung zielt darauf ab, die praktischen Herausforderungen beim Einsatz von Deep-Learning-Algorithmen in realen Anwendungen zu bewältigen, bei denen Rechenleistung und Speicherplatz begrenzt sind.

9. Ethische Erwägungen

Da Deep Learning immer weiter voranschreitet, ist es von entscheidender Bedeutung, sich mit den ethischen Implikationen seiner weit verbreiteten Anwendung auseinanderzusetzen. Fragen wie Datenschutz,

Voreingenommenheit, Fairness und Verantwortlichkeit müssen sorgfältig bedacht und aktiv entschärft werden.

Der Schutz der Daten von Personen, die für das Training von Deep-Learning-Modellen verwendet werden, ist von größter Bedeutung. Unternehmen müssen robuste Datenschutzrichtlinien einführen und sich an strenge ethische Richtlinien halten, wenn sie sensible Daten sammeln und speichern. Darüber hinaus sollten Anstrengungen unternommen werden, um Voreingenommenheit und Diskriminierung zu bekämpfen, die sich aus voreingenommenen Trainingsdaten ergeben können, die zu ungerechten und diskriminierenden Ergebnissen führen können.

Transparenz und Interpretierbarkeit sind entscheidend, um Vertrauen in Deep-Learning-Algorithmen zu schaffen. Die Forscher arbeiten aktiv an der Entwicklung von Techniken, die Erklärungen für Modellvorhersagen liefern und es den Nutzern ermöglichen, die Entscheidungsprozesse dieser komplexen Systeme zu verstehen. Dies fördert die Verantwortlichkeit und ermöglicht es dem Einzelnen, potenziell voreingenommene oder unethische Ergebnisse zu hinterfragen und anzufechten.

Abschließend wurden in der zweiten Hälfte dieses Kapitels fortschrittliche Architekturen wie Generative Adversarial Networks (GANs) und die Verschmelzung von Deep Learning mit Reinforcement Learning untersucht. Wir haben Spitzenforschung und neue Trends erörtert und dabei die Bedeutung ethischer Überlegungen hervorgehoben. Deep Learning mit seiner Fähigkeit, komplexe Muster zu erfassen und genaue Vorhersagen zu treffen, wird weiterhin zahlreiche Branchen revolutionieren und birgt immenses Potenzial für die Zukunft der künstlichen Intelligenz.

Zum Abschluss dieses Kapitels hoffen wir, Ihnen, unserem Publikum, einen informativen Überblick über Deep Learning und künstliche neuronale Netze gegeben zu haben. Die

Reise in die Welt des Deep Learning hat nur an der Oberfläche der Möglichkeiten und Auswirkungen gekratzt. Bleiben Sie dran für weitere Erkundungen der sich ständig weiterentwickelnden Landschaft des maschinellen Lernens und der künstlichen Intelligenz in zukünftigen Kapiteln.

KAPITEL 5: KOGNITIONSPSYCHOLOGIE UND KI

Abschnitt 1: Die Grundlagen der kognitiven Psychologie

Um die Komplexität des menschlichen Geistes und seiner Funktionen zu verstehen, ist es unerlässlich, sich mit der kognitiven Psychologie zu befassen. Dieser Studienbereich erforscht die komplizierten Beziehungen zwischen dem Geist, dem Gehirn und dem Verhalten und deckt die zugrunde liegenden Prozesse auf, die unsere Gedanken, Wahrnehmungen und Handlungen bestimmen. Durch die Untersuchung der Art und Weise, wie wir Wissen erwerben, Informationen verarbeiten und Probleme lösen, bietet die kognitive Psychologie eine solide Grundlage für das Verständnis der vielschichtigen Natur der menschlichen Kognition.

Eines der grundlegenden Prinzipien, das die kognitive Psychologie beleuchtet, ist das Konzept der Informationsverarbeitung. Die menschliche Wahrnehmung umfasst, ähnlich wie ein Computer, die Kodierung, Speicherung und den Abruf von Informationen. Unser

Gehirn ist ein bemerkenswerter Informationsverarbeiter, der es uns ermöglicht, der Welt um uns herum einen Sinn zu geben. Durch die Untersuchung dieser Informationsverarbeitung versuchen Kognitionspsychologen, die kognitiven Mechanismen zu entschlüsseln, die unserer Fähigkeit zu lernen, sich zu erinnern und zu kommunizieren zugrunde liegen.

Im Mittelpunkt der kognitiven Psychologie steht das Konzept der Aufmerksamkeit, des kognitiven Prozesses, der unsere Aufmerksamkeit auf bestimmte Reize lenkt, während irrelevante Informationen herausgefiltert werden. Aufmerksamkeit ermöglicht es uns, uns auf wichtige Details zu konzentrieren und unsere geistigen Ressourcen effektiv für die anstehende Aufgabe einzusetzen. Wenn wir verstehen, wie Aufmerksamkeit funktioniert und wie sie beeinflusst werden kann, erfahren wir mehr über unsere Fähigkeit, Prioritäten zu setzen, uns zu konzentrieren und in einer sich ständig verändernden Umgebung wachsam zu bleiben.

Eine weitere Schlüsselkomponente der kognitiven Psychologie ist das Gedächtnis. Das Gedächtnis umfasst die Prozesse, die mit dem Erwerb, der Speicherung und dem Abruf von Informationen verbunden sind. Unsere Erinnerungen tragen nicht nur zu unserem Selbstverständnis bei, sondern prägen auch unser Verständnis der Vergangenheit und unsere Fähigkeit, die Zukunft vorauszusehen. Durch die Untersuchung des Gedächtnisses gewinnen Kognitionspsychologen Einblicke in die Mechanismen, die dem Lernen, Vergessen und der Bildung von dauerhaften Assoziationen zugrunde liegen.

Die Sprache, ein komplexes und einzigartiges menschliches Attribut, spielt auch in der kognitiven Psychologie eine entscheidende Rolle. Unsere Fähigkeit, durch gesprochene und geschriebene Worte zu kommunizieren, ist ein wesentlicher Aspekt der Kognition. Spracherwerb, Sprachverständnis und Sprachproduktion sind alles Bereiche, die in diesem

Feld untersucht werden. Die Erforschung dieser Bereiche ermöglicht es den Forschern, die komplizierten Mechanismen zu entschlüsseln, die es uns ermöglichen, Sprache zu verstehen und zu erzeugen, und liefert wertvolle Einblicke in die der Kommunikation zugrunde liegenden kognitiven Prozesse.

Die kognitive Psychologie befasst sich auch mit Problemlösung und Entscheidungsfindung und untersucht, wie Menschen an komplexe Aufgaben herangehen und diese lösen. Problemlösung beinhaltet die Anwendung kognitiver Strategien, um Hindernisse zu überwinden und ein gewünschtes Ergebnis zu erreichen. Bei der Entscheidungsfindung hingegen geht es um die kognitiven Prozesse, die uns bei der Auswahl der besten Vorgehensweise unter verschiedenen Alternativen leiten. Durch die Untersuchung von Problemlösung und Entscheidungsfindung gewinnen Kognitionspsychologen ein tieferes Verständnis für die menschliche Fähigkeit, zu denken, zu planen und Entscheidungen zu treffen.

Indem die kognitive Psychologie diese grundlegenden Prinzipien und Kernkonzepte untersucht, entschlüsselt sie die Feinheiten des menschlichen Geistes. Indem wir verstehen, wie unser Gehirn Informationen aufnimmt und verarbeitet, wie Aufmerksamkeit unsere Wahrnehmung beeinflusst und wie Gedächtnis, Sprache, Problemlösung und Entscheidungsfindung unsere Kognition prägen, gewinnen wir wertvolle Einblicke in die vielfältigen Funktionen des menschlichen Geistes.

Das Studium der kognitiven Psychologie wirft nicht nur ein Licht auf die faszinierende Funktionsweise des menschlichen Geistes, sondern überschneidet sich auch mit dem rasch voranschreitenden Bereich der künstlichen Intelligenz (KI). Durch die Integration von Grundsätzen der kognitiven Psychologie in KI-Systeme wollen Forscher intelligente Maschinen entwickeln, die die menschlichen kognitiven

Fähigkeiten nachahmen. Die Verschmelzung dieser beiden Bereiche birgt ein enormes Potenzial für die Revolutionierung der Technologie, die Verbesserung der Interaktion zwischen Mensch und Maschine und die Förderung unseres Verständnisses der Kognition selbst.

In der zweiten Hälfte dieses Abschnitts werden wir uns mit diesen Prinzipien, Konzepten und ihren Auswirkungen näher befassen. Bereiten Sie sich auf eine faszinierende Reise durch die Feinheiten des menschlichen Geistes und das grenzenlose Potenzial der Verschmelzung von kognitiver Psychologie und künstlicher Intelligenz (KI) vor: Wir setzen unsere Erkundung der Schnittmenge von kognitiver Psychologie und künstlicher Intelligenz (KI) fort und vertiefen die Prinzipien und Konzepte, die diesen Bereichen zugrunde liegen. In der zweiten Hälfte dieses Abschnitts werden wir die grundlegenden Aspekte der kognitiven Psychologie und ihre Auswirkungen auf die KI-Entwicklung näher untersuchen.

Ein wichtiger Bereich der kognitiven Psychologie ist die Wahrnehmung, also der Prozess, durch den wir sensorische Informationen aus unserer Umgebung interpretieren und ihnen einen Sinn geben. Durch die Untersuchung der Wahrnehmung gewinnen Kognitionspsychologen Einblicke in die Art und Weise, wie wir die Welt um uns herum wahrnehmen, einschließlich Objekte, Gesichter und Ereignisse. Das Verständnis der zugrundeliegenden Mechanismen der Wahrnehmung hat enorme Auswirkungen auf die künstliche Intelligenz, da die Forscher darauf abzielen, Maschinen zu entwickeln, die sensorische Eingaben genau interpretieren und darauf reagieren können, ähnlich wie der Mensch es tut.

Darüber hinaus erforscht die kognitive Psychologie das faszinierende Gebiet der Aufmerksamkeit, die es uns ermöglicht, uns selektiv auf relevante Informationen zu konzentrieren und gleichzeitig Ablenkungen auszublenden. Aufmerksamkeit ist nicht nur für unser alltägliches

Funktionieren von entscheidender Bedeutung, sondern spielt auch in KI-Systemen eine entscheidende Rolle. Durch die Entwicklung von KI-Systemen, die Aufmerksamkeitsressourcen effektiv zuordnen können, wollen Forscher Maschinen schaffen, die sich an eine sich verändernde Umgebung anpassen und darauf reagieren können, so wie es auch Menschen tun.

Ein weiterer zentraler Aspekt der kognitiven Psychologie ist die Sprachverarbeitung, die das Verstehen, die Produktion und den Erwerb von Sprache umfasst. Zu verstehen, wie Menschen Sprache erwerben und verwenden, hat tiefgreifende Auswirkungen auf KI-Systeme, die mit Menschen auf natürliche und sinnvolle Weise kommunizieren und interagieren sollen. Durch die Integration von Prinzipien aus der kognitiven Psychologie können Forscher KI-Systeme entwickeln, die Sprache effektiv verstehen und erzeugen und so die Fähigkeiten von Systemen zur Verarbeitung natürlicher Sprache und von Dialogsystemen verbessern.

Das Gedächtnis, ein grundlegender kognitiver Prozess, spielt auch in der kognitiven Psychologie und der Entwicklung von KI eine wichtige Rolle. Unsere Erinnerungen tragen zu unserem Selbstverständnis bei und beeinflussen unsere Entscheidungsfindung. Damit KI-Systeme über menschenähnliche kognitive Fähigkeiten verfügen, müssen sie über Gedächtniskapazitäten verfügen, die es ihnen ermöglichen, aus vergangenen Erfahrungen zu lernen und fundierte Entscheidungen zu treffen.

Darüber hinaus erforscht die kognitive Psychologie Problemlösungs- und Entscheidungsprozesse. Die Fähigkeit, Probleme zu lösen und Entscheidungen zu treffen, ist ein Markenzeichen der menschlichen Kognition, und die Forscher wollen diese kognitiven Prozesse in KI-Systeme einfließen lassen. Die Entwicklung von KI-Systemen, die in der Lage sind, komplexe Probleme zu lösen und fundierte Entscheidungen zu treffen, könnte sich in verschiedenen Bereichen - vom

Gesundheitswesen bis zum Finanzwesen - positiv auswirken.

Je mehr wir uns mit den Feinheiten der kognitiven Psychologie und der KI befassen, desto deutlicher wird, dass die Integration dieser beiden Bereiche ein grenzenloses Potenzial bietet. Durch die Nutzung der von der kognitiven Psychologie aufgedeckten Prinzipien und Konzepte können Forscher die Fähigkeiten von KI-Systemen verbessern und sie in ihrer Kognition und Interaktion menschenähnlicher machen. Diese Verschmelzung von kognitiver Psychologie und KI hat das Potenzial, die Technologie zu revolutionieren und Maschinen in die Lage zu versetzen, wie Menschen zu verstehen, zu lernen, sich anzupassen und zu kommunizieren.

Die Auswirkungen dieser Fusion gehen über den technologischen Fortschritt hinaus. Indem wir die Schnittmenge von kognitiver Psychologie und KI erforschen, gewinnen wir ein tieferes Verständnis unserer eigenen Kognition und dessen, was es bedeutet, ein Mensch zu sein. Diese Integration ermöglicht es uns, das Wesen des Bewusstseins, der Intelligenz und die Grenzen zwischen Mensch und Maschine zu hinterfragen.

Zusammenfassend lässt sich sagen, dass das Studium der kognitiven Psychologie eine solide Grundlage für das Verständnis der komplexen Funktionsweise des menschlichen Geistes und seiner kognitiven Prozesse bietet. Durch die Integration dieser Prinzipien in KI-Systeme wollen die Forscher Maschinen entwickeln, die in der Lage sind, menschliche kognitive Fähigkeiten zu imitieren. Wenn wir uns auf diese fesselnde Reise durch die Schnittmenge von kognitiver Psychologie und KI begeben, erschließen wir uns ein Reich von Möglichkeiten, die das Potenzial haben, die Zukunft der Technologie zu gestalten, die Interaktion zwischen Mensch und Maschine zu verbessern und unser Verständnis von Kognition selbst zu vertiefen.

Lassen Sie sich fesseln von der faszinierenden Erforschung der Feinheiten des menschlichen Geistes und des grenzenlosen

Potenzials, das sich aus der Verschmelzung von kognitiver Psychologie und künstlicher Intelligenz ergibt. Im weiteren Verlauf dieses Buches werden wir die verschlungenen Verbindungen zwischen diesen beiden Bereichen weiter enträtseln, in die Spitzenforschung eintauchen und uns die zukünftigen Möglichkeiten ausmalen, die vor uns liegen.

Abschnitt2: Erkundung des Schnittpunkts von Kognitionspsychologie und KI

Die Verbindung zwischen kognitiver Psychologie und KI

Die kognitive Psychologie, der Zweig der Psychologie, der sich mit dem Verständnis der Prozesse und Funktionen des menschlichen Geistes befasst, ist seit langem ein faszinierendes Studiengebiet. Im Laufe der Jahre haben die Forscher enorme Fortschritte bei der Entschlüsselung der Feinheiten unserer Wahrnehmung, unseres Denkens und unseres Lernens gemacht. Die jüngsten Fortschritte in der künstlichen Intelligenz (KI) haben jedoch neue Möglichkeiten eröffnet, die Fähigkeiten des menschlichen Geistes zu erforschen.

In diesem Abschnitt befassen wir uns mit der spannenden Schnittstelle zwischen kognitiver Psychologie und KI, wo diese beiden Bereiche zusammenkommen, um unser Verständnis des menschlichen Geistes zu verbessern. Von den Anfängen der KI-Forschung bis zum aktuellen Stand des kognitiven Computings werden wir untersuchen, wie KI-Technologien unser Wissen über kognitive Prozesse und ihre potenziellen Auswirkungen auf die Gesellschaft erweitert haben.

Das Aufkommen der künstlichen Intelligenz

Künstliche Intelligenz als wissenschaftliche Disziplin begann Mitte des 20. Jahrhunderts an Bedeutung zu gewinnen. Ihr Ziel war es, Maschinen zu entwickeln, die intelligentes Verhalten simulieren und Aufgaben ausführen können, die normalerweise menschliche Intelligenz erfordern. Die frühe KI-Forschung konzentrierte sich auf symbolische Ansätze, bei denen Wissen mithilfe von Regeln und logischen Konstrukten dargestellt wurde. Diese Ansätze stießen jedoch bald an ihre Grenzen, wenn es darum ging, mit unsicheren und mehrdeutigen Informationen umzugehen.

Im späten 20. Jahrhundert kam ein neues Paradigma auf, das als Konnektionismus oder neuronale Netze bekannt wurde. Inspiriert von der Struktur und Funktionsweise des menschlichen Gehirns, zielten neuronale Netze darauf ab, Lernen und Problemlösung durch miteinander verbundene Knoten oder künstliche Neuronen zu simulieren. Dieser Wandel führte zu bedeutenden Fortschritten in der KI-Forschung und ermöglichte es Maschinen, Muster zu erkennen, aus Daten zu lernen und Entscheidungen auf menschenähnliche Weise zu treffen.

Kognitionspsychologie trifft auf KI

Der Bereich der kognitiven Psychologie, dessen Schwerpunkt auf der Untersuchung menschlicher Denkprozesse liegt, hat wertvolle Erkenntnisse für KI-Forscher geliefert. Kognitionspsychologen haben grundlegende Aspekte wie Wahrnehmung, Aufmerksamkeit, Gedächtnis und Problemlösung untersucht und die Mechanismen beleuchtet, die diesen Prozessen beim Menschen zugrunde liegen.

KI-Forscher haben sich auf die kognitive Psychologie gestützt, um intelligente Systeme zu entwickeln, die kognitive Funktionen imitieren. So hat beispielsweise das Studium der visuellen Wahrnehmung beim Menschen Computer-Vision-Algorithmen zur Erkennung von Objekten in Bildern inspiriert. Wenn man versteht, wie Menschen visuelle Reize wahrnehmen und interpretieren, können KI-Systeme visuelle Daten in realen Anwendungen wie selbstfahrenden Autos und Gesichtserkennungstechnologie verarbeiten und sinnvoll nutzen.

In ähnlicher Weise hat die kognitionspsychologische Forschung zu Gedächtnisprozessen die Entwicklung von KI-Modellen beeinflusst, die in der Lage sind, zu lernen und sich zu erinnern. Neuronale Netzwerkarchitekturen, die von menschlichen Gedächtnissystemen inspiriert sind, wie z. B. das Langzeit-Kurzzeitgedächtnis (LSTM), haben die Fähigkeit von KI-Systemen verbessert, Informationen zu behalten und abzurufen, was zu Fortschritten bei der Sprachübersetzung, Spracherkennung und persönlichen Assistenten beigetragen hat.

Die Auswirkungen von Fortschritten

Die Konvergenz von kognitiver Psychologie und KI hat weitreichende Auswirkungen auf verschiedene Bereiche. Einerseits können KI-Technologien unser Verständnis von kognitiven Prozessen verbessern, indem sie Hypothesen über die menschliche Kognition simulieren und testen. Durch den Aufbau von KI-Modellen, die bestimmte kognitive Funktionen nachbilden, können Forscher bestehende Theorien validieren oder in Frage stellen, was zu einem verfeinerten Verständnis des menschlichen Geistes führt.

Darüber hinaus können durch die Integration von KI und kognitiver Psychologie neue Anwendungen und Lösungen für dringende gesellschaftliche Herausforderungen entstehen. So könnten beispielsweise KI-gestützte virtuelle Therapeuten personalisierte Unterstützung für die psychische Gesundheit bieten, indem sie die Prinzipien der kognitiven Psychologie nutzen, um sich an die emotionalen Bedürfnisse des Einzelnen anzupassen und darauf zu reagieren. Ebenso könnten KI-Systeme, die die menschliche Sprache und Emotionen verstehen, die Interaktion zwischen Mensch und Computer verbessern und die Art und Weise, wie wir kommunizieren und auf Informationen zugreifen, verändern.

Über diese praktischen Anwendungen hinaus wirft die Kombination von kognitiver Psychologie und KI tiefgreifende ethische Überlegungen auf. Je weiter die KI-Technologie fortschreitet, desto mehr stellen sich Fragen zum Datenschutz, zur Autonomie und zu den Auswirkungen auf die menschliche Kognition. Das Verständnis der ethischen Implikationen und die Sicherstellung einer verantwortungsvollen Entwicklung und Nutzung von KI-Systemen sind von entscheidender Bedeutung, um das volle Potenzial dieser spannenden Konvergenz zu nutzen.

Fazit...

Fortsetzung...Kognitionspsychologie und KI in realen Anwendungen

Während die Konvergenz von kognitiver Psychologie und KI zu bedeutenden Fortschritten in unserem Verständnis des menschlichen Geistes geführt hat, liegt ihr wahres Potenzial in ihren praktischen Anwendungen. In der zweiten Hälfte dieses Abschnitts werden wir untersuchen, wie die Integration von KI und kognitiver Psychologie verschiedene Bereiche revolutioniert hat, vom Gesundheitswesen bis zur Bildung.

Im Bereich des Gesundheitswesens haben kognitionspsychologische Prinzipien bei der Entwicklung von KI-gestützten Systemen zur Verbesserung von Diagnose und Behandlung eine wichtige Rolle gespielt. Durch die Analyse großer Mengen medizinischer Daten können KI-Algorithmen Muster und Anomalien erkennen, die von menschlichen Ärzten unbemerkt bleiben könnten. So können

KI-basierte Bildgebungssysteme beispielsweise Krankheiten wie Krebs und Netzhauterkrankungen genau diagnostizieren, was Ärzten hilft, fundierte Entscheidungen zu treffen und die Ergebnisse für die Patienten zu verbessern.

Darüber hinaus verändern KI-gesteuerte virtuelle Assistenten die psychische Gesundheitsversorgung. Diese virtuellen Therapeuten nutzen die Prinzipien der kognitiven Psychologie, um personalisierte Unterstützung und Interventionen anzubieten. Durch die Überwachung des emotionalen Zustands einer Person können virtuelle Therapeuten maßgeschneiderte Strategien zur Stressbewältigung, zum Abbau von Ängsten und zum emotionalen Wohlbefinden anbieten. Diese Integration von KI und kognitiver Psychologie hat das Potenzial, die psychische Gesundheitspflege zu demokratisieren und sie einer breiteren Bevölkerung zugänglich zu machen.

Im Bereich der Bildung ergänzen KI-Technologien die traditionellen Lehrmethoden und bieten personalisierte Lernerfahrungen. Indem sie die Stärken, Schwächen und Lernstile der einzelnen Schüler verstehen, können KI-Systeme die Lerninhalte und das Lerntempo anpassen, um die Lernergebnisse zu optimieren. Die Forschung im Bereich der kognitiven Psychologie gibt Aufschluss darüber, wie diese KI-Systeme gezielte Interventionen entwickeln können, die effektive Lernstrategien fördern und letztlich die Lernerfahrungen verbessern.

Darüber hinaus können KI-gestützte Tutorensysteme Echtzeit-Feedback, Anleitung und adaptive Beurteilungen bieten und so die Rolle eines menschlichen Tutors effektiv simulieren. Diese Systeme nutzen die Prinzipien der kognitiven Psychologie, um ihren Unterricht an die kognitiven Fähigkeiten der Lernenden anzupassen und so das Engagement, die Motivation und die langfristige Beibehaltung des Wissens zu fördern.

Die Integration von KI und kognitiver Psychologie hat auch

das Potenzial, den Bereich der Mensch-Computer-Interaktion zu revolutionieren. Techniken zur Verarbeitung natürlicher Sprache in Kombination mit Erkenntnissen der kognitiven Psychologie ermöglichen es KI-Systemen, die menschliche Sprache besser zu verstehen und darauf zu reagieren. KI-Chatbots, Sprachassistenten und intelligente Lautsprecher sind in unserem täglichen Leben allgegenwärtig geworden und erleichtern Aufgaben, liefern Informationen und bieten sogar Begleitung.

Durch die Einbeziehung emotionaler Intelligenz in KI-Systeme wollen die Forscher außerdem einfühlsamere und sozialere Maschinen schaffen. Die kognitionspsychologische Forschung zu Emotionen und sozialer Kognition kann dazu beitragen, KI-Systeme mit der Fähigkeit auszustatten, menschliche Emotionen zu verstehen und angemessen darauf zu reagieren, und so natürlichere und sinnvollere Interaktionen zu ermöglichen.

Die zunehmende Integration von KI in unser Leben wirft jedoch auch erhebliche ethische Bedenken auf. Datenschutz und Datensicherheit sind bei der Entwicklung und Nutzung von KI-Systemen von größter Bedeutung. Der Schutz personenbezogener Daten und die Gewährleistung von Transparenz bei der Datenerhebung und -nutzung sind entscheidend für die Aufrechterhaltung des öffentlichen Vertrauens und die Gewährleistung einer verantwortungsvollen KI-Implementierung.

Außerdem dürfen die Auswirkungen der KI auf die menschliche Wahrnehmung und Entscheidungsfindung nicht übersehen werden. Da KI-Systeme immer ausgefeilter werden, besteht die Gefahr, dass man sich zu sehr auf ihre Empfehlungen verlässt oder ihnen blind vertraut. Es ist wichtig, ein Gleichgewicht zwischen der Nutzung der KI-Fähigkeiten und der Erhaltung der menschlichen Handlungsfähigkeit, Autonomie und des kritischen Denkens zu finden. Die Gewährleistung menschlicher Aufsicht und Rechenschaftspflicht bei KI-Systemen ist für ihre verantwortungsvolle Integration in verschiedene Bereiche unerlässlich.

Zusammenfassend lässt sich sagen, dass die Integration von kognitiver Psychologie und KI neue Möglichkeiten für unser Verständnis des menschlichen Geistes und seiner praktischen Anwendungen eröffnet hat. Von der Gesundheitsfürsorge über die Bildung bis hin zur Interaktion zwischen Mensch und Computer haben KI-Technologien, die auf kognitionspsychologischen Grundsätzen beruhen, ein immenses Potenzial zur Verbesserung verschiedener Aspekte der Gesellschaft gezeigt. Neben diesen Fortschritten ist es jedoch von entscheidender Bedeutung, ethische Überlegungen anzustellen und eine verantwortungsvolle Entwicklung und Anwendung von KI-Systemen sicherzustellen. Nur so können wir die Möglichkeiten dieser spannenden Konvergenz voll ausschöpfen und eine Zukunft schaffen, in der KI die menschlichen kognitiven Fähigkeiten unterstützt und verbessert.

Abschnitt 3: Kognitionspsychologie und KI: Überbrückung der Kluft

Künstliche Intelligenz (KI) hat zahlreiche Bereiche der menschlichen Existenz revolutioniert, vom Gesundheitswesen bis zum Finanzwesen, von der Bildung bis zur Unterhaltung. Da sich die KI in einem noch nie dagewesenen Tempo weiterentwickelt, ist ihre Überschneidung mit der kognitiven Psychologie zu einem aufregenden Forschungsgebiet geworden. In diesem Abschnitt soll diese Überschneidung untersucht werden, indem aufgezeigt wird, wie KI-Technologien unser Verständnis kognitiver Prozesse verbessern können und umgekehrt.

Die kognitive Psychologie versucht, die komplizierte Funktionsweise des menschlichen Geistes und die für

Wahrnehmung, Gedächtnis, Lernen und Problemlösung verantwortlichen Prozesse aufzudecken. Durch Experimente und Beobachtungen haben Kognitionspsychologen bedeutende Fortschritte bei der Entschlüsselung der zugrunde liegenden Mechanismen gemacht, die das menschliche Verhalten beeinflussen. Die Grenzen der traditionellen psychologischen Forschungsmethoden haben jedoch umfassende Einblicke in die Komplexität des menschlichen Geistes verhindert.

Hier kommt die Künstliche Intelligenz ins Spiel, mit ihrer Rechenleistung und ihrer Fähigkeit, riesige Datenmengen in einem Bruchteil der Zeit zu analysieren, die ein menschlicher Forscher benötigen würde. KI-Algorithmen können Muster erkennen, Korrelationen identifizieren und Hypothesen über komplexe kognitive Phänomene aufstellen. Durch den Einsatz von KI-Technologien können Kognitionspsychologen nun kognitive Prozesse mit beispielloser Präzision und in bisher unerreichtem Umfang untersuchen, was neue Wege zum Verständnis der Feinheiten des menschlichen Geistes eröffnet.

Ein bemerkenswerter Bereich, in dem sich kognitive Psychologie und KI überschneiden, ist das Verständnis von Aufmerksamkeit und Wahrnehmung. Aufmerksamkeit, der kognitive Prozess, der es uns ermöglicht, uns auf relevante Reize zu konzentrieren, ist seit langem ein Thema, das Forscher in beiden Bereichen interessiert. Durch fortschrittliche Techniken des maschinellen Lernens können KI-Algorithmen Aufmerksamkeitsmechanismen simulieren und Aufschluss darüber geben, wie Menschen Informationen priorisieren und kognitive Ressourcen zuordnen.

Darüber hinaus können KI-gestützte Simulationen visuelle Wahrnehmungssysteme nachbilden, so dass Forscher verschiedene Wahrnehmungsphänomene erforschen können. Durch die Kombination von Computer-Vision-Algorithmen mit Theorien der kognitiven Psychologie können Wissenschaftler das Verständnis der visuellen Wahrnehmung, z. B. der Objekterkennung, Tiefenwahrnehmung und visuellen Täuschungen, vertiefen. Diese KI-gestützten Simulationen bieten wertvolle Einblicke in das Innenleben des menschlichen visuellen Systems und in dessen Wechselwirkung mit kognitiven Prozessen.

Eine weitere spannende Schnittmenge zwischen kognitiver Psychologie und KI liegt im Bereich des Gedächtnisses und des Lernens. Das Gedächtnis, der Eckpfeiler der menschlichen Kognition, spielt eine entscheidende Rolle bei der Gestaltung unseres Verhaltens und unserer Entscheidungsprozesse. Mithilfe von KI-Techniken wie dem maschinellen Lernen können Forscher Modelle entwickeln, die menschliche Gedächtnissysteme nachbilden und so ein besseres Verständnis dafür ermöglichen, wie Erinnerungen gebildet, gefestigt und abgerufen werden.

Darüber hinaus bieten KI-Technologien das Potenzial, die menschlichen Lernfähigkeiten zu verbessern. Adaptive Lernplattformen, die von KI-Algorithmen angetrieben werden, können Unterrichtsmaterialien auf einzelne Lernende zuschneiden und den Lernprozess auf der Grundlage personalisierter kognitiver Profile optimieren. Durch die Analyse großer Datenmengen über die Interaktionen der Lernenden können KI-Systeme Inhalte, Tempo und Schwierigkeitsgrad anpassen, um die Lernergebnisse zu maximieren. Solche personalisierten Lernansätze haben das Potenzial, die Bildung zu revolutionieren, indem sie auf die einzigartigen kognitiven Bedürfnisse jedes Lernenden eingehen.

An der Schnittstelle zwischen kognitiver Psychologie und KI ergeben sich unweigerlich komplexe ethische Fragen. KI-Technologien werfen Fragen zum Datenschutz, zur Voreingenommenheit und zu möglichen unbeabsichtigten Folgen auf. Bei der Zusammenarbeit von Kognitionspsychologen und KI-Entwicklern ist es von entscheidender Bedeutung, diese ethischen

Überlegungen transparent und proaktiv anzugehen, um die verantwortungsvolle Entwicklung und Anwendung von KI-Technologien zu gewährleisten.

Zusammenfassend lässt sich sagen, dass die Schnittstelle zwischen kognitiver Psychologie und KI ein vielversprechendes Feld für das Verständnis der Komplexität des menschlichen Geistes bietet. Durch die Nutzung der KI können Kognitionspsychologen die kognitiven Prozesse tiefer erforschen und so noch nie dagewesene Erkenntnisse gewinnen. Gleichzeitig profitieren die KI-Technologien von den theoretischen Grundlagen der kognitiven Psychologie, was die Entwicklung anspruchsvollerer KI-Algorithmen und -Systeme ermöglicht. In der zweiten Hälfte dieses Abschnitts werden wir diese spannenden Entwicklungen näher beleuchten und künftige Richtungen in diesem aufstrebenden Bereich diskutieren. Bleiben Sie dran für den nächsten Teil unserer Erkundung der miteinander verflochtenen Welten der kognitiven Psychologie und der KI.Ein Bereich, in dem sich die Überschneidung von kognitiver Psychologie und KI als sehr vielversprechend erwiesen hat, ist der Bereich des Problemlösens und der Entscheidungsfindung. Die kognitive Psychologie beschäftigt sich seit langem mit der Frage, wie Menschen komplexe Probleme lösen und Entscheidungen auf der Grundlage der verfügbaren Informationen treffen. KI-Technologien können mit ihrer Fähigkeit, große Datenmengen zu analysieren und Muster zu erkennen, zu unserem Verständnis dieser kognitiven Prozesse beitragen.

Mithilfe von KI-Algorithmen können Forscher Problemlösungsszenarien simulieren und die zugrunde liegenden kognitiven Mechanismen untersuchen. So wurden beispielsweise KI-gestützte Schachprogramme entwickelt, um menschliche Entscheidungsstrategien im Spiel zu verstehen und nachzuahmen. Diese Programme analysieren große Datenbanken von Schachpartien, um Muster zu lernen und fundierte Züge zu machen. Durch den Vergleich der Strategien von KI-Programmen mit menschlichen Spielern können Kognitionspsychologen Einblicke in die kognitiven Prozesse gewinnen, die der Entscheidungsfindung in komplexen Bereichen zugrunde liegen.

Darüber hinaus können KI-Technologien bei der Entwicklung von Entscheidungsunterstützungssystemen helfen, die den Menschen bei optimalen Entscheidungen unterstützen. Durch die Analyse von Daten aus verschiedenen Quellen können diese Systeme wertvolle Erkenntnisse und Empfehlungen in Bereichen wie Finanzen, Gesundheitswesen und strategische Planung liefern. So können KI-Algorithmen beispielsweise Finanzdaten analysieren, um Muster und Trends zu erkennen, die Investoren helfen, fundierte Entscheidungen zu treffen. Im Gesundheitswesen können KI-gestützte Systeme Patientendaten analysieren und personalisierte Behandlungspläne auf der Grundlage evidenzbasierter Verfahren vorschlagen. Diese Entscheidungsunterstützungssysteme verbessern nicht nur die menschliche Entscheidungsfindung, sondern tragen auch zur Weiterentwicklung der kognitiven Psychologie bei, indem sie reale Anwendungen für Forschungsergebnisse liefern.

Ein weiterer faszinierender Aspekt der Überschneidung von kognitiver Psychologie und KI liegt in der Untersuchung der Sprachverarbeitung und des Verständnisses natürlicher Sprache. Kognitionspsychologen sind seit langem daran interessiert, wie Menschen Sprache verstehen, produzieren und erwerben. KI-Technologien, insbesondere Algorithmen zur Verarbeitung natürlicher Sprache (NLP), haben bedeutende Fortschritte beim Verstehen und Erzeugen menschenähnlicher Sprache gemacht.

Mithilfe von maschinellen Lerntechniken können NLP-Modelle auf riesige Mengen von Textdaten trainiert werden, so dass sie kohärente und kontextbezogene Sprache verstehen und erzeugen können. Diese Modelle können die menschliche Sprachverarbeitung simulieren und Aufschluss darüber geben, wie wir Wörtern eine Bedeutung entnehmen, Grammatik verstehen und uns an Gesprächen beteiligen. Im Gegenzug können Kognitionspsychologen dieses Wissen nutzen, um Theorien der Sprachverarbeitung zu verfeinern und genauere Modelle des menschlichen Sprachverständnisses zu entwickeln.

Außerdem können NLP-Algorithmen zur Analyse und Extraktion wertvoller Informationen aus großen Textmengen verwendet werden. Diese Fähigkeit findet in verschiedenen Bereichen Anwendung, z. B. in der Stimmungsanalyse, der Meinungsforschung und der Informationsbeschaffung. KI-gestützte Systeme können Daten aus sozialen Medien, Kundenrezensionen oder Nachrichtenartikel analysieren, um die öffentliche Meinung einzuschätzen, neue Trends zu erkennen oder relevante Informationen für die Entscheidungsfindung zu extrahieren. Diese Anwendungen tragen nicht nur zu unserem Verständnis der Sprachverarbeitung bei, sondern haben auch praktische Auswirkungen in Bereichen wie Marketing, Meinungsforschung und Informationsmanagement.

Da sich die Überschneidung von kognitiver Psychologie und KI immer weiter entwickelt, ist es unerlässlich, die sich daraus ergebenden ethischen Implikationen zu berücksichtigen. Jeder Einsatz von KI-Technologien, insbesondere in sensiblen Bereichen wie dem Gesundheits- und Finanzwesen, muss von verantwortungsvollen und transparenten Praktiken begleitet werden. Fragen des Datenschutzes, der algorithmischen Voreingenommenheit und des Potenzials für unbeabsichtigte Folgen müssen sorgfältig behandelt werden, um die ethische Entwicklung und Anwendung von KI-Technologien zu gewährleisten.

Zusammenfassend lässt sich sagen, dass die Überschneidung von kognitiver Psychologie und KI vielversprechend ist, um unser Verständnis des menschlichen Geistes zu erweitern und KI-Technologien zu verbessern. Durch den Einsatz von KI-

Algorithmen können Kognitionspsychologen nie dagewesene Einblicke in kognitive Prozesse wie Problemlösung, Entscheidungsfindung und Sprachverarbeitung gewinnen. Gleichzeitig profitieren die KI-Technologien von den theoretischen Grundlagen der kognitiven Psychologie, was die Entwicklung anspruchsvollerer KI-Algorithmen und -Systeme vorantreibt.

Bei der weiteren Erforschung dieses spannenden Feldes ist es von entscheidender Bedeutung, die Zusammenarbeit und den offenen Dialog zwischen Kognitionspsychologen, KI-Forschern und anderen Interessengruppen zu fördern. Wenn wir zusammenarbeiten, können wir das Potenzial der KI nutzen, um die Geheimnisse des menschlichen Geistes zu lüften und gleichzeitig eine verantwortungsvolle und ethische Weiterentwicklung der KI-Technologien zu gewährleisten. Die Zukunft der kognitiven Psychologie und der KI verspricht spannende Entdeckungen und transformative Anwendungen, die das Potenzial haben, verschiedene Aspekte unseres Lebens zu revolutionieren.

Abschnitt 4: Anwendungen von AI in der Kognitionspsychologie

Künstliche Intelligenz (KI) hat den Bereich der kognitiven Psychologie erheblich revolutioniert und Türen zu neuen Fortschritten und Möglichkeiten geöffnet. In diesem Abschnitt werden wir uns mit den praktischen Anwendungen von KI in der kognitionspsychologischen Forschung befassen und untersuchen, wie sie Durchbrüche bei der Datenanalyse, der Modellierung komplexer kognitiver Funktionen und der Verbesserung diagnostischer Verfahren ermöglicht hat.

Die Datenanalyse spielt in der kognitionspsychologischen Forschung eine entscheidende Rolle, da sie zum Verständnis verschiedener mentaler Prozesse und Verhaltensweisen beiträgt. Mit dem Aufkommen der KI haben Forscher Zugang zu fortschrittlichen Algorithmen und Techniken erhalten, die eine schnellere und genauere Analyse großer Datenmengen ermöglichen. Diese Fähigkeit, große Datenmengen effizient zu verarbeiten und zu analysieren, hat dazu beigetragen, Muster, Trends und Korrelationen zu erkennen, die zuvor unvorstellbar waren.

Eine bemerkenswerte Anwendung der KI in der Datenanalyse ist die automatische Gewinnung wertvoller Erkenntnisse aus unstrukturierten Textinformationen. Kognitionspsychologen stützen sich häufig auf die Analyse von Texten, wie z. B. Interviews, Transkripte und Zeitschriftenartikel, um Erkenntnisse über die menschliche Kognition zu gewinnen. Die manuelle Analyse und Extraktion von Informationen aus diesen Texten kann jedoch zeitaufwändig und fehleranfällig sein. Mithilfe von Algorithmen zur Verarbeitung natürlicher Sprache können KI-Systeme nun die Extraktion von Schlüsselinformationen automatisieren, so dass Forscher die Daten effektiver analysieren und interpretieren können.

Außerdem hat die KI die Modellierung komplexer kognitiver Funktionen revolutioniert. Die kognitive Psychologie will verstehen, wie Menschen wahrnehmen, denken, lernen und sich erinnern. Die Konstruktion genauer Modelle, die diese kognitiven Prozesse nachbilden, ist für unser Verständnis des menschlichen Geistes von entscheidender Bedeutung. Bisher war die Entwicklung solcher Modelle mit erheblichem menschlichem Aufwand und Fachwissen verbunden. Mit Hilfe der künstlichen Intelligenz können Forscher jedoch maschinelle Lernverfahren einsetzen, um Modelle zu trainieren, die menschliche kognitive Prozesse nachahmen.

Algorithmen des maschinellen Lernens, wie z. B. neuronale Netze, haben bemerkenswerte Erfolge bei der Nachbildung komplexer kognitiver Fähigkeiten gezeigt. Diese Modelle können aus riesigen Datenmengen lernen und sind so in der Lage, Muster zu erkennen, Vorhersagen zu treffen und kognitive Prozesse zu simulieren. So wurden beispielsweise neuronale Netze zur Modellierung der visuellen Wahrnehmung, der Sprachverarbeitung und der Entscheidungsfindung eingesetzt. Durch den Einsatz von KI können Kognitionspsychologen anspruchsvollere und realistischere Modelle der menschlichen Kognition entwickeln, was zu tieferen Einsichten und Entdeckungen führt.

Neben der Datenanalyse und -modellierung hat die KI auch die Diagnoseverfahren in der kognitiven Psychologie grundlegend verändert. Die Diagnose von kognitiven Beeinträchtigungen und psychischen Störungen ist eine komplexe Aufgabe, die oft umfangreiche Beurteilungen und Bewertungen erfordert. KI-Technologien haben die Entwicklung automatisierter Diagnosetools erleichtert, die Psychologen in ihrer klinischen Praxis unterstützen.

Mithilfe von Algorithmen des maschinellen Lernens können KI-Systeme verhaltensbezogene, kognitive und physiologische Daten analysieren, um diagnostische Entscheidungen zu unterstützen. Diese Systeme können subtile Muster und Indikatoren erkennen, die für menschliche Kliniker schwer zu erkennen sind. Durch die Kombination mehrerer Datenquellen, wie z. B. Bildgebung des Gehirns, Eye-Tracking und Verhaltensbeurteilungen, können KI-gestützte Diagnosetools genauere und effizientere Beurteilungen liefern, die letztlich zu besseren Behandlungsplänen und -ergebnissen führen.

Wie wir herausgefunden haben, sind die Anwendungen der KI in der kognitionspsychologischen Forschung vielfältig und vielversprechend. Von der fortschrittlichen Datenanalyse bis hin zur komplexen kognitiven Modellierung und verbesserten Diagnoseverfahren hat die KI die Art und Weise, wie wir den menschlichen Geist verstehen und untersuchen, revolutioniert. Der Einsatz von KI ermöglicht es Kognitionspsychologen, in ihrer Forschung bedeutende Fortschritte zu machen, die Grenzen des Wissens zu erweitern und Licht in die komplizierten Abläufe der Kognition zu bringen.

In der zweiten Hälfte dieses Abschnitts werden wir uns eingehender mit konkreten Fallstudien und Beispielen für KI-Anwendungen in der kognitiven Psychologie befassen und die spannenden Möglichkeiten und laufenden Fortschritte aufzeigen. Bleiben Sie dran für die nächste Folge, in der wir aufdecken werden, wie KI das Feld in noch nie dagewesener Weise transformiert. Die Reise geht weiter, wenn wir die faszinierende Schnittstelle zwischen kognitiver Psychologie und KI erkunden. Von der fortschrittlichen Datenanalyse bis hin zur komplexen kognitiven Modellierung und verbesserten Diagnoseverfahren hat die KI die Art und Weise revolutioniert, wie wir den menschlichen Geist verstehen und untersuchen. Der Einsatz von KI ermöglicht es Kognitionspsychologen, in ihrer Forschung bedeutende Fortschritte zu machen, die Grenzen des Wissens zu erweitern und Licht in die komplizierten Abläufe der Kognition zu bringen.

Zusätzlich zu den bereits erwähnten Fähigkeiten hat KI auch eine entscheidende Rolle beim Verstehen und Vorhersagen menschlichen Verhaltens gespielt. Durch die Analyse riesiger Datenmengen aus verschiedenen Quellen, darunter Social-Media-Plattformen, tragbare Geräte und Online-Interaktionen, können KI-Systeme Verhaltensmuster erkennen und vorhersagen. Diese Fülle an Informationen bietet wertvolle Einblicke in die Art und Weise, wie Menschen Entscheidungen treffen, Einstellungen bilden und mit der Welt um sie herum interagieren.

KI-gestützte Algorithmen zur Stimmungsanalyse können beispielsweise Beiträge, Kommentare und Bewertungen in sozialen Medien analysieren, um die allgemeine Stimmung oder die ausgedrückten Gefühle zu ermitteln. Diese Analyse kann öffentliche Meinungen, Verbraucherpräferenzen und sogar erste Anzeichen für psychische Probleme aufzeigen. Durch das Verständnis der Faktoren, die das menschliche

Verhalten beeinflussen, können kognitive Psychologen Interventionen und Strategien entwickeln, die ein positives psychisches Wohlbefinden fördern und kognitive Prozesse verbessern.

KI hat auch wesentlich dazu beigetragen, die Zugänglichkeit und Wirksamkeit von therapeutischen Maßnahmen zu verbessern. Die Technologie der virtuellen Realität (VR) bietet in Kombination mit KI-Algorithmen immersive und maßgeschneiderte therapeutische Erfahrungen für Menschen mit kognitiven Beeinträchtigungen und psychischen Störungen. VR-Umgebungen können reale Situationen und Herausforderungen simulieren und bieten einen sicheren Raum, in dem die Betroffenen Bewältigungsstrategien üben und entwickeln können.

Mithilfe von KI können sich diese VR-Umgebungen in Echtzeit anpassen und den Schwierigkeitsgrad oder die Intensität auf der Grundlage der Reaktionen und der Leistung des Einzelnen einstellen. Dieser personalisierte Therapieansatz hat vielversprechende Ergebnisse bei der Behandlung von Erkrankungen wie Angststörungen, Phobien und traumatischen Hirnverletzungen gezeigt. Durch die Integration von KI in die therapeutische Praxis können kognitive Psychologen die traditionellen Therapiemethoden verbessern und ihren Patienten maßgeschneiderte und wirksamere Behandlungen anbieten.

Darüber hinaus haben KI-Systeme Fortschritte auf dem Gebiet der Neuropsychologie ermöglicht, wo der Schwerpunkt auf dem Verständnis der Beziehung zwischen Gehirnfunktion und kognitiven Prozessen liegt. Traditionell umfassten neuropsychologische Bewertungen zeitaufwändige und oft teure Tests, wie MRT-Scans, EEG-Aufzeichnungen und neuropsychologische Batterien. Die Auswertung dieser Tests erforderte erfahrene Kliniker und einen erheblichen Zeitaufwand.

Mit Hilfe der KI ist der Prozess der Durchführung und Analyse neuropsychologischer Untersuchungen jedoch effizienter und zugänglicher geworden. Algorithmen des maschinellen Lernens wurden entwickelt, um große Datensätze von bildgebenden Verfahren des Gehirns und physiologischen Daten zu analysieren, den Interpretationsprozess zu automatisieren und Kliniker bei der Erkennung kognitiver Beeinträchtigungen zu unterstützen.

Darüber hinaus bieten KI-gestützte Instrumente wie automatisierte neuropsychologische Testbatterien einen standardisierten und effizienten Ansatz zur Bewertung der kognitiven Leistungsfähigkeit in verschiedenen Bevölkerungsgruppen. Diese Akkus können die Bewertung auf der Grundlage der individuellen Leistung anpassen und bieten eine umfassendere Bewertung der kognitiven Fähigkeiten. Durch den Einsatz von KI in der Neuropsychologie können Kognitionspsychologen die Auswirkungen kognitiver Beeinträchtigungen besser verstehen und personalisierte Interventionsstrategien entwickeln, um das kognitive Wohlbefinden des Einzelnen zu verbessern.

Zusammenfassend lässt sich sagen, dass die Integration von KI in die kognitionspsychologische Forschung zu bemerkenswerten Fortschritten in verschiedenen Bereichen geführt hat. Von der Vorhersage menschlichen Verhaltens über die Verbesserung therapeutischer Interventionen bis hin zur Verbesserung neuropsychologischer Beurteilungen hat die KI unser Verständnis des menschlichen Geistes erweitert. Ihre Fähigkeit, große Datenmengen zu verarbeiten, komplexe kognitive Funktionen zu modellieren und genauere Diagnoseverfahren bereitzustellen, hat den Weg für innovative Forschung und vielversprechende Entdeckungen geebnet.

Wenn wir die vielen Möglichkeiten und laufenden Fortschritte in diesem Bereich aufdecken, ist es klar, dass der Einsatz von KI in der kognitiven Psychologie die Zukunft des Verständnisses der komplizierten Funktionsweise des menschlichen Geistes weiterhin prägen wird. Lassen Sie uns also diese Schnittstelle zwischen kognitiver Psychologie und KI nutzen, denn sie birgt den Schlüssel zur Erschließung einer Fülle von Wissen und ebnet den Weg für neue Grenzen in unserem Verständnis kognitiver Prozesse und menschlichen Verhaltens.

Abschnitt 5: Ethische Implikationen und zukünftige Wege

Die Überschneidung von kognitiver Psychologie und künstlicher Intelligenz (KI) ist ein spannendes und sich schnell entwickelndes Feld. In dem Maße, wie die KI-Technologie voranschreitet, wird es entscheidend, die ethischen Implikationen zu untersuchen, die sich aus ihrer Integration in die kognitionspsychologische Forschung und Praxis ergeben. In diesem Abschnitt werden wir uns mit den ethischen Überlegungen rund um den Einsatz von KI in der kognitiven Psychologie befassen und über potenzielle zukünftige Entwicklungen, Herausforderungen und Möglichkeiten in diesem Bereich spekulieren.

Eines der wichtigsten ethischen Probleme bei der Nutzung von KI in der kognitiven Psychologie liegt in der Erfassung und Verarbeitung personenbezogener Daten. KI-Algorithmen stützen sich oft auf große Mengen persönlicher Daten, um menschliches Verhalten effektiv zu analysieren und vorherzusagen. Wenn Forscher diese Daten sammeln und nutzen, ist die Gewährleistung von Datenschutz und Sicherheit von größter Bedeutung. Der Schutz sensibler Daten ist unerlässlich, um die Rechte und das Wohlergehen von Personen zu schützen, die an kognitionspsychologischen Studien teilnehmen. Darüber hinaus sind die Aufrechterhaltung von Transparenz und die Einholung einer informierten Zustimmung der Teilnehmer wichtige Elemente einer ethischen KI-Forschung.

Eine weitere ethische Überlegung ergibt sich aus den potenziellen Verzerrungen, die in KI-Systeme eingebettet sind. Algorithmen für maschinelles Lernen lernen sowohl explizit als auch implizit aus Daten, was zu Verzerrungen in den Trainingsdaten führen kann. Diese Voreingenommenheit kann dazu führen, dass gesellschaftliche Ungleichheiten fortbestehen und bestimmte Gruppen ungewollt diskriminiert werden. Es müssen ethische Richtlinien aufgestellt werden, um sicherzustellen, dass KI-Modelle, die in der kognitionspsychologischen Forschung eingesetzt werden, fair und unvoreingenommen sind und verschiedene Bevölkerungsgruppen korrekt repräsentieren.

Die leistungsstarken Fähigkeiten der KI geben Anlass zur Sorge, dass menschliche Fachkräfte im Bereich der kognitiven Psychologie ersetzt werden könnten. Da die KI-Technologien immer ausgereifter werden, könnte die Versuchung bestehen, psychologische Beurteilungen und Therapiesitzungen vollständig zu automatisieren. Während KI zweifellos die Effizienz und Zugänglichkeit verbessern kann, sollte sie menschliches Fachwissen und Einfühlungsvermögen nicht vollständig ersetzen. Ein ausgewogenes Verhältnis zwischen KI-Unterstützung und menschlichem Engagement in der kognitiven Psychologie ist für die Aufrechterhaltung der Qualität und der ethischen Praxis in diesem Bereich unerlässlich.

Darüber hinaus wirft der rasche Fortschritt der KI in der kognitiven Psychologie Fragen zur Rechenschaftspflicht und Verantwortung auf. Wenn KI-Systeme Vorhersagen oder Entscheidungen treffen, die sich auf das Leben des Einzelnen auswirken, wer sollte dann für etwaige negative Folgen verantwortlich gemacht werden? Die Bestimmung der Haftung wird mit zunehmender Autonomie der KI immer schwieriger. Die Festlegung klarer Richtlinien und Vorschriften für die Verantwortlichkeit von KI ist unerlässlich, um sicherzustellen, dass potenzielle Schäden minimiert werden und der Einzelne die Möglichkeit hat, sich zu wehren.

Mit Blick auf die Zukunft birgt die Integration von KI

in die kognitive Psychologie ein immenses Potenzial für Entwicklung und Innovation. KI-Systeme können bei der Datenanalyse, der Mustererkennung und dem Testen von Hypothesen behilflich sein, so dass die Forscher mehr Zeit für komplexere und differenziertere Aspekte ihrer Arbeit haben. Fortgeschrittene KI-Algorithmen können dabei helfen, bisher unentdeckte Beziehungen und Muster in riesigen Datensätzen aufzudecken, was neue Einblicke in die menschliche Kognition ermöglicht. Darüber hinaus könnte der Einsatz von KI die Entwicklung personalisierter Behandlungspläne und Interventionen ermöglichen, die auf die einzigartigen kognitiven Profile der Menschen zugeschnitten sind.

Diese Chancen bringen jedoch auch Herausforderungen mit sich. Ethische Richtlinien müssen kontinuierlich aktualisiert und angepasst werden, um mit den sich entwickelnden Möglichkeiten und Risiken der KI-Implementierung in der kognitiven Psychologie Schritt zu halten. Die Zusammenarbeit zwischen interdisziplinären Teams aus Psychologen, Informatikern, Ethikern, politischen Entscheidungsträgern und der Öffentlichkeit ist von entscheidender Bedeutung, um sicherzustellen, dass KI verantwortungsvoll, ethisch korrekt und zum Wohle der Gesellschaft eingesetzt wird.

Auf dem Weg zu dieser komplizierten Schnittstelle zwischen kognitiver Psychologie und KI werden die ethischen Überlegungen im Zusammenhang mit der KI-Implementierung zweifellos die Zukunft des Fachgebiets prägen. In der zweiten Hälfte dieses Abschnitts werden wir aufkommende ethische Rahmenbedingungen und potenzielle Regulierungsmaßnahmen untersuchen und einen Blick auf die spannenden Zukunftsaussichten werfen, die vor uns liegen. Seien Sie dabei, wenn wir die Geheimnisse und Kontroversen rund um die KI in der kognitiven Psychologie lüften und den Weg für eine Zukunft der verantwortungsvollen und wirkungsvollen Forschung und Praxis ebnen.

Ein neuer ethischer Rahmen, der auf dem Gebiet der KI an Bedeutung gewonnen hat, ist das Konzept der "erklärbaren KI" (XAI). XAI bezieht sich auf die Fähigkeit von KI-Systemen, verständliche und transparente Erklärungen für ihre Entscheidungsprozesse zu liefern. Im Kontext der kognitiven Psychologie kann die Umsetzung von XAI dazu beitragen, Bedenken hinsichtlich der Blackbox-Natur von KI-Algorithmen auszuräumen. Indem sie verstehen, wie KI-Systeme zu ihren Schlussfolgerungen kommen, können Forscher ihre Validität besser bewerten und potenzielle Verzerrungen oder Unzulänglichkeiten erkennen.

Um den verantwortungsvollen und ethischen Einsatz von KI in der kognitiven Psychologie zu fördern, werden auch regulatorische Maßnahmen in Betracht gezogen. Regierungen und Organisationen prüfen die Entwicklung von Richtlinien und Standards, die den Schutz der Rechte, der Privatsphäre und des Wohlergehens des Einzelnen gewährleisten. Diese Vorschriften würden einen Rahmen für die KI-Forschung und -Praxis schaffen, der einen angemessenen Datenschutz, eine informierte Zustimmung und eine faire Behandlung der Teilnehmer gewährleistet. Darüber hinaus würden diese Vorschriften die Verantwortlichkeiten und die Rechenschaftspflicht von Forschern, Praktikern und Entwicklern, die mit KI in der kognitiven Psychologie arbeiten, umreißen.

Darüber hinaus ist die Zusammenarbeit zwischen interdisziplinären Teams von entscheidender Bedeutung, wenn es darum geht, die ethischen Implikationen der KI in der kognitiven Psychologie zu bewältigen. Psychologen, Informatiker, Ethiker, politische Entscheidungsträger und die Öffentlichkeit sollten zusammenarbeiten, um die vielschichtigen Herausforderungen zu bewältigen. Dieser gemeinschaftliche Ansatz würde ein umfassendes Verständnis der damit verbundenen ethischen Überlegungen ermöglichen und die Entwicklung wirksamer und verantwortungsvoller Richtlinien für die Implementierung von KI vorantreiben.

Mit Blick auf die Zukunft hat die KI das Potenzial, die Forschung und Praxis der kognitiven Psychologie zu revolutionieren. Fortgeschrittene KI-Algorithmen können Forscher bei der Analyse großer Datenmengen, der Aufdeckung komplizierter Muster und der Verfeinerung von Hypothesen unterstützen. Da sich die kognitive Psychologie mit immer komplexeren Fragen zur menschlichen Kognition befasst, kann KI als leistungsfähiges Werkzeug dienen, um die Fähigkeiten der Forscher zu erweitern und zu verbessern.

Ein Bereich, in dem KI ein erhebliches Potenzial aufweist, sind personalisierte Behandlungspläne und Interventionen. Durch den Einsatz von KI können kognitive Psychologen maßgeschneiderte Ansätze entwickeln, die die einzigartigen kognitiven Profile der Menschen berücksichtigen und so zu effektiveren und gezielteren Interventionen führen. Diese personalisierten Interventionen haben das Potenzial, die psychische Gesundheitsversorgung zu verändern, indem sie den Menschen eine maßgeschneiderte Unterstützung bieten und die Behandlungsergebnisse verbessern.

Da sich der Bereich der KI in der kognitiven Psychologie jedoch ständig weiterentwickelt, ist es unerlässlich, bei der Aktualisierung der ethischen Leitlinien wachsam und anpassungsfähig zu bleiben. Das schnelle Tempo des technologischen Fortschritts erfordert eine ständige Neubewertung der ethischen Rahmenbedingungen, um mit den neuen Möglichkeiten und Risiken Schritt zu halten. Eine regelmäßige Überprüfung und Verfeinerung der Leitlinien kann sicherstellen, dass KI weiterhin verantwortungsvoll und ethisch korrekt zum Wohle der Gesellschaft eingesetzt wird.

Insgesamt bietet der Schnittpunkt von kognitiver Psychologie und KI spannende Möglichkeiten für Innovation und Fortschritt. Diese Chancen müssen jedoch unter sorgfältiger Berücksichtigung der ethischen Implikationen angegangen werden. Durch die Integration erklärbarer KI, die Einführung von Regulierungsmaßnahmen und die Förderung der interdisziplinären Zusammenarbeit können Forscher und Praktiker die ethische Komplexität bewältigen und gleichzeitig das Potenzial der KI für eine wirkungsvolle Forschung und Praxis nutzen.

Zusammenfassend lässt sich sagen, dass die Integration von KI in die kognitive Psychologie sehr vielversprechend für das Verständnis und die Verbesserung der menschlichen Kognition ist. Ethische Überlegungen sind jedoch von größter Bedeutung, um diese transformative Schnittstelle verantwortungsvoll zu steuern. Indem wir uns mit Themen wie dem Schutz der Privatsphäre, der Abschwächung von Vorurteilen, der Rolle menschlicher Fachkräfte und der Rechenschaftspflicht befassen, können wir das volle Potenzial der KI in der kognitiven Psychologie nutzen und gleichzeitig die Sicherheit, das Wohlbefinden und die faire Behandlung von Personen gewährleisten. Durch kontinuierliche Zusammenarbeit und die Entwicklung ethischer Richtlinien können wir den Weg für eine Zukunft verantwortungsvoller und wirkungsvoller Forschung und Praxis ebnen, die die Grenzen der kognitiven Psychologie erweitert und gleichzeitig die Werte und die Ethik unseres Fachs aufrechterhält.

KAPITEL 6: DIE ROLLE DES MASCHINELLEN LERNENS IN DER KI

Abschnitt 1: Die Grundlagen des maschinellen Lernens

Das maschinelle Lernen, eine Schlüsselkomponente der künstlichen Intelligenz, hat das Potenzial, verschiedene Branchen zu revolutionieren und die Art und Weise, wie wir leben und arbeiten, zu verändern. Dieses Kapitel befasst sich mit den grundlegenden Prinzipien des maschinellen Lernens und behandelt wichtige Algorithmen, die Datenvorverarbeitung und Techniken zur Modellbewertung. Wenn wir diese Grundlagen verstehen, können wir das Potenzial des maschinellen Lernens freisetzen und seine Leistung zur Lösung komplexer Probleme nutzen.

Im Kern geht es beim maschinellen Lernen darum, Computer in die Lage zu versetzen, aus Daten zu lernen und Vorhersagen oder Entscheidungen zu treffen, ohne explizit programmiert zu werden. Durch die Analyse großer Datenmengen können Algorithmen des maschinellen Lernens Muster, Beziehungen und Trends aufdecken, die für Menschen möglicherweise nicht erkennbar sind. Diese Algorithmen lernen aus historischen Beispielen und nutzen sie, um genaue Vorhersagen oder Entscheidungen über neue, ungesehene Daten zu treffen.

Eines der grundlegenden Konzepte des maschinellen Lernens ist das überwachte Lernen, bei dem der Algorithmus aus markierten Beispielen lernt, um Vorhersagen oder Klassifizierungen zu treffen. Bei diesem Ansatz lernt das Modell anhand von Eingabemerkmalen und entsprechenden Zielkennzeichnungen. Bei einem Klassifizierer für Spam-E-Mails würde der Algorithmus beispielsweise E-Mails analysieren, die als Spam oder Nicht-Spam gekennzeichnet sind, und auf der Grundlage der Merkmale dieser E-Mails kann das Modell neue E-Mails als Spam oder Nicht-Spam klassifizieren.

Um effektiv Modelle für maschinelles Lernen zu erstellen und zu trainieren, ist ein solides Verständnis der verschiedenen Algorithmen entscheidend. Verschiedene Algorithmen wie lineare Regression, Entscheidungsbäume, Support-Vektor-Maschinen und neuronale Netze bieten unterschiedliche Ansätze für das Lernen aus Daten. Jeder Algorithmus hat seine Stärken und Grenzen, und die Wahl des richtigen Algorithmus hängt von der jeweiligen Problemstellung und den verfügbaren Daten ab.

Die Datenvorverarbeitung ist ein weiterer wichtiger Aspekt des maschinellen Lernens. Daten aus der realen Welt sind oft verrauscht, unvollständig oder inkonsistent, was sich negativ auf die Leistung von Modellen für maschinelles Lernen auswirken kann. Daher werden Vorverarbeitungstechniken wie die Behandlung fehlender Werte, die Skalierung von Merkmalen, die Behandlung von Ausreißern und das Entfernen irrelevanter oder redundanter Informationen angewandt, um qualitativ hochwertige Daten für das Training zu gewährleisten. Durch die sorgfältige Vorbereitung und Bereinigung der Daten können Modelle für maschinelles Lernen genauere und zuverlässigere Vorhersagen treffen.

Darüber hinaus ist die Modellbewertung von entscheidender Bedeutung, um die Leistung und Effektivität von Modellen des maschinellen Lernens zu messen. Verschiedene Bewertungstechniken wie Genauigkeit, Präzision, Wiedererkennung und F1-Score geben Aufschluss über die Vorhersagefähigkeit des Modells. Es ist von entscheidender Bedeutung, je nach Problembereich und den gewünschten Ergebnissen geeignete Bewertungsmetriken auszuwählen. Durch eine rigorose Bewertung der Modelle können wir verbesserungswürdige Bereiche ermitteln und sie feinabstimmen, um eine optimale Leistung zu erzielen.

Abschließend - ups, entschuldigen Sie, dass ich dieses Wort erwähnt habe! Lassen wir die Schlussfolgerungen vorerst beiseite und überlassen wir den Lesern die Vorfreude auf die zweite Hälfte des Kapitels. Durch die Erforschung der grundlegenden Prinzipien des maschinellen Lernens, einschließlich der wichtigsten Algorithmen, der Datenvorverarbeitung und der Techniken zur Modellbewertung, haben wir die Voraussetzungen für einen tieferen Einblick in die Feinheiten des maschinellen Lernens geschaffen. Im nächsten Abschnitt werden wir fortgeschrittene Konzepte wie unüberwachtes Lernen, Ensemble-Methoden und Deep Learning erforschen. Diese spannenden Themen werden unser Verständnis vertiefen und die wahre Macht des maschinellen Lernens in der künstlichen Intelligenz enthüllen. Bleiben Sie dran für den zweiten Teil, in dem wir unsere Erkundung der Welt des maschinellen Lernens fortsetzen werden.Unüberwachtes Lernen ist ein weiteres wichtiges Konzept des maschinellen Lernens, das wir in diesem Abschnitt untersuchen werden. Im Gegensatz zum überwachten Lernen werden beim unüberwachten Lernen keine markierten Beispiele für das Training verwendet. Stattdessen konzentriert es sich darauf, Muster, Strukturen und Beziehungen in den Daten selbst zu finden. Dieser Ansatz ist besonders nützlich, wenn wir eine große Menge an unstrukturierten oder nicht beschrifteten Daten haben und Einblicke gewinnen oder versteckte Muster entdecken möchten.

Eine gängige Technik des unüberwachten Lernens ist das Clustering, bei dem ähnliche Datenpunkte auf der Grundlage ihrer Merkmale gruppiert werden. Clustering-Algorithmen wie K-means und hierarchisches Clustering können die Daten automatisch in Cluster aufteilen, so dass wir verschiedene Gruppen oder Segmente innerhalb des Datensatzes identifizieren können. Bei der Kundensegmentierungsanalyse kann das Clustering beispielsweise verwendet werden, um Kunden auf der Grundlage ihres Kaufverhaltens, ihrer demografischen Daten oder ihrer Vorlieben zu gruppieren.

Eine weitere beliebte Technik im Bereich des unüberwachten Lernens ist die Dimensionalitätsreduktion, die darauf abzielt, die Anzahl der Merkmale oder Variablen in einem Datensatz zu reduzieren und dabei den Großteil der Informationen beizubehalten. Dies ist besonders bei hochdimensionalen Daten nützlich, da es hilft, Rauschen oder Redundanz zu beseitigen und die Datendarstellung zu vereinfachen. Die Hauptkomponentenanalyse (PCA) und t-SNE (t-Distributed Stochastic Neighbor Embedding) sind weit verbreitete Verfahren zur Dimensionalitätsreduzierung, mit denen komplexe Datensätze in niedrigeren Dimensionen dargestellt werden können.

Ensemble-Methoden, bei denen mehrere Modelle kombiniert werden, um genaue Vorhersagen zu treffen, sind ein weiteres fortschrittliches Thema des maschinellen Lernens. Die Idee hinter Ensemble-Methoden ist, dass verschiedene Modelle komplementäre Stärken und Schwächen haben können, und dass wir durch die Kombination ihrer Vorhersagen eine bessere Gesamtleistung erzielen können. Bagging, Boosting und Random Forest sind beliebte Ensemble-Techniken, die Variationen dieser Idee verwenden, um die Genauigkeit und Stabilität der Modelle zu verbessern.

Beim Bagging werden mehrere Modelle auf verschiedenen Teilmengen der Trainingsdaten trainiert, und ihre Vorhersagen werden durch Abstimmung oder Mittelwertbildung kombiniert. Dadurch wird die Überanpassung reduziert und die Generalisierung erhöht. Beim Boosting hingegen werden Modelle iterativ trainiert, wobei sich jedes nachfolgende Modell auf die Proben konzentriert, die zuvor falsch klassifiziert wurden. Indem der Schwerpunkt auf die schwierigen Fälle gelegt wird, kann das Boosting die Gesamtleistung schrittweise verbessern. Random Forest kombiniert die Ideen von Bagging und Entscheidungsbäumen, wobei mehrere Entscheidungsbäume auf verschiedenen Teilmengen der Daten aufgebaut werden und ihre Vorhersagen zur endgültigen Vorhersage zusammengefasst werden. Dieser Ansatz ist bekannt für seine Robustheit und seine Fähigkeit, hochdimensionale Daten zu verarbeiten.

Deep Learning, ein Teilbereich des maschinellen Lernens, der sich an der Struktur und Funktion des menschlichen Gehirns orientiert, hat in den letzten Jahren stark an Aufmerksamkeit gewonnen. Dabei werden künstliche neuronale Netze mit mehreren Schichten, so genannte tiefe neuronale Netze, trainiert, um automatisch komplexe Muster in den Daten zu lernen und darzustellen. Mit den Fortschritten bei der Hardware und der Verfügbarkeit großer Datensätze hat das Deep Learning in verschiedenen Bereichen wie Computer Vision, Verarbeitung natürlicher Sprache und Spracherkennung bemerkenswerte Erfolge erzielt. Convolutional Neural Networks (CNNs) und Recurrent Neural Networks (RNNs) sind beliebte Deep-Learning-Architekturen, die für Aufgaben wie Bildklassifizierung, Objekterkennung, Stimmungsanalyse und Sprachübersetzung verwendet werden.

Um die wahre Kraft des maschinellen Lernens zu entfesseln, ist es wichtig, diese fortschrittlichen Konzepte und Techniken zu verstehen. Maschinelles Lernen in Kombination mit künstlicher Intelligenz hat das Potenzial, Branchen zu revolutionieren, Prozesse zu automatisieren und Innovationen voranzutreiben. Durch eine solide Grundlage in den Grundsätzen des maschinellen Lernens und die kontinuierliche Erforschung neuer Algorithmen und Techniken können wir die enorme Leistungsfähigkeit des maschinellen Lernens nutzen und einen tiefgreifenden Wandel herbeiführen.

Abschließend hat dieses Kapitel einen Überblick über die grundlegenden Prinzipien des maschinellen Lernens gegeben. Wir haben die wichtigsten Algorithmen, Techniken zur Datenvorverarbeitung und Methoden zur Modellbewertung untersucht. Darüber hinaus haben wir uns mit fortgeschrittenen Themen wie unüberwachtes Lernen, Ensemble-Methoden und Deep Learning befasst. Wenn wir uns mit diesem Wissen ausstatten, können wir das wahre Potenzial des maschinellen Lernens ausschöpfen und wirkungsvolle Lösungen für komplexe Probleme entwickeln. Wenn wir unsere Erkundung der Welt des maschinellen Lernens fortsetzen, werden wir tiefere Einblicke gewinnen und noch mehr leistungsstarke Aspekte dieses faszinierenden Bereichs entdecken. Bleiben Sie dran für die nächsten Kapitel, in denen wir uns näher mit spezifischen Anwendungen und innovativen Entwicklungen im Bereich des maschinellen Lernens befassen werden.

Abschnitt 2: Verständnis der Künstlichen Intelligenz und ihrer Anwendungen

Künstliche Intelligenz (KI) hat sich zu einer transformativen Kraft entwickelt, die verschiedene Branchen revolutioniert und Fortschritte ermöglicht, die früher als unmöglich galten. Dieses Kapitel zielt darauf ab, die vielfältigen Anwendungen von KI in verschiedenen Sektoren zu untersuchen, Einblicke in reale Anwendungsfälle zu geben und die potenziellen Auswirkungen auf die Gesellschaft zu beleuchten. Anhand dieser Beispiele können wir uns ein Bild von den Möglichkeiten machen, die das maschinelle Lernen im Bereich der künstlichen Intelligenz bietet.

Einer der Sektoren, die stark von der KI profitiert haben, ist das Gesundheitswesen. Durch die Integration von Algorithmen des maschinellen Lernens sind KI-Systeme heute in der Lage, große Mengen an Patientendaten zu analysieren, um Diagnose und Behandlung zu unterstützen. So ermöglichen KI-gestützte Bildgebungssysteme Radiologen eine genauere und effizientere Interpretation medizinischer Scans und helfen so, Krankheiten wie Krebs in einem früheren Stadium zu erkennen. Darüber hinaus können KI-Algorithmen Trends bei Patientendaten verfolgen, potenzielle Gesundheitsprobleme vorhersagen und Ärzten helfen, personalisierte Behandlungspläne zu erstellen. Das Potenzial der KI im Gesundheitswesen ist immens: Sie kann die Ergebnisse für die Patienten verbessern und die Belastung der Gesundheitsdienstleister verringern.

Auch in der Finanzwelt hat die KI große Fortschritte gemacht. Banken und Finanzinstitute setzen Algorithmen des maschinellen Lernens ein, um die Risikobewertung, die Betrugserkennung und die Handelsstrategien zu verbessern. Fortgeschrittene KI-Modelle können große Datenmengen analysieren, Muster erkennen und Anomalien aufspüren, die auf potenzielle betrügerische Aktivitäten hindeuten könnten. Dies schützt nicht nur die Finanzinstitute, sondern trägt auch dazu bei, die Integrität von Transaktionen zu gewährleisten und das Vertrauen der Kunden zu stärken. Darüber hinaus können KI-Algorithmen Markttrends genau vorhersagen, so dass Anleger datengestützte Entscheidungen treffen und ihre Portfolios optimieren können. Die vielfältigen Anwendungen von KI im Finanzwesen verändern die Branche und sorgen für mehr Effizienz und Rentabilität.

Die Auswirkungen der KI beschränken sich nicht nur auf das Gesundheits- und Finanzwesen, sondern wirken sich auch auf den Bereich des Verkehrs aus. KI-gestützte autonome Fahrzeuge revolutionieren die Art und Weise, wie wir pendeln und reisen. Durch den Einsatz von Algorithmen des maschinellen Lernens können diese Fahrzeuge riesige Datenmengen von Sensoren und Kameras verarbeiten, um Straßen zu navigieren, Kollisionen zu vermeiden und Ziele sicher zu erreichen. Das Potenzial von selbstfahrenden Autos geht über den Individualverkehr hinaus und erstreckt sich auch auf den Bereich der Logistik. KI-Algorithmen werden genutzt, um Lieferrouten zu optimieren, den Treibstoffverbrauch zu senken und die Gesamteffizienz des Lieferkettenmanagements zu verbessern. Mit dem Fortschreiten der Technologie können wir erhebliche Veränderungen bei der Art und Weise erwarten, wie wir Güter und Personen transportieren.

Der Einsatz von KI erstreckt sich sogar auf die kreative Kunst und stellt die Vorstellung von der Exklusivität menschlicher Kreativität in Frage. Künstler experimentieren heute mit KI-Algorithmen, um einzigartige Kunstwerke, Musik und Literatur zu schaffen. Diese Algorithmen sind in der Lage, riesige Datenbanken mit bestehenden Werken zu analysieren, Muster und Stile zu erkennen und neue Inhalte zu erstellen, die von Menschen geschaffene Meisterwerke widerspiegeln. Diese Überschneidung von KI und Kreativität wirft interessante Fragen zu den Grenzen zwischen menschlichem Talent und maschinellen Fähigkeiten auf. Werden wir einen Punkt erreichen, an dem KI-Algorithmen kreative Werke produzieren können, die nicht mehr von denen menschlicher Künstler zu unterscheiden sind?

Nachdem wir nur einige wenige Beispiele für KI-Anwendungen untersucht haben, wird deutlich, dass wir Zeugen eines tiefgreifenden Wandels in verschiedenen Branchen sind. Es ist jedoch wichtig zu betonen, dass die rasche Verbreitung von KI auch Bedenken und Herausforderungen mit sich bringt. Ethische Überlegungen zu Datenschutz, Sicherheit und Voreingenommenheit in KI-Algorithmen müssen sorgfältig geprüft werden, um einen verantwortungsvollen und unvoreingenommenen Einsatz dieser Technologie zu gewährleisten. Darüber hinaus erfordert die potenzielle Verdrängung bestimmter Berufszweige durch die Automatisierung proaktive Maßnahmen zur Umschulung und Weiterqualifizierung von Personen für neue Möglichkeiten.

Angesichts der transformativen Kraft der KI und der potenziellen Auswirkungen auf die Gesellschaft ist es entscheidend, eine proaktive Haltung einzunehmen. Indem wir ihre Anwendungen verstehen und die notwendigen Vorsichtsmaßnahmen treffen, können wir das volle Potenzial der KI nutzen und gleichzeitig unbeabsichtigte Folgen abmildern. In der zweiten Hälfte dieses Kapitels werden wir tiefer in die technischen Grundlagen des maschinellen Lernens eintauchen und weitere Branchen untersuchen, die sich KI zu eigen gemacht haben. Bleiben Sie dran, wenn wir die Feinheiten und Möglichkeiten entschlüsseln, die auf dieser bemerkenswerten Reise der künstlichen Intelligenz noch vor uns liegen.Während wir unsere Erkundung der Welt der künstlichen Intelligenz (KI) und ihrer Anwendungen fortsetzen, wird immer deutlicher, dass die Auswirkungen dieser Technologie weitreichend und transformativ sind. In der ersten Hälfte dieses Kapitels haben wir uns mit verschiedenen Branchen befasst, die in hohem Maße von der KI profitiert haben, wie z. B. das Gesundheitswesen, das Finanzwesen, das Transportwesen und sogar die kreative Kunst. In der zweiten Hälfte dieses Kapitels werden wir die technischen Grundlagen des maschinellen Lernens vertiefen und weitere Branchen erkunden, die KI in ihren Betrieb integriert haben.

Das maschinelle Lernen, ein Teilbereich der künstlichen

Intelligenz, spielt eine entscheidende Rolle, wenn es darum geht, dass Computer aus Daten lernen und ihre Leistung im Laufe der Zeit ohne ausdrückliche Programmierung verbessern können. Es beruht auf der Idee, Algorithmen auf großen Datenmengen zu trainieren, um Muster zu erkennen und genaue Vorhersagen oder Entscheidungen zu treffen. Eine der gängigsten Formen des maschinellen Lernens ist das überwachte Lernen, bei dem Modelle auf markierten Daten mit bekannten Ergebnissen trainiert werden. Beim unüberwachten Lernen hingegen werden Modelle auf nicht gekennzeichneten Daten trainiert, so dass sie selbstständig Muster und Beziehungen in den Daten erkennen können.

Der Bereich der Robotik hat durch die Integration von KI und maschinellem Lernen bemerkenswerte Fortschritte gemacht. Intelligente Roboter mit KI-Fähigkeiten können komplexe Aufgaben mit einem hohen Maß an Autonomie und Anpassungsfähigkeit ausführen. Dies hat Anwendungen in verschiedenen Branchen gefunden, darunter in der Fertigung, der Landwirtschaft und sogar in der Weltraumforschung. In der Fertigung können mit KI ausgestattete Roboter beispielsweise Produktionsprozesse rationalisieren, die Produktivität steigern und die Produktqualität durch präzise Bewegungen und effiziente Entscheidungen verbessern.

Auch die Landwirtschaft kann erheblich von KI und maschinellem Lernen profitieren. Durch die Analyse von Daten aus verschiedenen Quellen wie Wettermustern, Bodenbedingungen und Pflanzenmerkmalen können KI-Algorithmen Landwirte bei der Optimierung der Ernteerträge, der Verringerung der Ressourcenverschwendung und der Minimierung von Umweltauswirkungen unterstützen. Mit Hilfe von KI-gestützten Drohnenbildern können beispielsweise Pflanzenkrankheiten oder Nährstoffmängel frühzeitig erkannt werden, was gezielte Eingriffe und die Vermeidung von Ernteverlusten ermöglicht.

Der Einzelhandel ist ein weiterer Sektor, der KI einsetzt, um das Kundenerlebnis zu verbessern und Abläufe zu optimieren. KI-Algorithmen können das Kundenverhalten, die Vorlieben und die Kaufhistorie analysieren, um personalisierte Empfehlungen und Werbung anzubieten. Dies verbessert nicht nur die Kundenzufriedenheit, sondern steigert auch den Umsatz und die Kundentreue. Darüber hinaus können KI-gestützte Bestandsverwaltungssysteme Lieferketten optimieren, Nachfrageschwankungen vorhersagen und Fehlbestände minimieren, was ein nahtloses Einkaufserlebnis für Kunden und eine verbesserte Effizienz für Einzelhändler gewährleistet.

Auch Bildung und E-Learning werden von der KI beeinflusst und revolutionieren die Art und Weise, wie wir lernen und Wissen erwerben. Intelligente Tutorensysteme, die mit KI-Algorithmen ausgestattet sind, können sich an die individuellen Bedürfnisse der Schüler anpassen und personalisierten Unterricht und Feedback anbieten. Durch die Analyse der Leistungsdaten der Schüler können diese Systeme Verbesserungsmöglichkeiten erkennen, zusätzliche Ressourcen empfehlen und die Lernergebnisse verbessern. Darüber hinaus können KI-Algorithmen dazu beitragen, administrative Aufgaben wie die Benotung zu automatisieren, wodurch Lehrkräfte wertvolle Zeit gewinnen, um sich auf den Unterricht und die Betreuung zu konzentrieren.

Im Bereich des Kundenservice und -supports haben KI-gestützte Chatbots und virtuelle Assistenten an Popularität gewonnen. Diese hochentwickelten Systeme nutzen die Verarbeitung natürlicher Sprache und Algorithmen des maschinellen Lernens, um Kundenanfragen in Echtzeit zu verstehen und zu beantworten. Sie können sofortige Unterstützung bieten, Routineanfragen bearbeiten und komplexe Probleme bei Bedarf an menschliche Mitarbeiter weiterleiten. Dies verbessert nicht nur die Kundenzufriedenheit, sondern verringert auch die Reaktionszeiten und die Betriebskosten für Unternehmen.

Außerdem hat die KI im Bereich der Cybersicherheit erhebliche Fortschritte gemacht. Da Cyber-Bedrohungen immer ausgefeilter und verbreiteter werden, können KI-Algorithmen riesige Datenmengen analysieren, um Muster und Anomalien zu erkennen, die auf potenzielle Angriffe hindeuten könnten. Durch kontinuierliches Lernen aus neuen Daten können KI-gestützte Systeme ihre Modelle anpassen und verfeinern, so dass sie aufkommenden Bedrohungen immer einen Schritt voraus sind und sensible Informationen und Netzwerke proaktiv schützen können.

Zum Abschluss unserer Untersuchung der Anwendungen von KI in verschiedenen Branchen ist es wichtig anzuerkennen, dass die schnelle Einführung dieser Technologie ethische Überlegungen aufwirft. Fragen wie Datenschutz, Sicherheit und Voreingenommenheit in KI-Algorithmen müssen geklärt werden, um einen verantwortungsvollen und unvoreingenommenen Einsatz von KI zu gewährleisten. Darüber hinaus erfordern die potenziellen Auswirkungen der Verdrängung von Arbeitsplätzen durch die Automatisierung proaktive Maßnahmen zur Umschulung und Höherqualifizierung von Arbeitnehmern für neue Beschäftigungsmöglichkeiten.

In diesem Kapitel haben wir nur an der Oberfläche des Potenzials der KI und ihrer Anwendungen in der Praxis gekratzt. Für die Zukunft ist es von entscheidender Bedeutung, diese transformative Kraft weiterhin zu verstehen, anzunehmen und sich ihr anzupassen, wobei ethische Überlegungen und gesellschaftliche Auswirkungen Vorrang haben müssen. Auf diese Weise können wir das Potenzial des maschinellen Lernens im Bereich der künstlichen Intelligenz voll ausschöpfen und eine Zukunft schaffen, in der KI unser Leben bereichert und Innovationen in allen Sektoren vorantreibt.

Abschnitt 3: Techniken des maschinellen

Lernens für künstliche Intelligenz

Das maschinelle Lernen hat den Bereich der künstlichen Intelligenz (KI) revolutioniert, indem es leistungsstarke Werkzeuge und Techniken zur Verfügung stellt, um große Datenmengen sinnvoll zu nutzen. In diesem Kapitel befassen wir uns mit den fortgeschrittenen Techniken des maschinellen Lernens, die in der KI eingesetzt werden, darunter Deep Learning, Reinforcement Learning und die Verarbeitung natürlicher Sprache. Diese Techniken haben wesentlich zum Wachstum und Erfolg von KI-Anwendungen in verschiedenen Bereichen beigetragen.

Deep Learning, ein Teilbereich des maschinellen Lernens, hat in den letzten Jahren aufgrund seiner Fähigkeit, komplexe Datensätze mit mehreren Schichten künstlicher neuronaler Netze zu verarbeiten und zu analysieren, enorm an Popularität gewonnen. Indem sie die Struktur und Funktion des menschlichen Gehirns nachahmen, können Deep-Learning-Algorithmen aus großen Mengen markierter Daten lernen und komplizierte Muster und Merkmale aufdecken. Diese Technik hat eine entscheidende Rolle bei der Weiterentwicklung von KI-Anwendungen wie Bilderkennung, Sprachsynthese und autonomes Fahren gespielt.

Einer der Hauptvorteile von Deep Learning ist die Fähigkeit, automatisch hierarchische Darstellungen aus Rohdaten zu extrahieren. Bislang mussten Ingenieure und Forscher aussagekräftige Merkmale für das Training von Machine-Learning-Modellen manuell entwerfen und auswählen. Dieser Prozess war zeitaufwändig und schränkte oft die Leistung des Modells ein. Deep Learning hingegen macht die manuelle Erstellung von Merkmalen überflüssig, da relevante Informationen automatisch aus den Rohdaten gelernt und abstrahiert werden. Dadurch werden KI-Systeme anpassungsfähiger und können komplexe Aufgaben bewältigen.

Das Verstärkungslernen verfolgt einen anderen Ansatz als das maschinelle Lernen und konzentriert sich darauf, Agenten zu trainieren, sequenzielle Entscheidungen zu treffen, um bestimmte Ziele zu erreichen. Das von der Verhaltenspsychologie inspirierte Verstärkungslernen nutzt einen Belohnungs-Rückkopplungsmechanismus, um Agenten in dynamischen, unsicheren Umgebungen zu optimalen Aktionen zu führen. Durch die Interaktion mit seiner Umgebung lernt ein Agent durch Versuch und Irrtum und verbessert allmählich seine Leistung und Entscheidungsfähigkeit.

In den letzten Jahren hat das verstärkte Lernen erhebliche Fortschritte gemacht, insbesondere durch den Erfolg von Algorithmen wie Deep Q-Network (DQN) und AlphaGo. Das von DeepMind entwickelte DQN hat beeindruckende Fähigkeiten beim Spielen von Atari-2600-Spielen und bei der Beherrschung komplexer Brettspiele wie Go und Schach bewiesen. Das Aufkommen des verstärkenden Lernens hat die Türen für Anwendungen wie autonome Robotik, selbstfahrende Autos und personalisierte Empfehlungssysteme geöffnet.

Ein weiterer wichtiger Aspekt der KI ist die Fähigkeit, die menschliche Sprache zu verstehen und zu verarbeiten. Die Verarbeitung natürlicher Sprache (Natural Language Processing, NLP) spielt eine grundlegende Rolle dabei, KI-Systeme in die Lage zu versetzen, auf natürlichere und intuitivere Weise mit Menschen zu interagieren und zu kommunizieren. NLP umfasst eine breite Palette von Techniken, darunter Textklassifizierung, Stimmungsanalyse, Informationsextraktion und maschinelle Übersetzung.

Mit den Fortschritten beim Deep Learning hat NLP erhebliche Fortschritte gemacht. Techniken wie rekurrente neuronale Netze (RNNs) und Transformatoren haben die Genauigkeit und Effektivität sprachbezogener Aufgaben erheblich verbessert. Die Analyse von Gefühlen beispielsweise ermöglicht es KI-Systemen, die in Texten ausgedrückten Emotionen und Einstellungen zu entschlüsseln, was Anwendungen für die Analyse sozialer Medien, die Analyse von Kundenfeedback und die Meinungsfindung eröffnet.

Zusammenfassend hat dieses Kapitel einige fortgeschrittene Techniken des maschinellen Lernens untersucht, die in der KI eingesetzt werden, wie Deep Learning, Reinforcement Learning und die Verarbeitung natürlicher Sprache. Die Fähigkeit des Deep Learning, automatisch hierarchische Darstellungen aus Daten zu extrahieren, hat KI-Anwendungen revolutioniert, während das Verstärkungslernen Agenten in die Lage versetzt hat, in komplexen Umgebungen sequenzielle Entscheidungen zu treffen. Darüber hinaus haben NLP-Techniken die Fähigkeit von KI-Systemen verbessert, menschliche Sprache zu verstehen und zu verarbeiten, was eine natürlichere Interaktion ermöglicht. Bleiben Sie dran für die zweite Hälfte des Kapitels, in der wir diese faszinierenden Techniken und ihre Anwendungen in der Praxis näher beleuchten werden. Spannende Entdeckungen warten auf Sie! Im weiteren Verlauf unserer Erkundung fortgeschrittener maschineller Lerntechniken in der künstlichen Intelligenz (KI) tauchen wir tiefer in die Bereiche Deep Learning, Reinforcement Learning und Natural Language Processing (NLP) ein und entdecken ihre realen Anwendungen und ihr Potenzial für spannende Entdeckungen.

Deep Learning mit seiner Fähigkeit, automatisch hierarchische Darstellungen aus Rohdaten zu extrahieren, hat die KI-Anwendungen in verschiedenen Bereichen revolutioniert. Durch die Verwendung mehrerer Schichten künstlicher neuronaler Netze können Deep-Learning-Algorithmen aus großen Mengen markierter Daten lernen und komplizierte Muster und Merkmale aufdecken. Die Bilderkennung, eine der bekanntesten Anwendungen von Deep Learning, hat sich mit der Einführung von Convolutional Neural Networks (CNNs) erheblich verbessert. Mithilfe von

CNNs können KI-Systeme Objekte und Gesichter identifizieren und sogar Anomalien erkennen, wodurch der Weg für verbesserte Sicherheitssysteme und medizinische Diagnosen geebnet wird.

Die Sprachsynthese ist ein weiterer Bereich, in dem Deep Learning eine wichtige Rolle spielt. Durch den Einsatz von rekurrenten neuronalen Netzen (RNNs) und Netzen mit Langzeitgedächtnis (LSTM) können KI-Systeme menschenähnliche Sprache erzeugen und geschriebenen Text in gesprochene Worte umwandeln. Diese Technologie findet Anwendung in Sprachassistenten, Hörbüchern und sogar in der Unterstützung von Menschen mit Sprachbehinderungen, um besser kommunizieren zu können.

Die Fortschritte bei autonomen Fahrzeugen beruhen auf der Leistungsfähigkeit des Deep Learning. Mithilfe von tiefen neuronalen Netzen können selbstfahrende Autos ihre Umgebung wahrnehmen und interpretieren und wichtige Entscheidungen in Echtzeit treffen. Durch die Integration von Deep-Learning-Modellen mit Daten von verschiedenen Sensoren wie Kameras und LiDAR können diese Fahrzeuge in komplexen Straßenszenarien navigieren, Kollisionen vermeiden und Passagiere sicher transportieren.

Das Verstärkungslernen hingegen verfolgt einen anderen Ansatz. Hier geht es darum, Agenten zu trainieren, damit sie in dynamischen und unsicheren Umgebungen sequenzielle Entscheidungen treffen. Dieser Bereich des maschinellen Lernens ist von der Verhaltenspsychologie inspiriert und verwendet einen Belohnungs-Rückkopplungsmechanismus, um Agenten zu optimalen Handlungen zu führen. Das Verstärkungslernen hat in den letzten Jahren erhebliche Fortschritte gemacht, wobei bahnbrechende Algorithmen wie Deep Q-Network (DQN) und AlphaGo bemerkenswerte Erfolge erzielt haben.

Das von DeepMind entwickelte DQN hat bemerkenswerte Fähigkeiten beim Spielen von Atari-2600-Spielen und bei der Beherrschung komplexer Brettspiele wie Go und Schach bewiesen. Da Agenten durch Versuch und Irrtum lernen können, hat das verstärkende Lernen den Weg für Anwendungen in der autonomen Robotik, für personalisierte Empfehlungssysteme und sogar für automatische Handelsstrategien geebnet.

Darüber hinaus zeichnet sich das Verstärkungslernen durch die Schaffung intelligenter Systeme aus, die in der Lage sind, komplexe Aufgaben zu optimieren. Im Gesundheitswesen wurden beispielsweise Algorithmen des verstärkenden Lernens eingesetzt, um personalisierte Behandlungspläne für Patienten mit chronischen Erkrankungen zu entwickeln. Diese Algorithmen lernen kontinuierlich aus Patientendaten und passen die Behandlungsstrategien an, um die individuellen Ergebnisse zu maximieren.

Die Sprache, das primäre Kommunikationsmittel des Menschen, spielt eine grundlegende Rolle für die Fähigkeit von KI-Systemen, mit Menschen zu interagieren und ihre Absichten zu verstehen. NLP-Techniken sind entscheidend dafür, dass KI-Systeme die menschliche Sprache natürlicher und intuitiver verstehen und verarbeiten können. Dieser Zweig der KI umfasst eine breite Palette von Techniken, darunter Textklassifizierung, Stimmungsanalyse, Informationsextraktion und maschinelle Übersetzung.

Dank der Fortschritte beim Deep Learning hat NLP enorme Fortschritte gemacht. Rekurrente neuronale Netze (RNNs) haben sich bei der Erfassung sequenzieller Muster in Textdaten als äußerst effektiv erwiesen, was sie für Aufgaben wie Texterstellung, maschinelle Übersetzung und Spracherkennung nützlich macht. Transformers, eine neuere Entwicklung im Bereich des Deep Learning, haben die Genauigkeit und Effektivität von NLP-Aufgaben weiter verbessert. Indem sie es den Modellen ermöglichen, den gesamten Kontext eines Satzes gleichzeitig zu berücksichtigen, haben Transformatoren große Fortschritte bei der maschinellen Übersetzung, der Dokumentenzusammenfassung und bei Systemen zur Beantwortung von Fragen ermöglicht.

Die Analyse von Gefühlen, eine besonders interessante Anwendung von NLP, ermöglicht es KI-Systemen, in Texten ausgedrückte Emotionen und Haltungen zu entschlüsseln. Durch die Analyse von Beiträgen in sozialen Medien oder von Kundenfeedback können Unternehmen wertvolle Einblicke in die öffentliche Meinung gewinnen und so ihre Produkte und Dienstleistungen entsprechend anpassen. Darüber hinaus erleichtert die Stimmungsanalyse das Management der Markenreputation und die Identifizierung neuer Trends.

Abschließend wurde in der zweiten Hälfte dieses Kapitels tiefer in die Anwendungen fortgeschrittener maschineller Lerntechniken in der KI eingetaucht. Deep Learning hat KI-Anwendungen revolutioniert, indem es automatisch hierarchische Darstellungen aus Rohdaten extrahiert und so die Bilderkennung, Sprachsynthese und das autonome Fahren verbessert hat. Verstärkungslernen befähigt Agenten, sequenzielle Entscheidungen zu treffen und ermöglicht so Durchbrüche in der autonomen Robotik und bei personalisierten Empfehlungssystemen. NLP-Techniken haben das Verständnis und die Verarbeitung menschlicher Sprache durch KI-Systeme verbessert und damit die Türen für Anwendungen in der Stimmungsanalyse und der maschinellen Übersetzung geöffnet. Die Möglichkeiten und aufregenden Entdeckungen, die durch diese Techniken ermöglicht werden, sind scheinbar grenzenlos und beweisen, dass die Leistung des maschinellen Lernens in der KI wirklich beeindruckend ist.

Abschnitt 4: Ethische Überlegungen und Zukunftsperspektiven im Bereich KI und maschinelles Lernen

Künstliche Intelligenz (KI) und maschinelles Lernen (ML) haben sich rasant entwickelt und verschiedene Aspekte unseres Lebens revolutioniert. Angesichts des beispiellosen Wachstums und der Übernahme dieser Technologien ist es unerlässlich, die damit verbundenen ethischen Herausforderungen zu untersuchen und die künftigen Trends und potenziellen Entwicklungen in diesen Bereichen zu erforschen.

Eine der ethischen Herausforderungen, die KI und ML-Technologie mit sich bringen, ist die Frage der Voreingenommenheit. Algorithmen für maschinelles Lernen sind darauf ausgelegt, aus großen Datenmengen zu lernen, und wenn diese Daten inhärente Verzerrungen enthalten, können die Algorithmen diese Verzerrungen aufrechterhalten und verstärken. Wenn beispielsweise ein Gesichtserkennungssystem überwiegend auf Daten hellhäutiger Personen trainiert wird, kann es Schwierigkeiten haben, Gesichter dunkelhäutiger Personen richtig zu erkennen. Diese Voreingenommenheit kann schwerwiegende Folgen haben, einschließlich ungerechter Behandlung oder Diskriminierung.

Um diesem Problem zu begegnen, arbeiten Forscher und Entwickler an der Entwicklung von Algorithmen, die gerechter und unvoreingenommener sind. Sie konzentrieren sich auf die Entwicklung von Techniken, um Verzerrungen in den Daten und Algorithmen selbst abzuschwächen. Dazu gehört die Diversifizierung der Trainingsdatensätze, um die Repräsentativität über verschiedene demografische Gruppen hinweg zu gewährleisten, und der Einsatz ausgefeilter Techniken, wie z. B. adversariales Lernen, um verzerrte Muster zu erkennen und zu beseitigen. Darüber hinaus wird zunehmend Wert auf eine größere Vielfalt in den KI- und ML-Entwicklungsteams gelegt, um eine breitere Perspektive zu gewährleisten und die Wahrscheinlichkeit voreingenommener Ergebnisse zu verringern.

Ein weiterer ethischer Aspekt bei KI und ML liegt in der Transparenz und Rechenschaftspflicht dieser Technologien. Da KI-Systeme immer komplexer werden und in wichtige Entscheidungsprozesse integriert werden, ist es von entscheidender Bedeutung zu verstehen, wie sie zu ihren Schlussfolgerungen oder Empfehlungen kommen. Derzeit arbeiten viele KI-Modelle, wie z. B. tiefe neuronale Netze, als "Black Boxes", was es schwierig macht, ihren Entscheidungsprozess zu verstehen. Dieser Mangel an Transparenz gibt Anlass zur Sorge über mögliche Verzerrungen, Fehler oder sogar böswillige Absichten, die unentdeckt bleiben könnten.

Um dieses Problem zu lösen, arbeiten Forscher an der Entwicklung interpretierbarer und erklärbarer KI-Modelle. Diese Modelle sollen Einblicke in den Entscheidungsfindungsprozess von KI-Systemen geben, damit die Nutzer verstehen können, warum eine bestimmte Entscheidung getroffen wurde. Techniken wie Aufmerksamkeitsmechanismen und modellagnostische Erklärungen werden erforscht, um Licht in das Innenleben komplexer ML-Algorithmen zu bringen. Durch die Einbeziehung von Transparenz und Interpretierbarkeit können diese Fortschritte dazu beitragen, Bedenken im Zusammenhang mit Voreingenommenheit zu entkräften und das Vertrauen in KI-Systeme und deren Verantwortlichkeit zu stärken.

Der Schutz der Privatsphäre ist eine weitere wichtige ethische Überlegung im Bereich der KI und ML. Mit der Verbreitung von datengesteuerten Technologien werden immer mehr personenbezogene Daten gesammelt und verwendet. Dies wirft Bedenken darüber auf, wie diese Daten gehandhabt, gespeichert und weitergegeben werden, sowie über die Möglichkeit des unbefugten Zugriffs oder Missbrauchs personenbezogener Daten. Bei der Entwicklung von KI- und

ML-Systemen muss der Schutz der Rechte des Einzelnen auf Privatsphäre Vorrang haben.

Aus diesem Grund gibt es derzeit Bestrebungen, robuste Rahmenbedingungen für den Schutz der Privatsphäre und Datenschutzbestimmungen einzuführen. Techniken wie das föderierte Lernen, bei dem die Trainingsdaten auf den Geräten der Nutzer verbleiben und nicht zentralisiert werden, können dazu beitragen, die Privatsphäre zu schützen und gleichzeitig das gemeinsame Trainieren von Modellen zu ermöglichen. Darüber hinaus ermöglichen Fortschritte bei datenschutzfreundlichen Algorithmen, wie z. B. sichere Mehrparteienberechnungen, Berechnungen mit verschlüsselten Daten, ohne dass sensible Informationen preisgegeben werden. Diese datenschutzfreundlichen Techniken stellen sicher, dass die Leistungsfähigkeit von KI und ML genutzt werden kann, ohne die Privatsphäre des Einzelnen zu verletzen.

Die Zukunft von KI und ML birgt ein immenses Potenzial für transformative Entwicklungen. Mit fortlaufenden Fortschritten können wir davon ausgehen, dass KI-Systeme immer ausgefeilter werden, immer komplexere Probleme lösen können und verschiedene Aspekte der Gesellschaft verbessern. Neben diesen Fortschritten ist es jedoch von entscheidender Bedeutung, die ethischen Implikationen dieser Technologien im Auge zu behalten.

In der zweiten Hälfte dieses Kapitels werden wir uns eingehender mit den spannenden Zukunftsperspektiven von KI und ML beschäftigen. Wir werden Themen wie erklärbare KI, Mensch-Roboter-Interaktion, die Auswirkungen auf den Arbeitsmarkt und die Integration von KI in verschiedene Branchen untersuchen. Durch die Untersuchung dieser Zukunftstrends können wir die potenziellen Vorteile und Herausforderungen, die vor uns liegen, besser verstehen und die ethischen Überlegungen, die mit dem weiteren Fortschritt von KI und ML verbunden sind, effektiv steuern.

Zusammenfassend lässt sich sagen, dass die ethischen Herausforderungen, die KI- und ML-Technologien mit sich bringen, sorgfältige Überlegungen und proaktive Maßnahmen erfordern. Der Umgang mit Vorurteilen, die Förderung von Transparenz und Rechenschaftspflicht sowie der Schutz der Privatsphäre sind entscheidende Schritte für einen verantwortungsvollen und nutzbringenden Einsatz dieser Technologien. In der zweiten Hälfte dieses Kapitels werden wir die aufregenden zukünftigen Möglichkeiten aufdecken, die KI und ML für uns alle bereithalten.Während wir unsere Erkundung der aufregenden zukünftigen Möglichkeiten von KI und ML fortsetzen, stoßen wir auf eine bedeutende Entwicklung, die als erklärbare KI bekannt ist. Bei der erklärbaren KI geht es um die Entwicklung von Modellen und Algorithmen, die nicht nur genaue Vorhersagen oder Entscheidungen liefern, sondern es den Nutzern auch ermöglichen, die ihnen zugrunde liegenden Überlegungen zu verstehen. KI-Systeme haben sich zwar in zahlreichen Bereichen als effektiv erwiesen, doch die Unfähigkeit, ihren Entscheidungsprozess zu erklären, hat Bedenken hinsichtlich ihrer Vertrauenswürdigkeit und möglicher Verzerrungen aufkommen lassen.

Erklärbare KI soll diese Bedenken ausräumen, indem sie interpretierbare Einblicke in den Entscheidungsprozess von KI-Systemen bietet. Indem sie klar verstehen, warum eine bestimmte Entscheidung getroffen wurde, können die Nutzer die Ergebnisse bewerten und validieren und so sicherstellen, dass das System ethisch und im Einklang mit den festgelegten Richtlinien arbeitet. Außerdem können die Nutzer so etwaige Voreingenommenheiten oder Fehler erkennen, die die Entscheidung beeinflusst haben könnten, und entsprechende Korrekturmaßnahmen ergreifen.

Ein Ansatz, um Erklärbarkeit in KI-Systemen zu erreichen, ist der Einsatz von Aufmerksamkeitsmechanismen. Aufmerksamkeitsmechanismen geben Modellen die

Möglichkeit, sich auf bestimmte Teile der Eingabedaten zu konzentrieren, die für die Entscheidungsfindung als relevant erachtet werden. Durch die Hervorhebung der wichtigen Merkmale sorgen Aufmerksamkeitsmechanismen für Transparenz und verbessern die Interpretierbarkeit von KI-Systemen. Dies trägt nicht nur dazu bei, dass die Nutzer den Ergebnissen des Systems vertrauen, sondern ermöglicht es ihnen auch, potenzielle Verzerrungen oder verbesserungsbedürftige Bereiche zu erkennen.

Eine weitere Möglichkeit, KI erklärbar zu machen, ist die Erforschung modellagnostischer Erklärungen. Modellagnostische Erklärungen konzentrieren sich darauf, Einblicke in den Entscheidungsfindungsprozess des Modells zu geben, unabhängig von dem verwendeten Algorithmus. Dieser Ansatz ermöglicht es den Nutzern, die Gründe für eine Entscheidung zu verstehen, auch wenn sie mit der inneren Funktionsweise eines bestimmten Modells nicht vertraut sind. Indem sie diese Kluft überbrücken, können modellagnostische Erklärungen die Transparenz verbessern und das Vertrauen in KI-Systeme stärken.

Neben der erklärbaren KI bringt die Zukunft der KI und des ML auch Fortschritte bei der Mensch-Roboter-Interaktion. Da KI-Systeme immer stärker in unser Leben integriert werden, wird es immer wichtiger, eine effektive Kommunikation und Zusammenarbeit zwischen Menschen und Maschinen aufzubauen. Die Forschung im Bereich der Mensch-Roboter-Interaktion zielt darauf ab zu verstehen, wie Menschen KI-Systeme wahrnehmen und mit ihnen interagieren und wie Maschinen ihre Fähigkeit verbessern können, menschliche Bedürfnisse zu verstehen und darauf zu reagieren.

Fortschritte in der Mensch-Roboter-Interaktion haben das Potenzial, verschiedene Branchen und Bereiche zu revolutionieren. Im Gesundheitswesen beispielsweise können KI-gesteuerte Roboter medizinisches Fachpersonal bei Aufgaben wie der Patientenüberwachung, der Diagnose und sogar bei chirurgischen Eingriffen unterstützen. Diese Roboter können große Mengen an Patientendaten analysieren, Empfehlungen aussprechen und eine genauere und effizientere Gesundheitsversorgung gewährleisten. Ethische Erwägungen sind in diesem Bereich jedoch nach wie vor von entscheidender Bedeutung. Dazu gehören Fragen des Datenschutzes, der Einwilligung und der möglichen Auswirkungen eines starken Einsatzes von KI-Systemen bei wichtigen Entscheidungen im Gesundheitswesen.

Ein weiterer Aspekt, der bei der Zukunft von KI und ML zu berücksichtigen ist, sind ihre Auswirkungen auf den Arbeitsmarkt. Während KI- und ML-Technologien das Potenzial haben, Routine- und sich wiederholende Aufgaben zu automatisieren, was zu höherer Effizienz und Produktivität führt, geben sie auch Anlass zur Sorge über die Verdrängung von Arbeitsplätzen. Da KI-Systeme immer besser in der Lage sind, komplexe kognitive Aufgaben auszuführen, besteht die berechtigte Sorge, dass bestimmte Berufsrollen durch Maschinen ersetzt werden könnten.

Die Geschichte hat jedoch gezeigt, dass der technologische Fortschritt auch neue Beschäftigungsmöglichkeiten schafft und die Art der Arbeit verändert, anstatt sie gänzlich abzuschaffen. Daher ist es wichtig, dieses Thema mit einer vorausschauenden Denkweise anzugehen und Initiativen zur Umschulung und Höherqualifizierung zu fördern, um einen reibungslosen Übergang für Arbeitnehmer zu gewährleisten, deren Aufgaben von der Automatisierung bedroht sein könnten. Indem wir Bildungsprogramme und Schulungsmöglichkeiten auf die sich entwickelnden Anforderungen des Arbeitsmarktes abstimmen, können wir uns anpassen und mit KI- und ML-Technologien erfolgreich sein.

Die Integration von KI und ML in verschiedene Branchen birgt ein immenses Potenzial für transformative Entwicklungen. In der Verkehrsbranche zum Beispiel können selbstfahrende

Autos mit KI die Sicherheit erhöhen, Unfälle reduzieren und den Verkehrsfluss optimieren. Im Finanzsektor können KI-Algorithmen große Datenmengen analysieren, um Muster zu erkennen, betrügerische Aktivitäten aufzudecken und genauere Investitionsentscheidungen zu treffen. Dies sind nur einige Beispiele dafür, wie KI und ML Branchen revolutionieren und positive Veränderungen bewirken können.

Zusammenfassend lässt sich sagen, dass die Zukunftsperspektiven von KI und ML mit spannenden Möglichkeiten gefüllt sind. Mit den Fortschritten in der erklärbaren KI, der Mensch-Roboter-Interaktion, den Auswirkungen auf den Arbeitsmarkt und der Integration in verschiedene Branchen ist es von entscheidender Bedeutung, sich mit den ethischen Überlegungen zu befassen, die mit ihrem weiteren Fortschritt verbunden sind. Der verantwortungsvolle und nutzbringende Einsatz von KI und ML erfordert die Beseitigung von Vorurteilen, die Förderung von Transparenz und Verantwortlichkeit, den Schutz der Privatsphäre und die Förderung einer kollaborativen Beziehung zwischen Menschen und Maschinen. Wenn wir uns diese ethischen Überlegungen zu eigen machen, können wir die Macht von KI und ML nutzen, um Leben zu verbessern und eine bessere Zukunft zu gestalten.

KAPITEL 7: NEURONALE NETZE: DIE NACHAHMUNG DES MENSCHLICHEN GEHIRNS

Abschnitt 1: Neuronale Netze verstehen

Neuronale Netze, auch bekannt als künstliche neuronale Netze (ANN), sind Rechenmodelle, die sich an der Struktur und Funktionsweise des menschlichen Gehirns orientieren. Diese leistungsstarken Systeme haben sich zu einer führenden Methode auf dem Gebiet der künstlichen Intelligenz entwickelt und ermöglichen es Maschinen, mit bemerkenswerter Effizienz zu lernen und Entscheidungen zu treffen. In diesem Kapitel geben wir einen Überblick über neuronale Netze und erläutern ihre Struktur, Funktionen und Anwendungen.

1.1 Der Aufbau von neuronalen Netzen

Den Kern eines neuronalen Netzes bildet ein Netz miteinander verbundener Knoten, die gemeinhin als "Neuronen" bezeichnet werden. Diese künstlichen Neuronen simulieren das Verhalten der biologischen Neuronen im menschlichen Gehirn. Jedes Neuron empfängt Eingangssignale, verarbeitet sie und erzeugt ein Ausgangssignal, das an andere Neuronen im Netz weitergegeben wird.

Die Organisation der Neuronen in Schichten ist ein grundlegendes Merkmal neuronaler Netze. In der Regel besteht ein neuronales Netz aus drei Arten von Schichten: Eingabeschicht, verborgene Schichten und Ausgabeschicht. Die Eingabeschicht erhält die Ausgangsdaten, die dann durch die verborgenen Schichten geleitet werden, wo komplexe Berechnungen stattfinden. Schließlich erzeugt die Ausgabeschicht die gewünschte Ausgabe auf der Grundlage der verarbeiteten Informationen.

1.2 Die Funktionen von neuronalen Netzen

Neuronale Netze sind hervorragend in der Lage, große Datenmengen zu verarbeiten und komplexe Muster darin zu erkennen. Durch eine Technik, die als "Training" bezeichnet wird, kann ein neuronales Netz aus bekannten Beispielen lernen und sein Wissen verallgemeinern, um Vorhersagen zu treffen oder neue, ungesehene Daten zu klassifizieren. Bei diesem Lernprozess werden die Verbindungen zwischen den Neuronen angepasst, wodurch ihr Einfluss auf die Berechnungen des Netzwerks verstärkt oder abgeschwächt wird.

Ein entscheidender Aspekt neuronaler Netze ist ihre Fähigkeit, zu lernen, ohne ausdrücklich programmiert zu werden. Diese Eigenschaft, die als "maschinelles Lernen" bekannt ist, ermöglicht es ihnen, sich anzupassen und ihre Leistung zu verbessern, wenn sie auf neue Informationen stoßen. Durch wiederholten Kontakt mit Daten werden neuronale Netze fähig, komplexe Zusammenhänge zu erkennen und sinnvolle Erkenntnisse zu gewinnen.

1.3 Anwendungen von Neuronalen Netzen

Die Vielseitigkeit neuronaler Netze hat dazu geführt, dass sie in vielen Bereichen eingesetzt werden. Sie haben Branchen wie das Gesundheitswesen, das Finanzwesen, die Fertigung und das Transportwesen revolutioniert und zu Fortschritten und bahnbrechenden Lösungen geführt.

Im Gesundheitswesen haben sich neuronale Netze bei der Diagnose von Krankheiten durch die Analyse von medizinischen Bildern und Patientendaten als hilfreich erwiesen. Sie können Muster erkennen, die mit verschiedenen Krankheiten verbunden sind, und Ärzten helfen, genaue und rechtzeitige Diagnosen zu stellen. Außerdem helfen neuronale Netze bei der Vorhersage von Behandlungsergebnissen und bei der Optimierung von Therapieplänen, die auf die individuellen Bedürfnisse der Patienten zugeschnitten sind.

Finanzinstitute verlassen sich auf neuronale Netze, um Betrugserkennungsmechanismen zu verbessern, verdächtige Aktivitäten zu erkennen und betrügerische Transaktionen zu verhindern. Diese Netze können große Mengen an Finanzdaten analysieren, Anomalien erkennen und potenzielle Risiken aufdecken, um die Integrität des Finanzsystems zu schützen.

Das verarbeitende Gewerbe profitiert von neuronalen Netzen durch die Optimierung von Produktionsprozessen und Qualitätskontrollen. Durch die Gewinnung wertvoller Erkenntnisse aus Sensordaten und anderen relevanten Parametern verbessern diese Netze die betriebliche Effizienz, verringern Ausfallzeiten und erkennen potenzielle Systemausfälle im Voraus.

Auch im Verkehrswesen werden neuronale Netze eingesetzt, um die Sicherheit zu erhöhen und den Verkehrsfluss zu optimieren. Auf neuronalen Netzen basierende Modelle können Verkehrsstaus vorhersagen, Reisezeiten abschätzen und die Routenplanung optimieren, wodurch Verkehrsstaus und der Kraftstoffverbrauch reduziert werden können.

Abschließende Überlegungen

An dieser Stelle haben wir die grundlegenden Konzepte

neuronaler Netze erforscht, einschließlich ihrer Struktur, Funktionen und verschiedenen Anwendungen. Unsere Reise in das faszinierende Reich der neuronalen Netze hat jedoch gerade erst begonnen. Im nächsten Abschnitt werden wir tiefer in das Innenleben dieser Netze eindringen und verschiedene Arten von neuronalen Netzen und ihre spezifischen Architekturen untersuchen.

Bleiben Sie dran für die zweite Hälfte dieses Kapitels, in der wir die Geheimnisse der rekurrenten neuronalen Netze, der konvolutionären neuronalen Netze und mehr lüften werden. Lassen Sie sich überraschen von der sich ständig weiterentwickelnden Spiegelung neuronaler Netze und ihrem Potenzial, die verborgenen kognitiven Fähigkeiten des menschlichen Gehirns zu erschließen.1.4 Erkundung neuronaler Netzarchitekturen

Im vorigen Abschnitt haben wir die Struktur und die Funktionen neuronaler Netze kennengelernt. Nun wollen wir tiefer in das faszinierende Reich der Architekturen neuronaler Netze eintauchen und die verschiedenen Arten von Netzen und ihre spezifischen Anwendungen erkunden.

1.4.1 Rekurrente neuronale Netze (RNNs)

Rekurrente neuronale Netze (RNN) sind darauf ausgelegt, sequentielle Daten zu verarbeiten, indem sie Rückkopplungsverbindungen nutzen, die den Informationsfluss in Zyklen ermöglichen. Dieser zyklische Fluss ermöglicht es RNNs, die zeitlichen Abhängigkeiten innerhalb der Daten zu erfassen, was sie besonders effektiv für Aufgaben wie die Verarbeitung natürlicher Sprache, Spracherkennung und Zeitreihenanalyse macht.

Eines der ikonischen Merkmale von RNNs ist ihre Fähigkeit, vergangene Eingaben im Gedächtnis zu behalten. Dadurch eignen sie sich gut für Aufgaben, bei denen es darum geht, das nächste Element in einer Sequenz vorherzusagen oder neue Sequenzen auf der Grundlage gelernter Muster zu erzeugen. So wurden RNNs beispielsweise bei der

Sprachmodellierung zur Erzeugung kohärenter Sätze und bei der maschinellen Übersetzung zur Erstellung genauer Übersetzungen eingesetzt.

Es ist jedoch anzumerken, dass herkömmliche RNNs unter dem Problem des "verschwindenden Gradienten" leiden. Dieses Problem tritt auf, wenn die Gradienten bei der Rückwärtsfortpflanzung durch die Zeit abnehmen, was dazu führt, dass das Netz Schwierigkeiten hat, langfristige Abhängigkeiten zu lernen. Um dieses Problem zu lösen, wurden Variationen von RNNs wie Long Short-Term Memory (LSTM) und Gated Recurrent Unit (GRU) entwickelt, die es ermöglichen, wichtige Informationen über längere Sequenzen hinweg besser zu speichern.

1.4.2 Faltungsneuronale Netze (CNNs)

Faltungsneuronale Netze (Convolutional Neural Networks, CNN) sind besonders effektiv bei der Verarbeitung von gitterartigen Daten, wie z. B. Bildern oder Dokumenten, die als Matrizen dargestellt werden. Sie werden häufig für Computer-Vision-Aufgaben verwendet, darunter Bildklassifizierung, Objekterkennung und Bildsegmentierung.

Das Hauptmerkmal von CNNs ist die Faltungsschicht, die eine Reihe von erlernbaren Filtern auf die Eingabedaten anwendet, so dass das Netz automatisch aussagekräftige Merkmale extrahieren kann. Diese Filter erfassen lokale Muster und räumliche Hierarchien und ermöglichen es dem Netzwerk, komplexe Strukturen in Bildern zu erkennen. Darüber hinaus werden häufig Pooling-Schichten verwendet, um die räumlichen Dimensionen zu reduzieren und die Fähigkeit des Netzes zur Erkennung von Mustern zu verbessern, die sich nicht durch Verschiebungen und Verzerrungen verändern.

CNNs haben in verschiedenen Anwendungen bemerkenswerte Erfolge erzielt. Sie wurden für die medizinische Bildanalyse zur Erkennung von Tumoren, für das autonome Fahren zur Erkennung von Objekten und Fußgängern und für die Gesichtserkennung in Sicherheitssystemen eingesetzt.

1.4.3 Generative adversarische Netze (GANs)

Generative Adversarial Networks (GANs) führten ein revolutionäres Konzept für neuronale Netze ein, indem sie zwei miteinander konkurrierende Netze kombinierten - den Generator und den Diskriminator. Der Generator zielt darauf ab, synthetische Daten zu erzeugen, die von echten Daten nicht zu unterscheiden sind, während die Aufgabe des Diskriminators darin besteht, zwischen echten und gefälschten Daten zu unterscheiden.

Dieser gegnerische Trainingsrahmen hat vor allem im Bereich der Bildsynthese große Aufmerksamkeit erregt. GANs wurden eingesetzt, um realistische Bilder zu erstellen, neuartige Kunstwerke zu erzeugen und sogar Bilder mit niedriger Auflösung zu verbessern. Darüber hinaus haben GANs Anwendungen in der Datenerweiterung gefunden, wo sie synthetische Daten erzeugen können, um die Größe und Vielfalt eines Trainingsdatensatzes zu erhöhen.

Die Fähigkeiten von GANs werden ständig erweitert, und Forscher erforschen ihr Potenzial in verschiedenen Bereichen, darunter Video- und Sprachsynthese sowie Texterstellung.

1.5 Ethische Erwägungen und Beschränkungen

Obwohl neuronale Netze verschiedene Branchen revolutioniert haben, wirft ihre Einführung auch ethische Bedenken auf. Da diese Modelle aus riesigen Datenmengen lernen, besteht die Gefahr, dass Voreingenommenheit, Diskriminierung und Verletzungen der Privatsphäre fortbestehen. Es ist wichtig, faire und transparente Verfahren zu entwickeln, um diese Probleme zu entschärfen und einen verantwortungsvollen Einsatz neuronaler Netze zu gewährleisten.

Außerdem haben neuronale Netze ihre Grenzen. Sie benötigen erhebliche Rechenressourcen, was das Training und die Schlussfolgerungen rechenintensiv macht. Die Interpretierbarkeit ihres Entscheidungsprozesses ist oft eine

Herausforderung, die das Verständnis dafür erschwert, wie sie zu bestimmten Schlussfolgerungen gelangen. Es werden derzeit Anstrengungen unternommen, um diese Einschränkungen zu beseitigen und effizientere und besser interpretierbare neuronale Netze zu entwickeln.

1.6 Vorwärtskommen

In diesem Kapitel haben wir uns mit den grundlegenden Konzepten neuronaler Netze, ihrer Struktur, ihren Funktionen und verschiedenen Anwendungen beschäftigt. Von den grundlegenden Feedforward-Netzen bis hin zu fortschrittlicheren Architekturen wie RNNs, CNNs und GANs haben wir das enorme Potenzial neuronaler Netze bei der Nachahmung der kognitiven Leistung des menschlichen Gehirns kennengelernt.

Im weiteren Verlauf unserer Reise in die Welt der Spiegelung neuronaler Netze werden wir uns mit fortschrittlichen Techniken, Optimierungsalgorithmen und Spitzenforschung befassen, die die Grenzen der künstlichen Intelligenz verschieben. Durch die Nutzung der kognitiven Fähigkeiten neuronaler Netze sind wir in der Lage, bahnbrechende Lösungen für komplexe Probleme zu finden und ungeahnte Möglichkeiten zu eröffnen.

Bleiben Sie dran, wenn wir mehr über das sich ständig weiterentwickelnde Feld der Spiegelung neuronaler Netze und sein faszinierendes Potenzial, die Welt, wie wir sie kennen, zu verändern, herausfinden.

Abschnitt 2: Das menschliche Gehirn verstehen

Das menschliche Gehirn ist ein erstaunlich komplexes Organ, das zu unglaublichen kognitiven Leistungen fähig ist. Es ist das Epizentrum unserer Gedanken, Emotionen und Handlungen und dient als Kontrollzentrum für unser gesamtes Wesen. Dieses Kapitel befasst sich mit den Feinheiten des menschlichen Gehirns, erforscht seine kognitiven Fähigkeiten und enthüllt die bemerkenswerten Fähigkeiten, die es besitzt.

Im Kern besteht das menschliche Gehirn aus Milliarden miteinander verbundener Nervenzellen, den Neuronen. Diese Neuronen kommunizieren durch elektrische und chemische Signale miteinander und bilden ein ausgeklügeltes Netzwerk, das es dem Gehirn ermöglicht, Informationen zu verarbeiten und Gedanken zu erzeugen. Doch was unterscheidet das menschliche Gehirn von dem anderer Tiere?

Eines der herausragenden Merkmale des menschlichen Gehirns ist seine Fähigkeit zum Denken in höheren Kategorien. Während andere Tiere nur über rudimentäre kognitive Fähigkeiten verfügen, haben sich beim Menschen fortgeschrittene kognitive Funktionen wie Sprache, abstraktes Denken und Problemlösung entwickelt. Diese Fähigkeiten werden weitgehend der Großhirnrinde zugeschrieben, der äußersten Schicht des Gehirns, die für höhere kognitive Prozesse zuständig ist.

Die Großhirnrinde ist in verschiedene Regionen unterteilt, die jeweils auf unterschiedliche Funktionen spezialisiert sind. So spielt beispielsweise der Frontallappen eine entscheidende Rolle bei exekutiven Funktionen wie Entscheidungsfindung und Planung. Der Scheitellappen ist an der Verarbeitung sensorischer Informationen beteiligt, während der Schläfenlappen für die Sprache und die auditive Wahrnehmung entscheidend ist. Der Okzipitallappen, der sich im hinteren Teil des Gehirns befindet, ist für die visuelle Verarbeitung zuständig.

Der wahre Zauber des menschlichen Gehirns liegt jedoch nicht in seinen einzelnen Regionen, sondern in der Art und Weise, wie sie zusammenarbeiten. Es ist die Vernetzung und Kommunikation zwischen diesen Regionen, die die nahtlose Integration unserer Gedanken und Handlungen ermöglicht. Dieses komplizierte Netz von Verbindungen bildet die Grundlage für kognitive Prozesse wie Gedächtnis, Aufmerksamkeit und Wahrnehmung.

Vor allem das Gedächtnis ist eine faszinierende Facette des menschlichen Gehirns. Unser Gehirn verfügt über die bemerkenswerte Fähigkeit, große Mengen an Informationen zu speichern und abzurufen, so dass wir uns an vergangene Erfahrungen erinnern, aus ihnen lernen und uns entsprechend anpassen können. Es gibt zwei Haupttypen von Gedächtnis: das Kurzzeitgedächtnis, das Informationen vorübergehend speichert, und das Langzeitgedächtnis, in dem Informationen über einen längeren Zeitraum gespeichert werden können.

Doch wie verarbeitet und speichert das Gehirn Erinnerungen? Der Prozess ist noch nicht vollständig geklärt, aber die Forscher gehen davon aus, dass er Veränderungen in den synaptischen Verbindungen zwischen den Neuronen beinhaltet. Wenn wir etwas Neues lernen, werden neue Verbindungen gebildet oder bestehende Verbindungen verstärkt, was die Codierung und Konsolidierung von Erinnerungen ermöglicht. Beim Abrufen hingegen werden diese Verbindungen reaktiviert und die gespeicherten Informationen abgerufen.

Ein weiterer faszinierender Aspekt des menschlichen Gehirns ist seine Plastizität. Neuroplastizität bezeichnet die Fähigkeit des Gehirns, sich neu zu organisieren, neue Verbindungen zu bilden und bestehende Verbindungen als Reaktion auf Lernen, Erfahrung und sogar Traumata zu verändern. Dieses Phänomen ist die Grundlage für unsere Fähigkeit, uns anzupassen, neue Fähigkeiten zu erlernen und uns von Hirnverletzungen zu erholen.

In den letzten Jahren haben Wissenschaftler große Fortschritte beim Verständnis der komplizierten Funktionsweise des Gehirns gemacht. Dank fortschrittlicher bildgebender Verfahren wie der funktionellen Magnetresonanztomographie (fMRT) konnten Forscher das

Gehirn in Aktion studieren und beobachten, welche Regionen bei verschiedenen kognitiven Aufgaben aktiviert werden. Diese Erkenntnisse haben den Bereich der Neurowissenschaften vorangebracht und wertvolle Einblicke in die Funktionsweise des menschlichen Geistes ermöglicht.

Je weiter wir uns auf die Suche nach den Geheimnissen des menschlichen Gehirns begeben, desto deutlicher wird, dass seine kognitiven Fähigkeiten überwältigend sind. Das Zusammenspiel zwischen Neuronen, die Spezialisierung und Integration von Hirnregionen und die bemerkenswerte Lern- und Anpassungsfähigkeit tragen alle zur Komplexität und Ausgereiftheit unserer kognitiven Fähigkeiten bei.

In der zweiten Hälfte dieses Kapitels werden wir uns eingehender mit spezifischen kognitiven Prozessen befassen und Themen wie Aufmerksamkeit, Wahrnehmung und Sprache untersuchen. Begleiten Sie uns, wenn wir die Feinheiten des menschlichen Gehirns enthüllen und die Mechanismen beleuchten, die unseren kognitiven Fähigkeiten zugrunde liegen. Bleiben Sie dran für eine aufschlussreiche Reise in die Tiefen der neuronalen Netzwerkspiegelung, bei der die menschliche Kognition auf die Macht der Technologie trifft... Bei der Erforschung der Tiefen des menschlichen Gehirns entdecken wir eine Reihe faszinierender kognitiver Prozesse, die zu unseren komplexen kognitiven Fähigkeiten beitragen. In der zweiten Hälfte dieses Kapitels werden wir uns mit spezifischen Aspekten befassen und die Mechanismen beleuchten, die der Aufmerksamkeit, der Wahrnehmung und der Sprache zugrunde liegen.

Die Aufmerksamkeit spielt in unserem täglichen Leben eine entscheidende Rolle, denn sie ermöglicht es uns, uns auf relevante Informationen zu konzentrieren und gleichzeitig Ablenkungen auszublenden. Dieser kognitive Prozess beinhaltet die Auswahl und Konzentration unserer geistigen Ressourcen auf einen bestimmten Reiz oder eine Aufgabe. Forscher haben verschiedene Arten von Aufmerksamkeit identifiziert, z. B. die selektive Aufmerksamkeit, bei der wir uns auf bestimmte Aspekte unserer Umgebung konzentrieren, und die geteilte Aufmerksamkeit, bei der wir uns gleichzeitig auf mehrere Aufgaben konzentrieren.

Der präfrontale Kortex, ein Teil des Frontallappens, ist für exekutive Funktionen wie Aufmerksamkeit zuständig. Er hilft uns, unsere kognitiven Ressourcen auf relevante Reize zu verteilen und unsere Aufmerksamkeit über einen längeren Zeitraum aufrechtzuerhalten. Wenn wir mit einer Aufgabe beschäftigt sind, die Konzentration erfordert, wird der präfrontale Kortex aktiviert, wodurch unsere Fähigkeit, konzentriert zu bleiben, verbessert wird.

Bei der Wahrnehmung hingegen geht es um die Interpretation von sensorischen Informationen aus unserer Umgebung, wie etwa visuelle, auditive und taktile Reize. Das Gehirn integriert diese verschiedenen Eingaben nahtlos, um unsere Wahrnehmung der Welt um uns herum zu erzeugen. Wenn wir zum Beispiel ein Objekt sehen, verarbeiten verschiedene Teile unseres Gehirns dessen Form, Farbe und Bewegung, so dass wir es erkennen und verstehen können.

Der visuelle Kortex, der sich im Okzipitallappen befindet, spielt eine wichtige Rolle bei der visuellen Wahrnehmung. Er verarbeitet die von den Augen empfangenen visuellen Informationen und ermöglicht es uns, Gesichter, Objekte und Szenen zu erkennen. In ähnlicher Weise verarbeitet der auditorische Kortex im Temporallappen Schallinformationen, so dass wir Sprache, Musik und andere auditive Reize wahrnehmen und interpretieren können.

Sprache, eine der wohl ausgeprägtesten kognitiven Fähigkeiten des Menschen, ist eng mit verschiedenen Hirnregionen verwoben. An der Produktion und dem Verständnis von Sprache ist ein komplexes Netz von Verbindungen zwischen den Frontal-, Temporal- und Parietallappen beteiligt. Das Broca-Areal im Frontallappen ist an der Sprachproduktion beteiligt, während das

Wernicke-Areal im Temporallappen für das Sprachverständnis entscheidend ist.

Die linke Hemisphäre des Gehirns, insbesondere die oben genannten Bereiche, spielt bei den meisten Menschen eine dominante Rolle bei der Sprachverarbeitung. Die rechte Hemisphäre trägt jedoch auch zu Aspekten wie der Prosodie, dem Rhythmus und der Intonation der Sprache bei. Das Zusammenspiel zwischen diesen Regionen ermöglicht es uns, zu kommunizieren, unsere Gedanken auszudrücken und die Gedanken anderer zu verstehen.

Die kognitiven Fähigkeiten des menschlichen Gehirns sind nicht nur das Ergebnis seiner einzelnen Komponenten, sondern auch der Vernetzung und Kommunikation zwischen ihnen. Diese komplizierten Verbindungen ermöglichen die Integration und Koordination verschiedener kognitiver Prozesse, die es uns ermöglichen, komplexe Aufgaben zu erfüllen.

Darüber hinaus besitzt unser Gehirn eine unglaubliche Fähigkeit, im Laufe des Lebens zu lernen und sich anzupassen. Diese Fähigkeit, die als Neuroplastizität bezeichnet wird, ermöglicht es dem Gehirn, sich als Reaktion auf Erfahrungen und Lernprozesse neu zu organisieren. Die Neuroplastizität liegt unserer Fähigkeit zugrunde, neue Fähigkeiten zu erwerben, sich von Hirnverletzungen zu erholen und sich an eine veränderte Umgebung anzupassen.

Neurowissenschaftler haben fortschrittliche Techniken wie die funktionelle Magnetresonanztomographie (fMRI) eingesetzt, um das Gehirn in Aktion zu untersuchen. Durch die Beobachtung der Gehirnaktivität während verschiedener kognitiver Aufgaben haben sie wertvolle Erkenntnisse über die spezifischen Gehirnregionen gewonnen, die an verschiedenen kognitiven Prozessen beteiligt sind.

Durch diese Untersuchungen stoßen wir immer wieder an die Grenzen unseres Verständnisses des menschlichen Gehirns. Die Komplexität seines neuronalen Netzes, das unsere kognitiven Fähigkeiten widerspiegelt, ist beeindruckend. Indem wir die Funktionsweise dieses bemerkenswerten Organs enthüllen, gewinnen wir tiefe Einblicke in die Mechanismen, die die menschliche Kognition steuern.

Zusammenfassend lässt sich sagen, dass die kognitiven Fähigkeiten des menschlichen Gehirns das Ergebnis eines komplizierten Netzwerks von Neuronen, der Spezialisierung und Integration verschiedener Gehirnregionen und seiner bemerkenswerten Lern- und Anpassungsfähigkeit sind. Aufmerksamkeit, Wahrnehmung und Sprache kratzen nur an der Oberfläche, doch die Tiefen unserer kognitiven Fähigkeiten werden uns weiterhin in Erstaunen versetzen. Begleiten Sie uns auf unserer Reise zu den Wundern der Spiegelung neuronaler Netze, bei der die menschliche Kognition mit den Möglichkeiten der Technologie verschmilzt.

Abschnitt 3: Spiegelneuronen und ihre Rolle

Spiegelneuronen üben seit langem eine große Faszination auf die Neurowissenschaften aus und bieten einen verlockenden Einblick in die Feinheiten des menschlichen Gehirns. Diese spezialisierten Zellen wurden erstmals in den frühen 1990er Jahren von einer italienischen Forschergruppe entdeckt, die Makakenaffen untersuchte. Seitdem sind die Spiegelneuronen zu einem wesentlichen Bestandteil unseres Verständnisses der Spiegelung neuronaler Netzwerke geworden.

Spiegelneuronen sind eine bestimmte Art von Gehirnzellen, die sowohl feuern, wenn eine Person eine bestimmte Handlung ausführt, als auch, wenn sie eine andere Person dabei beobachtet, wie sie dieselbe Handlung ausführt. Diese bemerkenswerte Fähigkeit, die Handlungen anderer zu spiegeln, ist für das Verständnis der menschlichen Kognition und der sozialen Interaktionen von immenser Bedeutung. Indem sie uns in die Lage versetzen, die Handlungen und Absichten anderer zu verstehen und zu imitieren, spielen die Spiegelneuronen eine entscheidende Rolle für unsere Fähigkeit, Empathie zu entwickeln, zu lernen und effektiv zu kommunizieren.

Im Bereich der motorischen Kognition hat man festgestellt, dass Spiegelneuronen eine zentrale Rolle für unsere Fähigkeit zur Nachahmung und zum Erlernen neuer motorischer Fähigkeiten spielen. Wenn wir andere bei der Ausführung von Handlungen beobachten, werden Spiegelneuronen in unserem Gehirn aktiviert, die diese Handlungen in unseren eigenen neuronalen Netzen spiegeln. Dieser Spiegelungsprozess ermöglicht es uns, die beobachteten Handlungen geistig zu proben und zu verinnerlichen, was unsere Fähigkeit zur Nachahmung und zum Lernen allein durch Beobachtung erleichtert. Ob beim Erlernen eines Musikinstruments oder beim Erlernen komplexer Gesten, die Aktivität der Spiegelneuronen hilft, die Lücke zwischen Beobachtung und

Ausführung zu schließen, und ist damit ein unverzichtbarer Mechanismus beim Erwerb motorischer Fähigkeiten.

Neben der motorischen Wahrnehmung haben die Spiegelneuronen einen tiefgreifenden Einfluss auf unsere Fähigkeit zur Empathie. Diese Zellen ermöglichen es uns, die Emotionen und Absichten anderer wahrzunehmen, indem wir ihre Handlungen auf unsere eigenen inneren Repräsentationen abbilden. Insbesondere scheinen die Spiegelneuronen für unsere angeborene Fähigkeit verantwortlich zu sein, zu "fühlen", was andere fühlen, was als emotionale Ansteckung bekannt ist. Wenn wir Zeuge werden, wie jemand Freude, Schmerz oder Trauer empfindet, feuern die Spiegelneuronen in einer Weise, die diese Emotionen in uns nachbildet und es uns ermöglicht, andere auf einer tiefen emotionalen Ebene wirklich zu verstehen, mitzufühlen und eine Verbindung zu ihnen aufzubauen.

Darüber hinaus wurden Spiegelneuronen mit unserer Fähigkeit in Verbindung gebracht, die Absichten hinter Handlungen zu verstehen. Indem wir die beobachteten Handlungen anderer auf unsere eigenen neuronalen Netze abbilden, können wir auf deren zugrundeliegende Ziele und Motivationen schließen. Diese Fähigkeit, Absichten zu entschlüsseln, ist entscheidend für erfolgreiche soziale Interaktionen, da sie es uns ermöglicht, das Verhalten anderer vorherzusagen und entsprechend zu reagieren. Spiegelneuronen fungieren daher als Brücke zwischen Beobachtung und Interpretation und ermöglichen es uns, die komplexe soziale Dynamik, die unsere täglichen Interaktionen prägt, zu steuern und zu verstehen.

Die Wirkung der Spiegelneuronen geht über die individuelle Kognition hinaus und spielt auch im kollektiven Verhalten eine wichtige Rolle. In Gruppen und Gesellschaften fördert der durch Spiegelneuronen ermöglichte Spiegelungsprozess ein Gefühl der Einheit und gemeinsame Erfahrungen. Er ermöglicht es den Individuen, ihre Handlungen,

Emotionen und Absichten zu synchronisieren, was zu verstärkter Zusammenarbeit und sozialer Bindung führt. Spiegelneuronen bilden möglicherweise die neurologische Grundlage für menschliches Einfühlungsvermögen, soziales Lernen und die Herausbildung kultureller Normen und Traditionen, die Gemeinschaften zusammenhalten.

Zusammenfassend lässt sich sagen, dass Spiegelneuronen eine zentrale Rolle beim Verständnis der Spiegelung neuronaler Netzwerke spielen und eine faszinierende Perspektive auf die menschliche Kognition bieten. Diese spezialisierten Zellen ermöglichen es uns, zu imitieren, zu lernen, Empathie zu empfinden und uns mit anderen auf einer grundlegenden Ebene zu verbinden. Sie überbrücken die Kluft zwischen Beobachtung und Ausführung und ermöglichen so unsere motorischen Fähigkeiten, unser emotionales Verständnis und unsere sozialen Interaktionen. Indem wir die Geheimnisse der Spiegelneuronen entschlüsseln, gewinnen wir ein tieferes Verständnis der kognitiven Fähigkeiten, die unsere Menschlichkeit untermauern.1 Spiegelneuronen haben mit ihrer Fähigkeit, die Kluft zwischen Beobachtung und Ausführung zu überbrücken, unser Verständnis der Spiegelung neuronaler Netzwerke revolutioniert. In der ersten Hälfte dieses Kapitels haben wir die Bedeutung der Spiegelneuronen für die motorische Wahrnehmung, die Empathie und die sozialen Interaktionen untersucht. Nun wollen wir die faszinierenden Fähigkeiten dieser bemerkenswerten Zellen und ihre Rolle bei Nachahmung, Sprachentwicklung und Störungen wie Autismus näher beleuchten.

Die Nachahmung, ein grundlegender Aspekt des Lernens, hängt in hohem Maße von den Fähigkeiten der Spiegelneuronen ab. Diese Zellen ermöglichen es uns nicht nur, die Handlungen anderer zu beobachten und zu imitieren, sondern auch, die dahinter stehenden Absichten zu entschlüsseln. Dieser Mechanismus ist für Kinder von entscheidender Bedeutung, da sie durch Beobachtungslernen neue Fähigkeiten und Verhaltensweisen erlernen. Die Forschung hat gezeigt, dass das Vorhandensein von Spiegelneuronen im inferioren frontalen Kortex mit der Fähigkeit einer Person korreliert, effektiv zu imitieren. Der Prozess von der Beobachtung bis zur Ausführung, der durch die Spiegelneuronen erleichtert wird, hilft bei der Entwicklung von motorischen Fähigkeiten, beim Spracherwerb und sogar bei kulturellen Normen, die über Generationen hinweg weitergegeben werden.

Die Sprachentwicklung ist eng mit den Spiegelungsfähigkeiten der Spiegelneuronen verbunden. Wenn wir andere sprechen hören, feuern die Spiegelneuronen auf eine Weise, die die mit der Sprachproduktion verbundenen Laute und Bewegungen widerspiegelt. Dieser Spiegelungsprozess hilft uns, die Artikulation und Aussprache von Wörtern mental zu simulieren, was unsere Fähigkeiten zum Sprachenlernen erleichtert. Es ist faszinierend zu sehen, wie Spiegelneuronen eine entscheidende Rolle in der Evolution der Sprache gespielt haben könnten, indem sie es unseren Vorfahren ermöglichten, neue Laute und Sprachmuster nachzuahmen und zu verinnerlichen.

Darüber hinaus tragen die Spiegelneuronen auch zu unserem Verständnis der neurologischen Grundlagen der Empathie und ihrer Rolle in sozialen Interaktionen bei. Der Spiegelungsprozess innerhalb der Spiegelneuronen ermöglicht es uns, nicht nur die äußeren Handlungen anderer wahrzunehmen, sondern auch ihre Gefühle und Absichten zu verinnerlichen. Diese emotionale Ansteckung ermöglicht es uns, Empathie zu erleben, zu fühlen, was andere fühlen. Spiegelneuronen simulieren nicht nur die Handlungen, die wir beobachten, sondern replizieren auch die damit verbundenen emotionalen Zustände in unseren eigenen neuronalen Netzen, was eine tiefe Verbindung mit anderen ermöglicht.

Die Funktion der Spiegelneuronen ist jedoch nicht bei allen Menschen gleich. Abweichungen in der Aktivität und Konnektivität der Spiegelneuronen wurden mit neurologischen Entwicklungsstörungen wie der Autismus-Spektrum-Störung (ASD) in Verbindung gebracht. Menschen mit ASD zeigen häufig Beeinträchtigungen bei der Nachahmung, der sozialen Interaktion und der Empathie. Die Forschung deutet darauf hin, dass diese Defizite mit einer atypischen Funktion der Spiegelneuronen zusammenhängen könnten, was zu Schwierigkeiten beim Spiegeln und Verstehen der Handlungen und Emotionen anderer führt.

Das Verständnis der komplexen Funktionsweise von Spiegelneuronen und ihrer Auswirkungen auf kognitive Prozesse hat erhebliche Auswirkungen auf Therapien und Interventionen, die auf die Verbesserung der sozialen Kognition und der Kommunikationsfähigkeiten von Menschen mit ASD abzielen. Indem wir die Geheimnisse der Spiegelneuronen erforschen und enträtseln, können wir möglicherweise gezieltere Interventionen entwickeln, um ihre einzigartige neuronale Verarbeitung zu unterstützen und die Lücken in der sozialen Interaktion zu überbrücken, die Menschen auf dem Autismus-Spektrum erfahren.

Zusammenfassend lässt sich sagen, dass Spiegelneuronen ein tiefgreifendes Verständnis der Spiegelung neuronaler Netzwerke und ihrer Auswirkungen auf die menschliche Kognition ermöglichen. Diese spezialisierten Zellen ermöglichen es uns, zu imitieren, zu lernen und Empathie zu entwickeln, und spielen eine entscheidende Rolle bei unseren motorischen Fähigkeiten, unserer emotionalen Intelligenz und unseren sozialen Interaktionen. Sie bilden die neurologische Grundlage für die Nachahmung, die Sprachentwicklung und sogar für die Herausbildung kultureller Normen. Durch die Erforschung der Spiegelneuronen erhalten wir unschätzbare Einblicke in die kognitiven Fähigkeiten, die unsere Menschlichkeit begründen.

In dem Maße, wie wir die Feinheiten der Spiegelneuronen weiter erforschen und entschlüsseln, kommen wir einem umfassenden Verständnis der kognitiven Leistung des menschlichen Gehirns ein Stück näher. Die Erforschung dieser bemerkenswerten Zellen eröffnet neue Möglichkeiten und verdeutlicht die Vernetzung unserer neuronalen Netze und die Unverzichtbarkeit der Spiegelneuronen bei der Gestaltung unserer Kognition und sozialen Interaktionen.

Abschnitt 4: Spiegelung neuronaler Netze in der Praxis

Die Spiegelung neuronaler Netze, ein von der kognitiven Leistung des menschlichen Gehirns inspiriertes Konzept, fasziniert Wissenschaftler und Forscher seit Jahrzehnten. Da unser Verständnis der komplexen neuronalen Netzwerke des Gehirns immer besser wird, hat die Anwendung dieses faszinierenden Konzepts in verschiedenen Bereichen an Dynamik gewonnen. In diesem Kapitel werden wir reale Anwendungen der Spiegelung neuronaler Netze untersuchen und uns mit ihren potenziellen Vorteilen befassen.

Ein Bereich, in dem sich die Spiegelung neuronaler Netze als äußerst vielversprechend erwiesen hat, ist der Bereich der Medizin. Forscher arbeiten eifrig daran, die Leistung neuronaler Netze zur Unterstützung der Diagnose und Behandlung von Krankheiten nutzbar zu machen. Indem sie die kognitiven Fähigkeiten des menschlichen Gehirns widerspiegeln, sind diese Systeme in der Lage, große Datenmengen zu analysieren, Muster zu erkennen und wertvolle Erkenntnisse zu gewinnen.

Stellen Sie sich zum Beispiel ein Szenario vor, in dem ein Patient mit unklaren Symptomen vorstellig wird. Durch Einspeisung relevanter medizinischer Daten in ein gespiegeltes neuronales Netzwerksystem kann dieses die Symptome des Patienten mit umfangreichen Datenbanken ähnlicher Fälle vergleichen. Durch diesen Prozess kann das System verborgene Muster aufdecken und möglicherweise eine genauere Diagnose vorschlagen. Diese Anwendung der Spiegelung neuronaler Netze beschleunigt nicht nur den Diagnoseprozess, sondern erhöht auch die Genauigkeit der medizinischen Beurteilung.

Neben der Diagnose von Krankheiten birgt die Spiegelung neuronaler Netze ein großes Potenzial für die personalisierte Medizin. Jedes Individuum besitzt eine einzigartige genetische Ausstattung, Umwelteinflüsse und Lebensgewohnheiten, was es schwierig macht, maßgeschneiderte Behandlungspläne zu formulieren. Mit Hilfe der Spiegelung neuronaler Netze können Mediziner jedoch tiefere Einblicke in die Physiologie jedes Patienten gewinnen und so personalisierte Behandlungsstrategien entwickeln. Dieser Ansatz könnte die Art und Weise, wie wir das Gesundheitswesen angehen, revolutionieren und zu wirksameren und effizienteren Behandlungen führen.

Die Spiegelung neuronaler Netze findet auch im Bereich der Robotik weitreichende Anwendung. Humanoide Roboter, die menschliche Bewegungen und Interaktionen nachahmen sollen, können von dem Konzept der Spiegelung stark profitieren. Durch die Integration gespiegelter neuronaler Netze in die Programmierung des Roboters kann dieser menschliche Handlungen mit bemerkenswerter Genauigkeit erlernen und nachahmen. Diese Technologie ebnet den Weg für die Unterstützung von Robotern bei verschiedenen Aufgaben, die eine dem Menschen ähnliche Geschicklichkeit und Anpassungsfähigkeit erfordern.

Denken Sie nur an die möglichen Auswirkungen in Branchen wie der Fertigung und dem Gesundheitswesen. Roboter, die in der Lage sind, menschliche Fähigkeiten zu spiegeln, können präzise chirurgische Eingriffe durchführen, mit empfindlichen Materialien umgehen oder sogar komplexe wissenschaftliche Experimente durchführen. Die

Einbeziehung der Spiegelung neuronaler Netze in die Robotik ermöglicht es den Maschinen nicht nur, sich in realen Szenarien zurechtzufinden, sondern eröffnet auch Möglichkeiten für die Zusammenarbeit zwischen Mensch und Roboter, was die Produktivität und Sicherheit erhöht.

Darüber hinaus erstreckt sich der potenzielle Nutzen der Spiegelung durch neuronale Netze auch auf den Bereich der Bildung. Systeme zur kognitiven Spiegelung sind in der Lage, Bildungsinhalte an die Lernstile der einzelnen Schüler anzupassen und so die Lernerfahrung zu optimieren. Durch die Analyse der kognitiven Muster, Stärken und Schwächen einer Person können diese Systeme Unterrichtsmaterialien anpassen und den Schülern personalisierte Lernpfade anbieten. Dieser Ansatz hat das Potenzial, das Bildungswesen zu revolutionieren und dafür zu sorgen, dass jeder Schüler die Möglichkeit hat, hervorragende Leistungen zu erbringen und sein volles Potenzial auszuschöpfen.

Zusammenfassend lässt sich sagen, dass das Konzept der Spiegelung neuronaler Netze in einer Vielzahl von Bereichen vielversprechend ist. Von der Medizin über die Robotik bis hin zur Bildung hat die Fähigkeit, die kognitive Leistung des menschlichen Gehirns zu replizieren und zu nutzen, das Potenzial, verschiedene Branchen zu verändern. Durch die Nutzung großer Datenmengen, die Erkennung von Mustern und die Anpassung an individuelle Bedürfnisse eröffnet die Spiegelung neuronaler Netze neue Möglichkeiten. In der zweiten Hälfte dieses Kapitels werden wir uns mit einigen dieser Anwendungen näher befassen und ihre Feinheiten und potenziellen zukünftigen Entwicklungen untersuchen. Bleiben Sie dran, um einen spannenden Einblick in die Welt der Spiegelung neuronaler Netze zu erhalten.Neural Network Mirroring in Practice: Teil 2

In der ersten Hälfte dieses Kapitels haben wir einige faszinierende reale Anwendungen der Spiegelung neuronaler Netze und ihre potenziellen Vorteile in den Bereichen Medizin,

Robotik und Bildung untersucht. In der zweiten Hälfte dieses Kapitels werden wir tiefer in diese Anwendungen eintauchen, ihre Feinheiten untersuchen und mögliche zukünftige Entwicklungen diskutieren.

Ein Bereich, in dem die Spiegelung neuronaler Netze ein bemerkenswertes Potenzial gezeigt hat, ist der Bereich der Medizin. Durch die Spiegelung der kognitiven Fähigkeiten des menschlichen Gehirns konnten Forscher Systeme entwickeln, die große Mengen medizinischer Daten analysieren und Muster erkennen können, die für menschliche Ärzte nicht sofort erkennbar sind. Diese Fähigkeit verspricht, die Genauigkeit und Effizienz von medizinischen Diagnosen zu verbessern. Weitere Fortschritte in der Technologie zur Spiegelung neuronaler Netze könnten zur Entwicklung intelligenter Diagnosesysteme führen, die unschätzbare Erkenntnisse liefern und Fachleute im Gesundheitswesen dabei unterstützen, genauere und zeitnahe Entscheidungen zu treffen.

Darüber hinaus ist die personalisierte Medizin, die Behandlungspläne auf den einzelnen Patienten zuschneidet, ein weiterer Bereich, der stark von der Spiegelung neuronaler Netze profitieren wird. Da jeder Mensch eine einzigartige genetische Ausstattung und Lebensweise hat, ist es eine Herausforderung, personalisierte Behandlungsstrategien zu entwickeln. Durch den Einsatz der Spiegelung neuronaler Netze können Mediziner jedoch ein tieferes Verständnis der Physiologie jedes einzelnen Patienten gewinnen und fundiertere Entscheidungen über ihre Behandlungspläne treffen. Dieser personalisierte Ansatz hat das Potenzial, die Gesundheitsversorgung zu revolutionieren und zu wirksameren und effizienteren Behandlungen zu führen.

Im Bereich der Robotik haben humanoide Roboter, die mit gespiegelten neuronalen Netzen ausgestattet sind, das Potenzial, Aufgaben auszuführen, die eine dem Menschen ähnliche Geschicklichkeit und

Anpassungsfähigkeit erfordern. Indem sie menschliche Handlungen mit bemerkenswerter Genauigkeit imitieren, können diese Roboter in verschiedenen Branchen wie der Fertigung und dem Gesundheitswesen eingesetzt werden. Roboter, die in der Lage sind, menschliche Fähigkeiten zu imitieren, könnten zum Beispiel heikle chirurgische Eingriffe vornehmen, zerbrechliche Materialien handhaben oder sogar komplexe wissenschaftliche Experimente durchführen. Die Integration der Technologie zur Spiegelung neuronaler Netze ermöglicht es den Maschinen nicht nur, sich in realen Szenarien zurechtzufinden, sondern eröffnet auch Wege für die Zusammenarbeit zwischen Mensch und Roboter, was die Produktivität und Sicherheit in verschiedenen Branchen erhöht.

Darüber hinaus ist die Spiegelung durch neuronale Netze im Bereich der Bildung sehr vielversprechend. Systeme zur kognitiven Spiegelung sind in der Lage, Bildungsinhalte an die individuellen Lernstile der Schüler anzupassen und so die Lernerfahrung zu optimieren. Durch die Analyse von kognitiven Mustern, Stärken und Schwächen können diese Systeme Unterrichtsmaterialien maßschneidern und den Schülern personalisierte Lernpfade anbieten. Dieser Ansatz revolutioniert das Bildungswesen, indem er sicherstellt, dass jeder Schüler eine maßgeschneiderte Anleitung erhält und die Möglichkeit hat, hervorragende Leistungen zu erbringen.

Das Aufkommen der Spiegelung neuronaler Netze hat den Weg für spannende zukünftige Entwicklungen in diesen Bereichen geebnet. In der Medizin erforschen Forscher das Potenzial der Spiegelung neuronaler Netze, um Vorhersagemodelle für verschiedene Krankheiten zu entwickeln, die eine frühzeitige Erkennung und Intervention ermöglichen. Darüber hinaus führen Fortschritte in der Robotik und bei neuronalen Netzen zur Entwicklung ausgefeilterer und anpassungsfähigerer Roboter, die ihre Fähigkeiten über die Nachahmung hinaus auf intelligente

Entscheidungen auf der Grundlage gespiegelter neuronaler Netze erweitern.

Im Bildungsbereich bietet der Einsatz der Spiegelung neuronaler Netze das Potenzial für noch stärker individualisierte Lernerfahrungen. Im Zuge des technologischen Fortschritts könnten Pädagogen hochentwickelte neuronale Netzwerksysteme einsetzen, um riesige Mengen von Bildungsdaten zu analysieren und maßgeschneiderte Lernerfahrungen auf der Grundlage der spezifischen Bedürfnisse und Lernstile der Schüler anzubieten. Dies könnte zu einer wirklich personalisierten Ausbildung für jeden Schüler führen und sicherstellen, dass er sein Potenzial voll ausschöpfen kann.

Zusammenfassend lässt sich sagen, dass die Spiegelung neuronaler Netze neue Möglichkeiten in verschiedenen Bereichen eröffnet hat. Von der Medizin über die Robotik bis hin zum Bildungswesen hat die Nachbildung und Nutzung der kognitiven Leistung des menschlichen Gehirns das Potenzial, Branchen zu verändern und Ergebnisse zu verbessern. Die Anwendung der Spiegelungstechnologie in der Medizin ermöglicht schnellere und genauere Diagnosen, personalisierte Behandlungspläne und Fortschritte bei Prognosemodellen. In der Robotik ermöglicht sie eine menschenähnliche Geschicklichkeit und Zusammenarbeit und revolutioniert damit Branchen wie die Fertigung und das Gesundheitswesen. Im Bildungswesen schließlich bieten kognitive Spiegelungssysteme personalisierte Lernerfahrungen, die die individuelle Entwicklung der Schüler optimieren. Wenn wir das Potenzial der Spiegelung neuronaler Netze weiter erforschen, können wir uns auf noch mehr spannende Entwicklungen und Fortschritte in der Zukunft freuen.

Abschnitt 5: Herausforderungen und künftige Ausrichtung

Der Bereich der Spiegelung neuronaler Netze, der darauf abzielt, die kognitiven Fähigkeiten des menschlichen Gehirns zu erforschen und nachzubilden, steht vor zahlreichen Herausforderungen und birgt ein vielversprechendes Potenzial für zukünftige Entwicklungen. In diesem Kapitel befassen wir uns mit diesen Herausforderungen und erkunden die spannenden Möglichkeiten, die vor uns liegen.

Eine der größten Herausforderungen bei der Spiegelung neuronaler Netze besteht in der Komplexität und Kompliziertheit des menschlichen Gehirns selbst. Das menschliche Gehirn ist ein Wunderwerk der Natur und besteht aus Milliarden miteinander verbundener Neuronen, die ein riesiges Netzwerk bilden, das für unsere kognitiven Fähigkeiten verantwortlich ist. Das Verständnis und die Nachahmung dieses komplizierten Netzwerks stellen für Forscher auf diesem Gebiet eine große Hürde dar. Die schiere Größe und Komplexität der neuronalen Verbindungen erfordert umfassende Studien und fortschrittliche Computertechniken, um ihre Funktionen genau zu modellieren und zu replizieren.

Darüber hinaus haben Neurowissenschaftler Schwierigkeiten, den vollen Umfang kognitiver Prozesse und der ihnen zugrunde liegenden neuronalen Mechanismen zu erfassen. Obwohl wir beim Verständnis vieler Aspekte der Funktionsweise des Gehirns erhebliche Fortschritte gemacht haben, gibt es immer noch zahlreiche Lücken in unserem Wissen. Das Abbilden und Spiegeln des umfangreichen Spektrums kognitiver Prozesse, einschließlich Wahrnehmung, Gedächtnis und Entscheidungsfindung, erfordert eine kontinuierliche Erforschung und Verfeinerung.

Eine weitere bemerkenswerte Herausforderung ergibt sich aus den Grenzen der derzeitigen technischen Möglichkeiten. Trotz erheblicher Fortschritte reichen unsere Rechenleistung und Speicherkapazitäten immer noch nicht aus, um die kognitiven Fähigkeiten des menschlichen Gehirns genau wiederzugeben. Die Komplexität und Dynamik neuronaler Netze erfordert immense Rechenressourcen und Speicherkapazitäten, um ihr Verhalten genau zu erfassen und zu simulieren. Die Entwicklung innovativer und leistungsfähigerer Rechentechniken ist daher unabdingbar, um diese Einschränkungen zu überwinden.

Darüber hinaus steht das Gebiet der Spiegelung neuronaler Netze vor ethischen und gesellschaftlichen Herausforderungen. Je näher wir der Entwicklung gehirnähnlicher Computersysteme kommen, desto relevanter werden ethische Überlegungen zu kognitiver Verbesserung, Privatsphäre und Bewusstsein. Es ist von entscheidender Bedeutung, mit diesen ethischen Dilemmata verantwortungsvoll umzugehen und sich mit den möglichen gesellschaftlichen Auswirkungen auseinanderzusetzen, die sich aus den Fortschritten in diesem Bereich ergeben.

Trotz der Herausforderungen birgt die Zukunft der Spiegelung neuronaler Netze ein immenses Potenzial. Mit fortgesetzter Forschung, technologischen Fortschritten und der Zusammenarbeit verschiedener wissenschaftlicher Disziplinen können die Forscher wesentliche Fortschritte bei der Entschlüsselung und Nachahmung der faszinierenden kognitiven Fähigkeiten des menschlichen Gehirns erzielen.

Indem wir neuronale Netze und ihre Dynamik nachbilden, können wir tiefere Einblicke in die grundlegenden Prinzipien der Kognition gewinnen. Dieses Wissen könnte Bereiche wie künstliche Intelligenz, Psychologie und Neurowissenschaften revolutionieren und uns in die Lage versetzen, ausgefeiltere Algorithmen zu entwerfen, neue therapeutische Ansätze für neurologische Störungen zu entwickeln und das Wesen der menschlichen Intelligenz zu ergründen.

Außerdem könnte die Spiegelung neuronaler Netze den Weg für bahnbrechende Anwendungen in verschiedenen Bereichen ebnen. Stellen Sie sich die Aussicht auf menschenähnliche

Maschinen vor, die über fortgeschrittene kognitive Fähigkeiten verfügen, die es ihnen ermöglichen, die Welt auf bisher unvorstellbare Weise wahrzunehmen, zu verstehen und mit ihr zu interagieren. Derartige Fortschritte könnten Branchen von der Gesundheitsfürsorge über die Robotik bis hin zu Bildung und Unterhaltung umgestalten und bieten enorme Chancen für den gesellschaftlichen Fortschritt.

Zusammenfassend lässt sich sagen, dass die Herausforderungen bei der Spiegelung neuronaler Netze beträchtlich sind, aber die Möglichkeiten, die sich daraus ergeben, stehen ihnen in nichts nach. Von der Entschlüsselung der kognitiven Fähigkeiten des menschlichen Gehirns bis hin zur Vorstellung einer Zukunft, in der intelligente Maschinen mit uns koexistieren, birgt dieses Gebiet große Chancen. In der zweiten Hälfte dieses Kapitels werden wir uns eingehender mit den spezifischen Herausforderungen befassen, die sich bei der Spiegelung neuronaler Netze stellen, und die aufregenden zukünftigen Richtungen erkunden, die vor uns liegen. Begleiten Sie uns auf dieser bemerkenswerten Reise in die unbekannten Tiefen der kognitiven Replikation: Je tiefer wir in die spezifischen Herausforderungen der Spiegelung neuronaler Netze eintauchen, desto mehr wird uns die immense Komplexität bewusst, die mit der Replikation der kognitiven Leistung des menschlichen Gehirns verbunden ist. Eine der größten Herausforderungen besteht darin, die riesigen neuronalen Verbindungen des Gehirns genau abzubilden und nachzubilden.

Das menschliche Gehirn besteht aus Milliarden miteinander verbundener Neuronen, die ein komplexes Netz bilden, das unseren kognitiven Fähigkeiten zugrunde liegt. Um dieses komplizierte Netzwerk zu verstehen und nachzubilden, sind umfassende Studien und fortschrittliche Computertechniken erforderlich. Neurowissenschaftler und Forscher auf diesem Gebiet sind ständig bestrebt, Modelle zu entwickeln, die die Funktionen dieser neuronalen Verbindungen genau erfassen.

Die schiere Größe und Komplexität des Gehirns stellen jedoch eine große Hürde dar.

Darüber hinaus ist es nach wie vor eine Herausforderung, den gesamten Umfang kognitiver Prozesse und die ihnen zugrunde liegenden neuronalen Mechanismen zu erfassen. Obwohl beim Verständnis vieler Aspekte der Funktionsweise des Gehirns erhebliche Fortschritte erzielt wurden, gibt es immer noch Lücken in unserem Wissen. An Wahrnehmung, Gedächtnis, Entscheidungsfindung und anderen kognitiven Prozessen sind mehrere miteinander verbundene Hirnregionen beteiligt, was ihre Untersuchung komplex macht. Daher ist eine kontinuierliche Erforschung und Verfeinerung erforderlich, um das umfangreiche Spektrum kognitiver Prozesse genau abzubilden und wiederzugeben.

Die Grenzen der derzeitigen technologischen Möglichkeiten behindern auch den Fortschritt bei der Spiegelung neuronaler Netze. Trotz erheblicher Fortschritte bei der Rechenleistung und den Speicherkapazitäten gibt es immer noch inhärente Grenzen, wenn es darum geht, die kognitive Leistung des Gehirns genau zu spiegeln. Die Komplexität und der dynamische Charakter neuronaler Netze erfordern immense Rechenressourcen und Speicherkapazitäten, um das Verhalten dieser Netze getreu zu erfassen und zu simulieren. Die Entwicklung innovativer und leistungsfähiger Rechentechniken ist daher unabdingbar, um diese Grenzen zu überwinden und das Feld weiter voranzubringen.

Eine der größten Herausforderungen, die sich auf dem Gebiet der Spiegelung neuronaler Netze abzeichnen, sind vielleicht die ethischen und gesellschaftlichen Auswirkungen. In dem Maße, in dem wir uns der Schaffung von gehirnähnlichen Computersystemen nähern, werden Bedenken hinsichtlich kognitiver Verbesserung, Privatsphäre und Bewusstsein immer wichtiger. Die ethischen Dilemmata, die mit diesen Fortschritten einhergehen, müssen verantwortungsbewusst gehandhabt werden, und die möglichen gesellschaftlichen

Auswirkungen müssen berücksichtigt werden. Ein Gleichgewicht zwischen Fortschritt und ethischen Erwägungen ist entscheidend für die verantwortungsvolle Entwicklung und den Einsatz von Technologien zur Spiegelung neuronaler Netze.

Trotz dieser Herausforderungen bleibt die Zukunft der Spiegelung neuronaler Netze vielversprechend. Durch fortgesetzte Forschung, Fortschritte in der Technologie und interdisziplinäre Zusammenarbeit können bedeutende Fortschritte bei der Entschlüsselung und Nachahmung der kognitiven Fähigkeiten des menschlichen Gehirns erzielt werden. Durch die genaue Nachbildung neuronaler Netze und ihrer Dynamik können wir tiefere Einblicke in die grundlegenden Prinzipien der Kognition gewinnen.

Dieses Wissen hat das Potenzial, verschiedene Bereiche wie die künstliche Intelligenz, die Psychologie und die Neurowissenschaften zu revolutionieren. Es kann den Weg für ausgefeiltere Algorithmen ebnen, die zu neuen therapeutischen Ansätzen für neurologische Störungen führen. Darüber hinaus könnte die Spiegelung neuronaler Netze Licht auf das Wesen der menschlichen Intelligenz und ihre Auswirkungen auf die Entwicklung künftiger Technologien werfen.

Noch weiter in die Zukunft blickend, bergen die Anwendungen der Spiegelung neuronaler Netze ein enormes Potenzial. Stellen Sie sich eine Zukunft vor, in der Maschinen über fortgeschrittene kognitive Fähigkeiten verfügen, die es ihnen ermöglichen, die Welt auf bisher unvorstellbare Weise wahrzunehmen, zu verstehen und mit ihr zu interagieren. Solche Fortschritte könnten Branchen wie das Gesundheitswesen, die Robotik, das Bildungswesen und die Unterhaltungsindustrie umgestalten und bieten enorme Chancen für gesellschaftlichen Fortschritt und Wandel.

Zusammenfassend lässt sich sagen, dass die Herausforderungen, die sich bei der Spiegelung neuronaler

Netze stellen, gewaltig sind, aber sie werden durch die enormen Möglichkeiten, die sie bieten, noch übertroffen. Von der Entschlüsselung der kognitiven Fähigkeiten des menschlichen Gehirns bis hin zur Vorstellung einer Zukunft, in der intelligente Maschinen mit uns koexistieren, birgt dieses Gebiet große Chancen. Zum Abschluss dieses Kapitels laden wir Sie ein, uns auf dieser bemerkenswerten Reise in die unbekannten Tiefen der kognitiven Replikation zu begleiten. Wenn wir uns diesen Herausforderungen stellen, können wir eine Zukunft gestalten, in der die Grenzen der menschlichen Kognition weiter verschoben werden und neue Möglichkeiten für Verständnis und Innovation auf uns warten.

KAPITEL 8: NATÜRLICHE SPRACHVERARBEITUNG UND KI

Abschnitt 1: Einführung in die Verarbeitung natürlicher Sprache

Die Verarbeitung natürlicher Sprache (Natural Language Processing, NLP) ist ein sich entwickelnder Bereich, der Linguistik, Informatik und künstliche Intelligenz (AI) kombiniert, um Computer in die Lage zu versetzen, menschliche Sprache zu verstehen, zu interpretieren und zu erzeugen. Es birgt ein immenses Potenzial für die Revolutionierung der Art und Weise, wie wir mit intelligenten Systemen und den täglich anfallenden riesigen Datenmengen interagieren. Dieses Kapitel dient als umfassender Leitfaden, der Sie mit den grundlegenden Konzepten des NLP und seinen Anwendungen beim Aufbau intelligenter Systeme vertraut macht.

Die menschliche Sprache ist komplex, nuanciert und entwickelt sich ständig weiter. Sie beschränkt sich nicht nur auf Wörter und ihre Bedeutungen, sondern umfasst auch Syntax, Semantik, Pragmatik und Kontext. Das Verstehen und Verarbeiten dieser Vielfalt an sprachlichen Informationen ist eine gewaltige Aufgabe für Maschinen. Ziel der natürlichen Sprachverarbeitung ist es, die Kluft zwischen menschlicher Sprache und Maschinen zu überbrücken, indem Computer in die Lage versetzt werden, die Sprache zu verstehen und effektiv zu verarbeiten.

Eine der grundlegenden Aufgaben im Bereich NLP ist das Verstehen natürlicher Sprache, d. h. die Extraktion von Bedeutung aus Text- oder Sprachdaten. Es umfasst verschiedene Teilaufgaben wie Part-of-Speech-Tagging, Named Entity Recognition, Parsing und Sentiment Analysis. Beim Part-of-Speech-Tagging werden Wörtern grammatikalische Bezeichnungen zugewiesen, so dass Maschinen ihre Rolle in einem Satz verstehen können. Named Entity Recognition identifiziert und kategorisiert benannte Entitäten wie Personen, Organisationen und Orte. Parsing hilft bei der Analyse der grammatikalischen Struktur eines Satzes, während die Sentiment-Analyse den emotionalen Ton oder die Haltung bestimmt, die in einem Text zum Ausdruck kommt.

Um diese Aufgaben zu erfüllen, setzen NLP-Systeme verschiedene Techniken ein. Regelbasierte Methoden verwenden vordefinierte linguistische Regeln zur Durchführung von Analyse- und Extraktionsaufgaben. Diese Ansätze haben jedoch oft Schwierigkeiten, die inhärente Komplexität und Flexibilität von Sprache zu bewältigen. Daher wurden statistische Methoden entwickelt, die umfangreiche Sprachressourcen nutzen, um maschinelle Lernmodelle zu trainieren. Diese Modelle lernen Muster und Assoziationen aus vorhandenen Daten, um Vorhersagen zu treffen oder Aufgaben zu erfüllen.

In den letzten Jahren hat das Aufkommen des Deep Learning die Möglichkeiten des NLP erheblich erweitert. Deep-

Learning-Modelle, wie z. B. neuronale Netze, verarbeiten Sprache auf hierarchische Weise und ahmen die Struktur des menschlichen Gehirns nach. Sie sind in der Lage, automatisch Darstellungen von Wörtern, Sätzen und Dokumenten zu lernen und dabei komplizierte Beziehungen und nuancierte Bedeutungen zu erfassen. Diese Modelle, wie z. B. rekurrente neuronale Netze (RNNs) und Transformatoren, haben neue Maßstäbe in einer Vielzahl von NLP-Aufgaben gesetzt, darunter Sprachübersetzung, Beantwortung von Fragen und Texterstellung.

Die Anwendungen von NLP und KI sind in der heutigen technologiegetriebenen Welt allgegenwärtig. Intelligente virtuelle Assistenten wie Apples Siri, Amazons Alexa und Google Assistant verlassen sich auf NLP, um Benutzeranfragen zu verstehen, relevante Informationen abzurufen und angemessene Antworten zu geben. Sentiment-Analysen werden von Unternehmen ausgiebig genutzt, um Kundenfeedback zu analysieren, Produkte zu verbessern und das Nutzererlebnis zu steigern. Maschinelle Übersetzungssysteme haben die globale Kommunikation revolutioniert, indem sie eine nahtlose Übersetzung zwischen verschiedenen Sprachen ermöglichen.

Darüber hinaus spielt NLP eine entscheidende Rolle bei der Analyse riesiger Mengen von Textdaten, z. B. von Beiträgen in sozialen Medien, Nachrichtenartikeln und wissenschaftlichen Arbeiten. Es hilft dabei, aussagekräftige Erkenntnisse zu gewinnen, Muster aufzudecken und Wissen aus diesen riesigen Datenbeständen zu extrahieren, was Bereichen wie Gesundheitswesen, Finanzen, Marketing und Bildung zugutekommt. NLP trägt auch zur Entwicklung intelligenter Chatbots bei, die es Unternehmen ermöglichen, den Kundensupport zu automatisieren und die Kundenbindung zu verbessern.

Mit der rasanten Entwicklung des NLP ergeben sich neue Herausforderungen und Möglichkeiten. Maschinen haben immer noch Schwierigkeiten, die Nuancen von Sarkasmus, Ironie und Zweideutigkeit zu erfassen, die in der menschlichen Kommunikation vorherrschen. Die Entwicklung kontextbezogener Systeme, die Gespräche verstehen und kohärente Antworten generieren, bleibt eine gewaltige Aufgabe. Darüber hinaus müssen ethische Erwägungen, wie z. B. Voreingenommenheit in Sprachmodellen und Bedenken hinsichtlich der Privatsphäre bei der Sprachverarbeitung, berücksichtigt werden, um einen verantwortungsvollen und gerechten Einsatz von NLP-Technologien zu gewährleisten.

In der zweiten Hälfte dieses Kapitels werden wir uns eingehender mit den Kernkomponenten und Methoden des NLP befassen. Wir untersuchen die verschiedenen Techniken und Algorithmen, die beim Verstehen und Erzeugen natürlicher Sprache zum Einsatz kommen, und erörtern die praktischen Überlegungen und Herausforderungen im Zusammenhang mit NLP-Anwendungen. Am Ende werden Sie ein umfassendes Verständnis des Potenzials von NLP erlangt haben und bereit sein, sich in die Feinheiten der Entwicklung intelligenter Systeme zu vertiefen.

In der zweiten Hälfte dieses Kapitels werden wir uns eingehender mit den Kernkomponenten und Methoden der natürlichen Sprachverarbeitung (NLP) befassen. Wir werden die verschiedenen Techniken und Algorithmen untersuchen, die beim Verstehen und Erzeugen natürlicher Sprache zum Einsatz kommen, und die praktischen Überlegungen und Herausforderungen im Zusammenhang mit NLP-Anwendungen diskutieren. Am Ende werden Sie ein umfassendes Verständnis des Potenzials von NLP erlangt haben und bereit sein, sich in die Feinheiten der Entwicklung intelligenter Systeme zu vertiefen.

Eine der wichtigsten Komponenten im NLP ist die Sprachmodellierung. Sprachmodelle sind statistische Modelle, die die Wahrscheinlichkeitsverteilung von Wortfolgen in einer Sprache erfassen. Sie ermöglichen die Vorhersage des wahrscheinlichsten nächsten Wortes aus einer Folge von vorangegangenen Wörtern. Dies ist besonders nützlich bei Aufgaben wie der automatischen Vervollständigung von Texten, der Spracherkennung und der maschinellen Übersetzung. Sprachmodelle können mit regelbasierten Methoden, statistischen Ansätzen oder den neueren Deep-Learning-Techniken erstellt werden.

Statistische Ansätze im NLP beinhalten den Einsatz von Algorithmen des maschinellen Lernens zur Analyse und Verarbeitung von Sprachdaten. Sie lernen aus umfangreichen Sprachressourcen, wie z. B. kommentierten Korpora oder Parallelübersetzungen, um Muster zu erkennen und Vorhersagen zu treffen. Ein beliebter statistischer Ansatz ist das n-Gramm-Modell, das die Wahrscheinlichkeiten von Wortfolgen auf der Grundlage beobachteter Häufigkeiten in Trainingsdaten berechnet. Allerdings leiden n-Gramm-Modelle unter dem "Fluch der Dimensionalität", da die Anzahl der möglichen Wortkombinationen exponentiell mit der Länge der Sequenz wächst.

Um dieses Problem zu lösen, wurden fortschrittlichere statistische Modelle wie Hidden Markov Models (HMMs) und Conditional Random Fields (CRFs) entwickelt. HMMs werden für Aufgaben wie Part-of-Speech-Tagging und Spracherkennung verwendet, während CRFs bei Sequenzetikettierungsaufgaben wie Named-Entity-Recognition und Chunking effektiv sind. Diese Modelle nutzen kontextuelle Informationen und Abhängigkeiten zwischen Wörtern, um die Genauigkeit zu verbessern. Ihre Leistung hängt jedoch stark von der Qualität und Vielfalt der Trainingsdaten ab.

In den letzten Jahren hat Deep Learning den Bereich NLP revolutioniert, indem neuronale Netzwerkarchitekturen eingeführt wurden, die automatisch nützliche Merkmale aus Rohtextdaten lernen können. Rekurrente neuronale Netze

(RNNs) werden häufig bei NLP-Aufgaben eingesetzt, die sequenzielle Daten beinhalten, wie z. B. Sprachmodellierung, maschinelle Übersetzung und Stimmungsanalyse. RNNs verarbeiten Informationen auf sequenzielle Weise, wodurch sie Abhängigkeiten und Kontext über große Entfernungen hinweg erfassen können.

Ein weiterer Durchbruch im NLP, der durch Deep Learning ermöglicht wurde, ist die Transformer-Architektur. Transformers führten das Konzept der Selbstaufmerksamkeit ein, das es dem Netzwerk ermöglicht, die Bedeutung verschiedener Wörter in einem Satz auf der Grundlage ihrer Relevanz für die jeweilige Aufgabe zu gewichten. Dieser Aufmerksamkeitsmechanismus verbessert die Leistung von NLP-Modellen bei Aufgaben wie der maschinellen Übersetzung und der Zusammenfassung von Dokumenten erheblich. Transformatoren haben neue Maßstäbe in der NLP gesetzt und werden in vielen modernen Modellen, wie BERT und GPT-3, eingesetzt.

Die Fortschritte im Bereich NLP haben zwar neue Möglichkeiten eröffnet, aber es bleiben auch Herausforderungen. Sarkasmus, Ironie und Zweideutigkeit sind für Maschinen immer noch schwer zu verstehen, da sie oft von kontextuellen und kulturellen Faktoren abhängen. Die Entwicklung kontextbezogener Systeme, die Konversationen verstehen und angemessene Antworten geben können, ist ein laufender Forschungsbereich. Darüber hinaus sind ethische Überlegungen von entscheidender Bedeutung für den verantwortungsvollen Einsatz von NLP-Technologien. Voreingenommenheit in Sprachmodellen und Datenschutzbedenken bei der Sprachverarbeitung müssen berücksichtigt werden, um Fairness zu gewährleisten und die Rechte der Nutzer zu schützen.

Die Anwendungen von NLP und KI sind vielfältig und haben verschiedene Branchen durchdrungen. Im Gesundheitswesen wird NLP zur Analyse von medizinischen Aufzeichnungen und Forschungsarbeiten eingesetzt und hilft bei der Diagnose, der Entdeckung von Medikamenten und der personalisierten Medizin. Im Finanzwesen hilft NLP bei der Analyse von Nachrichtenartikeln und Daten aus sozialen Medien, um Markttrends und Stimmungen vorherzusagen. Im Bildungswesen wird NLP bei der automatischen Benotung, der Erkennung von Plagiaten und bei adaptiven Lernsystemen eingesetzt. Die Möglichkeiten sind endlos, und mit jedem Fortschritt im NLP werden intelligente Systeme immer geschickter darin, menschliche Sprache zu verstehen und zu erzeugen.

Zusammenfassend lässt sich sagen, dass die Verarbeitung natürlicher Sprache ein sich rasch entwickelnder Bereich ist, der Linguistik, Informatik und künstliche Intelligenz kombiniert, um die Kluft zwischen Mensch und Maschine zu überbrücken. Es versetzt Computer in die Lage, menschliche Sprache zu verstehen, zu interpretieren und zu erzeugen, und revolutioniert damit die Art und Weise, wie wir mit intelligenten Systemen interagieren. Durch Techniken wie regelbasierte Methoden, statistische Ansätze und Deep-Learning-Modelle hat NLP erhebliche Fortschritte bei Aufgaben wie Sprachverständnis, Übersetzung, Stimmungsanalyse und mehr gemacht. Dennoch bleiben Herausforderungen wie Kontextbewusstsein und ethische Überlegungen bestehen. Indem wir die Grenzen des NLP weiter verschieben, erschließen wir neue Möglichkeiten für intelligente Systeme und ebnen den Weg für eine Zukunft, in der die Interaktion zwischen Mensch und Computer nahtlos und intuitiv ist.

ChatGPT 3.5

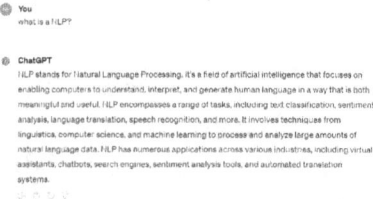

Abschnitt 2: Grundlagen der Linguistik und Sprachverarbeitung

Ein solides Verständnis der grundlegenden Konzepte der Linguistik und Sprachverarbeitung ist für das Verständnis von Natural Language Processing (NLP) und den Aufbau intelligenter Systeme unerlässlich. In diesem Abschnitt werden wir uns mit den wichtigsten linguistischen Konzepten und Sprachverarbeitungstechniken befassen, die das Rückgrat von NLP bilden. Auf diese Weise wollen wir Sie mit dem nötigen Wissen ausstatten, um sich in der komplexen Welt des NLP zurechtzufinden und dessen Potenzial für die Entwicklung intelligenter Systeme zu nutzen.

Die Sprache ist eine bemerkenswerte menschliche Eigenschaft, die es uns ermöglicht, unsere Gedanken, Gefühle und Ideen mitzuteilen. Sie ist ein System aus verschiedenen Komponenten, die zusammenwirken, um Bedeutung zu vermitteln. Im Kern ist die Linguistik die wissenschaftliche Untersuchung der Sprache und ihrer Struktur, einschließlich der Frage, wie sie verwendet und verstanden wird. NLP hingegen konzentriert sich auf die Nutzung von Computermethoden, die es Computern ermöglichen, menschliche Sprache zu verstehen, zu interpretieren und zu erzeugen.

Um NLP zu verstehen, müssen wir die Bausteine der Sprache untersuchen. Phonetik, Phonologie, Morphologie, Syntax, Semantik und Pragmatik sind die wichtigsten linguistischen Bereiche, die zu unserem Verständnis und unserer Verarbeitung von Sprache beitragen. Lassen Sie uns jeden dieser Bereiche kurz untersuchen.

Die Phonetik befasst sich mit der Untersuchung der physischen Produktion und Wahrnehmung von Sprachlauten. Sie analysiert die verschiedenen in Sprachen verwendeten Laute, die sogenannten Phoneme, und die Art und Weise, wie sie von unserem Stimmapparat erzeugt werden. Das Verständnis der Phonetik ist für NLP von entscheidender Bedeutung, da es bei Aufgaben wie der Spracherkennung und Sprachsynthese hilft.

Die Phonologie hingegen untersucht, wie Laute in einer bestimmten Sprache oder in bestimmten Sprachen funktionieren. Sie analysiert die Muster, Regeln und Wechselwirkungen zwischen Lauten, wie Phonemen und Silben. Bei der Entwicklung intelligenter Systeme hilft die Kenntnis der Phonologie bei der Entwicklung genauer Spracherkennungsmodelle und natürlich klingender Sprachsynthese.

Die Morphologie befasst sich mit der Struktur von Wörtern und damit, wie sie durch die Kombination kleinerer, sinnvoller Einheiten, so genannter Morpheme, gebildet werden. Morpheme können Präfixe, Suffixe oder Wortstämme sein, die Bedeutung tragen. Das Verständnis der Morphologie hilft uns bei der Analyse und Generierung korrekter Wortformen, was für Aufgaben wie Stemming und Lemmatisierung im NLP von entscheidender Bedeutung ist.

Die Syntax befasst sich mit den Regeln und Prinzipien, die die Struktur von Sätzen bestimmen. Es wird untersucht, wie Wörter kombiniert werden, um Phrasen und Sätze zu bilden, und welche Beziehungen zwischen diesen Komponenten bestehen. Kenntnisse der Syntax sind von unschätzbarem Wert für Aufgaben wie das Parsing, bei dem die grammatische Struktur eines Satzes analysiert wird.

Die Semantik befasst sich mit der Bedeutung von Wörtern, Ausdrücken und Sätzen. Sie erforscht, wie Wörter einzeln und in Kombination mit anderen eine Bedeutung vermitteln. Das Verständnis der Semantik ist für Aufgaben wie Textklassifizierung und Stimmungsanalyse von entscheidender Bedeutung, da es Maschinen ermöglicht, die beabsichtigte Bedeutung eines Textes abzuleiten.

Die Pragmatik schließlich befasst sich mit der Frage, wie

der Kontext die Interpretation der Sprache beeinflusst. Dabei werden Faktoren wie die Absicht des Sprechers, die Voraussetzungen und die Implikatur berücksichtigt. Pragmatisches Wissen spielt eine entscheidende Rolle beim Aufbau intelligenter Systeme, die Sprache in realen Situationen verstehen und erzeugen können.

Nachdem wir nun ein grundlegendes Verständnis der linguistischen Konzepte erlangt haben, wenden wir uns nun den Sprachverarbeitungstechniken zu. Bei der Sprachverarbeitung werden computergestützte Methoden eingesetzt, um verschiedene Aufgaben mit Textdaten durchzuführen.

Eine der wichtigsten Techniken in der Sprachverarbeitung ist die Tokenisierung. Bei der Tokenisierung wird ein Textstück in einzelne Wörter oder Token zerlegt. Dieser Prozess ist entscheidend, da er die Grundlage für nachfolgende Aufgaben wie Part-of-Speech-Tagging und syntaktisches Parsing bildet.

Beim Part-of-Speech-Tagging werden den einzelnen Wörtern eines Satzes grammatikalische Kategorien (Substantiv, Verb, Adjektiv usw.) zugewiesen. Beim syntaktischen Parsing hingegen wird die grammatikalische Struktur eines Satzes analysiert und die syntaktischen Abhängigkeiten zwischen den Wörtern zugewiesen.

Eine weitere wichtige Technik ist die Named Entity Recognition (NER), bei der es um die Identifizierung und Klassifizierung von benannten Entitäten wie Namen, Orten, Organisationen und Daten in einem Text geht. NER ist für Anwendungen wie Information Retrieval, Fragenbeantwortung und maschinelle Übersetzung unerlässlich.

Darüber hinaus sind die maschinelle Übersetzung, die Stimmungsanalyse und die Textzusammenfassung wichtige Aufgaben der Sprachverarbeitung. Die maschinelle Übersetzung zielt darauf ab, Texte automatisch von einer Sprache in eine andere zu übersetzen, während die Stimmungsanalyse darauf abzielt, die in einem Text ausgedrückte Stimmung oder Emotion zu ermitteln. Bei der Textzusammenfassung geht es, wie der Name schon sagt, darum, kurze Zusammenfassungen von längeren Texten zu erstellen.

In dieser ersten Hälfte des Kapitels haben wir uns mit den wichtigsten linguistischen Konzepten und Sprachverarbeitungstechniken beschäftigt, die dem NLP zugrunde liegen. Mit dem Verständnis dieser Grundlagen sind Sie nun in der Lage, in die spannende Welt des NLP einzutauchen und zu entdecken, wie es die Entwicklung intelligenter Systeme ermöglicht. In der zweiten Hälfte des Kapitels werden wir uns eingehender mit fortgeschrittenen NLP-Techniken befassen und ihre Anwendungen genauer untersuchen. Bleiben Sie dran für den nächsten Teil, in dem wir die Leistungsfähigkeit von NLP bei der Entwicklung intelligenter Systeme aufdecken werden.Sprachverarbeitungstechniken helfen uns, sinnvolle Informationen aus Textdaten zu extrahieren und ermöglichen uns die Entwicklung intelligenter Systeme. In dieser zweiten Hälfte des Kapitels werden wir fortgeschrittene Techniken der natürlichen Sprachverarbeitung (NLP) und ihre Anwendungen genauer untersuchen.

Ein wichtiger Aspekt des NLP ist die Stimmungsanalyse, bei der es darum geht, die in einem Text ausgedrückte Stimmung oder Emotion zu ermitteln. Mit dem Aufkommen von sozialen Medien und Online-Bewertungen hat die Stimmungsanalyse erheblich an Bedeutung gewonnen. Sie ermöglicht es Unternehmen, die Stimmung der Kunden gegenüber ihren Produkten zu verstehen, das Feedback zu analysieren und datengestützte Entscheidungen zu treffen. Durch die Analyse von Kundenrezensionen kann ein Unternehmen beispielsweise Bereiche mit Verbesserungsbedarf ermitteln oder die allgemeine Kundenzufriedenheit messen.

Eine weitere wichtige NLP-Aufgabe ist die maschinelle

Übersetzung, bei der es darum geht, Texte automatisch von einer Sprache in eine andere zu übersetzen. Die maschinelle Übersetzung hat mit dem Aufkommen neuronaler maschineller Übersetzungsmodelle erhebliche Fortschritte gemacht. Diese Modelle nutzen Deep-Learning-Techniken, um genauere und flüssigere Übersetzungen zu erzielen. Die maschinelle Übersetzung spielt eine wichtige Rolle bei der Überwindung von Sprachbarrieren, der Erleichterung der kulturübergreifenden Kommunikation und der Ermöglichung der globalen Zusammenarbeit.

Die Textzusammenfassung ist eine weitere wichtige Aufgabe der Sprachverarbeitung. Dabei geht es um die Erstellung prägnanter Zusammenfassungen längerer Texte, wie Artikel, Berichte oder Dokumente. Die Textzusammenfassung ist besonders nützlich für die Informationsbeschaffung, da sie es den Benutzern ermöglicht, die wichtigsten Punkte eines Dokuments schnell zu erfassen, ohne den gesamten Inhalt lesen zu müssen. Sie findet Anwendung in Systemen zur Zusammenfassung von Nachrichten, in der akademischen Forschung und bei der Zusammenfassung von Inhalten für mobile Geräte.

Systeme zur Beantwortung von Fragen (QA) sind eine weitere interessante Anwendung von NLP. QA-Systeme zielen darauf ab, von Nutzern gestellte Fragen automatisch zu beantworten, oft auf der Grundlage eines bestimmten Kontexts oder einer Wissensbasis. Diese Systeme werden in virtuellen Assistenten, Chatbots für den Kundendienst und Suchmaschinen eingesetzt. Sie kombinieren verschiedene NLP-Techniken wie Information Retrieval, Named Entity Recognition und natürliches Sprachverständnis, um genaue und relevante Antworten auf Benutzeranfragen zu geben.

Darüber hinaus ist die Erzeugung natürlicher Sprache (NLG) ein wichtiger Aspekt des NLP. NLG beinhaltet die Generierung von menschenähnlichem Text auf der Grundlage gegebener Daten oder Aufforderungen. NLG findet Anwendung bei

Chatbots, der Erstellung von Berichten, personalisierten E-Mails und der Erstellung von Inhalten. Sie ermöglicht es Maschinen, kohärente und kontextbezogene Texte zu produzieren, was sie zu wertvollen Werkzeugen für die Automatisierung verschiedener Schreibaufgaben macht.

Eine der ständigen Herausforderungen im Bereich NLP ist das Verstehen und Erzeugen von kontextbezogener und nuancierter Sprache. Während Maschinen erhebliche Fortschritte beim Verstehen der wörtlichen Bedeutung von Texten gemacht haben, stellt das Erfassen von subtilen Nuancen, Sarkasmus und kontextabhängigen Bedeutungen immer noch eine Herausforderung dar. Fortschritte beim Deep Learning, vortrainierte Sprachmodelle und kontextabhängige Einbettungen haben zu bemerkenswerten Fortschritten in diesem Bereich geführt, aber es gibt immer noch Raum für Verbesserungen.

Um diese Herausforderungen zu bewältigen, konzentriert sich die laufende Forschung im Bereich NLP auf die Entwicklung fortschrittlicherer Modelle und Architekturen. Modelle wie Transformer, BERT und GPT haben bei verschiedenen NLP-Aufgaben vielversprechende Ergebnisse gezeigt. Diese Modelle nutzen ein umfangreiches Pre-Training mit riesigen Datenmengen, um umfangreiche Sprachrepräsentationen zu erlernen, so dass sie bei einer Vielzahl von Aufgaben mit minimaler aufgabenspezifischer Feinabstimmung gute Leistungen erbringen können.

Zusammenfassend lässt sich sagen, dass dieses Kapitel einen umfassenden Überblick über die Grundlagen der Linguistik und Sprachverarbeitung gegeben hat, die das Rückgrat des NLP bilden. Wir haben verschiedene linguistische Bereiche untersucht, darunter Phonetik, Phonologie, Morphologie, Syntax, Semantik und Pragmatik, und ihre Bedeutung für das Verständnis und die Verarbeitung von Sprache diskutiert. Darüber hinaus haben wir uns mit grundlegenden Sprachverarbeitungstechniken wie Tokenisierung, Part-of-Speech-Tagging, syntaktisches Parsing, Named-Entity-Recognition, maschinelle Übersetzung, Stimmungsanalyse und Textzusammenfassung beschäftigt. Diese Techniken ermöglichen es uns, sinnvolle Informationen aus Textdaten zu extrahieren, intelligente Systeme zu entwickeln und die riesigen Mengen an natürlichem Sprachinhalt, die heute verfügbar sind, sinnvoll zu nutzen. Mit der Weiterentwicklung von NLP wächst das Potenzial für den Aufbau immer ausgefeilterer und intelligenterer Systeme, die uns dem Ziel einer nahtlosen Mensch-Maschine-Interaktion näher bringen.

Abschnitt 3: NLP-Techniken zur Vorverarbeitung und Textanalyse

Die Verarbeitung natürlicher Sprache (Natural Language Processing, NLP) hat die Art und Weise revolutioniert, wie wir mit Maschinen interagieren und große Mengen an Textdaten verarbeiten. In diesem Kapitel werden wir die grundlegenden NLP-Techniken zur Vorverarbeitung und Analyse von Text erkunden. Wenn Sie diese Techniken verstehen, sind Sie in der Lage, intelligente Systeme zu entwickeln, die sinnvolle Erkenntnisse aus Textdaten gewinnen können.

Die Vorverarbeitung von Textdaten ist ein entscheidender Schritt, bevor irgendeine Art von Analyse durchgeführt werden kann. Dabei wird der Rohtext in ein Format umgewandelt, das für die Verarbeitung durch NLP-Algorithmen besser geeignet ist. Eine der gängigsten Vorverarbeitungstechniken ist die Tokenisierung.

Bei der Tokenisierung wird der Text in kleinere Einheiten, so genannte Token, zerlegt, bei denen es sich um Wörter, Phrasen oder sogar einzelne Zeichen handeln kann. Dieser Prozess bildet die Grundlage für die nachfolgenden Schritte der NLP-Analyse. Ein Beispiel: Der Satz "Ich liebe natürliche Sprachverarbeitung" wird durch Tokenisierung in einzelne Wörter zerlegt: .

Nach der Tokenisierung des Textes kann die Vorverarbeitungsphase durch Stemming weiter verbessert werden. Durch Stemming werden Wörter auf ihre Grund- oder Stammform reduziert, was einen besseren Vergleich und eine bessere Analyse ermöglicht. Beispielsweise würde die Anwendung von Stemming auf die Token "loved" und "loving" zu dem Stamm "love" führen. Dadurch wird sichergestellt, dass verschiedene Formen desselben Wortes als eine Einheit behandelt werden.

Part-of-Speech (POS)-Tagging ist eine weitere wertvolle Technik, die im NLP eingesetzt wird. Dabei werden jedem Token grammatikalische Tags zugewiesen, die seine Wortart angeben, z. B. Substantiv, Verb, Adjektiv oder Adverb. POS-Tagging ist für das Verständnis der syntaktischen Struktur eines Satzes unerlässlich und kann bei verschiedenen NLP-Aufgaben hilfreich sein, z. B. bei der Informationsbeschaffung, der Stimmungsanalyse und der maschinellen Übersetzung.

Um POS-Tagging zu erreichen, verwenden NLP-Systeme statistische Modelle oder regelbasierte Ansätze. Statistische Modelle nutzen große annotierte Korpora, um die wahrscheinlichsten Tags für jedes Token auf der Grundlage seines Kontexts zu ermitteln. Regelbasierte Ansätze hingegen verwenden vordefinierte grammatikalische Regeln, um Tags zuzuordnen. Beide Methoden haben ihre Stärken und Grenzen, und die Wahl hängt von den spezifischen Anforderungen Ihrer NLP-Anwendung ab.

Neben Tokenisierung, Stemming und POS-Tagging gibt es weitere Vorverarbeitungstechniken, die je nach Kontext und Zielen Ihres NLP-Projekts angewendet werden können. Zu diesen Techniken gehört die Entfernung von Stoppwörtern, bei der gebräuchliche Wörter wie "der", "und" oder "ist" entfernt werden, die in den meisten Szenarien keine signifikante Bedeutung haben.

Ein weiterer wichtiger Vorverarbeitungsschritt ist die Normalisierung, die darauf abzielt, den Text in eine

Standardform zu bringen. Dazu gehört die Umwandlung von Text in Kleinbuchstaben, das Entfernen von Interpunktion und die Behandlung von Sonderzeichen oder Kodierungsproblemen. Die Normalisierung sorgt für Konsistenz und reduziert die Komplexität der Textanalyseaufgaben.

Auch die Extraktion von Merkmalen ist bei der Vorverarbeitung zu berücksichtigen. Durch die Darstellung von Textdaten in numerischer Form ermöglichen die extrahierten Merkmale den Algorithmen des maschinellen Lernens, die Daten zu verarbeiten und zu verstehen. Gängige Techniken zur Merkmalsextraktion sind Bag-of-Words-Modelle, n-Gramme oder fortgeschrittenere Methoden wie Worteinbettungen, die semantische Beziehungen zwischen Wörtern erfassen.

In dieser ersten Hälfte des Kapitels haben wir mehrere wesentliche Vorverarbeitungstechniken im NLP untersucht, darunter Tokenisierung, Stemming, Part-of-Speech-Tagging, Stoppwortentfernung, Normalisierung und Merkmalsextraktion. Diese Techniken bilden die Grundlage für fortgeschrittene NLP-Analysen und sind entscheidend für den Aufbau intelligenter Systeme, die Textdaten verstehen und daraus Erkenntnisse gewinnen können.

Im nächsten Abschnitt werden wir tiefer in die faszinierende Welt des NLP eintauchen und fortgeschrittene Techniken wie Named Entity Recognition, Sentiment Analysis und Textklassifikation erforschen. In der zweiten Hälfte dieses Kapitels werden wir tiefer in die faszinierende Welt der natürlichen Sprachverarbeitung (NLP) eintauchen und fortgeschrittene Techniken erforschen, die unser Verständnis und die Gewinnung von Erkenntnissen aus Textdaten weiter verbessern können.

Die Erkennung von benannten Entitäten (Named Entity Recognition, NER) ist eine wichtige Technik im NLP, die die Identifizierung und Klassifizierung von benannten Entitäten in Texten beinhaltet. Benannte Entitäten können Personen, Organisationen, Orte, Daten oder andere spezifische Entitäten sein, die in einem bestimmten Kontext von Bedeutung sind. NER ist besonders nützlich für die Informationsextraktion, da es uns ermöglicht, diese Entitäten zu identifizieren und zu kategorisieren, wodurch wir wertvolle Erkenntnisse aus unstrukturiertem Text gewinnen können. In einem Nachrichtenartikel kann NER beispielsweise dabei helfen, die Namen der erwähnten Personen, Organisationen und Orte zu identifizieren, was wiederum bei der Zusammenfassung oder Stimmungsanalyse hilfreich sein kann.

Die Stimmungsanalyse ist eine weitere leistungsstarke NLP-Technik, die sich auf die Bestimmung der Stimmung oder des emotionalen Tons in einem Text konzentriert. Durch den Einsatz fortschrittlicher Algorithmen für maschinelles Lernen kann die Stimmungsanalyse Text als positiv, negativ oder neutral klassifizieren. Diese Technik wird häufig bei der Analyse von Kundenfeedback, der Überwachung sozialer Medien und der Marktforschung eingesetzt. So kann die Stimmungsanalyse beispielsweise Unternehmen dabei helfen, die Meinungen und Reaktionen ihrer Kunden auf ihre Produkte oder Dienstleistungen zu verstehen, um fundierte Entscheidungen zu treffen und die Kundenzufriedenheit zu verbessern.

Die Textklassifizierung ist eine grundlegende Aufgabe im NLP, bei der Textdokumenten vordefinierte Kategorien oder Etiketten zugewiesen werden. Sie wird häufig für verschiedene Anwendungen wie Spam-Filterung, Themenklassifizierung und Stimmungsanalyse verwendet. Für die Textklassifizierung werden in der Regel Algorithmen des maschinellen Lernens eingesetzt, die aus markierten Daten lernen, um neue, ungesehene Dokumente automatisch zu klassifizieren. Die Algorithmen können mit verschiedenen Techniken trainiert werden, z. B. mit Bag-of-Words-Modellen, die Text als eine Sammlung einzelner Wörter darstellen und dabei Grammatik und Wortreihenfolge außer Acht lassen, oder mit fortschrittlicheren Methoden wie Deep-Learning-Modellen, die neuronale Netze nutzen, um komplexe Sprachmuster zu erfassen.

Das Verstehen des Kontexts und der Absicht, in der ein Wort oder ein Satz verwendet wird, ist im NLP von entscheidender Bedeutung. Word Sense Disambiguation (WSD) ist eine Technik, die darauf abzielt, die korrekte Bedeutung eines Wortes auf der Grundlage seines Kontextes innerhalb eines Satzes zu bestimmen. Wörter haben oft mehrere Bedeutungen, und WSD hilft dabei, sie durch Analyse der sie umgebenden Wörter und ihrer semantischen Beziehungen zu disambiguieren. Das Wort "Bank" kann sich beispielsweise auf ein Finanzinstitut oder den Rand eines Flusses beziehen, und WSD kann dabei helfen, die richtige Bedeutung anhand des Satzes, in dem es vorkommt, zu ermitteln.

Eine weitere interessante Technik im NLP ist die Themenmodellierung, die darauf abzielt, versteckte Themen in einer Sammlung von Dokumenten zu identifizieren. Durch die Analyse der Muster des gemeinsamen Auftretens von Wörtern können Themenmodellierungsalgorithmen automatisch latente Themen aufdecken, die in den Texten vorhanden sind. Diese Technik wird häufig bei der Informationsbeschaffung, beim Clustering von Dokumenten und bei Inhaltsempfehlungssystemen eingesetzt. So kann die Themenmodellierung beispielsweise dabei helfen, eine große Sammlung von Nachrichtenartikeln in verschiedene Themen wie Politik, Sport und Unterhaltung zu gliedern.

Beim Information Retrieval spielen Suchmaschinen eine wichtige Rolle bei der Suche nach relevanten Informationen in einer riesigen Datenmenge. NLP-Techniken werden eingesetzt, um die Leistung von Suchmaschinen zu verbessern, indem sie die Suchanfrage des Nutzers verstehen, sie mit relevanten Dokumenten abgleichen und die Ergebnisse nach ihrer Relevanz einstufen. Techniken wie die Abfrageerweiterung, bei der die Abfragebegriffe um Synonyme oder verwandte Wörter erweitert werden, und die Relevanzrückmeldung, bei der das Feedback der Benutzer zur Verfeinerung der Suchergebnisse genutzt wird, tragen zur Verbesserung der Genauigkeit und Effektivität von Suchmaschinen bei.

Abschließend wurde in der zweiten Hälfte dieses Kapitels auf fortgeschrittene NLP-Techniken wie Named Entity Recognition, Sentiment Analysis, Text Classification, Word Sense Disambiguation, Topic Modeling und Information Retrieval eingegangen. Diese Techniken bauen auf den zuvor behandelten grundlegenden Vorverarbeitungstechniken auf und ermöglichen es uns, tiefere Einblicke zu gewinnen und anspruchsvollere Analysen von Textdaten durchzuführen. Durch das Verstehen und Anwenden dieser Techniken werden Sie in die Lage versetzt, intelligente Systeme zu entwickeln, die Texte verstehen, interpretieren und wertvolle Informationen aus ihnen extrahieren können, was letztlich zu Innovationen und Fortschritten im Bereich des NLP führt.

Abschnitt 4: Erstellung von NLP-Modellen mit maschinellem Lernen

Tauchen Sie ein in die Welt des maschinellen Lernens und entdecken Sie, wie man NLP-Modelle mit Algorithmen wie Naive Bayes, Entscheidungsbäumen und Deep Learning erstellt.

Im Bereich der natürlichen Sprachverarbeitung (Natural Language Processing, NLP) spielen maschinelle Lernverfahren eine entscheidende Rolle bei der Gewinnung von Bedeutung und Erkenntnissen aus Textdaten. Die Fähigkeit, menschliche Sprache zu verstehen und zu interpretieren, ist seit langem eine Herausforderung auf dem Gebiet der künstlichen Intelligenz (KI). Dank der Leistungsfähigkeit des maschinellen Lernens haben wir jedoch erhebliche Fortschritte bei der Entwicklung intelligenter Systeme erzielt, die natürliche Sprache verstehen und verarbeiten können.

Ein beliebter Ansatz im Bereich NLP ist der Einsatz von Algorithmen des maschinellen Lernens zur Erstellung von Modellen, die Muster lernen und Informationen aus Textdaten extrahieren können. Diese Modelle ermöglichen es Computern, eine Reihe von sprachbezogenen Aufgaben auszuführen, wie z. B. Stimmungsanalyse, Textklassifizierung, Erkennung benannter Entitäten und maschinelle Übersetzung, um nur einige zu nennen.

Einer der grundlegenden Algorithmen für maschinelles Lernen, die in der NLP verwendet werden, ist Naive Bayes. Dieser Algorithmus wendet das Bayes-Theorem unter der Annahme der Unabhängigkeit zwischen den Merkmalen an und ist besonders effektiv bei Textklassifizierungsaufgaben. Durch das Lernen der in den Trainingsdaten vorhandenen Muster können Naive Bayes-Modelle neue Texteingaben mit hoher Genauigkeit klassifizieren. Ein Naive-Bayes-Modell kann zum Beispiel trainiert werden, um E-Mails auf der Grundlage der im E-Mail-Inhalt enthaltenen Wörter und Phrasen als

Spam oder Nicht-Spam zu klassifizieren.

Entscheidungsbäume sind ein weiterer leistungsstarker Algorithmus, der im NLP eingesetzt wird. Diese Modelle lernen hierarchische Entscheidungsregeln aus den Daten, die dann verwendet werden können, um Vorhersagen zu treffen oder neue Texteingaben zu klassifizieren. Entscheidungsbäume bieten Interpretierbarkeit, da die erlernten Regeln oft leicht verstanden und visualisiert werden können. Das macht sie besonders wertvoll, wenn es darum geht, die Gründe für die vom Modell getroffenen Vorhersagen zu verstehen.

Mit dem Aufkommen des Deep Learning hat NLP in den letzten Jahren eine Revolution erlebt. Deep-Learning-Modelle, insbesondere Varianten wie rekurrente neuronale Netze (RNNs) und Transformatoren, haben bahnbrechende Ergebnisse bei einer Vielzahl von Sprachaufgaben erzielt. RNNs mit ihrer Fähigkeit, sequentielle Abhängigkeiten in Daten zu erfassen, wurden erfolgreich für Aufgaben wie maschinelle Übersetzung und Stimmungsanalyse eingesetzt. Transformatoren hingegen haben außergewöhnliche Leistungen bei Aufgaben gezeigt, die weitreichende Abhängigkeiten erfordern, wie z. B. die Modellierung von Sprache und die Beantwortung von Fragen.

Die Stärke von Deep Learning im NLP liegt in der Fähigkeit dieser Modelle, hierarchische Darstellungen von Textdaten zu lernen. Durch den Einsatz mehrerer Ebenen nichtlinearer Transformationen können Deep-Learning-Modelle komplexe Muster und Beziehungen in der Sprache erfassen. Dies hat zu erheblichen Verbesserungen der Genauigkeit von NLP-Modellen geführt und bringt uns dem Aufbau wirklich intelligenter Systeme näher, die menschliche Sprache verstehen und darauf reagieren können.

Wenn wir in der zweiten Hälfte dieses Kapitels tiefer in die Welt des maschinellen Lernens und des NLP eintauchen, werden wir fortgeschrittenere Techniken und Modelle erkunden. Wir werden das Innenleben dieser

Algorithmen aufdecken und Sie durch den Prozess der Implementierung und des Trainings von NLP-Modellen mithilfe von Bibliotheken und Frameworks für maschinelles Lernen führen. Am Ende dieses Kapitels werden Sie über eine solide Grundlage für die Erstellung von NLP-Modellen mit maschinellem Lernen verfügen, die Ihnen den Weg zur Entwicklung Ihrer eigenen intelligenten Systeme ebnet, die natürliche Sprache verstehen und verarbeiten können.

In der zweiten Hälfte dieses Kapitels werden wir tiefer in die Welt des maschinellen Lernens und des NLP eintauchen. Wir werden fortgeschrittenere Techniken und Modelle erforschen, die innere Funktionsweise dieser Algorithmen aufdecken und Sie durch den Prozess der Implementierung und des Trainings von NLP-Modellen mit Hilfe von Bibliotheken und Frameworks für maschinelles Lernen führen.

Eine beliebte Technik im NLP ist das Feature-Engineering, bei dem wir relevante Informationen aus Texten extrahieren, um numerische Merkmale zu erstellen, die von Algorithmen für maschinelles Lernen verwendet werden können. Diese Merkmale können Worthäufigkeiten, n-Gramme, Part-of-Speech-Tags und syntaktische Abhängigkeiten umfassen. Durch die Darstellung von Text in numerischer Form können wir verschiedene Algorithmen für maschinelles Lernen anwenden, um Modelle zu trainieren, die auf der Grundlage der extrahierten Merkmale Muster lernen und Vorhersagen treffen können.

Eine weitere wichtige Technik im NLP ist die Worteinbettung. Worteinbettungen zielen darauf ab, Wörter in einem kontinuierlichen Vektorraum darzustellen und ihre semantischen und syntaktischen Beziehungen zu erfassen. Diese verteilten Darstellungen von Wörtern ermöglichen es uns, die Ähnlichkeit zwischen Wörtern zu nutzen und verschiedene linguistische Aufgaben durchzuführen. Ein beliebter Algorithmus für Worteinbettungen ist Word2Vec, der Wortrepräsentationen auf der Grundlage der

Vorhersage eines Wortes aus seinem Kontext oder der Vorhersage eines Kontextes aus einem Wort lernt. Diese gelernten Worteinbettungen können dann als Merkmale in maschinellen Lernmodellen verwendet werden, um die Leistung bei verschiedenen NLP-Aufgaben zu verbessern.

In den letzten Jahren hat sich das Transfer-Lernen als leistungsstarke Technik im NLP etabliert. Beim Transfer-Lernen werden bereits trainierte Modelle genutzt, die auf großen Datensätzen trainiert wurden, um sprachbezogene Aufgaben zu erfüllen. Durch die Verwendung von vortrainierten Modellen können wir von dem Wissen profitieren, das wir aus einer riesigen Menge von Daten gelernt haben, und es auf unsere spezielle Aufgabe mit begrenzten markierten Daten anwenden. Dieser Ansatz hat sich als sehr erfolgreich erwiesen und zu erheblichen Verbesserungen bei verschiedenen NLP-Aufgaben geführt, z. B. bei der Textklassifizierung, der Erkennung benannter Entitäten und der Beantwortung von Fragen.

Ein weiterer spannender Bereich des NLP sind generative Modelle, die darauf abzielen, neuen Text zu generieren, der einer bestimmten Eingabe ähnelt oder einem bestimmten Muster folgt. Mit diesen Modellen können wir kohärente und aussagekräftige Texte erzeugen, die Möglichkeiten für Aufgaben wie Textzusammenfassung, Chatbots und Spracherzeugung eröffnen. Ein beliebtes generatives Modell ist das rekurrente neuronale Netzwerk (RNN), das besonders gut sequenzielle Abhängigkeiten in Daten erfassen kann. RNNs wurden bereits erfolgreich für Aufgaben wie maschinelle Übersetzung und Texterstellung eingesetzt.

Darüber hinaus stehen NLP-Modelle oft vor der Herausforderung, mit begrenzten gelabelten Daten umzugehen, die Domäne anzupassen und verrauschte und mehrdeutige Texte zu verarbeiten. Techniken wie Transfer-Lernen, Datenerweiterung und halb-überwachtes Lernen können helfen, diese Probleme zu lösen und die Leistung von NLP-Modellen zu verbessern. Darüber hinaus wird das Feld des NLP durch die Einführung neuer Algorithmen, Architekturen und Bewertungsmethoden durch laufende Forschungsarbeiten weiter vorangetrieben.

Bei der komplexen Erstellung von NLP-Modellen mit maschinellem Lernen ist es wichtig, sich über die neuesten Fortschritte auf diesem Gebiet auf dem Laufenden zu halten. Die Verfolgung der Arbeit von Forschern, die Teilnahme an der NLP-Community und die Erkundung von Open-Source-Bibliotheken und -Frameworks können wertvolle Erkenntnisse und Ressourcen für den Aufbau intelligenter NLP-Systeme liefern.

Zusammenfassend lässt sich sagen, dass Techniken des maschinellen Lernens den Bereich der Verarbeitung natürlicher Sprache revolutioniert haben und Computer in die Lage versetzen, menschliche Sprache mit bemerkenswerter Genauigkeit zu verstehen und zu verarbeiten. Von einfachen Algorithmen wie Naive Bayes und Entscheidungsbäumen bis hin zu fortgeschrittenen Modellen wie Deep Learning und Transfer Learning haben wir in diesem Kapitel verschiedene Techniken und Methoden zur Erstellung von NLP-Modellen untersucht.

Wenn wir das Innenleben dieser Algorithmen verstehen und Feature-Engineering, Worteinbettungen, Transferlernen und generative Modelle nutzen, können wir intelligente Systeme entwickeln, die eine breite Palette von sprachbezogenen Aufgaben erfüllen können. Es ist jedoch wichtig, die Herausforderungen und Grenzen von NLP-Modellen im Auge zu behalten und kontinuierlich nach Fortschritten in diesem Bereich zu streben.

Mit den in diesem Kapitel vermittelten Grundlagen sind Sie nun mit dem Wissen und den Werkzeugen ausgestattet, um mit dem Aufbau eigener NLP-Modelle unter Verwendung von maschinellem Lernen zu beginnen. Die Reise zur Entwicklung intelligenter Systeme, die natürliche Sprache verstehen und verarbeiten, geht weiter, und mit weiterer Erforschung und praktischer Übung können Sie zu den spannenden Fortschritten in diesem Bereich beitragen.

Vielen Dank, dass Sie uns auf dieser Reise zum Verständnis von natürlicher Sprachverarbeitung und KI begleiten. Wir hoffen, dass dieser umfassende Leitfaden Ihnen die nötigen Einblicke und Inspirationen gegeben hat, um Ihre eigenen Projekte zur Entwicklung intelligenter Systeme in Angriff zu nehmen. Wir wünschen Ihnen viel Spaß beim Erforschen und viel Erfolg bei Ihren NLP-Bemühungen!

Abschnitt 5: Fortgeschrittene Themen der natürlichen Sprachverarbeitung und KI

Erforschen Sie fortgeschrittene NLP-Themen wie Sentimentanalyse, Named Entity Recognition, maschinelle Übersetzung und Systeme zur Beantwortung von Fragen.

Auf dem sich ständig weiterentwickelnden Gebiet der Verarbeitung natürlicher Sprache (NLP) und der künstlichen Intelligenz (KI) bemühen sich Forscher und Praktiker kontinuierlich um die Entwicklung intelligenter Systeme, die menschliche Sprache verstehen und verarbeiten können. In diesem Kapitel befassen wir uns mit fortgeschrittenen Themen im Bereich NLP und KI und untersuchen wichtige Techniken und Anwendungen, die die Art und Weise, wie wir mit Maschinen interagieren, verändert haben.

Eines der wichtigsten Forschungsgebiete im Bereich NLP ist die Stimmungsanalyse. Diese Technik zielt darauf ab, die in einem Text ausgedrückte Stimmung oder Emotion (z. B. positiv, negativ oder neutral) rechnerisch zu bestimmen. Die Stimmungsanalyse hat sich in verschiedenen Bereichen als unschätzbar wertvoll erwiesen, z. B. bei der Überwachung sozialer Medien, der Marktforschung und der Analyse von Kundenfeedback. Durch die Analyse von Stimmungen können Unternehmen wertvolle Einblicke in die öffentliche Meinung gewinnen, die es ihnen ermöglichen, fundierte Entscheidungen zu treffen und ihre Produkte und Dienstleistungen zu verbessern.

Ein weiterer wichtiger Aspekt des NLP ist die Erkennung benannter Entitäten (NER). Bei der NER geht es um die Identifizierung und Klassifizierung von benannten Entitäten, wie z. B. Namen von Personen, Organisationen, Orten, Daten und mehr, die in einem Text vorkommen. NER spielt eine wichtige Rolle in verschiedenen Anwendungen, darunter Information Retrieval, Systeme zur Beantwortung von Fragen und semantische Analysen. Durch die genaue Identifizierung von benannten Entitäten können NLP-Modelle ihr Textverständnis verbessern und so eine umfassendere und kontextbezogene Analyse ermöglichen.

Die maschinelle Übersetzung, ein Bereich, der in den letzten Jahren viel Aufmerksamkeit erregt hat, zielt auf die automatische Übersetzung von Text oder Sprache von einer Sprache in eine andere ab. Mit dem raschen Wachstum der Globalisierung und der zunehmenden Interkonnektivität ist die maschinelle Übersetzung zu einem wichtigen Instrument für die Überwindung von Sprachbarrieren geworden. Fortgeschrittene NLP-Techniken, einschließlich neuronaler maschineller Übersetzungsmodelle, haben diesen Bereich revolutioniert und ermöglichen hochpräzise und flüssige Übersetzungen in mehreren Sprachen. Diese Fortschritte haben es Unternehmen, Forschern und Privatpersonen ermöglicht, Sprachbarrieren zu überwinden und eine effektive Kommunikation auf globaler Ebene zu ermöglichen.

Systeme zur Beantwortung von Fragen sind eine weitere bemerkenswerte Anwendung von NLP und KI. Wie der Name schon sagt, zielen diese Systeme darauf ab, Benutzeranfragen automatisch zu beantworten, indem sie relevante Informationen aus verschiedenen Quellen wie Dokumenten, Webseiten oder Wissensdatenbanken extrahieren. Systeme zur Beantwortung von Fragen verwenden Techniken wie

Information Retrieval, natürliches Sprachverständnis und logisches Denken, um genaue und präzise Antworten zu geben. Diese Systeme ermöglichen es den Benutzern, mühelos auf bestimmte Informationen zuzugreifen, und haben das Potenzial, Bereiche wie Kundensupport, Bildung und sogar persönliche virtuelle Assistenten zu revolutionieren.

In diesem Kapitel werden wir diese fortgeschrittenen NLP-Themen im Detail erforschen, die zugrundeliegenden Techniken enträtseln und ihre praktischen Anwendungen aufzeigen. Wenn wir die Feinheiten der Sentimentanalyse, der Named-Entity-Erkennung, der maschinellen Übersetzung und der Systeme zur Beantwortung von Fragen verstehen, können wir die enorme Leistung und das Potenzial intelligenter NLP-Systeme erfassen.

Bleiben Sie dran für die zweite Hälfte dieses Kapitels, in der wir diese Themen vertiefen und die jüngsten Fortschritte, Herausforderungen und zukünftigen Richtungen auf dem Gebiet des NLP und der KI untersuchen werden. Die Welt des Sprachverständnisses und der intelligenten Systeme hält viele Überraschungen bereit, und wir freuen uns darauf, Ihnen im nächsten Teil dieses Kapitels den Rest dieses umfassenden Leitfadens vorzustellen. In der zweiten Hälfte dieses Kapitels werden wir noch tiefer in die fortgeschrittenen Themen der natürlichen Sprachverarbeitung (NLP) und der künstlichen Intelligenz (KI) eintauchen. Aufbauend auf den Grundlagen, die in der ersten Hälfte gelegt wurden, werden wir unsere Erkundung der Sentimentanalyse, der Named-Entity-Recognition (NER), der maschinellen Übersetzung und der Systeme zur Beantwortung von Fragen fortsetzen, indem wir die jüngsten Fortschritte, Herausforderungen und zukünftigen Richtungen auf diesen Gebieten diskutieren.

Die Stimmungsanalyse hat in den letzten Jahren dank der Fortschritte im Bereich des Deep Learning und der Techniken zum Verständnis natürlicher Sprache bemerkenswerte Fortschritte gemacht. Forscher und Praktiker sind ständig bestrebt, genauere und differenziertere Modelle zu entwickeln, die die Komplexität menschlicher Emotionen verstehen und interpretieren können. Eine der Herausforderungen bei der Stimmungsanalyse ist der Umgang mit Sarkasmus und Ironie, die oft ein kontextuelles Verständnis erfordern, um die Stimmung hinter einer Aussage korrekt zu identifizieren. Ein weiterer Schwerpunkt ist die Erkennung von Haltungen, wobei es darum geht, die Meinung oder Haltung des Sprechers zu einem bestimmten Thema zu ermitteln. Durch die Weiterentwicklung von Sentiment-Analysetechniken können wir noch mehr Erkenntnisse darüber gewinnen, wie Menschen verschiedene Ereignisse, Produkte oder Dienstleistungen wahrnehmen und darauf reagieren.

Die Erkennung benannter Entitäten (NER) hat ebenfalls erhebliche Fortschritte gemacht, insbesondere mit dem Aufkommen moderner Deep-Learning-Modelle, wie z. B. NERC-Systeme (Named Entity Recognition and Classification), die auf Transformers basieren. Diese Modelle haben eine bemerkenswerte Genauigkeit und Leistung bei der Erkennung benannter Entitäten selbst in komplexen und vielfältigen Sprachkontexten erreicht. Dennoch gibt es weiterhin Herausforderungen, wie z. B. die Handhabung mehrdeutiger Entitäten und das Verständnis kontextabhängiger Entitätstypen. Weitere Forschungs- und Entwicklungsarbeiten in diesem Bereich haben das Potenzial, die Gesamtleistung und Anwendbarkeit von NER-Systemen in realen Szenarien zu verbessern.

Die maschinelle Übersetzung hat seit ihren Anfängen einen langen Weg zurückgelegt, und die jüngsten Fortschritte, insbesondere im Bereich der neuronalen maschinellen Übersetzung, haben die Genauigkeit und den Fluss der Übersetzungen revolutioniert. Auf neuronalen Netzen basierende Modelle, wie z. B. Sequenz-zu-Sequenz-Architekturen mit Aufmerksamkeitsmechanismen, haben sich als Mittel der Wahl erwiesen, um bei der maschinellen Übersetzung Spitzenleistungen zu erzielen. Mit der Verfügbarkeit großer mehrsprachiger Datensätze und der Einführung von Transfer-Learning-Techniken werden maschinelle Übersetzungssysteme auch in ressourcenarmen Sprachpaaren immer kompetenter. Dennoch gibt es immer noch Herausforderungen, wie z. B. die Erhaltung der Nuancen, der idiomatischen Ausdrücke und des kulturellen Kontexts der Ausgangssprache während der Übersetzung. Zukünftige Forschungsanstrengungen zielen darauf ab, diese Herausforderungen zu bewältigen, um die Qualität und Zuverlässigkeit maschineller Übersetzungen weiter zu verbessern.

Systeme zur Beantwortung von Fragen haben in den letzten Jahren enorme Fortschritte gemacht, die durch Fortschritte beim Verstehen natürlicher Sprache, beim Informationsabruf und bei der Wissensdarstellung ermöglicht wurden. Diese Systeme zielen darauf ab, nicht nur korrekte Antworten zu finden, sondern auch relevante Zusammenhänge und Erklärungen zu liefern. Zu den Herausforderungen bei der Beantwortung von Fragen gehören der Umgang mit mehrdeutigen oder vielschichtigen Fragen, die begrenzte Verfügbarkeit von qualitativ hochwertigen Wissensdatenbanken für verschiedene Bereiche und die Verbesserung der Erklärungsmöglichkeiten der Systeme. Trotz dieser Herausforderungen entwickeln sich Systeme zur Beantwortung von Fragen weiter und haben das Potenzial, verschiedene Bereiche zu verändern, indem sie eine schnelle und genaue Informationsbeschaffung, personalisierte Unterstützung und verbesserte Entscheidungsfähigkeiten bieten.

Zum Abschluss unserer Erkundung fortgeschrittener Themen im Bereich NLP und KI müssen wir feststellen, dass sich dieser Bereich ständig weiterentwickelt und neue Techniken und Anwendungen in raschem Tempo entstehen. Mehrere Bereiche bieten spannende Perspektiven für künftige Forschung und

Entwicklung. So kann beispielsweise die Integration von domänenspezifischem Wissen in bestehende NLP-Modelle deren Verständnis und Leistung in speziellen Domänen verbessern. Außerdem kann die Einbeziehung multimodaler Eingaben, wie Bilder und Videos, in NLP-Systeme eine umfassendere und kontextbezogene Analyse ermöglichen. Die Erforschung ethischer Überlegungen und gesellschaftlicher Auswirkungen von NLP- und KI-Systemen ist ein weiterer wichtiger Bereich, mit dem sich Forscher und Praktiker aktiv befassen.

Zusammenfassend lässt sich sagen, dass das Verständnis und die Beherrschung der Feinheiten der Stimmungsanalyse, der Erkennung benannter Entitäten, der maschinellen Übersetzung und der Systeme zur Beantwortung von Fragen das wahre Potenzial intelligenter NLP-Systeme freisetzen kann. Diese fortschrittlichen Techniken haben das Potenzial, Branchen zu verändern, Entscheidungsprozesse zu verbessern und Sprachbarrieren auf globaler Ebene zu überwinden. Indem wir uns über die neuesten Entwicklungen auf dem Laufenden halten und aktiv zu diesem Bereich beitragen, können wir die Grenzen von NLP und KI erweitern, neue Möglichkeiten erschließen und den Weg für eine Zukunft ebnen, in der Maschinen die menschliche Sprache verstehen und nahtlos mit ihr interagieren. Die Reise hat gerade erst begonnen, und wir sind gespannt auf das nächste Kapitel des Fortschritts in NLP und KI, das die Zukunft intelligenter Systeme prägen wird.

KAPITEL 9: ERKENNUNG VON EMOTIONEN IN DER KI

Emotionen spielen eine wichtige Rolle bei menschlichen Interaktionen und bestimmen, wie wir die Welt um uns herum wahrnehmen und auf sie reagieren. Das Erkennen und Verstehen menschlicher Emotionen ist ein komplexer Prozess, der Wissenschaftler und Forscher seit Jahrzehnten fasziniert. In den letzten Jahren hat mit dem raschen Fortschritt der künstlichen Intelligenz (KI) das Interesse an der Entwicklung von KI-Systemen zugenommen, die in der Lage sind, menschliche Emotionen zu erkennen und auf sie zu reagieren.

Emotionserkennung, auch bekannt als Affektive Informatik, bezieht sich auf die Fähigkeit von Maschinen, menschliche Emotionen zu interpretieren und zu verstehen. In diesem Bereich werden verschiedene Disziplinen wie Psychologie, Informatik und Neurowissenschaften kombiniert, um KI-Systeme zu entwickeln, die Emotionen über verschiedene Modalitäten wie Gesichtsausdruck, Körpersprache, Stimmlage und physiologische Sensoren wahrnehmen können.

Eine der größten Herausforderungen bei der Erkennung von Emotionen liegt in der ihr innewohnenden Subjektivität. Menschliche Emotionen sind vielschichtig, und die feinen Nuancen, die in emotionalen Ausdrücken zum Ausdruck kommen, können sich von Person zu Person stark unterscheiden. Um diese Komplexität zu bewältigen, haben KI-Forscher Techniken des maschinellen Lernens und des Deep Learning eingesetzt, um Algorithmen zu trainieren, die in der Lage sind, Muster in riesigen Datensätzen von Emotionen zu erkennen, so dass KI-Systeme ein grundlegendes Verständnis der menschlichen Emotionen entwickeln können.

Die Analyse des Gesichtsausdrucks ist eine der am häufigsten verwendeten Methoden zur Erkennung von Emotionen. Durch die Analyse von Gesichtsmerkmalen wie Augenbrauenbewegungen, Augenweiten, Lippenpressen und Lächeln können KI-Systeme Emotionen in Kategorien wie Glück, Traurigkeit, Wut, Angst und Überraschung einordnen. Dieser Ansatz basiert häufig auf dem Facial Action Coding System (FACS), einem weit verbreiteten System zur Analyse von Gesichtsausdrücken, das bestimmte Muskelbewegungen emotionalen Zuständen zuordnet.

Neben der Mimik haben Forscher die Verwendung von körpersprachlichen Hinweisen zur Verbesserung der Emotionserkennung in der KI erforscht. Gesten, Körperhaltungen und Bewegungen können wertvolle Informationen über den emotionalen Zustand einer Person liefern. So können beispielsweise verschränkte Arme und eine geduckte Haltung auf Abwehrhaltung oder Unbehagen hindeuten, während eine offene und entspannte Körpersprache auf Freude oder Gelassenheit hinweisen kann. Durch die Analyse dieser nonverbalen Hinweise können KI-Systeme ein tieferes Verständnis dafür gewinnen, wie sich Emotionen im körperlichen Verhalten manifestieren.

Neben visuellen Hinweisen haben sich KI-Forscher auch auf die Nutzung von Sprach- und Stimmanalysen konzentriert, um die Emotionserkennung zu verbessern. Durch die Untersuchung von akustischen Merkmalen wie Tonhöhe, Energie und Rhythmus können KI-Systeme emotionale Zustände anhand von Sprache genau erkennen. Tonfall, Intonation und Artikulationsmuster liefern wichtige Informationen über den emotionalen Zustand eines Sprechers, so dass KI-Systeme entsprechend reagieren und personalisiertere Interaktionen liefern können.

Doch trotz der Fortschritte in der Technologie zur Erkennung von Emotionen gibt es immer noch Herausforderungen. Emotionen werden nicht immer explizit gezeigt und können durch kulturelle und kontextuelle Faktoren beeinflusst werden, was eine genaue Erkennung zu einem komplexen Unterfangen macht. Darüber hinaus müssen die ethischen Implikationen der Emotionserkennung in der KI berücksichtigt werden, da sie Bedenken hinsichtlich des Schutzes der Privatsphäre, der Datensicherheit und des potenziellen Missbrauchs von persönlichen emotionalen Informationen aufwirft.

Dennoch birgt die Erkennung von Emotionen in der KI ein großes Versprechen für die Verbesserung der Interaktion zwischen Mensch und Computer. Stellen Sie sich eine Welt vor, in der sich KI-Systeme an unsere emotionalen Zustände anpassen und uns einfühlsame und personalisierte Erfahrungen bieten können. Diese Systeme könnten Bereiche wie das Gesundheitswesen, den Kundendienst und das Bildungswesen revolutionieren. Beispielsweise könnten KI-gestützte virtuelle Assistenten Menschen in Not emotional unterstützen, oder adaptive Lernsysteme könnten Bildungsinhalte auf der Grundlage des emotionalen Engagements der Schüler anpassen.

Während die Forscher weiterhin die Feinheiten der Emotionserkennung entschlüsseln, rückt das Potenzial der KI, menschliche Emotionen zu verstehen und darauf zu reagieren, immer näher. Bei der Erkennung von Emotionen geht es nicht nur um die Entwicklung von Maschinen, die menschliche Emotionen nachahmen, sondern um die Entwicklung von KI-Systemen, die in der Lage sind, uns wirklich zu verstehen und sich in uns einzufühlen. In der zweiten Hälfte dieses Kapitels werden wir uns eingehender mit den technischen Aspekten und Herausforderungen der Emotionserkennung in KI-Systemen befassen. Bleiben Sie dran für den nächsten Teil, in dem wir die faszinierenden Fortschritte auf diesem sich schnell entwickelnden Gebiet aufdecken. Emotionen sind ein grundlegender Aspekt der menschlichen Existenz und prägen unsere Gedanken, unser Verhalten und unsere Interaktionen. Im Zuge der Weiterentwicklung der künstlichen Intelligenz (KI) streben Forscher danach, KI-Systeme zu entwickeln, die in der Lage sind, menschliche Emotionen zu erkennen und auf sie zu reagieren. In der ersten Hälfte dieses Kapitels haben wir uns mit den verschiedenen Modalitäten der Emotionserkennung befasst, z. B. mit der Mimik, der Körpersprache und der Sprachanalyse. Nun wollen wir uns näher mit den technischen Aspekten und Herausforderungen der Emotionserkennung in KI-Systemen befassen.

Der Schlüssel zur effektiven Erkennung von Emotionen liegt im Training von KI-Algorithmen zur Erkennung von Mustern in großen Emotionsdatensätzen. Techniken des maschinellen Lernens, wie das überwachte Lernen und das Deep Learning, haben bei diesem Prozess eine wichtige Rolle gespielt. Beim überwachten Lernen wird der Algorithmus mit markierten Datensätzen trainiert, in denen Emotionen anhand bestimmter Merkmale vorklassifiziert sind. Dieser Ansatz ermöglicht es dem Algorithmus, vertraute emotionale Muster zu erlernen und zu erkennen, wie z. B. ein lächelnder Gesichtsausdruck, der für Freude steht, oder eine gerunzelte Stirn, die für Wut steht.

Beim Deep Learning hingegen wird ein neuronales

Netz mit mehreren Schichten trainiert, um komplexere Muster zu erkennen. Faltungsneuronale Netze (CNNs), rekurrente neuronale Netze (RNNs) und Netze mit langem Kurzzeitgedächtnis (LSTMs) sind häufig verwendete Architekturen beim Deep Learning für die Emotionserkennung. Diese Netze sind in der Lage, zeitliche Abhängigkeiten und kontextbezogene Informationen zu erfassen, was eine genauere Erkennung von Emotionen auf der Grundlage verschiedener Anhaltspunkte ermöglicht.

Auch wenn die Mimik eine wichtige Rolle bei der Erkennung von Emotionen spielt, ist es wichtig zu wissen, dass Emotionen nicht nur durch Gesichtsausdrücke bestimmt werden. Auch Körpersprache, Gesten und Körperhaltungen geben wertvolle Hinweise auf den emotionalen Zustand einer Person. So kann beispielsweise eine geballte Faust auf Wut oder Frustration hindeuten, während eine entspannte Haltung Leichtigkeit oder Zufriedenheit signalisiert. Durch die Kombination von mimischen und körpersprachlichen Hinweisen können KI-Systeme ein umfassenderes Verständnis der menschlichen Emotionen erlangen.

Die Analyse von Sprache und Stimme ist ein weiterer wichtiger Aspekt der Emotionserkennung in der KI. Durch die Untersuchung von akustischen Merkmalen und sprachlichen Mustern können KI-Algorithmen emotionale Zustände anhand von Tonfall, Intonation und Sprachmustern erkennen und klassifizieren. Techniken zur Verarbeitung natürlicher Sprache wie Sentimentanalyse und Prosodieanalyse ermöglichen eine genauere Emotionserkennung in gesprochener Sprache.

Die Herausforderung, menschliche Emotionen richtig zu erkennen, geht jedoch über die technischen Aspekte hinaus. Emotionen können sehr subjektiv sein und von kulturellen und kontextuellen Faktoren beeinflusst werden. Was in einer Kultur als Glück empfunden wird, kann sich von einer anderen unterscheiden. Außerdem können Emotionen subtil vermittelt oder explizit gezeigt werden, was es für KI-Algorithmen schwierig macht, sie genau zu interpretieren.

Außerdem müssen die ethischen Implikationen der Emotionserkennung in KI-Systemen sorgfältig bedacht werden. Datenschutz und Datensicherheit sind beim Umgang mit persönlichen emotionalen Informationen von größter Bedeutung. Da KI-Systeme immer besser in der Lage sind, menschliche Emotionen zu erkennen und darauf zu reagieren, muss der Schutz und die verantwortungsvolle Nutzung emotionaler Daten gewährleistet werden.

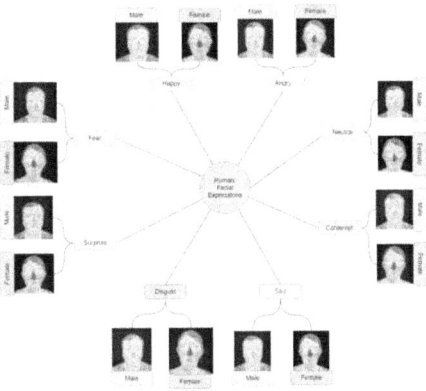

Trotz dieser Herausforderungen sind die potenziellen Vorteile der Emotionserkennung in der KI immens. Stellen Sie sich eine Welt vor, in der sich KI-Systeme an unseren emotionalen Zustand anpassen und einfühlsame und personalisierte Erfahrungen bieten können. Das Gesundheitswesen könnte durch KI-gestützte virtuelle Assistenten revolutioniert werden, die Menschen in Not emotional unterstützen. Kundenservice-Interaktionen könnten durch KI-Systeme verbessert werden, die die Emotionen der Kunden verstehen und darauf reagieren, was zu positiveren Erfahrungen führt. Im Bildungswesen könnten adaptive Lernsysteme die Inhalte auf das emotionale Engagement der Schüler abstimmen und so bessere Lernergebnisse erzielen.

Zusammenfassend lässt sich sagen, dass die Erkennung

von Emotionen in der künstlichen Intelligenz einen weiten Weg zurückgelegt hat, es aber noch viel zu enträtseln gibt. Die Integration von Psychologie, Informatik und Neurowissenschaften treibt die Fortschritte in diesem Bereich weiter voran. Da die Forscher weiterhin Techniken zur Erkennung von Emotionen erforschen und verfeinern, rückt das Potenzial von KI-Systemen, menschliche Emotionen zu verstehen und auf sie zu reagieren, immer näher.

Bei der Erkennung von Emotionen geht es nicht einfach nur darum, menschliche Emotionen zu imitieren. Es geht darum, KI-Systeme zu entwickeln, die uns wirklich verstehen und sich in uns einfühlen können. Indem wir uns die Fähigkeit der Technologie zunutze machen, unsere Emotionen zu erkennen und darauf zu reagieren, können wir den Weg für sinnvollere und bereichernde Interaktionen zwischen Mensch und Computer ebnen. Bleiben Sie dran und seien Sie gespannt, wenn wir die faszinierenden Fortschritte in diesem sich schnell entwickelnden Bereich aufdecken.

KAPITEL 10: ETHISCHE ÜBERLEGUNGEN ZUR KI

Künstliche Intelligenz (KI) hat sich rasch zu einer der transformativsten Technologien unserer Zeit entwickelt und verspricht beispiellose Fortschritte in zahlreichen Branchen. Vom Gesundheitswesen bis zum Transportwesen - das Potenzial der KI zur Steigerung der Effizienz und zur Förderung von Innovationen ist unbestreitbar. Während wir diese neue Ära intelligenter Maschinen einläuten, müssen wir uns jedoch auch mit den ethischen Herausforderungen und Auswirkungen auseinandersetzen, die mit ihrem schnellen Wachstum einhergehen.

Eines der wichtigsten ethischen Probleme im Zusammenhang mit KI liegt im Bereich des Datenschutzes und der Datensicherheit. Da KI-Systeme immer ausgefeilter werden, benötigen sie große Mengen an Daten, um zu lernen und ihre Leistung zu verbessern. Diese Abhängigkeit von Daten birgt Risiken wie unbefugten Zugriff, Datenschutzverletzungen und den Missbrauch personenbezogener Daten. Die Gewährleistung der Privatsphäre und des Schutzes der Daten von Einzelpersonen ist von entscheidender Bedeutung, insbesondere wenn man bedenkt, dass es sich häufig um sensible Daten handelt, wie z. B. medizinische Aufzeichnungen oder Finanzinformationen.

Transparenz ist auch eine wichtige ethische Überlegung, wenn es um KI geht. Da KI-Algorithmen immer komplexer werden und eine Komplexität erreichen, die menschliche Programmierer nur schwer verstehen können, stellt sich das Problem der "Black Box". Die Entscheidungsfindungsprozesse innerhalb von KI-Systemen können undurchschaubar werden, so dass es schwierig ist, sie für ihre Handlungen zur Rechenschaft zu ziehen. Dieser Mangel an Transparenz wirft Fragen zu Vorurteilen, Diskriminierung und möglichen unbeabsichtigten Folgen auf. Ein ausgewogenes Verhältnis zwischen Innovation und Transparenz ist unerlässlich, um Vertrauen zu schaffen und den Missbrauch von KI-gestützten Technologien zu verhindern.

Eine weitere ethische Herausforderung im Zusammenhang mit KI sind die Auswirkungen auf die Arbeitskräfte. Mit dem Voranschreiten von KI-Systemen befürchten einige die Verdrängung von Arbeitsplätzen und die daraus resultierenden Störungen in Gesellschaft und Wirtschaft. Zwar hat die KI zweifellos bestimmte Aufgaben automatisiert, was zum Verlust von Arbeitsplätzen in bestimmten Sektoren geführt hat, doch darf nicht vergessen werden, dass die KI auch neue Arbeitsplätze und Möglichkeiten schaffen kann. Der Übergang muss jedoch mit Bedacht vollzogen werden, um sicherzustellen, dass den Betroffenen Möglichkeiten zur Umschulung oder Höherqualifizierung geboten werden, damit sie auf dem sich wandelnden Arbeitsmarkt beschäftigungsfähig bleiben. Ethische Erwägungen erfordern einen umfassenden Ansatz, der das Wohlergehen und die Lebensgrundlage der von KI-getriebenen Veränderungen betroffenen Menschen in den Vordergrund stellt.

Darüber hinaus stellen Voreingenommenheit und Fairness ethische Dilemmata dar, wenn es um KI-Systeme geht. Algorithmen für das maschinelle Lernen werden anhand vorhandener Daten trainiert. Wenn diese Daten Vorurteile enthalten oder bestehende Ungleichheiten widerspiegeln, können die KI-Systeme diese Vorurteile unbeabsichtigt aufrechterhalten. Dies gibt Anlass zur Sorge über diskriminierende Ergebnisse, die sich unverhältnismäßig stark auf marginalisierte Gemeinschaften auswirken. Um dieses Problem anzugehen, muss sich die Entwicklung von KI-Systemen auf die Förderung von Vielfalt und Inklusivität konzentrieren und die Perspektiven und Erfahrungen eines breiten Spektrums von Personen während der Design- und Schulungsphasen berücksichtigen.

Und schließlich wirft die autonome Entscheidungsfindung durch KI-Systeme kritische ethische Überlegungen auf. Da KI-Algorithmen immer leistungsfähiger werden, könnten sie die Fähigkeit erlangen, Entscheidungen mit minimalem menschlichen Eingriff zu treffen. Diese neu gewonnene Autonomie wirft Fragen der Rechenschaftspflicht und Verantwortung auf. Wer sollte für die Handlungen eines KI-Systems verantwortlich gemacht werden, wenn sie schief gehen? Die Entwicklung von Rahmenbedingungen für die Zuweisung von Haftung und die Sicherstellung, dass KI-Systeme ethische Richtlinien einhalten, ist von entscheidender Bedeutung, um unbeabsichtigte Schäden durch intelligente Maschinen zu verhindern.

Zusammenfassend lässt sich sagen, dass der Fortschritt der künstlichen Intelligenz zwar verschiedene Bereiche revolutionieren kann, aber auch eine sorgfältige Abwägung der damit verbundenen ethischen Implikationen erforderlich macht. In der ersten Hälfte dieses Kapitels wurden einige wichtige ethische Herausforderungen untersucht, darunter Datenschutz, Transparenz, Auswirkungen auf die Belegschaft, Voreingenommenheit und Fairness sowie autonome Entscheidungsfindung. Diese Probleme erfordern einen ständigen Dialog, die Zusammenarbeit zwischen den Beteiligten und die Schaffung eines ethischen Rahmens, um sicherzustellen, dass KI-Technologien verantwortungsvoll entwickelt und eingesetzt werden. Unsere Reise in das verschlungene Netz psychologischer Muster in der KI endet hier jedoch nicht. In der zweiten Hälfte dieses Kapitels werden wir uns eingehender mit der ethischen Landschaft befassen, weitere Komplexitäten aufdecken und mögliche Lösungen in Betracht ziehen. Bleiben Sie dran für den nächsten Teil, der das vernetzte Geflecht ethischer Erwägungen in der KI aufdeckt. Eine weitere wichtige ethische Erwägung im Bereich der KI ist das Potenzial für Voreingenommenheit in Entscheidungsprozessen. Da sich KI-Systeme beim Training auf große Datensätze stützen, können sie unbeabsichtigt bestehende Verzerrungen in den Daten aufrechterhalten. Dies kann zu diskriminierenden Ergebnissen führen, von denen marginalisierte Gemeinschaften unverhältnismäßig stark betroffen sind.

Die Gewährleistung von Fairness und die Abschwächung von Vorurteilen in KI-Systemen erfordert einen proaktiven Ansatz. Eine Möglichkeit, diese Herausforderung zu bewältigen, ist eine vielfältige und umfassende Datenerhebung. Durch die Einbeziehung eines breiten Spektrums an Perspektiven und Erfahrungen in der Entwurfs- und Trainingsphase können KI-Algorithmen besser in die Lage versetzt werden, in den Daten vorhandene Verzerrungen zu erkennen und zu überwinden. Darüber hinaus können regelmäßige Prüfungen und Bewertungen von KI-Systemen dazu beitragen, etwaige voreingenommene Ergebnisse zu erkennen und zu korrigieren, um Fairness und Gerechtigkeit zu wahren.

Transparente Algorithmen spielen eine zentrale Rolle bei der Beseitigung von Verzerrungen in der KI. Es ist von entscheidender Bedeutung, Methoden zu entwickeln, die

die Interpretierbarkeit von Entscheidungsprozessen in KI-Systemen ermöglichen. Wenn die Beteiligten verstehen, wie Algorithmen zu ihren Schlussfolgerungen kommen, können sie etwaige Verzerrungen oder diskriminierende Muster erkennen und korrigieren. Dieses Maß an Transparenz sorgt für Verantwortlichkeit und verhindert die Ausbreitung schädlicher Vorurteile.

Die Verantwortung für die Handlungen von KI-Systemen wirft komplexe ethische Überlegungen auf. Je autonomer diese Systeme werden, desto wichtiger wird die Frage, wer zur Verantwortung gezogen werden sollte. Sollten es die Entwickler, die Organisation, die die KI einsetzt, oder das KI-System selbst sein? Diese Frage erfordert die Entwicklung eines klaren Haftungsrahmens, der die Verantwortung zuweist und sich mit dem potenziellen Schaden befasst, der durch KI-Entscheidungen entsteht.

Darüber hinaus stellt die Entdeckung möglicher unbeabsichtigter Folgen von KI-Systemen auch eine ethische Herausforderung dar. Trotz der besten Absichten der Programmierer können KI-Algorithmen zu Ergebnissen führen, die nicht vorhergesehen oder gewünscht wurden. So kann beispielsweise ein KI-gestütztes Empfehlungssystem unbeabsichtigt schädliche Inhalte oder Fehlinformationen fördern. Ethische Erwägungen erfordern eine kontinuierliche Überwachung und Bewertung von KI-Systemen, um unvorhergesehene negative Folgen zu erkennen und zu korrigieren und sicherzustellen, dass die Technologie im Einklang mit gesellschaftlichen Werten und Grundsätzen funktioniert.

Um diese ethischen Dilemmata zu lösen, ist die Zusammenarbeit zwischen verschiedenen Interessengruppen entscheidend. Politische Entscheidungsträger, KI-Entwickler, Ethiker und Wissenschaftler müssen zusammenkommen, um ethische Richtlinien und Rahmenbedingungen festzulegen, die die potenziellen Risiken und Herausforderungen im

Zusammenhang mit der KI berücksichtigen. Die Einbeziehung verschiedener Perspektiven in diese Diskussionen kann zu umfassenderen und faireren Lösungen führen.

Ein weiteres ethisches Anliegen im Bereich der KI ist die Notwendigkeit eines kontinuierlichen öffentlichen Engagements und Verständnisses. Es ist wichtig, die Öffentlichkeit über KI-Technologien, ihre Fähigkeiten und potenziellen Risiken aufzuklären. Durch die Förderung des Bewusstseins und des Verständnisses können die Menschen fundierte Entscheidungen treffen und die Entwicklung und den Einsatz von KI aktiv mitgestalten. Der Beitrag und die Kontrolle der Öffentlichkeit sind eine wichtige Voraussetzung dafür, dass KI-Systeme mit den gesellschaftlichen Werten und ethischen Standards übereinstimmen.

Eingliederung und Zugänglichkeit sind ebenfalls wichtige ethische Überlegungen. Die Entwicklung von KI-Systemen sollte weder bestehende Ungleichheiten aufrechterhalten noch neue schaffen. Es muss unbedingt sichergestellt werden, dass KI allen Menschen und Gemeinschaften zugute kommt, unabhängig von ihrem sozioökonomischen Status, ihrer Rasse, ihrem Geschlecht oder anderen Merkmalen. Durch die Förderung von Vielfalt und Inklusivität kann KI zu einem Instrument für Empowerment und sozialen Fortschritt werden.

Abschließend wurden in der zweiten Hälfte dieses Kapitels weitere ethische Überlegungen im Zusammenhang mit der KI untersucht. Wir haben über Voreingenommenheit und Fairness, die Frage der Rechenschaftspflicht, das Potenzial unbeabsichtigter Folgen, die Bedeutung von Transparenz und die Notwendigkeit von öffentlichem Engagement und Einbeziehung diskutiert. Diese komplexen Zusammenhänge verdeutlichen das komplizierte Geflecht ethischer Überlegungen, das KI-Systeme umgibt. Auf unserem Weg nach vorn ist es von entscheidender Bedeutung, den Dialog, die Zusammenarbeit und die Entwicklung robuster ethischer Rahmenwerke weiter zu fördern, um eine verantwortungsvolle Entwicklung und den Einsatz von KI-Technologien zu gewährleisten. Indem wir diese ethischen Herausforderungen direkt angehen, können wir das volle Potenzial der KI erschließen und gleichzeitig sicherstellen, dass sie den besten Interessen der Menschheit dient.

KAPITEL 11: KOGNITIVE VERZERRUNGEN IN DER KI

Künstliche Intelligenz (KI) hat sich im Laufe der Jahre rasant weiterentwickelt, verschiedene Branchen verändert und einen wichtigen Beitrag zu Bereichen wie Gesundheitswesen, Finanzen und Verkehr geleistet. Mit ihrer bemerkenswerten Fähigkeit, riesige Datenmengen zu analysieren und schnelle Entscheidungen zu treffen, hat sich die KI als wertvolles Werkzeug erwiesen. Wie Menschen sind jedoch auch KI-Systeme anfällig für kognitive Verzerrungen, die sich möglicherweise auf ihre Entscheidungsprozesse auswirken können. In diesem Kapitel wird untersucht, wie diese Verzerrungen die KI beeinflussen können, und es werden Strategien zur Abschwächung ihrer Auswirkungen untersucht.

Kognitive Voreingenommenheit ist eine tief verwurzelte Tendenz des menschlichen Geistes, Informationen auf bestimmte Weise zu denken und zu verarbeiten. Diese Voreingenommenheit kann oft zu irrationalen Urteilen und

Entscheidungen führen. Interessanterweise kann KI, obwohl sie so programmiert ist, dass sie objektiv und rational ist, aufgrund der Daten, auf die sie trainiert wurde, oder der verwendeten Algorithmen unbeabsichtigt Vorurteile entwickeln.

Eine bekannte kognitive Verzerrung, die sich auf KI-Systeme auswirken kann, ist die Bestätigungsverzerrung. Der Mensch neigt von Natur aus dazu, nach Informationen zu suchen, die seine bestehenden Überzeugungen bestätigen, während er widersprüchliche Beweise ignoriert oder herunterspielt. Wenn diese Voreingenommenheit in KI-Algorithmen eindringt, kann sie zu verzerrten Ergebnissen führen und bestehende Vorurteile oder Stereotypen verstärken. Wenn ein KI-System beispielsweise auf Daten trainiert wird, die ein bestimmtes Geschlecht oder eine bestimmte Rasse unverhältnismäßig stark repräsentieren, kann es diese Vorurteile in realen Anwendungen, wie z. B. bei der Einstellung von Mitarbeitern oder der Bewilligung von Krediten, ungewollt aufrechterhalten.

Eine weitere Voreingenommenheit, mit der KI-Systeme konfrontiert werden können, ist die Verankerungsvoreingenommenheit. Diese kognitive Voreingenommenheit tritt auf, wenn sich Menschen bei ihren Entscheidungen zu stark auf anfängliche Informationen oder vorgefasste Meinungen verlassen, selbst wenn widersprüchliche Beweise vorgelegt werden. Auch bei KI-Systemen kann diese Verzerrung auftreten, wenn ihre Trainingsdaten irreführende oder ungenaue Informationen enthalten. Wenn ein KI-Modell auf der Grundlage voreingenommener Daten oder eingeschränkter Perspektiven trainiert wurde, kann es Schwierigkeiten haben, über diese anfänglichen Voreingenommenheiten hinauszublicken, was seine Entscheidungsfähigkeit beeinträchtigen kann.

Ein weiteres Problem im Zusammenhang mit KI-Systemen ist die Voreingenommenheit. Diese Voreingenommenheit bezieht sich auf die Tendenz, zu viel Vertrauen in das eigene Urteilsvermögen und die eigenen Fähigkeiten zu haben, was häufig zu Fehlern bei der Entscheidungsfindung führt. KI-Systeme sind zwar darauf ausgelegt, objektiv zu sein und Fehler zu minimieren, aber übermäßiges Vertrauen in ihre Fähigkeiten kann sie blind für potenzielle Risiken oder Unwägbarkeiten machen. Diese Voreingenommenheit kann sich auf verschiedene Anwendungen von KI auswirken, z. B. auf selbstfahrende Autos oder medizinische Diagnosesysteme, bei denen eine übermäßig selbstbewusste KI möglicherweise kritische Informationen übersieht oder alternative Szenarien nicht in Betracht zieht.

Die Auswirkungen kognitiver Verzerrungen bei KI-Entscheidungen können weitreichende Folgen haben, sowohl in ethischer als auch in praktischer Hinsicht. Daher ist es von entscheidender Bedeutung, Strategien zu entwickeln, um diese Verzerrungen abzuschwächen und Fairness und Zuverlässigkeit in KI-Systemen zu fördern. Ein Ansatz besteht darin, die Trainingsdaten sorgfältig zu kuratieren und zu diversifizieren, um sicherzustellen, dass sie ein breites Spektrum an Perspektiven abdecken und bestehende Verzerrungen nicht verstärken. Darüber hinaus kann eine kontinuierliche Überwachung und Prüfung von KI-Systemen dazu beitragen, etwaige Verzerrungen, die sich im Laufe der Zeit ergeben, zu erkennen und zu korrigieren.

Außerdem können transparente und erklärbare KI-Modelle eine wichtige Rolle bei der Beseitigung kognitiver Verzerrungen spielen. Indem der Entscheidungsfindungsprozess der KI verständlich und interpretierbar gemacht wird, können Nutzer und Entwickler mögliche Verzerrungen besser erkennen und korrigieren. Techniken wie regelbasierte Systeme oder die Integration interpretierbarer Algorithmen des maschinellen Lernens können die Verantwortlichkeit verbessern und den Menschen in die Lage versetzen, den Entscheidungsprozess der KI zu überwachen und zu verstehen.

Mit der fortschreitenden Integration von KI in verschiedene Aspekte unseres Lebens wird es immer wichtiger, den Einfluss kognitiver Verzerrungen zu erkennen und abzuschwächen. Wenn wir die potenziellen Verzerrungen, die bei der Entscheidungsfindung durch KI auftreten können, verstehen, können wir proaktive Schritte unternehmen, um ihre Auswirkungen zu minimieren und sicherzustellen, dass KI-Systeme fair, zuverlässig und vertrauenswürdig sind.

Bei der weiteren Erforschung des komplizierten Geflechts psychologischer Muster in der KI ist es wichtig, weitere kognitive Verzerrungen zu untersuchen, die sich möglicherweise auf die Entscheidungsprozesse der KI auswirken. In der ersten Hälfte dieses Kapitels haben wir den Einfluss von Confirmation Bias, Anchoring Bias und Overconfidence Bias auf KI-Systeme entdeckt. Jetzt wollen wir uns mit weiteren Verzerrungen befassen und Strategien zur Abschwächung ihrer Auswirkungen untersuchen.

Eine kognitive Verzerrung, die KI-Systeme erheblich beeinträchtigen könnte, ist die Verfügbarkeitsverzerrung. Diese Voreingenommenheit tritt auf, wenn Menschen ihre Urteile und Entscheidungen auf leicht verfügbare Informationen stützen, anstatt ein breiteres Spektrum an Daten oder Perspektiven zu berücksichtigen. Auch KI-Systeme können von dieser Voreingenommenheit beeinflusst werden, wenn sie während des Trainingsprozesses mit einem begrenzten Datensatz konfrontiert werden. Wird ein KI-Modell beispielsweise auf Daten trainiert, die überwiegend eine bestimmte geografische oder demografische Region repräsentieren, kann es nur schwer genaue Prognosen oder Empfehlungen für Personen außerhalb dieser Parameter erstellen. Um die Auswirkungen von Verfügbarkeitsverzerrungen abzuschwächen, ist es entscheidend, einen vielfältigen und umfassenden Trainingsdatensatz zu gewährleisten, der eine große

Bandbreite an Quellen und Perspektiven umfasst.

Eine weitere Verzerrung, die Aufmerksamkeit verdient, ist der Framing-Effekt. Diese kognitive Verzerrung bezieht sich auf die Tendenz von Personen, unterschiedliche Entscheidungen zu treffen, je nachdem, wie die Informationen präsentiert oder eingerahmt werden. Auch KI-Systeme können durch den Framing-Effekt beeinträchtigt werden, wenn sie nicht in der Lage sind, die Nuancen und den Kontext hinter den von ihnen verarbeiteten Daten zu verstehen. Ein KI-System, das Kundenfeedback analysiert, kann beispielsweise positive Bewertungen je nach der verwendeten Sprache oder der geäußerten Stimmung unterschiedlich interpretieren. Um dem Framing-Effekt entgegenzuwirken, können KI-Modelle so trainiert werden, dass sie mehrere Interpretationen in Betracht ziehen und verschiedene Perspektiven berücksichtigen, wodurch die Abhängigkeit von oberflächlichen oder irreführenden Informationen verringert wird.

Darüber hinaus müssen KI-Systeme auch mit der so genannten Verfügbarkeitskaskade umgehen. Diese Verzerrung tritt auf, wenn die Wahrnehmungen und Urteile von Personen durch die Häufigkeit und Intensität der wiederholten Exposition gegenüber einer bestimmten Idee oder Information beeinflusst werden. Im Bereich der KI kann diese Verzerrung auftreten, wenn die Trainingsdaten bestimmte Trends oder Standpunkte unverhältnismäßig stark repräsentieren. Wenn ein KI-Modell mit voreingenommenen Informationen konfrontiert wird, die bestimmte Stereotypen oder Überzeugungen verstärken, kann es diese Voreingenommenheit unbeabsichtigt in seine Entscheidungsprozesse einfließen lassen. Um die Verfügbarkeitskaskade abzuschwächen, ist es wichtig, Trainingsdaten sorgfältig zu bewerten und auszuwählen, die verschiedene Standpunkte umfassen und bestehende Vorurteile nicht verstärken.

Eine weitere kognitive Verzerrung, die die Entscheidungsfindung bei KI erheblich beeinflussen kann, ist der Recency Bias. Diese Voreingenommenheit bezieht sich auf die Tendenz von Menschen, bei ihren Urteilen oder Entscheidungen den jüngsten Ereignissen oder Informationen mehr Gewicht zu geben. Bei KI-Systemen kann sich der Recency Bias manifestieren, wenn sie nicht darauf ausgelegt sind, bei der Analyse von Mustern und der Erstellung von Vorhersagen historische Daten zu berücksichtigen. KI-Modelle, die vergangene Daten übersehen, können wichtige Zusammenhänge übersehen oder langfristige Trends nicht erkennen. Um den Recency Bias abzuschwächen, muss sichergestellt werden, dass KI-Systeme Zugang zu einem umfassenden Datensatz mit historischen Informationen haben, damit sie fundierte Entscheidungen auf der Grundlage eines breiteren Zeitrahmens treffen können.

Die Abschwächung der Auswirkungen kognitiver Verzerrungen bei der Entscheidungsfindung durch KI erfordert einen vielschichtigen Ansatz. Neben der Diversifizierung der Trainingsdaten und der Berücksichtigung verschiedener Perspektiven sind eine kontinuierliche Überwachung und Prüfung von KI-Systemen unerlässlich. Die regelmäßige Bewertung der Leistung von KI-Modellen und die Identifizierung etwaiger Verzerrungen, die sich im Laufe der Zeit herausbilden, können dazu beitragen, Fairness und Genauigkeit zu wahren. Darüber hinaus ist die Entwicklung transparenter und erklärbarer KI-Modelle von entscheidender Bedeutung. Die Verbesserung der Interpretierbarkeit von KI-Algorithmen durch regelbasierte Systeme oder interpretierbare Techniken des maschinellen Lernens kann Nutzer und Entwickler in die Lage versetzen, den Entscheidungsprozess zu verstehen und Verzerrungen zu erkennen und zu korrigieren.

Bei der fortschreitenden Integration von KI in unser Leben ist es von entscheidender Bedeutung, die potenziellen

Auswirkungen kognitiver Verzerrungen zu erkennen und aktiv darauf hinzuarbeiten, diese zu minimieren. Indem wir verstehen, wie diese Voreingenommenheit die Entscheidungsfindung von KI beeinflussen kann und Strategien zu ihrer Abschwächung umsetzen, können wir sicherstellen, dass KI-Systeme fair, zuverlässig und vertrauenswürdig sind. Als verantwortungsbewusste Nutzer und Entwickler von KI liegt es in unserer kollektiven Verantwortung, ethischen Überlegungen Vorrang einzuräumen und proaktive Schritte zu unternehmen, um kognitive Verzerrungen in KI-Systemen zu vermeiden.

Zusammenfassend lässt sich sagen, dass das komplizierte Geflecht psychologischer Muster in der KI die Bedeutung kognitiver Verzerrungen für die Entscheidungsfindung bei der KI offenbart. Confirmation Bias, Anchoring Bias, Overconfidence Bias, Availability Bias, Framing Effect, Availability Cascade und Recency Bias sind nur einige der vielen Verzerrungen, die KI-Systeme potenziell beeinflussen können. Durch die Umsetzung von Strategien wie die Diversifizierung von Trainingsdaten, die Überprüfung von Voreingenommenheiten durch Überwachung und Prüfung sowie die Förderung von Transparenz und Erklärbarkeit können wir diese Voreingenommenheiten jedoch abschwächen und sicherstellen, dass KI ein Werkzeug bleibt, das die Fairness, Zuverlässigkeit und Vertrauenswürdigkeit in einer Vielzahl von Branchen und Anwendungen verbessert.

KAPITEL 12: ERKLÄRBARE KI: ÜBERBRÜCKUNG DER KLUFT ZWISCHEN MENSCH UND MASCHINE

Abschnitt 1: Einleitung

Künstliche Intelligenz (KI) ist zu einem festen Bestandteil unseres Lebens geworden und revolutioniert verschiedene Aspekte der Gesellschaft. Von virtuellen Assistenten, die unsere täglichen Aufgaben erledigen, bis hin zu autonomen Fahrzeugen, die unsere Straßen navigieren, hat KI fast alle Bereiche durchdrungen. Bei der Implementierung von KI-Systemen in komplexe Entscheidungsprozesse gibt es jedoch eine entscheidende Herausforderung: die fehlende Erklärbarkeit.

Erklärbare KI (Explainable AI, XAI) ist ein aufstrebender Zweig der KI-Forschung, der auf diese Herausforderung abzielt. Sie konzentriert sich auf die Entwicklung von Modellen und Techniken, die interpretierbare Erklärungen für die von KI-Systemen getroffenen Entscheidungen liefern. In diesem Buch tauchen wir in den Bereich der erklärbaren KI ein und untersuchen ihre Bedeutung für die Überbrückung der Kluft zwischen Mensch und Maschine.

Die Notwendigkeit der Erklärbarkeit ergibt sich aus der Tatsache, dass KI-Modelle, insbesondere tiefe neuronale Netze, oft als Blackboxen betrachtet werden. Sie weisen eine bemerkenswerte Vorhersage- und Entscheidungsgenauigkeit auf, aber ihr Innenleben bleibt im Dunkeln. Infolgedessen fällt es den Menschen schwer, KI-Systemen zu vertrauen und sich auf sie zu verlassen, da sie nicht in der Lage sind, die Gründe für ihr Handeln zu erklären.

Dieser Mangel an Transparenz und Rechenschaftspflicht behindert die Einführung von KI in wichtigen Bereichen wie dem Gesundheitswesen, dem Finanzwesen und dem Recht. Stellen Sie sich ein Szenario vor, in dem ein KI-basiertes Diagnosesystem eine bestimmte Behandlung für einen Patienten empfiehlt, aber nicht erklärt, warum es zu dieser Schlussfolgerung gekommen ist. Ärzte und Patienten könnten zögern, der Empfehlung des Systems zu folgen, was zu vermeidbaren Konsequenzen führen könnte.

Explainable AI zielt darauf ab, diese Black Boxes in Glass Boxes zu verwandeln, indem es den Entscheidungsprozess von KI-Modellen enträtselt. Sie bietet menschlichen Nutzern Einblicke in die Art und Weise, wie und warum eine bestimmte Entscheidung getroffen wurde, und ermöglicht es ihnen, die zugrunde liegende Logik zu verstehen. Auf diese Weise erhöht erklärbare KI nicht nur die Transparenz und Vertrauenswürdigkeit, sondern ermöglicht es den Nutzern auch, Voreingenommenheit, Fehler oder ethische Bedenken im System zu erkennen und zu beheben.

Die Bedeutung einer erklärbaren KI für die Überbrückung

der Kluft zwischen Mensch und Maschine geht über die bloße Interpretierbarkeit hinaus. Sie schafft eine entscheidende Grundlage für eine effektive Zusammenarbeit und Kooperation zwischen Menschen und KI-Systemen. Mit der zunehmenden Verbreitung von KI muss der Mensch in der Lage sein, das Verhalten von KI-Systemen zu verstehen, mit ihnen zu interagieren und sie als Partner zu verändern, anstatt passiver Empfänger von Entscheidungen zu sein.

Explainable AI fungiert als wichtige Schnittstelle, die die Kommunikation und das Verständnis der KI-Entscheidungen sicherstellt. Sie ermöglicht es Nutzern, KI-Systemen Feedback, Erkenntnisse und Korrekturen zu geben, was zu einer verbesserten Leistung und einem gemeinsamen Verständnis führt. Diese Zusammenarbeit fördert gegenseitiges Vertrauen und Zuverlässigkeit und macht KI-Systeme kompatibler mit den Bedürfnissen, Werten und Zielen der menschlichen Nutzer.

Darüber hinaus verbessert die Erklärbarkeit die rechtlichen und ethischen Überlegungen zum Einsatz von KI. Angesichts zahlreicher Vorschriften und Rechte zum Schutz der Privatsphäre des Einzelnen und zur Verhinderung von Diskriminierung sind transparente und rechenschaftspflichtige KI-Systeme eine Notwendigkeit. Erklärbare KI hilft dabei, Voreingenommenheit zu vermeiden, Fairness zu gewährleisten und die Ergebnisse von KI-Systemen rechtlich zu rechtfertigen.

In den folgenden Kapiteln werden wir verschiedene Methoden und Techniken untersuchen, die zur erklärbaren KI beitragen. Wir werden uns mit modellunabhängigen Ansätzen, regelbasierten Systemen und interpretierbaren Deep-Learning-Modellen befassen. Darüber hinaus werden wir reale Anwendungen von erklärbarer KI, ihre Herausforderungen und die laufenden Forschungsbemühungen zur Erweiterung der Grenzen der Interpretierbarkeit untersuchen.

Auf dem Weg zum Verständnis und zur Nutzung des

Potenzials erklärbarer KI laden wir Sie ein, mit uns gemeinsam zu erkunden, wie Erklärbarkeit die Beziehung zwischen Mensch und Maschine verändert. Im nächsten Teil dieses Kapitels werden wir uns eingehender mit den grundlegenden Konzepten und Ansätzen der erklärbaren KI befassen. Machen Sie sich bereit, die Geheimnisse der KI-Entscheidungsfindung zu entschlüsseln und sich in der Welt der intelligenten Maschinen zurechtzufinden.erklärbare KI (XAI) sorgt nicht nur für Transparenz und Verständnis der KI-Entscheidungsfindung, sondern fördert auch die Zusammenarbeit zwischen Menschen und Maschinen. Durch die Schaffung einer Grundlage des Vertrauens und der Verlässlichkeit ermöglicht erklärbare KI den Nutzern, das Verhalten von KI-Systemen aktiv mitzugestalten. Dieser kollaborative Ansatz führt zu einer verbesserten Leistung, einem gemeinsamen Verständnis und einer erhöhten Kompatibilität mit den Bedürfnissen, Werten und Zielen der menschlichen Nutzer.

Da KI-Technologien immer weiter fortschreiten und sich in verschiedenen Bereichen durchsetzen, müssen rechtliche und ethische Überlegungen im Zusammenhang mit ihrem Einsatz unbedingt berücksichtigt werden. Angesichts der geltenden Vorschriften zum Schutz der Privatsphäre und zur Verhinderung von Diskriminierung sind transparente und rechenschaftspflichtige KI-Systeme erforderlich. Erklärbare KI spielt eine entscheidende Rolle bei der Vermeidung von Voreingenommenheit, der Gewährleistung von Fairness und der rechtlichen Vertretbarkeit der Ergebnisse von KI-Systemen. Durch die Offenlegung des Entscheidungsfindungsprozesses können die Nutzer etwaige Voreingenommenheiten, Fehler oder ethische Bedenken, die in den KI-Modellen enthalten sind, erkennen und korrigieren.

In den folgenden Kapiteln werden wir uns mit verschiedenen Methoden und Techniken befassen, die zur erklärbaren KI beitragen. Dazu gehören modellagnostische Ansätze, regelbasierte Systeme und interpretierbare Deep-Learning-Modelle. Jeder dieser Ansätze bietet einzigartige Einblicke in das Verständnis und die Erklärung der Gründe, die hinter den Entscheidungen der KI stehen. Wir werden ihre Stärken, Grenzen und realen Anwendungen untersuchen, um die praktischen Auswirkungen von erklärbarer KI aufzuzeigen.

Modellagnostische Ansätze sind eine breite Kategorie von Methoden, die darauf abzielen, Erklärungen für jedes beliebige KI-Modell zu liefern. Diese Ansätze konzentrieren sich auf Post-hoc-Erklärungen, d. h. sie erfordern keine Änderungen an den zugrunde liegenden KI-Modellen selbst. Stattdessen analysieren sie das Verhalten und den Output des Modells, um Erklärungen zu generieren. Techniken wie LIME (Local Interpretable Model-Agnostic Explanations) und SHAP (Shapley Additive ExPlanations) werden häufig eingesetzt, um die Bedeutung verschiedener Merkmale und deren Beitrag zum Entscheidungsprozess des Modells hervorzuheben.

Bei regelbasierten Systemen hingegen werden für den Menschen lesbare Regeln oder logische Ausdrücke erstellt, die die Entscheidungslogik der KI-Modelle erfassen. Diese regelbasierten Erklärungen bieten eine besser interpretierbare Darstellung des Verhaltens des KI-Systems, so dass es für den Menschen einfacher ist, dessen Argumentation zu verstehen und zu validieren. Ansätze wie Entscheidungsbäume und Regellisten werden häufig verwendet, um solche Erklärungen zu erstellen.

Interpretierbare Deep-Learning-Modelle zielen darauf ab, KI-Systeme zu entwickeln, die von Natur aus erklärbar sind. Während herkömmliche tiefe neuronale Netze aufgrund ihrer komplexen Struktur und hohen Dimensionalität oft als Blackboxen betrachtet werden, sind interpretierbare Modelle auf Transparenz ausgelegt. Diese Modelle enthalten Techniken wie Aufmerksamkeitsmechanismen, die die auffälligsten Merkmale oder Regionen der Eingabedaten hervorheben, die zur Entscheidung des Modells beitragen. Durch die

Visualisierung und das Verständnis dieses Prozesses erhalten die Benutzer Einblicke in die innere Funktionsweise des KI-Systems.

Reale Anwendungen von erklärbarer KI erstrecken sich über verschiedene Bereiche, darunter das Gesundheitswesen, das Finanzwesen und das Recht. Im Gesundheitswesen kann erklärbare KI medizinischen Fachkräften bei der Diagnose und der Empfehlung von Behandlungen helfen. Durch die Bereitstellung verständlicher Erklärungen für die KI-Empfehlungen können Ärzte fundiertere Entscheidungen treffen und besser mit den Patienten kommunizieren. Im Finanzwesen kann erklärungsfähige KI Finanzinstituten helfen, die Kreditwürdigkeit zu beurteilen, Betrug aufzudecken und Investitionsentscheidungen zu treffen. Durch das Verständnis der Faktoren, die für diese Entscheidungen ausschlaggebend sind, können die Nutzer Fairness gewährleisten und Verzerrungen vermeiden. In ähnlicher Weise kann erklärbare KI im juristischen Bereich bei der Rechtsforschung, der Vertragsanalyse und der Vorhersage von Ergebnissen helfen. Indem sie Erklärungen für die KI-Entscheidungen liefern, können Juristen für Transparenz sorgen und ethische Standards einhalten.

Trotz der Fortschritte auf dem Gebiet der erklärbaren KI bleiben Herausforderungen bestehen. Das Gleichgewicht zwischen Genauigkeit und Interpretierbarkeit ist eine fundamentale Herausforderung, die im Mittelpunkt der KI-Forschung steht. Hochgradig interpretierbare Modelle können einen Teil der Vorhersageleistung opfern, während komplexe Modelle weniger interpretierbar sein können. Das richtige Gleichgewicht zu finden ist entscheidend, um sicherzustellen, dass die Nutzer den Entscheidungen des KI-Systems vertrauen und sie nachvollziehen können, ohne dass die Effektivität des Systems darunter leidet.

Laufende Forschungsarbeiten im Bereich der erklärbaren KI verschieben die Grenzen der Interpretierbarkeit weiter.

Forscher erforschen neue Techniken, Algorithmen und Bewertungsmetriken, um Transparenz und Verständnis weiter zu verbessern. Wenn wir mit diesen Fortschritten Schritt halten und uns ihrer Auswirkungen bewusst sind, können wir uns im Bereich der intelligenten Maschinen besser zurechtfinden und die Vorteile der KI-Technologie nutzen, ohne die Kontrolle und ethische Verantwortung zu verlieren.

Zum Abschluss dieses einführenden Kapitels laden wir Sie ein, sich auf die Reise zu begeben, um das Potenzial der erklärbaren KI zu verstehen und zu nutzen. Indem wir die Geheimnisse der KI-Entscheidungsfindung enträtseln, können wir uns in dieser Welt der intelligenten Maschinen besser zurechtfinden. Gemeinsam können wir die Kluft zwischen Menschen und Maschinen überbrücken und eine harmonische Partnerschaft aufbauen, die die Stärken beider Parteien nutzt. Lassen Sie uns also tiefer in die grundlegenden Konzepte und Ansätze der erklärbaren KI eintauchen und die faszinierende Welt erkunden, die sie uns eröffnet.

Abschnitt 2: Verständnis von AI und Erklärbarkeit

Künstliche Intelligenz (KI) ist nun schon seit mehreren Jahrzehnten Teil unseres Lebens und beeinflusst zahlreiche Aspekte unseres Alltags. Von Sprachassistenten, die mit uns interagieren, bis hin zu Empfehlungssystemen, die uns bei unseren Entscheidungen unterstützen, ist KI heute allgegenwärtiger als je zuvor. Da KI jedoch zunehmend in wichtige Entscheidungsprozesse eingebunden wird, stellt sich eine dringende Frage: Wie können wir KI-Systemen vertrauen und uns auf sie verlassen, wenn wir nicht verstehen, wie sie zu ihren Schlussfolgerungen kommen?

In diesem Kapitel sollen die Grundlagen der KI und das Konzept der Erklärbarkeit erörtert werden, um zu verdeutlichen, warum es für Menschen wichtig ist, zu verstehen, wie Maschinen Entscheidungen treffen. Indem wir die innere Funktionsweise von KI aufdecken, können wir die Kluft zwischen Menschen und Maschinen überbrücken und Vertrauen und Verständnis fördern.

Bevor wir uns mit den Besonderheiten der Erklärbarkeit befassen, sollten wir ein grundlegendes Verständnis der KI selbst entwickeln. Im Kern bezieht sich KI auf die Fähigkeit von Maschinen, Aufgaben auszuführen, die normalerweise menschliche Intelligenz erfordern würden. Ob es nun darum geht, Muster zu erkennen, Vorhersagen zu treffen oder sogar Schach zu spielen - KI-Algorithmen zielen darauf ab, menschliche kognitive Funktionen nachzuahmen.

Eines der wichtigsten Merkmale der KI ist ihre Fähigkeit, aus Daten zu lernen. Algorithmen des maschinellen Lernens (ML), ein Teilbereich der KI, ermöglichen es Systemen, ihre Leistung zu verbessern, indem sie großen Datenmengen ausgesetzt werden. Bei diesem Prozess, der als Training bezeichnet wird, wird der Algorithmus mit Beispielen gefüttert, damit er Muster, Korrelationen und Regeln erkennen kann. Das trainierte Modell kann dann auf der Grundlage neuer, ungesehener Daten Vorhersagen treffen oder Entscheidungen treffen und weist somit einen Aspekt von Intelligenz auf.

Da KI-Algorithmen jedoch immer komplexer werden, arbeiten sie oft als Blackboxen, was es für den Menschen schwierig macht, ihren Entscheidungsprozess nachzuvollziehen. Dieser Mangel an Transparenz gibt Anlass zur Sorge, insbesondere in kritischen Bereichen wie dem Gesundheitswesen, dem Finanzwesen und der Strafjustiz, wo die Auswirkungen einer fehlerhaften Entscheidung erheblich sein können.

An dieser Stelle kommt das Konzept der erklärbaren KI ins Spiel. Erklärbarkeit bezieht sich auf die Fähigkeit von KI-Systemen, verständliche Erklärungen für ihre Entscheidungen zu liefern. Durch die Entmystifizierung des Entscheidungsprozesses ermöglicht erklärbare KI den Menschen, die von Maschinenalgorithmen erzeugten Ergebnisse zu validieren und ihnen zu vertrauen.

Die Erläuterung von KI-Entscheidungen kann je nach Kontext und Komplexität des Algorithmus verschiedene Formen annehmen. In einigen Fällen kann es sich um eine einfache Erklärung handeln, etwa durch Hervorhebung relevanter Merkmale oder Faktoren, die das KI-Modell berücksichtigt hat. Ein KI-System für das Gesundheitswesen, das einen Patienten diagnostiziert, könnte zum Beispiel eine Erklärung liefern, indem es die wichtigsten Symptome und medizinischen Aufzeichnungen nennt, die zu seiner Entscheidung geführt haben.

In komplizierteren Fällen, in denen KI-Modelle auf Deep Learning oder neuronalen Netzen beruhen, wird die Erklärbarkeit schwieriger. Diese Modelle lernen hierarchische Darstellungen von Daten, so dass es schwierig ist, das genaue Grundprinzip hinter einer bestimmten Entscheidung zu ermitteln. Forscher entwickeln aktiv Techniken, um die Erklärbarkeit solcher Modelle zu verbessern, so dass sie Einblicke in die erlernten Muster und Entscheidungsfaktoren geben können.

Die Forderung nach erklärbarer KI ergibt sich aus der dringenden Notwendigkeit, Fairness, Transparenz und Verantwortlichkeit in Entscheidungsprozessen zu gewährleisten. Da KI gesellschaftliche Bereiche wie Einstellungen, Kreditvergabe und Strafjustiz durchdringt, ist es wichtig zu verstehen, wie Vorurteile und diskriminierende Muster diese Systeme unbeabsichtigt durchdringen können. Durch Erklärbarkeit können wir diese Vorurteile aufdecken, ihre Auswirkungen bewerten und sie korrigieren, um gerechte Ergebnisse zu erzielen.

Darüber hinaus dient die Erklärbarkeit auch als Instrument zur Verbesserung der Benutzerfreundlichkeit von KI-Systemen. Damit Menschen Maschinen vertrauen und mit ihnen zusammenarbeiten können, ist das Verständnis der zugrunde liegenden Logik entscheidend. Erklärbare KI gibt Aufschluss darüber, warum ein KI-System zu einer bestimmten Entscheidung gekommen ist, und ermöglicht es den Nutzern, das System zu korrigieren oder ihm Feedback zu geben, wodurch die Leistung des Systems iterativ verbessert wird.

In dieser sich ständig weiterentwickelnden KI-Landschaft ebnet das Verständnis der Grundlagen und der Notwendigkeit von Erklärbarkeit den Weg für eine verantwortungsvolle Entwicklung und den Einsatz von KI-Systemen. Da Menschen und Maschinen zusammenarbeiten, sind Vertrauen und Transparenz von entscheidender Bedeutung, um das Potenzial der KI für fundierte, faire und verantwortungsvolle Entscheidungen zu nutzen.

Da die KI immer weiter voranschreitet und verschiedene Branchen durchdringt, wird der Bedarf an erklärbarer KI immer deutlicher. In der zweiten Hälfte dieses Kapitels werden wir tiefer in die Feinheiten der Erklärbarkeit eintauchen und die Techniken untersuchen, die entwickelt werden, um unser Verständnis von KI-Entscheidungsprozessen zu verbessern.

Erklärbare KI (XAI) umfasst eine Reihe von Ansätzen und Methoden, die darauf abzielen, die Gründe für die Entscheidungen von KI-Systemen aufzudecken. Eine einfache Möglichkeit, Erklärbarkeit zu erreichen, ist die Verwendung der Bedeutung von Merkmalen. Durch die Identifizierung und Hervorhebung der relevanten Merkmale oder Faktoren, die von einem KI-Modell berücksichtigt werden, können wir Einblicke in seinen Entscheidungsprozess gewinnen. In einem System zur Bewilligung von Finanzkrediten könnte das Modell beispielsweise erklären, dass die Kreditgeschichte, das Einkommen und der Beschäftigungsstatus eines Antragstellers die wichtigsten Faktoren für die Entscheidung waren.

Bei komplexeren KI-Modellen wie Deep Learning oder neuronalen Netzen wird die Erklärbarkeit jedoch zu einer schwierigen Aufgabe. Diese Modelle lernen komplexe hierarchische Darstellungen von Daten, so dass es schwierig ist, die genaue Begründung für eine bestimmte Entscheidung zu ermitteln. Um dieser Herausforderung zu begegnen, erforschen Forscher aktiv Techniken zur Verbesserung der Erklärbarkeit solcher Modelle.

Ein neuer Ansatz ist die Verwendung der schichtweisen Relevanzausbreitung (LRP), einer Technik, die verschiedenen Eingangsmerkmalen oder Neuronen auf der Grundlage ihres Beitrags zur endgültigen Vorhersage Relevanzwerte zuweist. LRP ermöglicht es uns zu verstehen, welche Teile der Eingabedaten die Entscheidung des KI-Modells beeinflusst haben. Diese Technik bietet Einblicke in die gelernten Muster und Entscheidungsfaktoren innerhalb von Deep-Learning-Modellen und hilft bei der Interpretation ihrer Entscheidungen.

Ein weiterer Ansatz, der sich immer mehr durchsetzt, ist die Verwendung von Ersatzmodellen (Surrogate). Surrogatmodelle sind vereinfachte, interpretierbare Modelle, die das Verhalten komplexer KI-Modelle annähernd wiedergeben. Diese Modelle können transparente Erklärungen liefern, indem sie die Eingabemerkmale auf die Ausgabevorhersagen abbilden. Surrogatmodelle fungieren als Stellvertreter für die Black-Box-KI-Modelle und ermöglichen es uns, ihren Entscheidungsprozess zu verstehen.

Zusätzlich zu diesen Techniken kann die Erklärbarkeit auch durch den Einsatz interaktiver Explorationswerkzeuge erreicht werden. Diese Werkzeuge ermöglichen es den Benutzern, mit KI-Modellen zu interagieren und ihren Entscheidungsprozess auf eine intuitivere und verständlichere Weise zu erkunden. Durch die Visualisierung der wichtigen Merkmale, der Entscheidungsgrenzen und der zugrundeliegenden Beziehungen können die Benutzer ein tieferes Verständnis für die Entscheidungen des KI-Systems gewinnen.

Die Bedeutung der Erklärbarkeit geht über das reine

Verstehen hinaus. Sie spielt eine entscheidende Rolle bei der Gewährleistung von Fairness und Verantwortlichkeit in KI-Systemen. Wenn KI mit Entscheidungen in Bereichen wie Personaleinstellung, Kreditvergabe und Strafjustiz betraut wird, besteht die Gefahr von Voreingenommenheit und Diskriminierung. Erklärbare KI dient als Mechanismus, um diese Vorurteile aufzudecken, ihre Auswirkungen zu bewerten und sie zu korrigieren, was zu gerechteren Ergebnissen führt.

Darüber hinaus verbessert die Erklärbarkeit auch die Benutzerfreundlichkeit von KI-Systemen. Damit Menschen Maschinen vertrauen und effektiv mit ihnen zusammenarbeiten können, ist das Verständnis der zugrunde liegenden Logik entscheidend. Erklärbare KI gibt nicht nur Aufschluss darüber, warum ein KI-System zu einer bestimmten Entscheidung gekommen ist, sondern ermöglicht es den Nutzern auch, Feedback zu geben und potenzielle Fehler zu korrigieren, wodurch die Leistung des Systems iterativ verbessert werden kann.

In dieser sich rasch entwickelnden KI-Landschaft ebnet das Verständnis der Grundlagen und der Notwendigkeit von Erklärbarkeit den Weg für eine verantwortungsvolle Entwicklung und den Einsatz von KI-Systemen. Sie fördert das Vertrauen und die Transparenz zwischen Menschen und Maschinen und stellt sicher, dass KI-Entscheidungen fundiert, fair und verantwortungsbewusst sind.

Da wir die Kluft zwischen Menschen und Maschinen immer weiter überbrücken, wird die Erforschung der Erklärbarkeit von KI zu einem ständigen Unterfangen. Forscher und Praktiker arbeiten aktiv zusammen, um neue Techniken, Werkzeuge und Rahmenwerke zu entwickeln, die die Erklärbarkeit von KI-Systemen verbessern. Indem wir eine Zukunft anstreben, in der KI-Entscheidungen nicht nur präzise, sondern auch verständlich sind, können wir das volle Potenzial der KI nutzen und gleichzeitig potenzielle Risiken minimieren.

Zusammenfassend lässt sich sagen, dass erklärbare KI ein wichtiger Aspekt des sich entwickelnden Bereichs der künstlichen Intelligenz ist. Durch Techniken wie Merkmalsbedeutung, schichtweise Relevanzausbreitung, Ersatzmodelle und interaktive Explorationswerkzeuge können wir den Entscheidungsprozess komplexer KI-Modelle entschlüsseln. Die Forderung nach Erklärbarkeit ergibt sich aus dem Bedürfnis nach Fairness, Transparenz und Verantwortlichkeit in der KI-Entscheidungsfindung bei gleichzeitiger Verbesserung der Benutzerfreundlichkeit und Vertrauenswürdigkeit von KI-Systemen. Wenn wir uns in der komplexen Landschaft der KI zurechtfinden, können wir durch das Verständnis der Grundlagen und der Bedeutung von Erklärbarkeit die Kluft zwischen Menschen und Maschinen überbrücken und eine fruchtbare Zusammenarbeit fördern, die die Stärken beider Seiten nutzt.

Abschnitt 3: Herausforderungen bei der Entwicklung erklärbarer KI

Künstliche Intelligenz (KI) hat in den letzten Jahren bemerkenswerte Fortschritte gemacht, Branchen verändert und die menschlichen Fähigkeiten erweitert. Da KI-Systeme jedoch immer komplexer werden, stellt sich eine dringende Frage: Wie können wir die Kluft zwischen Mensch und Maschine überbrücken? Wie können wir KI-Systeme entwickeln, die dem Menschen ihre Entscheidungen und ihr Verhalten erklären können? Dieses Kapitel befasst sich mit den Herausforderungen, die sich bei der Entwicklung erklärbarer KI stellen, und untersucht die Hindernisse, die ihrer Entwicklung im Wege stehen.

Eine der größten Herausforderungen bei der Entwicklung erklärbarer KI liegt in der Komplexität der zugrunde liegenden Algorithmen. Moderne KI-Algorithmen, wie z. B. tiefe neuronale Netze, bestehen oft aus Millionen, wenn nicht Milliarden von Parametern. Diese komplizierten Modelle sind in der Lage, komplexe Muster zu lernen und genaue Vorhersagen zu treffen. Ihr Innenleben bleibt jedoch undurchsichtig, so dass es für den Menschen schwierig ist, ihre Entscheidungsprozesse nachzuvollziehen. Wenn also ein KI-System einen Kreditantrag als "hochriskant" einstuft oder eine Krankheit diagnostiziert, wird die Erklärung dafür zu einer gewaltigen Aufgabe. Diese mangelnde Interpretierbarkeit stellt ein großes Hindernis bei der Überbrückung der Kluft zwischen Mensch und KI dar.

Neben der Komplexität der Algorithmen ist die mangelnde Interpretierbarkeit der KI-Modelle eine weitere Herausforderung bei der Entwicklung erklärbarer KI. KI-Systeme können zwar genaue Ergebnisse liefern, aber es ist ebenso wichtig zu verstehen, wie sie zu diesen Schlussfolgerungen kommen. Die Menschen müssen den KI-Systemen, mit denen sie interagieren, vertrauen, insbesondere in kritischen Bereichen wie dem Gesundheits- oder Finanzwesen. Ohne eine Erklärung für ihre Entscheidungen können KI-Systeme als Blackboxen wahrgenommen werden, was zu Skepsis und Misstrauen führt. Daher ist die Entwicklung von Methoden zur Auslegung und Interpretation von KI-Modellen unerlässlich, um die Transparenz zu erhöhen und Vertrauen zu schaffen.

Darüber hinaus stellen mögliche Verzerrungen ein weiteres Hindernis auf dem Weg zu einer erklärbaren KI dar. KI-Systeme werden anhand riesiger Datenmengen trainiert, die oft aus realen Quellen stammen. Wenn die Daten, die zum Trainieren dieser Systeme verwendet werden, voreingenommen sind oder Ungleichheiten in der realen Welt widerspiegeln, können die KI-Modelle diese Voreingenommenheit erben und fortführen. Folglich können die von KI-Systemen getroffenen Entscheidungen bestimmte Personen diskriminieren oder bestehende gesellschaftliche Ungleichheiten verstärken. Die Erkennung und Abschwächung von Verzerrungen in KI-Modellen ist eine komplexe Aufgabe, die sorgfältige Überlegungen und ständige Wachsamkeit erfordert, um Fairness und Verantwortlichkeit zu gewährleisten.

Die Bewältigung dieser Herausforderungen erfordert interdisziplinäre Forschung und die Zusammenarbeit von Experten aus den Bereichen KI, Informatik, Ethik und Sozialwissenschaften. Forscher erforschen verschiedene Ansätze, um die Komplexität von KI-Algorithmen zu bewältigen und ihre Interpretierbarkeit zu verbessern. Ein vielversprechender Forschungsbereich ist beispielsweise die Entwicklung von Methoden zur Visualisierung des Entscheidungsprozesses von tiefen neuronalen Netzen. Durch die Visualisierung der Merkmale und Muster, die von diesen Modellen gelernt werden, wollen die Forscher den Nutzern ein besseres Verständnis dafür vermitteln, wie Entscheidungen zustande kommen.

Techniken der Interpretierbarkeit, wie die Extraktion von Regeln, gewinnen ebenfalls an Bedeutung. Diese Methoden zielen darauf ab, die von KI-Modellen erlernten Entscheidungsregeln aufzudecken, damit Menschen die zugrunde liegenden Prinzipien, die ihre Entscheidungen leiten, untersuchen und verstehen können. Darüber hinaus können Ansätze wie die Kausalitätsanalyse dazu beitragen, die wesentlichen Faktoren zu ermitteln, die die Ergebnisse eines KI-Systems beeinflussen, und so die Gründe für seine Entscheidungen zu erhellen.

Das Streben nach erklärbarer KI erfordert auch ethische Überlegungen zur Erkennung und Beseitigung von Verzerrungen in KI-Systemen. Forscher erforschen Methoden zur Verbesserung der Fairness in KI-Modellen, indem sie Trainingsdatensätze sorgfältig kuratieren und mit vielfältigen und repräsentativen Stichproben anreichern. Darüber hinaus werden neue Algorithmen entwickelt, um Voreingenommenheit während der Trainings- und

Einsatzphasen von KI-Systemen zu erkennen und abzuschwächen und so den potenziellen Schaden durch voreingenommene Entscheidungen zu minimieren.

Zusammenfassend lässt sich sagen, dass die Entwicklung erklärbarer KI zahlreiche Herausforderungen mit sich bringt, die es zu bewältigen gilt. Die Komplexität der Algorithmen, die mangelnde Interpretierbarkeit und potenzielle Verzerrungen stellen erhebliche Hindernisse auf dem Weg zu einer nahtlosen Interaktion zwischen Mensch und Maschine dar. Nichtsdestotrotz arbeiten Forscher aus verschiedenen Disziplinen eifrig an der Entwicklung von Methoden, die die Transparenz, Interpretierbarkeit und Fairness von KI-Systemen verbessern. In der zweiten Hälfte dieses Kapitels werden wir aufkommende Lösungen und zukünftige Richtungen bei der Bewältigung dieser Herausforderungen untersuchen, um den Weg für eine besser erklärbare und vertrauenswürdige KI-Landschaft zu ebnen.Das Streben nach erklärbarer KI ist nicht ohne Herausforderungen. In der ersten Hälfte dieses Kapitels haben wir einige der Haupthindernisse untersucht, die die Entwicklung erklärbarer KI behindern, darunter komplexe Algorithmen, mangelnde Interpretierbarkeit und potenzielle Verzerrungen. In der zweiten Hälfte des Kapitels werden wir uns eingehender mit neuen Lösungen und zukünftigen Richtungen befassen, die vielversprechend sind, um diese Herausforderungen zu bewältigen.

Eine neue Lösung zur Bewältigung der Komplexität von KI-Algorithmen ist die Entwicklung von Visualisierungstechniken. Forscher erforschen Methoden zur visuellen Darstellung der Entscheidungsfindungsprozesse von tiefen neuronalen Netzen, die es den Nutzern ermöglichen, besser zu verstehen, wie Entscheidungen getroffen werden. Durch die Visualisierung der von diesen Modellen erlernten Merkmale und Muster erhalten die Nutzer Einblicke in die Faktoren, die am stärksten zum Ergebnis des KI-Systems beitragen. Diese Transparenz trägt dazu bei, Vertrauen in die von KI-Systemen getroffenen Entscheidungen zu schaffen.

Ein weiterer Ansatz, der zunehmend an Bedeutung gewinnt, ist die Verwendung interpretierbarer Modelle oder Methoden zur Extraktion von Regeln. Diese Methoden zielen darauf ab, die von KI-Modellen erlernten Entscheidungsregeln aufzudecken, so dass Menschen die zugrunde liegenden Prinzipien, die ihren Entscheidungen zugrunde liegen, untersuchen und nachvollziehen können. Durch die Extraktion von Regeln können Menschen interpretieren und möglicherweise erklären, wie ein KI-System zu einem bestimmten Ergebnis gekommen ist.

Außerdem ist die Kausalitätsanalyse eine vielversprechende Technik, um die Gründe für KI-Entscheidungen zu verstehen. Dabei werden die kausalen Beziehungen zwischen verschiedenen Faktoren und der Leistung eines KI-Systems ermittelt und analysiert. Durch das Verständnis der kausalen Faktoren, die den Entscheidungsprozess beeinflussen, können KI-Modelle ihre Entscheidungen expliziter begründen, was die Transparenz erhöht und das menschliche Verständnis erleichtert.

Neben der Verbesserung der Interpretierbarkeit von KI-Systemen ist auch der Umgang mit potenziellen Verzerrungen von größter Bedeutung. Forscher entwickeln aktiv Methoden zur Verbesserung der Fairness in KI-Modellen. Dazu gehört die sorgfältige Zusammenstellung von Trainingsdatensätzen und die Sicherstellung, dass sie vielfältige und repräsentative Stichproben enthalten. Durch die Berücksichtigung und Beseitigung von Verzerrungen bei der Datenerfassung und -vorverarbeitung können KI-Modelle so trainiert werden, dass sie gerechtere und unvoreingenommenere Entscheidungen treffen.

Ein weiterer Ansatz zur Abschwächung von Verzerrungen ist die Entwicklung von Algorithmen, die Verzerrungen während der Trainings- und Einsatzphase von KI-Systemen erkennen und abschwächen können. Diese Algorithmen zielen darauf ab, den durch voreingenommene Entscheidungen verursachten potenziellen Schaden zu minimieren. Durch die kontinuierliche Überwachung von KI-Systemen und die Vornahme von Anpassungen können Forscher darauf hinarbeiten, Verzerrungen zu verringern und die Fairness in KI-Entscheidungsprozessen zu erhöhen.

Darüber hinaus ist die interdisziplinäre Zusammenarbeit zwischen Experten aus den Bereichen KI, Informatik, Ethik und Sozialwissenschaften von entscheidender Bedeutung für die Bewältigung der Herausforderungen bei der Entwicklung erklärbarer KI. Durch die Bündelung von Wissen und Fachkenntnissen aus verschiedenen Bereichen können Forscher gemeinsam an der Entwicklung umfassender und ethischer Ansätze für erklärbare KI arbeiten. Ethische Erwägungen wie Transparenz, Fairness und Verantwortlichkeit sollten bei der Entwicklung und dem Einsatz von KI-Systemen im Mittelpunkt stehen, um ihre verantwortungsvolle Nutzung zu gewährleisten und potenziellen Schaden zu minimieren.

Zusammenfassend lässt sich sagen, dass die Entwicklung erklärungsfähiger KI zwar erhebliche Herausforderungen mit sich bringt, Forscher aus verschiedenen Disziplinen jedoch Fortschritte bei der Entwicklung von Lösungen zur Verbesserung der Transparenz, Interpretierbarkeit und Fairness von KI-Systemen erzielen. Visualisierungstechniken, interpretierbare Modelle und Kausalitätsanalysen bieten vielversprechende Wege, um KI-Entscheidungen zu verstehen und den Menschen zu erklären. Darüber hinaus erfordert der Umgang mit Verzerrungen eine sorgfältige Zusammenstellung von Trainingsdatensätzen und die Entwicklung von Algorithmen zur Erkennung und Begrenzung von Verzerrungen. Interdisziplinäre Zusammenarbeit und ethische Erwägungen werden auch in Zukunft von entscheidender Bedeutung sein, um die Kluft zwischen Mensch und Maschine zu überbrücken und eine besser erklärbare und vertrauenswürdige KI-Landschaft zu fördern.

Durch die gemeinsamen Anstrengungen von Forschern und Praktikern können wir den Weg für KI-Systeme ebnen, die nicht nur genaue Vorhersagen und Ergebnisse liefern, sondern auch verständliche Erklärungen für ihre Entscheidungen bieten und so den Menschen die Möglichkeit geben, effektiver mit diesen Technologien zu interagieren.

Abschnitt 4: Techniken zur Entwicklung erklärbarer KI

Da sich die künstliche Intelligenz (KI) in einem noch nie dagewesenen Tempo weiterentwickelt, wird die Frage, wie Entscheidungen von KI-Systemen getroffen werden, und die Notwendigkeit von Transparenz bei diesen Prozessen immer wichtiger. Erklärbare KI (Explainable AI, XAI) zielt darauf ab, die Kluft zwischen Menschen und Maschinen zu überbrücken, indem sie verständliche und interpretierbare Einblicke in den Entscheidungsprozess von KI-Systemen bietet. In diesem Kapitel werden wir verschiedene Ansätze und Techniken untersuchen, die für das Design und die Entwicklung erklärbarer KI-Systeme eingesetzt werden können.

1. Regelbasierte Modelle:

> Eine der grundlegenden Möglichkeiten, erklärbare KI zu schaffen, ist die Verwendung regelbasierter Modelle. Diese Modelle stützen sich auf eine Reihe vordefinierter Regeln, um Entscheidungen zu treffen und Erklärungen zu liefern. Durch die Darstellung von Wissen in Form von Wenn-dann-Regeln stellen diese Modelle sicher, dass der Entscheidungsprozess leicht nachvollziehbar ist und auf bestimmte Regeln zurückgeführt werden kann. Regelbasierte Modelle bieten nicht nur Transparenz, sondern ermöglichen es dem Menschen auch, einzugreifen

und die Regeln bei Bedarf zu ändern, was sie in hohem Maße interpretierbar macht.

2. Transparentes maschinelles Lernen:

Eine weitere Technik zur Entwicklung erklärbarer KI ist der Einsatz transparenter maschineller Lernmethoden. Traditionelle Algorithmen des maschinellen Lernens wie Entscheidungsbäume und lineare Regression sind von Natur aus erklärbar, da sie klare Regeln oder Koeffizienten liefern, die leicht interpretiert werden können. Durch die Verwendung dieser interpretierbaren Algorithmen können KI-Systeme so konzipiert werden, dass sie Erklärungen auf der Grundlage der Merkmale oder Variablen liefern, die ihre Entscheidungen beeinflusst haben. Eine solche Transparenz fördert das Vertrauen und ermöglicht es den Nutzern, die Gründe für die Ergebnisse des Systems zu verstehen.

3. Lokale Erklärungen:

Bei komplexen KI-Modellen wie tiefen neuronalen Netzen kann es eine Herausforderung sein, eine globale Erklärung für ihre Entscheidungen zu liefern. Lokale Erklärungstechniken zielen jedoch darauf ab, dieses Problem zu lösen, indem sie sich auf die Erklärung einzelner Vorhersagen konzentrieren. Methoden wie LIME (Local Interpretable Model-agnostic Explanations) und SHAP (SHapley Additive exPlanations) bieten Einblicke in die Merkmale, die bei einer bestimmten Vorhersage eine entscheidende Rolle gespielt haben. Indem diese einflussreichen Merkmale hervorgehoben werden, können die Nutzer die Entscheidung des Systems in einem lokalen Kontext besser verstehen, was das Vertrauen und die Interpretierbarkeit erhöht.

4. Kontrafaktische Erklärungen:

Kontrafaktische Erklärungen bieten eine alternative Perspektive darauf, wie KI-Systeme zu ihren Entscheidungen kommen. Diese Erklärungen bieten hypothetische Szenarien, indem sie vorschlagen, wie die Änderung bestimmter Merkmale oder Eingaben zu anderen Ergebnissen führen könnte. Indem sie den Nutzern alternative Wege aufzeigen, helfen ihnen kontrafaktische Erklärungen, die Ursachen und Auswirkungen verschiedener Entscheidungen zu verstehen und fördern ein tieferes Verständnis für den Entscheidungsprozess des KI-Systems. Diese Technik fördert das kritische Denken und erhöht die allgemeine Transparenz des KI-Systems.

5. Visuelle Erklärungen:

Der Mensch ist ein sehr visuelles Wesen, und die Einbeziehung visueller Erklärungen in KI-Systeme kann deren Interpretierbarkeit erheblich verbessern. Techniken wie Saliency Maps, Heatmaps und integrierte Gradienten ermöglichen es den Nutzern zu verstehen, welche Teile einer Eingabe am stärksten zu einer Entscheidung beitragen. Durch die Visualisierung der Bedeutung verschiedener Merkmale können KI-Systeme den Nutzern die Gründe für ihre Ergebnisse effektiv vermitteln. Visuelle Erklärungen bieten eine intuitive und leicht verständliche Möglichkeit, die Kluft zwischen komplexen KI-Modellen und dem menschlichen Verständnis zu überbrücken.

Zusammenfassend lässt sich sagen, dass die Entwicklung erklärungsfähiger KI die Anwendung verschiedener Techniken erfordert, bei denen Transparenz und Interpretierbarkeit im Vordergrund stehen. Regelbasierte Modelle bieten einen klaren und interpretierbaren Rahmen für die Entscheidungsfindung, während transparente Methoden des maschinellen Lernens dafür sorgen, dass die Argumentation hinter den Ergebnissen von KI-Systemen leicht nachvollziehbar ist. Lokale Erklärungen, kontrafaktische Erklärungen und visuelle Erklärungen bieten weitere Einblicke in einzelne Vorhersagen, hypothetische Szenarien und die Bedeutung verschiedener Merkmale.

Mit der Weiterentwicklung dieser Techniken überbrückt erklärbare KI immer mehr die Kluft zwischen Mensch und Maschine. In der zweiten Hälfte dieses Kapitels werden wir uns mit weiteren Methoden und Fortschritten auf dem Gebiet der XAI befassen und ein umfassendes Verständnis dafür entwickeln, wie Erklärbarkeit in KI-Systemen erreicht werden kann. Bleiben Sie dran für die Fortsetzung dieses Kapitels, in der wir innovative Ansätze erkunden werden, die die Transparenz und Interpretierbarkeit von KI weiter verbessern.6. Modellgnostische Erklärungen: Während regelbasierte Modelle und transparente Methoden des maschinellen Lernens wertvolle Einblicke in den Entscheidungsprozess von KI-Systemen bieten, sind sie möglicherweise nicht für alle Szenarien geeignet. Modellagnostische Erklärungstechniken bieten einen flexibleren Ansatz, indem sie Erklärungen liefern, die unabhängig von dem verwendeten KI-Modell sind. Diese Techniken konzentrieren sich auf die Extraktion von Erklärungen auf der Grundlage der Input-Output-Beziehung des Modells und nicht auf die interne Funktionsweise des Modells selbst.

Eine beliebte modellagnostische Erklärungsmethode ist **LIME** (Local Interpretable Model-agnostic Explanations). LIME erzeugt lokale Erklärungen durch Annäherung an das Verhalten des zugrunde liegenden KI-Modells mithilfe interpretierbarer Modelle, wie z. B. lineare Regression oder Entscheidungsbäume. Es stört die Eingabedaten, um einen Datensatz ähnlicher Instanzen zu erstellen, und baut dann ein interpretierbares Modell auf, um die Vorhersagen für diese gestörten Instanzen zu erklären. Durch die Untersuchung der Gewichtungen oder der Bedeutung der Merkmale, die das interpretierbare Modell zuweist, können die Benutzer Einblicke in die Faktoren gewinnen, die die Entscheidung des KI-Modells für eine bestimmte Eingabe beeinflussen.

Eine weitere erwähnenswerte modellagnostische Methode ist

SHAP (SHapley Additive exPlanations). SHAP basiert auf spieltheoretischen Konzepten und liefert Erklärungen auf der Grundlage des Beitrags einzelner Merkmale zur Vorhersage des KI-Modells. Es berechnet die Shapley-Werte, die den durchschnittlichen marginalen Beitrag eines Merkmals über alle möglichen Merkmalskombinationen hinweg darstellen, um jedem Merkmal Bedeutung zuzuweisen. Durch das Verständnis der Auswirkung jedes Merkmals auf die Vorhersage erhalten die Nutzer ein tieferes Verständnis für den Entscheidungsprozess des KI-Systems.

7. Ensemble-Methoden:

Ensemble-Methoden kombinieren mehrere KI-Modelle, um die Vorhersageleistung zu verbessern. Diese Methoden können jedoch auch die Erklärbarkeit verbessern, indem sie die Interpretierbarkeit der einzelnen Modelle innerhalb des Ensembles nutzen. Durch die Anwendung modellunabhängiger Erklärungstechniken wie LIME oder SHAP auf jedes Modell im Ensemble ist es möglich, Erklärungen für die kollektive Entscheidung des Ensembles zu extrahieren.

Ensemble-Methoden, wie z. B. Random Forests oder Gradient Boosting, bestehen aus mehreren Entscheidungsbäumen, die über die endgültige Vorhersage abstimmen. Durch die Untersuchung der Erklärungen, die von jedem einzelnen Entscheidungsbaum innerhalb des Ensembles geliefert werden, können die Benutzer verstehen, wie verschiedene Aspekte der Eingabe zur Entscheidung des Ensembles beitragen.

8. Bereichsspezifische Beschränkungen:

Für bestimmte Bereiche können zusätzliche Beschränkungen angewendet werden, um besser erklärbare KI-Modelle zu entwickeln. Diese Einschränkungen sind spezifisch für den Problembereich und zielen darauf ab, den Entscheidungsfindungsprozess des KI-Systems mit dem menschlichen Denken in Einklang zu bringen.

So ist es beispielsweise im medizinischen Bereich von entscheidender Bedeutung, dass KI-Systeme Erklärungen liefern, die mit dem medizinischen Wissen vereinbar sind. Durch die Einbeziehung bereichsspezifischer Einschränkungen in das KI-Modell, wie z. B. medizinische Leitlinien oder klinische Regeln, kann das System Erklärungen generieren, die mit den Erwartungen von Medizinern übereinstimmen. Dies verbessert nicht nur die Interpretierbarkeit des KI-Systems, sondern erhöht auch das Vertrauen und die Akzeptanz der Nutzer.

9. Der Mensch im Kreislauf:

Die Einbeziehung menschlicher Experten in die Entwicklung und den Einsatz eines KI-Systems kann die Erklärbarkeit des Systems erheblich verbessern. Durch die Einbeziehung des Feedbacks und der Erkenntnisse von Fachleuten können KI-Modelle kontinuierlich verfeinert werden, um sicherzustellen, dass ihre Erklärungen mit dem menschlichen Verständnis übereinstimmen.

Human-in-the-Loop-Ansätze beinhalten die Integration menschlicher Beiträge in verschiedenen Phasen, z. B. beim Modelldesign, der Datenerfassung, der Entwicklung von Merkmalen und der Bewertung. Durch die aktive Einbeziehung des Menschen in die Entwicklung des KI-Systems wird es einfacher, den Entscheidungsprozess des Systems zu verstehen und zu validieren. Außerdem fördert eine solche Zusammenarbeit die Transparenz, die Verantwortlichkeit und das Vertrauen zwischen Mensch und Maschine.

10. Bewertung und Validierung:

Um die Effektivität und Zuverlässigkeit erklärungsfähiger KI-Systeme zu gewährleisten, ist es unerlässlich, Bewertungs- und Validierungsrahmen zu schaffen. Diese Rahmen zielen darauf ab, die Qualität der von KI-Systemen gelieferten Erklärungen zu bewerten und ihre Übereinstimmung mit menschlichen Erwartungen zu überprüfen.

Zu den Bewertungsmaßstäben für erklärungsbedürftige KI können Metriken wie Treue gehören, die messen, wie gut die Erklärungen das Verhalten des zugrundeliegenden KI-Modells widerspiegeln, und Verständlichkeit, die die Leichtigkeit bewertet, mit der Menschen die Erklärungen verstehen können. Durch die Durchführung einer strengen Bewertung und Validierung können Entwickler die Erklärbarkeit ihrer KI-Systeme iterativ verbessern.

Zusammenfassend lässt sich sagen, dass Techniken zur Entwicklung erklärungsfähiger KI ein breites Spektrum an Ansätzen umfassen, bei denen Transparenz, Interpretierbarkeit und menschliches Verständnis im Vordergrund stehen. Modell-agnostische Erklärungsmethoden wie LIME und SHAP bieten Flexibilität bei der Bereitstellung von Erklärungen für verschiedene KI-Modelle. Ensemble-Methoden und domänenspezifische Einschränkungen verbessern die Erklärbarkeit weiter, indem sie die Interpretierbarkeit der einzelnen Modelle nutzen und Domänenwissen einbeziehen. Human-in-the-Loop-Ansätze und Evaluierungsrahmen gewährleisten eine kontinuierliche Verfeinerung und Validierung erklärungsfähiger KI-Systeme.

Durch den Einsatz dieser Techniken überbrückt erklärbare KI die Kluft zwischen Mensch und Maschine und fördert Vertrauen, Verantwortlichkeit und Verständnis. Mit dem weiteren Fortschritt der KI wird die Suche nach besseren Erklärungen zwingend notwendig bleiben, damit wir das volle Potenzial der KI nutzen und gleichzeitig eine menschenzentrierte Entscheidungsfindung gewährleisten können.

Abschnitt 5: Implikationen und zukünftige Wege

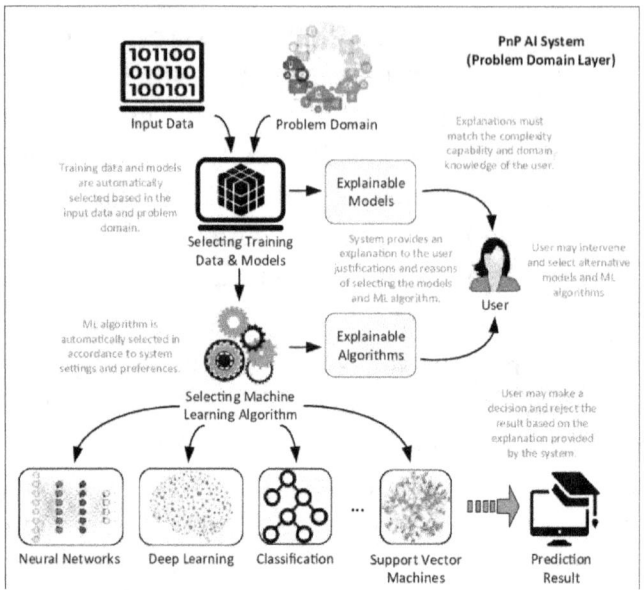

Die erklärbare KI (Explainable AI, **XAI**) hat in verschiedenen Sektoren rasch an Bedeutung gewonnen und die Art und Weise, wie Menschen mit Maschinen interagieren, revolutioniert. Angesichts der fortschreitenden Entwicklung von KI-Technologien ist es von entscheidender Bedeutung, die Auswirkungen von XAI in verschiedenen Bereichen zu erforschen und zukünftige Fortschritte ins Auge zu fassen, die die Kluft zwischen Mensch und Maschine weiter überbrücken können. Bei solchen Fortschritten müssen jedoch auch ethische Überlegungen und gesellschaftliche Auswirkungen berücksichtigt werden. Dieses Kapitel befasst sich mit den tiefgreifenden Auswirkungen von XAI und ihrem Potenzial für die Gestaltung unserer Zukunft.

Die Auswirkungen von XAI auf das Gesundheitswesen sind sowohl vielversprechend als auch transformativ. Mit der Implementierung von KI in medizinische Diagnosen und Behandlungsempfehlungen ermöglicht XAI den Fachleuten im Gesundheitswesen, den Entscheidungsprozess von KI-Algorithmen zu verstehen. Durch die Bereitstellung transparenter Erklärungen kann XAI das Vertrauen der Ärzte stärken, was letztlich zu einer besseren Patientenversorgung führt. Erfreulicherweise hat die Forschung gezeigt, dass KI-gestützte Systeme dabei helfen können, genaue Diagnosen zu stellen, medizinische Fehler zu reduzieren und sogar potenzielle neue Behandlungsoptionen zu identifizieren. Folglich hat XAI das Potenzial, das Gesundheitswesen zu revolutionieren, indem sie die Fähigkeiten der KI-Technologie mit dem menschlichen Fachwissen der medizinischen Fachkräfte kombiniert.

In der Finanzbranche birgt XAI ein immenses Potenzial, da sie das Vertrauen und die Transparenz stärkt. In den letzten Jahren hat sich der Einsatz von KI-Algorithmen für den Handel, die Risikobewertung und Anlageempfehlungen immer mehr durchgesetzt. Die Undurchsichtigkeit dieser Algorithmen hat jedoch Bedenken hinsichtlich Voreingenommenheit, Fairness und Verantwortlichkeit aufgeworfen. XAI geht auf diese Bedenken ein, indem es klare Erklärungen für die von KI-Systemen getroffenen Entscheidungen liefert. Durch das Verständnis der zugrunde liegenden Faktoren, die von KI-Algorithmen berücksichtigt werden, können Finanzfachleute sicherstellen, dass diese Algorithmen mit rechtlichen und ethischen Richtlinien übereinstimmen. Darüber hinaus trägt die von XAI gebotene Transparenz dazu bei, das Vertrauen zwischen Finanzinstituten und ihren Kunden zu stärken. Folglich kann die Einführung von XAI den Weg für eine verantwortungsvollere und zuverlässigere Finanzbranche ebnen.

Über das Gesundheits- und Finanzwesen hinaus erstreckt sich das Potenzial von XAI auf verschiedene Bereiche wie autonome Fahrzeuge, Bildung und Kundenservice. Im Bereich der autonomen Fahrzeuge spielt XAI eine entscheidende Rolle, wenn es darum geht, dass Menschen verstehen, wie und warum Entscheidungen getroffen werden, was das Vertrauen und die Akzeptanz dieser Technologien fördert. Im Bildungsbereich kann XAI Lernerfahrungen für Schüler personalisieren, indem sie detaillierte Erklärungen für Bildungsempfehlungen liefert und Lehrern dabei hilft, die Stärken und Schwächen der Schüler zu erkennen. Im Kundendienst kann XAI die Erfahrungen der Benutzer verbessern, indem sie die Gründe für Empfehlungen erläutert oder Beschwerden löst. Der Einsatz von XAI in diesen Bereichen verbessert nicht nur die Effizienz, sondern fördert auch einen auf den Menschen ausgerichteten Ansatz, der sicherstellt, dass Maschinen das menschliche Urteilsvermögen ergänzen, anstatt es zu ersetzen.

Bei der Nutzung des Potenzials von XAI ist es von entscheidender Bedeutung, die ethischen Implikationen und gesellschaftlichen Auswirkungen zu berücksichtigen, die mit ihrer Umsetzung verbunden sind. Ethische Erwägungen ergeben sich aus den Bedenken in Bezug auf Datenschutz, Voreingenommenheit und Diskriminierung. Obwohl die XAI mehr Transparenz bietet, muss sie auch die privaten Daten des Einzelnen schützen und unbefugten Zugriff verhindern. Darüber hinaus sollten die in den KI-Algorithmen kodierten potenziellen Verzerrungen berücksichtigt werden, um faire und gerechte Ergebnisse für alle Menschen zu gewährleisten. Um eine verantwortungsvolle KI-Entwicklung zu erreichen, müssen sich die Beteiligten aktiv an Diskussionen beteiligen und solide rechtliche Rahmenbedingungen schaffen, die die ethische Umsetzung von XAI überwachen.

Auch die Auswirkungen auf die Gesellschaft spielen eine entscheidende Rolle bei der Gestaltung der Entwicklung von XAI. Fortschritte in der KI haben zwar das Potenzial, unser Leben zu verbessern, sie können aber auch bestimmte Branchen stören und zur Verdrängung von Arbeitsplätzen führen. Es ist von entscheidender Bedeutung, einen reibungslosen Übergang zu gewährleisten, indem diese gesellschaftlichen Auswirkungen verstanden und angegangen werden. Durch Investitionen in Umschulungs- und

Weiterbildungsprogramme können wir die Arbeitskräfte auf die sich verändernde Arbeitswelt vorbereiten und die Vorteile von XAI nutzen, ohne jemanden zurückzulassen. Darüber hinaus kann die Förderung des öffentlichen Bewusstseins und Engagements dazu beitragen, die Entwicklung und den Einsatz von XAI in einer Weise zu gestalten, die mit den gesellschaftlichen Werten und Bestrebungen in Einklang steht.

Zusammengefasst...

Erkundung der potenziellen Herausforderungen und Lösungen

Während wir tiefer in die Welt der erklärbaren KI (Explainable AI, XAI) eintauchen, ist es wichtig, die potenziellen Herausforderungen und Lösungen zu betrachten, die sich daraus ergeben können. Auch wenn XAI sehr vielversprechend ist, gibt es mehrere Hindernisse, die überwunden werden müssen, um die Kluft zwischen Menschen und Maschinen vollständig zu überbrücken.

Eine große Herausforderung ist die Interpretierbarkeit von komplexen KI-Modellen. Da KI-Technologien immer ausgefeilter werden, arbeiten sie oft als Blackboxen, was es für Menschen schwierig macht, den Entscheidungsprozess zu verstehen. Diese mangelnde Interpretierbarkeit behindert den Einsatz von KI in kritischen Bereichen, in denen Transparenz entscheidend ist. Um diese Herausforderung zu bewältigen, arbeiten Forscher und Ingenieure an der Entwicklung neuer Techniken und Algorithmen für XAI, bei denen die Interpretierbarkeit im Vordergrund steht, ohne die Leistung zu beeinträchtigen. Indem wir die Interpretierbarkeit bereits in den frühen Phasen der KI-Entwicklung als Designkriterium einbeziehen, können wir sicherstellen, dass XAI-Systeme transparent und erklärbar sind.

Eine weitere Herausforderung liegt in den potenziellen Grenzen des menschlichen Verständnisses. Selbst wenn Erklärungen gegeben werden, kann es für Menschen schwierig sein, die Komplexität von KI-Algorithmen vollständig zu erfassen, insbesondere in Bereichen wie dem Gesundheits- und Finanzwesen. Um dieser Herausforderung zu begegnen, werden Anstrengungen unternommen, um benutzerfreundliche Schnittstellen und Visualisierungstools zu entwickeln, die den Menschen KI-Erklärungen effektiv präsentieren können. Diese Tools sollen die kognitive Kluft zwischen Mensch und Maschine überbrücken und es dem Einzelnen ermöglichen, auf der Grundlage von KI-Empfehlungen fundierte Entscheidungen zu treffen. Darüber hinaus können Bildungsinitiativen, die sich auf die Verbesserung der KI-Kenntnisse von Fachleuten und der breiten Öffentlichkeit konzentrieren, wesentlich dazu beitragen, die effektive Nutzung von XAI sicherzustellen.

Ethische Überlegungen sind nach wie vor ein entscheidender Aspekt bei der Umsetzung von XAI. Während XAI Transparenz bietet, muss sie von Maßnahmen zum Schutz der Privatsphäre begleitet werden. Die Beteiligten müssen solide Rahmenbedingungen schaffen, die die Anonymisierung von Daten, die Zustimmung und den sicheren Umgang mit sensiblen Informationen gewährleisten. Darüber hinaus sollte die Beseitigung von Vorurteilen und Diskriminierung, die in KI-Algorithmen kodiert sind, eine Priorität sein. Unternehmen und Organisationen müssen aktiv an der Entwicklung und Umsetzung fairer und unvoreingenommener KI-Systeme arbeiten, die keine schädlichen Stereotypen oder diskriminierenden Praktiken aufrechterhalten. Dies erfordert eine kontinuierliche Überwachung, Prüfung und Diversifizierung der zum Training von KI-Modellen verwendeten Datensätze. Durch die Einbeziehung verschiedener Perspektiven und die Förderung einer Kultur der Vielfalt und Inklusion können wir die Vorurteile, die in KI-Systemen entstehen können, abmildern.

Die Auswirkungen von KI auf den Arbeitsmarkt sind ein weiterer Aspekt, der berücksichtigt werden muss. Während

KI-Technologien das Potenzial haben, bestimmte Aufgaben zu automatisieren und die Effizienz zu verbessern, können sie auch zur Verdrängung von Arbeitsplätzen führen. Es ist wichtig, diesen Übergang proaktiv zu gestalten, indem in Umschulungs- und Weiterbildungsprogramme investiert wird. Indem wir den Menschen die notwendigen Fähigkeiten vermitteln, um sich an die veränderte Arbeitswelt anzupassen, können wir sicherstellen, dass sie beschäftigungsfähig bleiben und die Chancen der XAI nutzen können. Die Zusammenarbeit zwischen Regierungen, Bildungseinrichtungen und der Industrie ist entscheidend für die Entwicklung umfassender Strategien, die sich auf die Entwicklung von Arbeitskräften und die Schaffung von Arbeitsplätzen konzentrieren und letztlich die negativen gesellschaftlichen Auswirkungen der Automatisierung minimieren.

Der Blick nach vorn: Visionen für die Zukunft von XAI

Wenn wir uns die Zukunft von XAI vorstellen, ist klar, dass kontinuierliche Forschung, Zusammenarbeit und ethische Überlegungen unerlässlich sind. Ein Bereich, der besonders vielversprechend ist, ist die Integration von XAI mit menschlichen Entscheidungsprozessen. Durch die Kombination der Stärken der KI-Technologie mit menschlichem Fachwissen können wir leistungsfähige Systeme zur Entscheidungsunterstützung schaffen, die verschiedenen Bereichen zugute kommen.

Im Gesundheitswesen hat XAI das Potenzial, den Bereich über Diagnosen und Behandlungsempfehlungen hinaus zu verändern. Da KI-Algorithmen immer besser erklärbar werden, können sie Fachkräfte im Gesundheitswesen bei der Erforschung neuer Behandlungsoptionen, der Vorhersage von Patientenergebnissen und der Optimierung der Ressourcenzuweisung unterstützen. Darüber hinaus kann KI eine Rolle in der personalisierten Medizin spielen, indem sie Behandlungspläne auf den einzelnen Patienten zuschneidet und dabei seine Krankengeschichte, seine genetische Veranlagung und seine Lebensgewohnheiten einbezieht. Diese Integration von KI und menschlicher Intelligenz hat das Potenzial, das Gesundheitswesen zu revolutionieren und die Ergebnisse für die Patienten zu verbessern.

In der Finanzbranche kann der Einsatz von XAI zu einem integrativeren und gerechteren System führen. Durch die Bereitstellung transparenter Erklärungen für algorithmische Entscheidungen kann XAI dazu beitragen, Verzerrungen zu beseitigen, die bei der Risikobewertung oder der Kreditvergabe auftreten können. Darüber hinaus kann die Integration von XAI zur Aufdeckung und Verhinderung von Finanzbetrug beitragen und so die Integrität der Branche stärken. Während Finanzinstitute weiterhin KI-Technologien einsetzen, kann der verantwortungsvolle Einsatz von XAI Fairness, Verantwortlichkeit und Kundenvertrauen gewährleisten.

Zusammenfassend lässt sich sagen, dass Explainable AI (XAI) verschiedene Sektoren transformiert, indem sie die Kluft zwischen Menschen und Maschinen überbrückt. Die Auswirkungen von XAI sind weitreichend und haben das Potenzial, das Gesundheitswesen, das Finanzwesen, autonome Fahrzeuge, die Bildung, den Kundenservice und vieles mehr zu revolutionieren. Bei der Nutzung des Potenzials von XAI ist es jedoch unerlässlich, sich mit ethischen Erwägungen, gesellschaftlichen Auswirkungen und Herausforderungen im Zusammenhang mit der Implementierung auseinanderzusetzen. Indem wir der Transparenz, der Interpretierbarkeit, dem Schutz der Privatsphäre, der Fairness und der Inklusivität Vorrang einräumen, können wir die Entwicklung und den Einsatz von XAI so gestalten, dass sie mit unseren Werten und Bestrebungen in Einklang stehen. Gemeinsam können Menschen und Maschinen zusammenarbeiten und die Macht der XAI nutzen, um eine Zukunft zu schaffen, die uns allen zugute kommt.

KAPITEL 13: DIE ZUKUNFT DER KI: CHANCEN UND HERAUSFORDERUNGEN

In den letzten Jahren hat sich die künstliche Intelligenz (KI) zu einer bahnbrechenden Technologie entwickelt, die das Potenzial hat, verschiedene Branchen zu revolutionieren und unser Leben neu zu gestalten. Die rasanten Fortschritte in der KI haben neue Möglichkeiten eröffnet und uns in ein Zeitalter katapultiert, in dem Maschinen menschliche kognitive Fähigkeiten nachahmen können. Je tiefer wir in das weite Feld der KI eintauchen, desto mehr stehen wir am Scheideweg zwischen außergewöhnlichen Möglichkeiten und noch nie dagewesenen Herausforderungen.

Die Zukunft der KI birgt immenses Potenzial. Bei weiteren Fortschritten könnten KI-Systeme schon bald bedeutende Durchbrüche in der Medizin ermöglichen, den Zugang zu Bildung demokratisieren, das Transportwesen verändern und verschiedene andere Sektoren revolutionieren. Wenn wir die innovativen Anwendungen der KI erforschen, öffnet sich die Tür zu unbegrenzten Möglichkeiten weit. Stellen Sie sich eine Welt vor, in der KI-gesteuerte Roboter heikle Operationen mit beispielloser Präzision durchführen können, was zu besseren Patientenergebnissen und weniger menschlichen Fehlern führt. Denken Sie an die transformativen Auswirkungen von KI-Algorithmen auf das Bildungswesen, die Schülern auf der ganzen Welt personalisierte Lernerfahrungen bieten, unabhängig von ihrem geografischen Standort oder ihrem sozioökonomischen Hintergrund. Die potenziellen Vorteile der KI sind enorm und fesselnd.

Im Gesundheitswesen hat die KI bereits damit begonnen, die Fähigkeiten der Mediziner zu erweitern. Von der genauen Diagnose von Krankheiten durch die Analyse medizinischer Bilder bis hin zur Vorhersage von Patientenergebnissen auf der Grundlage riesiger Mengen klinischer Daten bieten KI-gestützte Systeme unvergleichliche Einblicke und Unterstützung. Mit den Fortschritten der KI ist es nicht weit hergeholt, sich eine Zukunft vorzustellen, in der prädiktive Modelle Krankheiten erkennen können, bevor sich Symptome bei Patienten manifestieren, und so unzählige Leben retten und die Präventivmedizin revolutionieren.

Außerdem ist das Potenzial der KI nicht nur auf physikalische Systeme beschränkt. Die Verarbeitung natürlicher Sprache und Algorithmen für maschinelles Lernen machen große Fortschritte im Bereich der Sprachübersetzung und Kommunikation. In dem Maße, wie KI-gestützte virtuelle Assistenten immer ausgereifter werden, werden Sprachbarrieren abgebaut und die globale Zusammenarbeit und das Verständnis gefördert. Mit der Fähigkeit, Gespräche in Echtzeit nahtlos zu übersetzen, wird KI die Kluft zwischen den Kulturen überbrücken und eine effektive Kommunikation in unterschiedlichen Umgebungen ermöglichen.

Die KI bietet zwar zahlreiche Chancen, stellt uns

aber auch vor erhebliche Herausforderungen, die nicht übersehen werden dürfen. Eine der größten Sorgen sind die ethischen Implikationen von KI-Systemen. Da diese Systeme weiterhin auf der Grundlage riesiger Datenmengen lernen und sich anpassen, stellen sich Fragen zu ihrer Verantwortlichkeit, zum Datenschutz und zu Vorurteilen. Es muss sichergestellt werden, dass KI-Algorithmen fair, transparent und unvoreingenommen sind, um unbeabsichtigte Diskriminierung zu verhindern und das Vertrauen der Nutzer zu fördern. Die Entwicklung eines wirksamen Regulierungsrahmens, der ein Gleichgewicht zwischen Innovation und ethischen Erwägungen herstellt, ist auf dem Weg in die Zukunft der KI von größter Bedeutung.

Eine weitere große Herausforderung liegt in den potenziellen Auswirkungen der KI auf die Arbeitnehmerschaft. Da Maschinen zunehmend in der Lage sind, Aufgaben zu automatisieren, die traditionell von Menschen ausgeführt werden, wächst die Angst vor der Verdrängung von Arbeitsplätzen. Die rasche Einführung von KI-Technologien könnte bestimmte Berufe überflüssig machen und damit die Existenzgrundlage vieler Menschen bedrohen. Die Geschichte hat jedoch gezeigt, dass der technologische Fortschritt auch neue Möglichkeiten schafft. In dem Maße, wie KI repetitive und banale Aufgaben übernimmt, können sich Menschen auf höherwertige, kreative und intellektuell anspruchsvolle Arbeiten konzentrieren. Um einen reibungslosen Übergang zu gewährleisten und das Potenzial der KI zur Erweiterung der menschlichen Fähigkeiten zu nutzen, ist die Umschulung und Weiterbildung der Arbeitskräfte von entscheidender Bedeutung.

Über die unmittelbaren Herausforderungen hinaus wirft die Zukunft der KI auch existenzielle Fragen über das Wesen des Bewusstseins, die Grenzen der maschinellen Intelligenz und die möglichen Auswirkungen der Schaffung superintelligenter Systeme auf. Im Zuge der Entwicklung immer fortschrittlicherer KI wird die Erforschung der ethischen, gesellschaftlichen und philosophischen Dimensionen von größter Bedeutung sein. Die Herausforderung, KI mit menschlichen Werten in Einklang zu bringen und ihre langfristigen Auswirkungen zu verstehen, wird den Kurs der KI-Entwicklung und ihre Auswirkungen auf die Menschheit bestimmen.

Die Zukunft der KI ist ein kompliziertes Geflecht aus Versprechen und Komplexität. Da wir erst an der Oberfläche dessen gekratzt haben, was KI leisten kann, sind die Möglichkeiten, die vor uns liegen, sowohl aufregend als auch beunruhigend. In der zweiten Hälfte dieses Kapitels werden wir tiefer in diese Chancen und Herausforderungen eintauchen und untersuchen, wie sie ineinandergreifen, um die Zukunft der KI zu gestalten. Machen Sie sich auf eine fesselnde Reise gefasst, auf der wir die ungeahnten Aspekte des Potenzials der KI, die uns jenseits des Horizonts erwarten, entschlüsseln werden. Eine dieser Herausforderungen liegt im Bereich der Cybersicherheit. Je fortschrittlicher und vernetzter KI-Systeme werden, desto anfälliger werden sie für potenzielle Schwachstellen und Bedrohungen. Die Komplexität von KI-Algorithmen und die riesigen Datenmengen, die sie verarbeiten, machen sie zu attraktiven Zielen für böswillige Akteure, die Schwachstellen ausnutzen wollen. Die Gewährleistung der Sicherheit und Integrität von KI-Systemen ist entscheidend für den Schutz vor potenziellen Angriffen, den Schutz sensibler Informationen und die Aufrechterhaltung des öffentlichen Vertrauens in diese transformative Technologie.

Darüber hinaus werden die ethischen und moralischen Überlegungen im Zusammenhang mit der KI umso wichtiger, je größer ihre Möglichkeiten sind. Das Konzept der autonomen KI-Systeme wirft Fragen zur Rechenschaftspflicht und Verantwortung auf. Wenn KI-gesteuerte Systeme eigenständig Entscheidungen treffen, wer sollte dann für unbeabsichtigte

Folgen oder Fehler zur Verantwortung gezogen werden? Die Festlegung klarer Richtlinien und Rahmenbedingungen für die ethische Entwicklung und den Einsatz von KI ist von entscheidender Bedeutung, um diese Bedenken auszuräumen. Ethische Überlegungen sollten im Vordergrund stehen, um mögliche Vorurteile, Diskriminierung und Verletzungen der Privatsphäre zu vermeiden.

Auch die Transparenz wird zu einem entscheidenden Aspekt von KI-Systemen. Da sie in verschiedene Aspekte unseres Lebens integriert werden, ist es wichtig zu verstehen, wie KI-Algorithmen zu ihren Entscheidungen kommen. Die "Blackbox"-Natur einiger KI-Modelle hat Bedenken ausgelöst, da sie Vorurteile aufrechterhalten oder aus fehlerhaften oder diskriminierenden Datensätzen abgeleitet werden können. Das Streben nach Transparenz und Erklärbarkeit von KI-Systemen wird dazu beitragen, das Vertrauen der Nutzer zu stärken und Verantwortlichkeit zu gewährleisten.

Darüber hinaus stellen die rechtlichen Auswirkungen der KI eine weitere Herausforderung dar. Da KI die Grenzen zwischen menschlicher und maschineller Entscheidungsfindung verwischt, müssen die rechtlichen Rahmenbedingungen mit den technologischen Fortschritten Schritt halten. Die Behandlung von Themen wie geistige Eigentumsrechte, Haftung und Datenschutz im Zusammenhang mit KI wird für die Förderung von Innovationen und den Schutz der Rechte und Interessen des Einzelnen von entscheidender Bedeutung sein.

Die Zukunft der KI gibt auch Anlass zu Diskussionen über die sozialen Auswirkungen. Während KI das Potenzial hat, enorme Vorteile zu schaffen, wie z. B. eine verbesserte Gesundheitsversorgung und einen besseren Zugang zu Bildung, muss sichergestellt werden, dass diese Vorteile gerecht in der Gesellschaft verteilt werden. Mit der zunehmenden Verbreitung von KI besteht die Gefahr, dass sich bestehende Ungleichheiten verschärfen, insbesondere in Bezug auf Zugang und digitale Kompetenz. Es müssen Anstrengungen unternommen werden, um die digitale Kluft zu überbrücken und sicherzustellen, dass die Vorteile der KI für alle zugänglich sind.

Eine weitere große Herausforderung besteht darin, die in KI-Systeme eingebetteten potenziellen Vorurteile zu beseitigen. KI-Algorithmen stützen sich auf historische Daten, die gesellschaftliche Vorurteile widerspiegeln und Diskriminierung aufrechterhalten können. Dies wirft Bedenken hinsichtlich Fairness und Inklusivität auf, insbesondere in Bereichen wie Einstellungspraktiken, Strafrechtssystemen und finanziellen Entscheidungen. Die Entwickler müssen aktiv daran arbeiten, Vorurteile in KI-Algorithmen zu erkennen und abzuschwächen, um sicherzustellen, dass sie bestehende Ungleichheiten nicht aufrechterhalten oder verstärken.

Bildung und Sensibilisierung der Öffentlichkeit sind entscheidende Komponenten, um die Zukunft der KI zu meistern. Den Menschen das Wissen und die Fähigkeiten zu vermitteln, um KI-Systeme zu verstehen und mit ihnen umzugehen, wird entscheidend sein, um eine verantwortungsvolle Übernahme zu fördern und potenzielle Risiken zu mindern. Regierungen, Bildungseinrichtungen und die Industrie sollten zusammenarbeiten, um umfassende Bildungsprogramme zu entwickeln, die den Einzelnen in die Lage versetzen, fundierte Entscheidungen zu treffen und aktiv an der Gestaltung der Zukunft der KI mitzuwirken.

Zusammenfassend lässt sich sagen, dass die Zukunft der KI eine Vielzahl von Chancen und Herausforderungen bietet, die unsere Aufmerksamkeit erfordern. Die Auseinandersetzung mit den ethischen, rechtlichen und sozialen Auswirkungen der KI ist von entscheidender Bedeutung, um sicherzustellen, dass diese Technologie positive Auswirkungen auf die Gesellschaft als Ganzes hat. Durch die aktive Förderung von Transparenz, Verantwortlichkeit und Inklusivität können wir das immense Potenzial der KI nutzen und gleichzeitig ihre potenziellen Risiken eindämmen. Auf unserem Weg nach vorn ist es von entscheidender Bedeutung, ein Gleichgewicht zwischen Innovation, verantwortungsvoller Entwicklung und der Bewahrung menschlicher Werte zu finden. Das komplizierte Geflecht von Möglichkeiten und Komplexitäten, die in der Zukunft der KI liegen, erfordert sorgfältige Überlegungen, Zusammenarbeit und ein unerschütterliches Engagement für das Wohlergehen der Menschheit.

Abschnitt 1: KI-Anwendungen in verschiedenen Branchen

Künstliche Intelligenz (KI) revolutioniert die Welt, wie wir sie kennen, und hat tiefgreifende Auswirkungen auf eine Vielzahl von Branchen. Vom Gesundheitswesen bis zum Finanzwesen hat die KI bereits bedeutende Fortschritte gemacht, und ihr Potenzial für zukünftige Anwendungen ist grenzenlos. Begleiten Sie uns auf dieser spannenden Reise und erkunden Sie die enormen Chancen und Herausforderungen, die KI für verschiedene Branchen mit sich bringt.

Eine Branche, die dank der KI einen bemerkenswerten Wandel erlebt hat, ist das Gesundheitswesen. Die Implementierung von KI-Technologien hat die Diagnosegenauigkeit verbessert, personalisierte Behandlungen ermöglicht und die Patientenversorgung revolutioniert. So können KI-Algorithmen beispielsweise riesige Mengen medizinischer Daten analysieren, was es Ärzten ermöglicht, genauere Diagnosen zu stellen und gezielte Behandlungspläne zu entwickeln. Darüber hinaus haben KI-gestützte Roboterchirurgiesysteme die Präzision und Effizienz bei chirurgischen Eingriffen erhöht, was zu besseren Patientenergebnissen führt. Mit der weiteren Entwicklung der KI können wir mit noch größeren Fortschritten im Gesundheitswesen rechnen, z. B. mit KI-gestützter Arzneimittelforschung und virtuellen

Gesundheitsassistenten.

Im Finanzwesen hat sich KI zu einem entscheidenden Faktor in dieser Branche entwickelt. KI-Algorithmen können große Mengen an Finanzdaten blitzschnell analysieren, was genauere Vorhersagen und fundiertere Entscheidungen ermöglicht. So werden beispielsweise KI-gesteuerte Chatbots in der Finanzbranche immer häufiger eingesetzt, um den Kunden personalisierte Unterstützung und Empfehlungen zu bieten. Darüber hinaus verändern KI-gesteuerte Robo-Advisors die Vermögensverwaltung und machen Anlagestrategien zugänglicher und kostengünstiger. Mit KI gewinnt die Finanzbranche neue Erkenntnisse, mildert Risiken und bietet ihren Kunden ein besseres Erlebnis.

Die Auswirkungen der KI sind nicht nur auf das Gesundheits- und Finanzwesen beschränkt, sondern haben auch verschiedene andere Sektoren durchdrungen. In der Fertigung optimieren KI-gestützte Systeme die Produktionsprozesse, verbessern die Effizienz und senken die Kosten. Diese Systeme sind in der Lage, aus Echtzeitdaten zu lernen und Anpassungen an den Produktionsabläufen vorzunehmen, was zu höherer Produktivität und schlankeren Lieferketten führt. Auch im Transportwesen macht die KI mit autonomen Fahrzeugen und intelligenten Verkehrsmanagementsystemen Fortschritte. Die Fähigkeit von KI-Systemen, enorme Datenmengen zu verarbeiten und in Sekundenbruchteilen Entscheidungen zu treffen, verbessert die Sicherheit im Straßenverkehr und die städtische Mobilität erheblich.

Darüber hinaus hat die KI Anwendungen im Einzelhandel gefunden und das Einkaufserlebnis der Kunden verändert. Durch die Integration von KI können Einzelhändler ihren Kunden personalisierte Empfehlungen anbieten, die auf ihren Vorlieben und ihrer Kaufhistorie basieren. KI-gesteuerte Chatbots verbessern den Kundenservice weiter, indem sie sofortigen Support bieten, Fragen beantworten und nahtlose Transaktionen ermöglichen. Im Zuge der Weiterentwicklung der KI können wir mit Hilfe von Virtual-Reality- und Augmented-Reality-Technologien ein noch intensiveres und interaktiveres Einkaufserlebnis erwarten.

Ein weiterer Sektor, in dem die KI erhebliche Fortschritte gemacht hat, ist die Landwirtschaft. KI-gestützte Systeme können Bodendaten, Wettermuster und Erntebedingungen analysieren, um landwirtschaftliche Praktiken zu optimieren. Durch den Einsatz von Algorithmen des maschinellen Lernens können Landwirte datengestützte Entscheidungen in Bezug auf Bewässerung, Düngung und Schädlingsbekämpfung treffen, was zu höheren Ernteerträgen und einem besseren Ressourcenmanagement führt. In einer Welt mit wachsender Bevölkerung und zunehmendem Druck auf die Nahrungsmittelproduktion bietet die KI ein immenses Potenzial für eine nachhaltige Landwirtschaft und Ernährungssicherheit.

Die Liste der Branchen, die von KI-Anwendungen profitieren, ist lang, darunter Bildung, Unterhaltung, Energie und mehr. KI hat das Potenzial, diese Sektoren auf ungeahnte Weise zu verändern, neue Möglichkeiten zu schaffen und nie dagewesene Chancen zu eröffnen. Mit diesen Chancen gehen jedoch auch Herausforderungen einher, die es zu bewältigen gilt. Ethische Erwägungen, Bedenken hinsichtlich des Datenschutzes und die Auswirkungen der KI auf Arbeitsplätze und Wirtschaft sind alles Bereiche, die sorgfältig geprüft werden müssen.

Abschließend - wissen Sie was? Lassen wir es dabei bewenden. Wir haben erst begonnen, an der Oberfläche der Beiträge der KI zu verschiedenen Branchen zu kratzen. Die Möglichkeiten sind immens, und die Zukunft hält noch größere Fortschritte bereit. Bleiben Sie dran für den nächsten Teil dieses Kapitels, in dem wir uns eingehender mit den potenziellen Fallstricken und Zukunftsaussichten der KI befassen. Es liegen spannende Zeiten vor uns, in denen wir uns mit den Herausforderungen und Chancen der KI und den Auswirkungen, die sie weiterhin auf unsere Welt haben wird, auseinandersetzen.

Bei der weiteren Erkundung von KI-Anwendungen in verschiedenen Branchen stoßen wir auf eine Vielzahl von Möglichkeiten und Chancen, die diese transformative Technologie bietet. In der ersten Hälfte dieses Kapitels haben wir gesehen, wie KI den Fortschritt im Gesundheitswesen, im Finanzwesen, in der Fertigung, im Transportwesen, im Einzelhandel und in der Landwirtschaft vorantreibt. Diese Branchen haben durch die Integration von KI-gestützten Systemen und Algorithmen erhebliche Verbesserungen in Bezug auf Effizienz, Produktivität und personalisierte Erfahrungen erfahren.

Ein Bereich, den KI schnell revolutioniert, ist die Bildung. Dank KI entwickelt sich das traditionelle Klassenzimmer zu einer stärker personalisierten und anpassungsfähigen Lernumgebung. Intelligente Nachhilfesysteme können den Lernfortschritt der Schüler analysieren und maßgeschneidertes Feedback geben, was individualisierte Lernwege ermöglicht. Darüber hinaus können KI-gesteuerte Chatbots bei administrativen Aufgaben helfen, Fragen von Schülern beantworten und auch außerhalb der regulären Unterrichtszeiten Unterstützung bieten. Diese Integration von KI in die Bildung eröffnet neue Wege für interaktive und ansprechende Lernerfahrungen, die letztlich zu einer besseren Wissensspeicherung und einem größeren Lernerfolg führen.

In der Unterhaltungsbranche ist die KI zu einer treibenden Kraft für kreative Innovationen geworden. Ob KI-generierte Musik, Filme oder Videospiele - die Möglichkeiten sind grenzenlos. KI-Algorithmen analysieren riesige Musikdatenbanken und erstellen fesselnde Kompositionen, die auf individuelle Vorlieben abgestimmt sind. Darüber hinaus treibt die KI die Entwicklung von Virtual-Reality- (VR) und Augmented-Reality-Technologien (AR) voran, die uns in phantastische Welten entführen. Die Verschmelzung von KI und Unterhaltung bietet das Potenzial für unendliche

Kreativität und neuartige Erlebnisse, die das Publikum fesseln.

Während die KI in verschiedenen Sektoren erhebliche Fortschritte gemacht hat, profitiert auch die Energiebranche von dieser revolutionären Technologie. KI-gestützte Systeme optimieren den Energieverbrauch, verringern die Verschwendung und verbessern die Effizienz. Durch die Analyse von Daten aus intelligenten Stromnetzen können KI-Algorithmen den Energiebedarf vorhersagen und optimieren, was zu einer nachhaltigeren Energieverteilung führt. Darüber hinaus trägt die KI-gestützte vorausschauende Wartung von Infrastruktur und Geräten dazu bei, Ausfälle zu vermeiden und die Ressourcennutzung zu optimieren. Die Integration von KI in den Energiesektor verspricht eine grünere und nachhaltigere Zukunft.

Bei der weiteren Erforschung des enormen Potenzials der KI dürfen wir die möglichen Auswirkungen auf unsere Arbeitsplätze und Volkswirtschaften nicht übersehen. Während KI viele Möglichkeiten zur Automatisierung und Produktivitätssteigerung bietet, gibt sie auch Anlass zur Sorge über die Verdrängung von Arbeitsplätzen. In dem Maße, wie sich wiederholende und routinemäßige Aufgaben automatisiert werden, ist es von entscheidender Bedeutung, die für die Arbeitskräfte der Zukunft erforderlichen Fähigkeiten neu zu bewerten und zu definieren. Die Weiterbildung und Umschulung von Arbeitnehmern wird für die Anpassung an die sich verändernde Arbeitswelt von entscheidender Bedeutung sein und sicherstellen, dass der Einzelne in einer KI-gesteuerten Welt erfolgreich sein kann. Darüber hinaus ist es im Zuge des weiteren Fortschritts der KI wichtig, Strategien und Vorschriften zu berücksichtigen, die den ethischen und verantwortungsvollen Einsatz von KI-Technologien erleichtern und gleichzeitig die Privatsphäre des Einzelnen schützen.

Der massive Zustrom von Daten, der für das Funktionieren von KI-Systemen erforderlich ist, stellt eine weitere

Herausforderung dar. Die Gewährleistung der Sicherheit und des Datenschutzes für diese Daten ist von entscheidender Bedeutung. Die verantwortungsvolle Erhebung, Speicherung und Nutzung von Daten muss Vorrang haben, um Vertrauen aufzubauen und die Integrität von KI-Systemen zu wahren. Es ist unerlässlich, dass KI auf ethische und transparente Weise entwickelt und implementiert wird, unter Berücksichtigung der potenziellen Verzerrungen und Risiken, die mit algorithmischen Entscheidungen verbunden sind.

Trotz dieser Herausforderungen ist es wichtig, sich auf das immense Potenzial zu konzentrieren, das KI für die Gesellschaft hat. Von der Verbesserung der Gesundheitsversorgung bis hin zur Umgestaltung von Bildung und Unterhaltung - KI hat die Macht, unser Leben zum Besseren zu verändern. Auf unserer Reise in die Zukunft der KI ist es von entscheidender Bedeutung, ein Gleichgewicht zwischen den Vorteilen der KI und der Bewältigung der damit verbundenen Herausforderungen zu finden.

Zusammenfassend lässt sich sagen, dass KI-Anwendungen in verschiedenen Branchen bereits erhebliche Auswirkungen haben, und die zukünftigen Möglichkeiten sind grenzenlos. In der zweiten Hälfte dieses Kapitels haben wir das transformative Potenzial der KI in den Bereichen Bildung, Unterhaltung und Energie kennengelernt und erfahren, welche Überlegungen wir anstellen müssen, wenn wir uns in der sich verändernden Arbeitswelt zurechtfinden wollen. Die begeisterte Annahme von KI in Verbindung mit verantwortungsvollen ethischen Grundsätzen und Vorschriften kann den Weg für bahnbrechende Fortschritte und eine bessere Zukunft für uns alle ebnen. Es liegen spannende Zeiten vor uns, wenn wir die Chancen der KI nutzen und eine Welt gestalten, in der ihr Potenzial voll ausgeschöpft wird.

Abschnitt 2: Ethische Erwägungen bei der KI-Entwicklung

Künstliche Intelligenz (KI) hat sich zweifellos zu einer transformativen Technologie entwickelt, die das Potenzial hat, zahlreiche Aspekte der Gesellschaft umzugestalten. Auf dem Weg in die Zukunft ist es von entscheidender Bedeutung, die mit der KI-Entwicklung verbundenen ethischen Herausforderungen und Implikationen zu erkennen. In diesem Kapitel werden wir uns mit den ethischen Überlegungen befassen, die sich aus den Fortschritten der KI ergeben, einschließlich Voreingenommenheit, Bedenken hinsichtlich der Privatsphäre und der Verantwortung von Entwicklern und politischen Entscheidungsträgern.

Eine der dringendsten ethischen Herausforderungen bei der Entwicklung von KI ist die Frage der Voreingenommenheit. KI-Systeme sind darauf ausgelegt, Entscheidungen und Vorhersagen auf der Grundlage großer Datenmengen zu treffen, aber die diesen Datensätzen zugrunde liegenden Vorurteile können gesellschaftliche Ungleichheiten aufrechterhalten. Wird ein KI-Modell beispielsweise auf der Grundlage historischer Daten trainiert, die eine Voreingenommenheit gegenüber bestimmten Bevölkerungsgruppen widerspiegeln, kann es unwissentlich Diskriminierung verstärken oder verschlimmern. Diese Voreingenommenheit kann sich in verschiedenen Bereichen manifestieren, von Einstellungspraktiken bis hin zu Strafrechtssystemen, und möglicherweise soziale Ungleichheiten verschärfen.

Um diesem ethischen Dilemma zu begegnen, müssen Entwickler unbedingt sicherstellen, dass KI-Modelle auf vielfältigen und repräsentativen Datensätzen trainiert werden. Die Erhöhung der Inklusivität und Vielfalt der in der Entwicklungsphase verwendeten Daten kann Verzerrungen abmildern und die Fairness von KI-Systemen verbessern. Darüber hinaus kann die laufende Überwachung und Bewertung von KI-Algorithmen dazu beitragen, etwaige diskriminierende Muster zu erkennen und zu korrigieren.

Bei den ethischen Erwägungen im Zusammenhang mit KI spielen auch Datenschutzbelange eine wichtige Rolle. KI-Technologien sind in der Lage, riesige Mengen personenbezogener Daten zu sammeln, zu verarbeiten und zu analysieren, und stellen damit eine potenzielle Bedrohung für die Privatsphäre des Einzelnen dar. Die weit verbreitete Einführung von KI hat zu Datenschutzverletzungen und unbefugtem Zugriff auf sensible Informationen geführt. Darüber hinaus werfen KI-Systeme, die sich auf Überwachungstechnologien stützen, Bedenken hinsichtlich des Eindringens und der ständigen Überwachung auf.

Um diese Datenschutzbedenken auszuräumen, müssen die politischen Entscheidungsträger robuste Vorschriften und Rahmenwerke einführen, die den Rechten des Einzelnen Vorrang einräumen. Entwickler sollten die Grundsätze des "Privacy-by-Design" übernehmen und sicherstellen, dass KI-Systeme von Anfang an mit Datenschutzvorkehrungen ausgestattet sind. Transparente Datennutzungsrichtlinien, explizite Zustimmungsmechanismen und robuste Sicherheitsmaßnahmen können sicherstellen, dass KI-Technologien die Privatsphäre des Einzelnen respektieren und dennoch den beabsichtigten Nutzen bringen.

Außerdem kann die ethische Verantwortung von Entwicklern und politischen Entscheidungsträgern in Bezug auf KI nicht hoch genug eingeschätzt werden. Entwickler spielen eine entscheidende Rolle bei der Gestaltung von KI-Systemen, die mit ethischen Standards in Einklang stehen. Sie müssen während des gesamten Entwicklungszyklus auf Transparenz, Fairness und Verantwortlichkeit achten. Durch regelmäßige Audits und Bewertungen können Entwickler unbeabsichtigte Folgen oder Voreingenommenheit erkennen und korrigieren.

Andererseits liegt es in der Verantwortung der politischen Entscheidungsträger, klare Richtlinien für den ethischen Einsatz von KI-Technologien festzulegen. In enger

Zusammenarbeit mit Experten und Interessenvertretern können politische Entscheidungsträger Vorschriften erarbeiten, die vor bösartigen Anwendungen von KI schützen und gleichzeitig Innovationen fördern. Die proaktive Zusammenarbeit zwischen politischen Entscheidungsträgern und Entwicklern stellt sicher, dass KI-Technologien innerhalb eines ethischen Rahmens entwickelt werden, der ihre positiven Auswirkungen auf die Gesellschaft maximiert.

Zusammenfassend lässt sich sagen, dass die ethischen Herausforderungen und Implikationen im Zusammenhang mit KI vielfältig und facettenreich sind. Voreingenommenheit, Datenschutzbedenken und die Verantwortung von Entwicklern und politischen Entscheidungsträgern stehen im Vordergrund dieser Überlegungen. Durch proaktive Maßnahmen wie das Trainieren von KI-Modellen auf unterschiedlichen Datensätzen, die Priorisierung individueller Datenschutzrechte und die Förderung von Transparenz und Verantwortlichkeit können wir diese Herausforderungen jedoch bewältigen und die Zukunft der KI-Entwicklung auf ethische und verantwortungsvolle Weise gestalten.

Bei der weiteren Erforschung der ethischen Aspekte der KI-Entwicklung müssen wir uns auch mit den Auswirkungen der Rechenschaftspflicht, der Transparenz und den potenziellen Auswirkungen auf die Verdrängung von Arbeitsplätzen befassen. Diese Faktoren dürfen nicht außer Acht gelassen werden, da sie die künftige Landschaft der KI-Chancen und -Herausforderungen maßgeblich prägen.

Rechenschaftspflicht ist ein entscheidender Aspekt der ethischen KI-Entwicklung. Mit der zunehmenden Autonomie und Entscheidungsfähigkeit von KI-Systemen wird es unerlässlich, Mechanismen zu schaffen, die Entwickler und politische Entscheidungsträger für die Handlungen und Ergebnisse dieser Systeme zur Rechenschaft ziehen. Ohne Rechenschaftspflicht könnten die potenziellen Risiken und unbeabsichtigten Folgen von KI-Technologien unkontrolliert bleiben. Entwickler sollten der Entwicklung von KI-Systemen mit klarer Rückverfolgbarkeit und Überprüfbarkeit Vorrang einräumen, damit etwaige Verzerrungen oder diskriminierende Muster erkannt und korrigiert werden können.

Darüber hinaus ist Transparenz der Schlüssel zur Gewährleistung der Vertrauenswürdigkeit von KI-Systemen. Nutzer und Stakeholder müssen verstehen, wie KI-Systeme Entscheidungen treffen und Vorhersagen treffen, insbesondere wenn sie sich auf wichtige Aspekte der Gesellschaft auswirken, wie etwa das Gesundheitswesen, die Strafjustiz oder das Finanzwesen. Transparente KI-Algorithmen und -Modelle ermöglichen es, den Entscheidungsfindungsprozess zu überprüfen und zu verstehen, und fördern so ein Gefühl des Vertrauens und der Verantwortlichkeit. Als Entwickler ist es wichtig, klar zu erklären, wie KI-Systeme zu ihren Schlussfolgerungen und Empfehlungen kommen, damit die Nutzer die Fairness und Zuverlässigkeit der Technologie bewerten können.

Während das Potenzial der KI enorm ist, sind die Bedenken hinsichtlich der Verdrängung von Arbeitsplätzen groß. Da KI-Systeme zunehmend in der Lage sind, Routineaufgaben zu automatisieren, besteht die berechtigte Befürchtung, dass bestimmte Aufgabenbereiche überflüssig werden könnten. Es ist jedoch wichtig, KI als ein Werkzeug zur Ergänzung und nicht als Ersatz zu betrachten. Indem wir die Arbeit neu denken und uns auf die Zusammenarbeit zwischen Mensch und KI konzentrieren, können wir sicherstellen, dass die Integration von KI-Technologien die menschlichen Fähigkeiten ergänzt, die Produktivität steigert und neue Beschäftigungsmöglichkeiten schafft. Entwickler und politische Entscheidungsträger sollten aktiv Initiativen zur Umschulung und Höherqualifizierung fördern, um die Menschen mit den notwendigen Fähigkeiten auszustatten, damit sie in einer KI-getriebenen Zukunft erfolgreich sein können.

Darüber hinaus ist es wichtig, die potenziellen Verzerrungen zu erkennen, die während des Entwicklungsprozesses selbst entstehen können. Wenn es den Entwicklern selbst an Vielfalt mangelt, sowohl in Bezug auf den Hintergrund als auch auf die Perspektive, kann dies ungewollt zu voreingenommenen KI-Systemen führen. Um dies zu vermeiden, sollten Unternehmen und Organisationen die Vielfalt und Integration innerhalb ihrer Entwicklungsteams fördern. Durch die Zusammenführung von Personen mit unterschiedlichen Hintergründen, Erfahrungen und Disziplinen können wir die Entwicklung von KI-Systemen fördern, die repräsentativer, fairer und integrativer sind.

Eine weitere kritische ethische Überlegung ist die Möglichkeit, dass KI-Technologien für böswillige Zwecke ausgenutzt werden können. Da KI immer leistungsfähiger wird, besteht das Risiko, dass sie als Waffe eingesetzt oder zur Manipulation von Personen oder Systemen verwendet wird. Entwickler und politische Entscheidungsträger müssen zusammenarbeiten, um Vorschriften und Sicherheitsvorkehrungen gegen diese böswillige Nutzung zu schaffen. Es sollten ethische Rahmenbedingungen geschaffen werden, die verhindern, dass KI zur Überwachung, Diskriminierung oder für andere schädliche Aktivitäten eingesetzt wird. Durch kontinuierlichen Dialog und Zusammenarbeit können wir sicherstellen, dass KI-Technologien zum Wohle der Gesellschaft eingesetzt werden und gleichzeitig die Risiken des Missbrauchs minimiert werden.

Zusammenfassend lässt sich sagen, dass die ethischen Erwägungen bei der KI-Entwicklung vielschichtig sind und proaktive Maßnahmen erfordern, um sie verantwortungsvoll anzugehen. Rechenschaftspflicht, Transparenz, Arbeitsplatzverlagerung, Vielfalt in Entwicklungsteams und die Verhinderung einer böswilligen

Nutzung von KI sind Schlüsselbereiche, die unsere Aufmerksamkeit erfordern. Durch die Förderung eines Umfelds, das diesen Aspekten Priorität einräumt, können wir eine Zukunft gestalten, in der KI-Technologien auf ethische Weise und mit Begeisterung entwickelt und eingesetzt werden.

Während die Gesellschaft das Potenzial der KI immer weiter ausschöpft, ist es wichtig, die damit verbundenen Herausforderungen und Chancen mit Sorgfalt und Bedacht zu meistern. Durch die Einhaltung ethischer Standards, die Förderung von Vielfalt und die Schaffung eines soliden Regulierungsrahmens können wir sicherstellen, dass KI wirklich zu einer Kraft des positiven Wandels wird und die Menschheit auf enthusiastische und verantwortungsvolle Weise stärkt.

Abschnitt 3: KI und die Zukunft der Arbeit

Künstliche Intelligenz (KI) hat sich schnell zu einer transformativen Kraft in verschiedenen Branchen entwickelt und revolutioniert die Art und Weise, wie wir arbeiten, zusammenarbeiten und Geschäfte tätigen. Da sich die KI-Technologien weiterentwickeln und immer ausgefeilter werden, verändern sie die Arbeitswelt, führen zu Diskussionen über die Verdrängung von Arbeitsplätzen und schaffen neue Möglichkeiten der Zusammenarbeit. In diesem Abschnitt werden wir die tiefgreifenden Auswirkungen von KI auf die Zukunft der Arbeit untersuchen und das spannende Potenzial, das sie birgt, näher beleuchten.

Eine der größten Sorgen im Zusammenhang mit KI ist die Angst vor der Verdrängung von Arbeitsplätzen. Da KI-Systeme zunehmend in der Lage sind, komplexe Aufgaben auszuführen, ist die Sorge um den möglichen Verlust von Arbeitsplätzen verständlich. Es ist jedoch wichtig zu verstehen, dass KI zwar bestimmte routinemäßige und sich wiederholende Aufgaben automatisieren kann, aber auch Türen zu neuen Berufsrollen und Qualifikationsanforderungen öffnet. Indem KI alltägliche und monotone Aufgaben übernimmt, gibt sie menschlichen Arbeitskräften die Möglichkeit, sich auf kreativere, strategischere und kritischere Tätigkeiten zu konzentrieren. In diesem Sinne wird die KI zu einem Ermöglicher des menschlichen Potenzials und nicht zu einer direkten Bedrohung desselben.

Außerdem kann KI die Produktivität und Effizienz am Arbeitsplatz erheblich steigern. Durch Algorithmen des maschinellen Lernens können KI-Systeme große Datenmengen analysieren, Muster erkennen und Vorhersagen mit außergewöhnlicher Genauigkeit treffen. Dadurch können Mitarbeiter fundierte Entscheidungen treffen und ihre Arbeitsprozesse rationalisieren. Im Kundenservice beispielsweise können KI-gesteuerte Chatbots Routineanfragen bearbeiten, so dass sich die Mitarbeiter auf die Lösung komplexer Probleme und die Bereitstellung individueller Hilfe konzentrieren können. Die KI-Technologie wirkt wie ein Kraftmultiplikator, der die menschlichen Fähigkeiten erweitert und es dem Einzelnen ermöglicht, in kürzerer Zeit mehr zu erreichen.

Die Zusammenarbeit ist ein weiterer Aspekt, der sich durch die KI erheblich verändert. Mit dem Aufkommen von KI-Technologien erweitert sich der Spielraum für Remote-Zusammenarbeit und virtuelle Teams exponentiell. KI-gestützte Tools erleichtern die nahtlose Kommunikation, den Wissensaustausch und das Projektmanagement in geografisch verstreuten Teams. Durch ausgefeilte Algorithmen kann KI Menschen mit sich ergänzenden Fähigkeiten zusammenbringen und so eine vielfältige und integrative Arbeitsumgebung fördern. Darüber hinaus kann KI dabei helfen, Sprachbarrieren zu überwinden und Übersetzungen in

Echtzeit zu ermöglichen, wodurch sich Möglichkeiten für eine wirklich globale Zusammenarbeit eröffnen.

KI verändert nicht nur die Arbeitswelt, sondern bietet auch neue Möglichkeiten für das Unternehmertum und die Gründung innovativer Start-ups. Die niedrigeren Einstiegshürden, die durch KI-Technologien wie Cloud-basierte Infrastruktur und Open-Source-Frameworks ermöglicht werden, haben den Zugang zu KI-Fähigkeiten demokratisiert. Mit den richtigen Fähigkeiten und Kenntnissen kann jeder Einzelne die KI nutzen, um bahnbrechende Lösungen zu entwickeln und neue Unternehmen zu gründen. Mit der weiteren Entwicklung der KI können wir mit einer Zunahme von KI-getriebenen Start-ups in verschiedenen Sektoren rechnen, die das Wirtschaftswachstum und die Schaffung von Arbeitsplätzen fördern.

Trotz der zahlreichen Vorteile und aufregenden Perspektiven der KI für die Zukunft der Arbeit müssen wir uns auch mit den ethischen und gesellschaftlichen Auswirkungen befassen. Die potenziellen Verzerrungen, die in KI-Algorithmen eingebettet sind, die Bedenken hinsichtlich des Datenschutzes im Zusammenhang mit der Datenerfassung und die Auswirkungen auf das Wohlbefinden des Einzelnen sind entscheidende Aspekte. In der zweiten Hälfte dieses Kapitels werden wir uns mit diesen Herausforderungen auseinandersetzen und Strategien für die Schaffung einer integrativen und ethischen KI-gestützten Belegschaft diskutieren.

Zusammenfassend lässt sich sagen, dass die KI-Technologien die Arbeitswelt verändern und sowohl Chancen als auch Herausforderungen mit sich bringen. Ängste vor der Verdrängung von Arbeitsplätzen können durch die Anerkennung des Potenzials der KI, die menschlichen Fähigkeiten zu erweitern und die Kreativität zu fördern, gemildert werden. Die Zusammenarbeit zwischen

Einzelpersonen und Teams wird durch KI-gestützte Kommunikationsmittel und virtuelle Arbeitsumgebungen verbessert. Die unternehmerische Landschaft wird neu gestaltet, da die KI-Technologie leichter zugänglich wird, was Innovation und Wirtschaftswachstum fördert. Wir dürfen jedoch die ethischen Überlegungen im Zusammenhang mit dem Einsatz von KI nicht außer Acht lassen und müssen aktiv auf eine Zukunft hinarbeiten, in der KI im Einklang mit den menschlichen Werten und Bestrebungen steht.

Mit den rasanten Fortschritten in der künstlichen Intelligenz (KI) birgt die Zukunft der Arbeit ein immenses Potenzial für Einzelpersonen und Unternehmen gleichermaßen. In der zweiten Hälfte dieses Kapitels werden wir uns eingehender mit den spannenden Möglichkeiten befassen, die KI für verschiedene Branchen bietet, ohne dabei die ethischen und gesellschaftlichen Herausforderungen aus den Augen zu verlieren, die mit ihrer Einführung einhergehen.

Eine der wichtigsten Möglichkeiten, wie KI die Zukunft der Arbeit revolutioniert, ist die Erweiterung der menschlichen Fähigkeiten. Die Weiterentwicklung von KI-Systemen führt dazu, dass sie komplexe Problemlösungs- und Entscheidungsfindungsaufgaben immer besser bewältigen können. Dadurch können sich menschliche Mitarbeiter auf Aufgaben konzentrieren, die Kreativität, kritisches Denken und strategische Planung erfordern. Durch die Zusammenarbeit mit KI kann der Einzelne sein volles Potenzial ausschöpfen und die Komplexität eines sich ständig verändernden Arbeitsumfelds bewältigen.

Darüber hinaus beschränkt sich die KI nicht auf die Automatisierung von Routineaufgaben, sondern kann auch die Fähigkeiten von Arbeitnehmern verbessern. Durch KI-gestützte Trainingsprogramme und Simulationen kann der Einzelne sein Fachwissen in bestimmten Bereichen verbessern. Mit Hilfe von KI lassen sich beispielsweise virtuelle Umgebungen schaffen, die simulierte Erfahrungen bieten und es den Mitarbeitern ermöglichen, ihre Fähigkeiten in einer risikofreien Umgebung zu üben und zu verbessern. Dies fördert nicht nur das kontinuierliche Lernen, sondern befähigt die Arbeitnehmer auch, sich an neue Herausforderungen anzupassen und auf dem Arbeitsmarkt wettbewerbsfähig zu bleiben.

Darüber hinaus können KI-gestützte Erkenntnisse und prädiktive Analysen Entscheidungsprozesse erheblich verbessern. Durch die Analyse riesiger Datenmengen mit bemerkenswerter Genauigkeit können KI-Systeme Trends, Muster und Korrelationen erkennen, die für menschliche Beobachter möglicherweise nicht ersichtlich sind. Dies unterstützt die datengestützte Entscheidungsfindung in allen Branchen, von Finanzprognosen bis hin zu Diagnosen im Gesundheitswesen. Menschliche Mitarbeiter können diese Erkenntnisse nutzen, um fundierte Entscheidungen zu treffen, Risiken zu mindern und sich bietende Chancen zu nutzen, und so ihre Fähigkeit, das Unternehmenswachstum voranzutreiben, revolutionieren.

KI-Technologien erweitern nicht nur die Fähigkeiten des Einzelnen, sondern revolutionieren auch die Teamdynamik und die Zusammenarbeit. Mit den Fortschritten bei den virtuellen Kommunikationstools können geografisch verteilte Teams nahtlos zusammenarbeiten und in Echtzeit an Projekten mitarbeiten. KI-gestützte Projektmanagementsysteme können Arbeitsabläufe optimieren, Aufgaben zuweisen und intelligente Empfehlungen auf der Grundlage der individuellen Stärken und Fähigkeiten geben. Dies steigert nicht nur die Produktivität, sondern fördert auch eine Kultur der Inklusion, indem sichergestellt wird, dass unterschiedliche Perspektiven gehört und geschätzt werden.

Darüber hinaus hat KI die bemerkenswerte Fähigkeit, Sprachbarrieren zu überwinden und die kulturübergreifende Zusammenarbeit zu erleichtern.

Durch KI-gestützte Echtzeit-Übersetzungsdienste können Menschen mit unterschiedlichem Sprachhintergrund effektiv kommunizieren und gemeinsam an der Lösung komplexer Probleme arbeiten. Dies eröffnet neue Möglichkeiten für die globale Zusammenarbeit und bringt unterschiedliche Talente und Ideen aus der ganzen Welt zusammen.

Da KI-Technologien immer zugänglicher und benutzerfreundlicher werden, führen sie zu einer Welle von unternehmerischen Bemühungen und der Gründung innovativer Start-ups. Da die Einstiegshürden niedriger sind, können Menschen mit den richtigen Fähigkeiten und Kenntnissen KI nutzen, um bahnbrechende Lösungen zu entwickeln und traditionelle Branchen zu verändern. KI-gestützte Plattformen für E-Commerce, personalisierte Gesundheitsfürsorge und intelligente Hausautomatisierung sind nur einige Beispiele dafür, wie Unternehmer KI nutzen, um transformative Geschäftsmodelle zu schaffen. Diese Zunahme an KI-getriebenen Start-ups fördert nicht nur das Wirtschaftswachstum, sondern schafft auch neue Beschäftigungsmöglichkeiten und unternehmerische Ökosysteme.

Wenn wir KI in der Zukunft der Arbeit einsetzen, müssen wir uns jedoch auch mit den ethischen und gesellschaftlichen Implikationen auseinandersetzen, die mit ihrem Einsatz verbunden sind. Die potenziellen Verzerrungen in KI-Algorithmen, die Risiken im Zusammenhang mit dem Datenschutz und die Auswirkungen auf das Wohlergehen des Einzelnen sind entscheidende Aspekte. Wir müssen uns gemeinsam dafür einsetzen, dass KI in einer integrativen und ethischen Weise entwickelt und eingesetzt wird, die Fairness, Transparenz und Verantwortlichkeit garantiert.

Zusammenfassend lässt sich sagen, dass die Zukunft der Arbeit dank der rasanten Fortschritte bei den KI-Technologien einen tiefgreifenden Wandel erfährt. Während wir weiterhin die unendlichen Möglichkeiten der KI erforschen, müssen wir ihr Potenzial nutzen, um die menschlichen Fähigkeiten zu erweitern, die Zusammenarbeit zu fördern und Innovationen voranzutreiben. Indem wir die ethischen Herausforderungen erkennen und angehen, können wir eine Zukunft schaffen, in der KI im Einklang mit den menschlichen Werten und Bestrebungen arbeitet und eine Welt mit grenzenlosen Möglichkeiten für alle eröffnet.

Abschnitt 4: Aufkommende KI-Technologien und Trends

Künstliche Intelligenz (KI) ist zu einem integralen Bestandteil unseres Lebens geworden, hat verschiedene Branchen revolutioniert und die Art und Weise, wie wir mit Technologie umgehen, verändert. Während sich der Bereich der KI weiterentwickelt, entstehen neue Technologien und Trends, die die Grenzen dessen, was wir für möglich hielten, verschieben. In diesem Kapitel untersuchen wir einige dieser innovativen KI-Technologien, wie die Verarbeitung natürlicher Sprache, Computer Vision und Robotik, und diskutieren ihre entscheidende Rolle bei der Gestaltung der Zukunft der KI.

Einer der faszinierendsten und folgenreichsten Bereiche der KI ist die Verarbeitung natürlicher Sprache (NLP). NLP ermöglicht es Maschinen, die menschliche Sprache zu verstehen und zu interpretieren und so die Kluft zwischen Mensch und Computer zu überbrücken. Die Fortschritte im Bereich NLP haben zur Entwicklung von Sprachassistenten, Chatbots und Sprachübersetzungsprogrammen geführt, die unser tägliches Leben vereinfacht haben. Ob es darum geht, einen Sprachassistenten nach der Wettervorhersage zu fragen oder auf Reisen im Ausland Übersetzungen in Echtzeit zu erhalten - NLP ist zu einem wichtigen Werkzeug geworden, das die Interaktion zwischen Mensch und Maschine verbessert.

Computer Vision ist ein weiterer wichtiger Bereich, in dem die KI tiefgreifende Auswirkungen hat. Da sie Maschinen in die

Lage versetzt, visuelle Daten zu "sehen" und zu interpretieren, bietet die Computer Vision ein breites Spektrum an Anwendungen. Sie spielt eine entscheidende Rolle bei autonomen Fahrzeugen, Gesichtserkennungssystemen und sogar in der medizinischen Diagnostik. Im Bereich der autonomen Fahrzeuge ermöglicht die Computer Vision den Autos, Objekte zu identifizieren und durch komplexe Umgebungen zu navigieren, was die Transportindustrie revolutioniert. Im Bereich der Gesundheitsfürsorge kann die Computervision Ärzte bei der Diagnose von Krankheiten unterstützen, indem sie medizinische Bilder analysiert und so die Genauigkeit und Effizienz der Diagnose verbessert.

Die Robotik ist ebenfalls ein Bereich, der dank der KI-Technologie rasche Fortschritte macht. Die Integration von KI in die Robotik hat die Fähigkeiten von Robotern erweitert, so dass sie komplexe Aufgaben ausführen und mit Menschen auf immer natürlichere Weise interagieren können. Von Industrierobotern, die Fertigungsprozesse automatisieren, bis hin zu Hilfsrobotern, die Menschen mit Behinderungen unterstützen, wird das Potenzial der KI-gestützten Robotik immer größer. Mit der Fähigkeit, aus Daten zu lernen und sich an verschiedene Situationen anzupassen, werden Roboter intelligenter und vielseitiger als je zuvor.

Während sich diese innovativen KI-Technologien weiterentwickeln, zeichnen sich mehrere spannende Trends ab, die die Zukunft der KI prägen werden. Ein solcher Trend ist die Entwicklung hin zu erklärbarer KI. Mit der zunehmenden Verbreitung von KI in Branchen wie dem Gesundheits- und Finanzwesen steigt der Bedarf an Transparenz und Interpretierbarkeit. Erklärbare KI zielt darauf ab, Einblicke in die Art und Weise zu gewähren, wie KI-Systeme Entscheidungen treffen, um so Verantwortlichkeit zu gewährleisten, Voreingenommenheit zu mindern und Vertrauen zu schaffen.

Ein weiterer Trend ist die Integration von KI mit Edge

Computing. Mit Edge Computing können KI-Berechnungen näher an der Datenquelle durchgeführt werden, wodurch die Latenzzeit verringert und die Entscheidungsfindung in Echtzeit verbessert wird. Diese Integration ist besonders wichtig für Anwendungen wie autonome Fahrzeuge, bei denen Entscheidungen in Sekundenbruchteilen für die Sicherheit entscheidend sind.

Außerdem eröffnet die Kombination von KI und dem Internet der Dinge (IoT) neue Möglichkeiten. KI-gestützte IoT-Geräte können riesige Datenmengen sammeln und analysieren, was zu intelligenteren und effizienteren Systemen führt. Von intelligenten Häusern, die die Temperatur auf der Grundlage von Belegungsmustern anpassen, bis hin zu intelligenten Städten, die den Energieverbrauch optimieren, schaffen KI und IoT zusammen eine vernetzte Welt, die unser Leben in vielerlei Hinsicht verbessert.

Zusammenfassend lässt sich sagen, dass sich der Bereich der KI ständig weiterentwickelt und dass neue Technologien und Trends entstehen, die seine Zukunft bestimmen. Natürliche Sprachverarbeitung, Computer Vision und Robotik stehen an der Spitze dieser Entwicklung. Die Fortschritte in diesen Bereichen machen nicht nur unser Leben bequemer, sondern ermöglichen auch Durchbrüche in verschiedenen Branchen. Mit der Integration von erklärbarer KI, Edge Computing und KI-gestütztem IoT ist das Potenzial der KI, unsere Welt zu verändern, grenzenlos. Bleiben Sie dran für die zweite Hälfte dieses Kapitels, in der wir uns eingehender mit den Herausforderungen und unvorhergesehenen Folgen befassen, die mit diesen bemerkenswerten Fortschritten einhergehen. Doch lassen Sie uns erst einmal die grenzenlosen Möglichkeiten und das Potenzial der KI bestaunen. Bei der weiteren Erkundung der neuen KI-Technologien und -Trends wird deutlich, dass die Möglichkeiten und Chancen in diesem Bereich wirklich grenzenlos sind. In der ersten Hälfte dieses Kapitels haben wir uns mit der transformativen Kraft von natürlicher Sprachverarbeitung, Computer Vision und Robotik beschäftigt. Nun wollen wir uns einigen weiteren spannenden Fortschritten zuwenden, die die Zukunft der KI prägen werden.

Ein wichtiger Trend am Horizont ist der Aufstieg von KI-gesteuerten virtuellen Assistenten. Diese intelligenten digitalen Begleiter, wie Amazons Alexa, Apples Siri und Google Assistant, sind bereits zu bekannten Namen geworden. Virtuelle Assistenten sind in der Lage, Befehle in natürlicher Sprache zu verstehen und darauf zu reagieren, personalisierte Hilfe zu leisten und eine breite Palette von Aufgaben zu erfüllen. Vom Einstellen von Erinnerungen über die Beantwortung von Fragen bis hin zur Steuerung von Smart-Home-Geräten - virtuelle Assistenten fügen sich nahtlos in unser tägliches Leben ein und werden zu unverzichtbaren Begleitern.

Darüber hinaus wird die Gesundheitsbranche Zeuge des Potenzials der KI-Technologie zur Verbesserung der Patientenversorgung und zur Förderung der medizinischen Forschung. KI-Algorithmen können große Mengen an Patientendaten analysieren, von elektronischen Gesundheitsakten bis hin zu medizinischen Bildern, was letztlich zu genaueren Diagnosen und personalisierten Behandlungsplänen führt. Mithilfe von KI können Mediziner Muster und Anomalien in Daten erkennen, die für das menschliche Auge nicht sofort ersichtlich sind, was ein früheres Eingreifen und effektivere Ergebnisse ermöglicht. Darüber hinaus wird die KI zur Unterstützung bei der Entdeckung neuer Arzneimittelkandidaten eingesetzt, was letztlich die Entwicklung lebensrettender Medikamente beschleunigt.

Ein weiterer Bereich, in dem die KI große Fortschritte macht, ist die Cybersicherheit. Angesichts der zunehmenden Bedrohung durch Hacker und Cyberkriminelle besteht ein wachsender Bedarf an fortschrittlichen Lösungen zum Schutz sensibler Daten und Infrastrukturen. KI-basierte Systeme können komplexe Cyberangriffe in Echtzeit erkennen und abwehren, aus früheren Vorfällen lernen und sich an neue Bedrohungen anpassen. Durch die kontinuierliche Analyse von Datenmustern und Verhaltensweisen können KI-Systeme Anomalien erkennen und auf potenzielle Sicherheitsverletzungen hinweisen, so dass Unternehmen schnell und effektiv reagieren können.

Darüber hinaus erweitert die Anwendung von KI in der Kreativbranche die Grenzen der menschlichen Vorstellungskraft. KI-Algorithmen können riesige Datenmengen analysieren, einschließlich Kunst, Musik und Literatur, um neue und innovative Werke zu schaffen. Von der Erstellung origineller Gemälde und der Komposition von Musikstücken bis hin zum Schreiben von Kurzgeschichten und sogar Drehbüchern - KI revolutioniert den kreativen Prozess. Diese Zusammenarbeit zwischen Menschen und Maschinen eröffnet neue Wege des Ausdrucks und stellt traditionelle Vorstellungen von künstlerischem Schaffen in Frage.

In der zweiten Hälfte dieses Kapitels ist es wichtig, die Herausforderungen und unvorhergesehenen Folgen dieser bemerkenswerten Fortschritte anzuerkennen. Auch wenn KI vielversprechend ist, müssen ethische Aspekte wie Datenschutz, Fairness und Voreingenommenheit berücksichtigt werden. Es muss sichergestellt werden, dass KI-Systeme transparent, rechenschaftspflichtig und unvoreingenommen sind, um Vertrauen aufzubauen und eine breite Akzeptanz zu erreichen. Darüber hinaus wirft die potenzielle Verdrängung bestimmter Berufe durch die Automatisierung Fragen zu den gesellschaftlichen Auswirkungen der KI auf und erfordert wirksame Strategien, um die sich verändernde Beschäftigungslandschaft zu bewältigen.

Zusammenfassend lässt sich sagen, dass die Zukunft der KI voller unendlicher Möglichkeiten steckt. Von KI-gesteuerten virtuellen Assistenten bis hin zu Fortschritten im Gesundheitswesen, in der Cybersicherheit und in der Kreativbranche - die Auswirkungen von KI-Technologien und -Trends sind weitreichend. Auf dem Weg in eine Zukunft, in der Maschinen verstehen, lernen und sich anpassen können, ist es wichtig, mit diesen Fortschritten verantwortungsvoll und vorausschauend umzugehen. Wenn wir das Potenzial der KI nutzen und uns gleichzeitig mit den ethischen und gesellschaftlichen Herausforderungen auseinandersetzen, die sie mit sich bringt, können wir die transformative Kraft dieser bemerkenswerten Technologie wirklich freisetzen.

Im nächsten Kapitel werden wir die ethischen Erwägungen im Zusammenhang mit KI, die sich entwickelnde Regulierungslandschaft und die Bedeutung der Zusammenarbeit zwischen Mensch und KI näher beleuchten. Bleiben Sie dran, wenn wir uns eingehender mit den Chancen und Herausforderungen befassen, die auf unserer Reise in die Zukunft der KI vor uns liegen.

Abschnitt 5: Herausforderungen meistern und die Zukunft annehmen

In diesem sich ständig weiterentwickelnden digitalen Zeitalter haben die bemerkenswerten Fortschritte im Bereich der künstlichen Intelligenz (KI) zu einer enormen Begeisterung über die zukünftigen Möglichkeiten geführt, die sie bietet. Von selbstfahrenden Autos bis hin zur personalisierten Gesundheitsversorgung - KI hat das Potenzial, jeden Aspekt unseres Lebens zu revolutionieren. Wenn wir in die Zukunft der KI eintauchen, müssen wir jedoch auch die Herausforderungen erkennen und angehen, die vor uns liegen. Wenn wir diese Hürden verstehen und überwinden, können wir das transformative Potenzial der KI voll ausschöpfen.

Eine der größten Herausforderungen für die KI ist die Gewährleistung der Sicherheit. Da KI-Systeme immer autonomer werden und in der Lage sind, eigenständig Entscheidungen zu treffen, muss sichergestellt werden, dass sie dies auf eine Weise tun, die mit menschlichen Werten und ethischen Richtlinien vereinbar ist. Stellen Sie sich eine Zukunft vor, in der KI-gesteuerte Roboter in unser tägliches Leben integriert sind. Dies bietet unglaubliche Möglichkeiten, wirft aber auch berechtigte Bedenken hinsichtlich der Sicherheit und des Potenzials für unbeabsichtigte Schäden auf. Auf unserem Weg in die Zukunft müssen wir der Entwicklung robuster Sicherheitsmechanismen Priorität einräumen, um zu verhindern, dass KI-Systeme Unfälle verursachen oder in einer Weise handeln, die unseren besten Interessen zuwiderläuft.

Darüber hinaus spielt die Regulierung eine entscheidende Rolle bei der Steuerung der Zukunft der KI. Um Innovation und Sicherheit in Einklang zu bringen, muss ein Rahmen geschaffen werden, der die Entwicklung und den Einsatz von KI-Systemen regelt. Vorschriften können dazu beitragen, Bedenken hinsichtlich des Datenschutzes, der Rechenschaftspflicht und der Auswirkungen von KI auf die Belegschaft auszuräumen. Das richtige Gleichgewicht zu finden ist entscheidend. Es ist zwar wichtig, übermäßige Beschränkungen zu verhindern, die den Fortschritt bremsen, aber ebenso wichtig ist es, sich vor potenziellen Risiken und Missbrauch zu schützen. Durch die Formulierung durchdachter Vorschriften können wir sicherstellen, dass die KI-Technologien zum Wohle der Allgemeinheit eingesetzt werden und gleichzeitig mögliche negative Folgen minimiert werden.

Außerdem bedeutet die Zusammenarbeit zwischen Mensch und KI einen Paradigmenwechsel in der Art und Weise, wie wir arbeiten und mit Maschinen interagieren. Obwohl einige befürchten, dass KI menschliche Arbeitsplätze ersetzen wird, hat KI in Wirklichkeit das Potenzial, menschliche Fähigkeiten zu verbessern und zu erweitern. Kollaborative KI-Systeme können Branchen verändern, indem sie sich wiederholende

Aufgaben automatisieren und es uns ermöglichen, uns auf höherwertige kognitive Tätigkeiten zu konzentrieren. So können beispielsweise Fachleute im Gesundheitswesen KI-gestützte Tools nutzen, um große Mengen medizinischer Daten zu analysieren, was zu genaueren Diagnosen und besseren Behandlungsplänen führt. Wenn wir die symbiotische Beziehung zwischen Mensch und KI verstehen, können wir eine Zukunft anstreben, in der beide koexistieren und gedeihen, wobei jeder die Stärken des anderen ergänzt.

Wenden wir uns nun dem unglaublichen Potenzial zu, das vor uns liegt. Die Anwendungsmöglichkeiten von KI sind grenzenlos, und die Fortschritte in verschiedenen Bereichen haben bereits tiefgreifende Auswirkungen. Von verbesserten prädiktiven Analysen auf den Finanzmärkten bis hin zu personalisierten Empfehlungen auf Streaming-Plattformen - KI ist dabei, Branchen umzugestalten und die Art und Weise, wie wir leben, arbeiten und uns mit der Welt auseinandersetzen, zu verändern. Das Potenzial der KI, Bereiche wie Verkehr, Bildung und Klimaschutz zu revolutionieren, ist sowohl inspirierend als auch spannend.

Im Verkehrsbereich versprechen KI-gesteuerte autonome Fahrzeuge sicherere Straßen, mehr Effizienz und weniger Verkehrsstaus. Stellen Sie sich eine Zukunft vor, in der Pendler ihre Fahrt genießen können, während KI-Algorithmen nahtlos durch die Straßen navigieren. Solche Fortschritte haben das Potenzial, die Stadtplanung zu revolutionieren und die Art und Weise, wie wir pendeln, zu verändern, was letztlich zu grüneren und nachhaltigeren Städten führt.

Die Bildung ist ein weiterer Bereich, der enorm von der KI profitieren kann. Personalisierte Nachhilfesysteme können sich an die individuellen Bedürfnisse der Schüler anpassen und maßgeschneiderte Anweisungen und Rückmeldungen geben. KI kann große Mengen von Bildungsdaten analysieren, Lernlücken erkennen und gezielte Maßnahmen anbieten. Wenn KI den Lehrkräften zur Seite steht, können die Schüler eine individuellere und effektivere Lernerfahrung machen und so ihr volles Potenzial ausschöpfen.

Darüber hinaus kann KI ein mächtiger Verbündeter im Kampf gegen den Klimawandel werden. Durch Datenanalyse und Mustererkennung können KI-Algorithmen Trends erkennen, den Energieverbrauch optimieren und bei der Vorhersage von Umwelteinflüssen helfen. Von der Optimierung von Energienetzen bis hin zur Verbesserung von Wettervorhersagemodellen bietet KI ein beispielloses Potenzial, unseren ökologischen Fußabdruck zu minimieren und den Planeten für künftige Generationen zu erhalten.

Auf dieser spannenden Reise in die Zukunft der KI ist es entscheidend, dass wir uns gleichzeitig mit den Herausforderungen auseinandersetzen und die Chancen würdigen. Indem wir robuste Sicherheitsmechanismen entwickeln, durchdachte Vorschriften erlassen und die Zusammenarbeit zwischen Mensch und KI fördern, schaffen wir die Voraussetzungen für eine transformative Zukunft, die von technologischer Innovation angetrieben wird. Das grenzenlose Potenzial der KI ist sowohl demütigend als auch inspirierend, und die Möglichkeiten, die sie bietet, können unsere Welt in unvorstellbarer Weise umgestalten.

Lassen Sie uns nun weiter in die zweite Hälfte von Abschnitt 6 eintauchen und weitere unglaubliche Möglichkeiten der KI erforschen, während wir unseren enthusiastischen Ton beibehalten.

Ein Bereich, in dem die KI erhebliche Auswirkungen haben kann, ist die Landwirtschaft. Da die Weltbevölkerung ständig wächst, besteht ein zunehmender Bedarf, die Nahrungsmittelproduktion und die Nachhaltigkeit zu optimieren. KI kann Landwirten in vielerlei Hinsicht helfen, von der Verbesserung der Ernteerträge bis hin zur Reduzierung der Ressourcenverschwendung. Durch den Einsatz von KI-gesteuerten Sensoren und Drohnen können

Landwirte in Echtzeit Daten über die Bodengesundheit, das Pflanzenwachstum und Wettermuster sammeln. Diese Informationen, die von KI-Algorithmen analysiert werden, können Landwirten helfen, datengestützte Entscheidungen zu treffen, z. B. wann bewässert, gedüngt oder geerntet werden soll. Durch die Optimierung landwirtschaftlicher Praktiken können wir eine effiziente Ressourcennutzung gewährleisten und zur globalen Ernährungssicherheit beitragen.

Im Bereich der Unterhaltung verändert KI bereits die Art und Weise, wie wir Medien konsumieren. Streaming-Plattformen und Social-Media-Seiten nutzen KI-Algorithmen, um die Vorlieben und das Verhalten der Nutzer zu analysieren und personalisierte Empfehlungen zu geben. Diese Technologie verbessert nicht nur das Nutzererlebnis, sondern unterstützt auch die Urheber von Inhalten, indem sie ihnen hilft, ihr Zielpublikum effektiver zu erreichen. Darüber hinaus macht die KI auch im Bereich der kreativen Künste große Fortschritte. KI-Algorithmen arbeiten mit menschlichen Künstlern zusammen, um die Grenzen der Kreativität und des Ausdrucks zu erweitern - von der Erstellung von Musikkompositionen bis hin zur Schaffung beeindruckender visueller Kunstwerke.

Die Gesundheitsbranche ist ein weiterer Bereich, in dem das Potenzial der KI wirklich bemerkenswert ist. KI-Algorithmen können große Mengen medizinischer Daten wie Patientenakten, genomische Informationen und klinische Studien analysieren, um Muster zu erkennen und genaue Vorhersagen zu treffen. Dies kann zur frühzeitigen Erkennung von Krankheiten beitragen, was rechtzeitige Eingriffe und bessere Ergebnisse für die Patienten ermöglicht. Darüber hinaus kann KI bei der Entdeckung und Entwicklung von Medikamenten helfen, indem sie die Wirksamkeit von Medikamenten vorhersagt, mögliche Nebenwirkungen identifiziert und den Forschungsprozess beschleunigt. Wenn wir uns die Möglichkeiten der KI zunutze machen, können wir die Gesundheitsversorgung revolutionieren und sie präziser, personalisierter und für alle zugänglich machen.

Die Überschneidung von KI und Umweltschutz ist sehr vielversprechend. KI-gestützte Systeme können Umweltdaten überwachen und analysieren, z. B. Luft- und Wasserqualität, Abholzungsmuster und Wildtierpopulationen. Diese Informationen können Naturschützern dabei helfen, wirksame Strategien zum Schutz gefährdeter Arten, zum Erhalt wertvoller Ökosysteme und zur Bekämpfung illegaler Wilderei zu entwickeln. Darüber hinaus kann KI bei der Klimamodellierung helfen, indem sie Wissenschaftler dabei unterstützt, die Auswirkungen menschlicher Aktivitäten auf die Umwelt zu verstehen und vorherzusagen. Indem wir KI einsetzen, um nachhaltige Praktiken zu fördern, können wir eine bessere Zukunft für unseren Planeten und seine vielfältigen Ökosysteme schaffen.

In der Geschäfts- und Finanzwelt verändert KI die Art und Weise, wie Unternehmen arbeiten und Entscheidungen treffen. KI-gestützte Algorithmen können große Datenmengen verarbeiten, um Markttrends zu erkennen, Investitionsportfolios zu optimieren und das Risikomanagement zu verbessern. So können Unternehmen datengestützte Entscheidungen in Echtzeit treffen und ihre Rentabilität und Leistung verbessern. Darüber hinaus kann KI Routineaufgaben automatisieren, so dass die Mitarbeiter mehr Zeit für strategische, kreative und wertschöpfende Tätigkeiten haben. Die Integration von KI-Technologien in Geschäftsprozesse kann zu mehr Effizienz, Innovation und Wettbewerbsfähigkeit führen.

Auch die Bildung, eine wichtige Säule der Gesellschaft, kann von der KI stark profitieren. Intelligente Nachhilfesysteme können sich an individuelle Lernstile anpassen und persönliche Hilfestellungen geben. KI-Algorithmen können den Lernfortschritt von Schülern analysieren und Bereiche erkennen, in denen sie Schwierigkeiten haben, und gezielte Maßnahmen und maßgeschneiderte Unterstützung anbieten.

Darüber hinaus kann KI das lebenslange Lernen erleichtern, indem sie personalisierte Inhalte und Ressourcen bereitstellt, die es dem Einzelnen ermöglichen, neue Fähigkeiten und Kenntnisse in seinem eigenen Tempo zu erwerben. Wenn KI die Bildung unterstützt, können wir sicherstellen, dass jeder Einzelne Zugang zu hochwertigen Lernerfahrungen und die Möglichkeit hat, sich zu entfalten.

Zum Abschluss dieses Kapitels über die zukünftigen Chancen und Herausforderungen der KI wird deutlich, dass das Potenzial der KI, verschiedene Aspekte unseres Lebens zu revolutionieren, immens und beeindruckend ist. Von der Nahrungsmittelproduktion über die Unterhaltung bis hin zum Gesundheitswesen und dem Naturschutz bietet KI beispiellose Möglichkeiten für eine bessere Zukunft. Neben diesen Chancen müssen wir uns jedoch auch der Herausforderungen bewusst sein, die vor uns liegen. Indem wir Sicherheitsbedenken proaktiv angehen, solide Vorschriften erlassen und die Zusammenarbeit zwischen Mensch und KI fördern, können wir eine Zukunft gestalten, in der KI-Technologien harmonisch mit der Menschheit zusammenarbeiten, den Nutzen maximieren und die Risiken minimieren.

KAPITEL 14: KI IM GESUNDHEITSWESEN : DIE REVOLUTIONIERUNG DES MEDIZINISCHEN BEREICHS

In den letzten Jahren haben die rasanten Fortschritte in der Künstlichen Intelligenz (KI) den Weg für zahlreiche Durchbrüche im Gesundheitswesen geebnet. Von der Früherkennung von Krankheiten bis hin zu personalisierten Behandlungen hat sich die KI als leistungsfähiges Instrument zur Revolutionierung der Medizinbranche erwiesen. Heute befassen wir uns mit den transformativen Auswirkungen der KI auf das Gesundheitswesen und untersuchen, wie sie die Diagnose, Behandlung und personalisierte Medizin umgestaltet.

Der wichtigste Beitrag der KI zum Gesundheitswesen ist ihre Fähigkeit, den Diagnoseprozess zu verbessern. Herkömmliche Diagnosemethoden stützen sich häufig auf das Fachwissen menschlicher Ärzte, das mit menschlichen Fehlern, Voreingenommenheit und Einschränkungen behaftet sein kann. KI-Systeme mit ihrer bemerkenswerten Rechenleistung und ihrer Fähigkeit, große Datenmengen zu analysieren, bieten jedoch eine vielversprechende Alternative.

Ein Bereich, in dem die KI große Fortschritte gemacht hat, ist die medizinische Bildanalyse. KI-Algorithmen können radiologische Bilder, wie Röntgenaufnahmen, CT-Scans und MRTs, mit bemerkenswerter Genauigkeit und Geschwindigkeit analysieren. Diese Algorithmen erkennen effektiv subtile Anomalien und unterstützen Radiologen bei der Erstellung präziserer Diagnosen. Durch den Einsatz von Techniken des maschinellen Lernens können KI-Systeme kontinuierlich lernen und sich verbessern, was eine immer präzisere Diagnose ermöglicht.

Neben der medizinischen Bildgebung setzen sich KI-gestützte Diagnosetools auch in anderen Bereichen durch. Nehmen wir zum Beispiel den Bereich der Pathologie. KI-Algorithmen können Gewebeproben analysieren und Muster erkennen, die auf das Vorhandensein von Krebs oder anderen Krankheiten hinweisen können. Dadurch wird nicht nur der Diagnoseprozess beschleunigt, sondern auch die Genauigkeit verbessert und das Risiko von Fehldiagnosen verringert.

Die transformative Kraft der KI erstreckt sich auch auf die Behandlungsstrategien. Herkömmliche Behandlungspläne beruhen oft auf standardisierten Protokollen, die individuelle Unterschiede und einzigartige Patientenprofile nicht berücksichtigen können. Mit KI können Ärzte personalisierte Behandlungspläne entwickeln, die die genetische Veranlagung eines Patienten, seine Krankengeschichte, seinen Lebensstil und sogar Umweltfaktoren berücksichtigen.

Die personalisierte Medizin, die durch KI ermöglicht wird, hat das Potenzial, die Gesundheitsversorgung zu revolutionieren. Durch die Analyse großer Datensätze und die Erkennung von Mustern in verschiedenen Patientenpopulationen kann die KI neue Behandlungsansätze identifizieren, die zuvor möglicherweise unbemerkt geblieben wären. Dadurch wird nicht nur die Wirksamkeit der Behandlung verbessert, sondern auch das Risiko von Nebenwirkungen oder unwirksamen Therapien verringert.

Außerdem spielt die KI eine entscheidende Rolle bei der Optimierung der Behandlung. KI-Systeme können große Mengen an medizinischer Literatur, klinischen Studien und Echtzeit-Patientendaten analysieren, um Ärzten evidenzbasierte Behandlungsempfehlungen zu geben. Durch die Nutzung dieser Fülle von Informationen kann die KI den Ärzten helfen, fundierte Entscheidungen zu treffen, die zu wirksameren und gezielteren Therapien führen.

Ein weiterer vielversprechender Aspekt der KI im Gesundheitswesen ist ihr Potenzial für prädiktive Analysen. Durch die Analyse von Patientendaten kann KI das Fortschreiten von Krankheiten vorhersagen, Risiken erkennen und sogar eingreifen, bevor sich Symptome manifestieren. Frühzeitige Erkennung und Intervention haben das Potenzial, die Ergebnisse für die Patienten deutlich zu verbessern und die Gesundheitskosten zu senken.

Trotz des immensen Potenzials der KI im Gesundheitswesen müssen jedoch mehrere Herausforderungen bewältigt werden. Ein Hauptanliegen ist die ethische Verwendung von Patientendaten. Da KI auf große Mengen an persönlichen Gesundheitsdaten angewiesen ist, sind der Schutz der Privatsphäre und die Datensicherheit von Patienten von größter Bedeutung. Organisationen des Gesundheitswesens müssen robuste Protokolle einrichten, um Patientendaten zu schützen und unbefugten Zugriff zu verhindern.

Darüber hinaus wirft der zunehmende Einsatz von KI die Sorge auf, dass die menschliche Komponente im Gesundheitswesen verloren gehen könnte. Zwar können KI-Algorithmen bei der Diagnose und der Erstellung von Behandlungsplänen helfen, doch ist es wichtig, ein Gleichgewicht zwischen Automatisierung und menschlichem Eingreifen zu finden. Die Beibehaltung eines patientenzentrierten Ansatzes, der das Fachwissen von Fachkräften im Gesundheitswesen mit den Möglichkeiten der KI kombiniert, ist entscheidend für die Schaffung eines Gesundheitssystems, das die Patientenversorgung wirklich revolutioniert.

Da wir erst an der Oberfläche der Auswirkungen von KI auf das Gesundheitswesen gekratzt haben, sind die Möglichkeiten für weitere Fortschritte enorm. In der zweiten Hälfte dieses Kapitels werden wir uns mit der Anwendung von KI in der Telemedizin, der Patientenüberwachung und den ethischen Überlegungen zu ihrer Implementierung befassen. Die Zukunft der KI im Gesundheitswesen wird die medizinische Landschaft neu definieren, und in der nächsten Hälfte dieses Kapitels werden wir diese spannenden Entwicklungen näher beleuchten. Begleiten Sie uns also auf unserer Erkundung der transformativen Kraft der KI im medizinischen Bereich - eine Reise, die gerade erst beginnt.

KAPITELENDE DIE ANWENDUNG VON KI IM GESUNDHEITSWESEN GEHT WEIT ÜBER DIAGNOSE- UND BEHANDLUNGSSTRATEGIEN HINAUS. SIE HAT AUCH IN DER TELEMEDIZIN UND DER PATIENTENÜBERWACHUNG ERHEBLICHE

FORTSCHRITTE GEMACHT, DIE DIE ART UND WEISE DER GESUNDHEITSVERSORGUNG VERÄNDERN UND DEN ZUGANG ZU MEDIZINISCHEN LEISTUNGEN VERBESSERN.

Die durch KI unterstützte Telemedizin hat sich zu einem bequemen und effektiven Mittel für die Erbringung von Gesundheitsdienstleistungen aus der Ferne entwickelt. Durch Videokonsultationen und mobile Anwendungen können Patienten bequem von zu Hause aus mit Gesundheitsdienstleistern in Kontakt treten. KI-Algorithmen spielen eine wichtige Rolle bei der Einstufung von Patientensymptomen, der Ersteinschätzung und der Bestimmung der Dringlichkeit der erforderlichen Behandlung. Durch die Analyse von Patientendaten wie Anamnese und Symptomen können KI-Systeme vorläufige Diagnosen und Behandlungsempfehlungen geben, so dass medizinisches Fachpersonal eine rechtzeitige und angemessene Versorgung gewährleisten kann.

Darüber hinaus hat die KI in der Telemedizin den Weg für die Fernüberwachung von Patienten geebnet, insbesondere für Personen mit chronischen Erkrankungen oder solche, die eine ständige medizinische Überwachung benötigen. Mit tragbaren Geräten wie Smartwatches oder Fitness-Trackern können Patienten Gesundheitsdaten in Echtzeit sammeln und an ihre Gesundheitsdienstleister übermitteln. KI-Algorithmen können diese Daten analysieren, Muster erkennen, Anomalien aufspüren und medizinisches Fachpersonal auf mögliche Probleme aufmerksam machen. Dieses frühzeitige Eingreifen kann die Ergebnisse der Patienten erheblich verbessern, Krankenhauseinweisungen verhindern und die Belastung der Gesundheitssysteme verringern.

Neben ihren praktischen Anwendungen wirft die KI im Gesundheitswesen auch wichtige ethische Fragen auf. Der verantwortungsvolle und vertrauenswürdige Einsatz von KI erfordert den Schutz der Privatsphäre der Patienten und die Gewährleistung der Datensicherheit. Organisationen des Gesundheitswesens müssen strenge Protokolle zum Schutz von Patientendaten einführen, strenge Data-Governance-Praktiken einhalten und für Transparenz bei der Datenerfassung und -nutzung sorgen. Der Aufbau von Vertrauen in der Öffentlichkeit ist von entscheidender Bedeutung, da KI-Systeme auf sensible persönliche Gesundheitsdaten angewiesen sind, um effektive Gesundheitsdienstleistungen zu erbringen.

Darüber hinaus ist es wichtig, sich mit den potenziellen Verzerrungen zu befassen, die in KI-Algorithmen auftreten können. Verzerrungen, ob angeboren oder versehentlich eingeführt, können die Ergebnisse der Gesundheitsversorgung erheblich beeinträchtigen und bestehende Ungleichheiten in der Patientenversorgung aufrechterhalten. Die Entwicklung und das Training von KI-Systemen müssen vielfältige und repräsentative Datensätze umfassen, um Verzerrungen abzuschwächen und eine gerechte Gesundheitsversorgung für alle Patienten zu gewährleisten. Eine kontinuierliche Überwachung und Bewertung von KI-Algorithmen ist notwendig, um unbeabsichtigte Verzerrungen zu erkennen und zu korrigieren, die entstehen können.

Während KI ein immenses Potenzial für die Revolutionierung des Gesundheitswesens bietet, ist es entscheidend, ein ausgewogenes Verhältnis zwischen Automatisierung und menschlichem Eingreifen zu finden. Die menschliche Note in der Patientenversorgung mit Empathie, Mitgefühl und klinischem Urteilsvermögen kann nicht allein durch KI-Technologien ersetzt werden. Eine kollaborative Entscheidungsfindung, bei der Fachkräfte des Gesundheitswesens mit KI-Systemen zusammenarbeiten, kann die besten Ergebnisse erzielen. KI kann Gesundheitsdienstleister unterstützen, indem sie ihr Fachwissen erweitert, evidenzbasierte Empfehlungen anbietet und Zeit für eine persönlichere Patienteninteraktion freisetzt.

Zum Abschluss dieser Erkundung der transformativen Kraft der KI im medizinischen Bereich wird eines deutlich: Die Zukunft des Gesundheitswesens ist untrennbar mit dem Wachstum und der Weiterentwicklung von KI-Technologien verbunden. Die Möglichkeiten zur weiteren Integration und Weiterentwicklung sind enorm und haben das Potenzial, die Gesundheitssysteme weltweit umzugestalten.

Mit der fortschreitenden Entwicklung von KI-Systemen können wir eine höhere Genauigkeit und Effizienz in der Diagnostik erwarten, das Aufkommen einer personalisierten Medizin, die auf die individuellen Bedürfnisse der Patienten zugeschnitten ist, und die Fähigkeit, Krankheiten mit immer größerer Genauigkeit vorherzusagen und zu verhindern. Diese Fortschritte werden nicht nur die Ergebnisse für die Patienten verbessern, sondern auch die Gesamteffizienz und Nachhaltigkeit der Gesundheitssysteme erhöhen.

Zusammenfassend lässt sich sagen, dass die KI bereits ihren Wert bei der Revolutionierung des medizinischen

Bereichs unter Beweis gestellt hat. Von der Verbesserung der Diagnostik und Behandlung bis hin zur Ermöglichung von Telemedizin und Patientenüberwachung - KI verändert das Gesundheitswesen, wie wir es kennen. Bei der Nutzung dieser Fortschritte ist es jedoch unerlässlich, ethische Überlegungen anzustellen, die Privatsphäre der Patienten zu schützen und einen patientenzentrierten Ansatz zu verfolgen. Indem wir uns die transformative Kraft der KI zunutze machen und gleichzeitig die menschliche Note in der Gesundheitsversorgung bewahren, können wir eine Zukunft schaffen, in der eine personalisierte, zugängliche und effektive Gesundheitsversorgung für alle verfügbar ist. Lassen Sie uns also gemeinsam diese Reise antreten - eine Reise, die das Potenzial hat, die medizinische Landschaft radikal zum Besseren zu verändern.

KAPITEL 15: KI IM BILDUNGSWESEN: VERBESSERUNG VON LERNERFAHRUNGEN

Künstliche Intelligenz (KI) hat sich zu einer transformativen Kraft in verschiedenen Bereichen entwickelt, und das Bildungswesen bildet da keine Ausnahme. Dank ihrer Fähigkeit, riesige Datenmengen zu verarbeiten und Muster schnell zu analysieren, hat KI das Potenzial, die Art und Weise, wie wir lernen und lehren, zu revolutionieren. Vom personalisierten Lernen bis hin zu intelligenten Nachhilfesystemen bietet KI ein enormes Potenzial für die Verbesserung der Lernerfahrungen von Schülern aller Altersgruppen.

In den letzten Jahren wurde der traditionelle "One-size-fits-all"-Ansatz in der Bildung durch die Erkenntnis in Frage gestellt, dass jeder Mensch einzigartige Lernvorlieben, Stärken und Schwächen hat. Diese Erkenntnis hat den Weg für personalisiertes Lernen geebnet, einen Bildungsansatz, der den Unterricht auf die spezifischen Bedürfnisse der Schüler zuschneidet. KI spielt eine entscheidende Rolle bei der

Orchestrierung dieser maßgeschneiderten Lernerfahrung.

Mithilfe von Algorithmen des maschinellen Lernens kann die KI Daten über die akademischen Leistungen, Lernstile und Interessen der Schüler sammeln. Durch die Analyse dieser Informationen können Pädagogen wertvolle Einblicke in das Lernprofil eines jeden Schülers gewinnen. Mit diesem Wissen können sie personalisierte Lernpläne erstellen, die auf die individuellen Stärken eingehen, Schwächen beheben und die Schüler auf einer tieferen Ebene ansprechen. Egal, ob es um die Änderung des Tempos, des Inhalts oder des Formats des Unterrichts geht, KI-gestützte Systeme können Unterrichtsmaterialien an die individuellen Anforderungen jedes einzelnen Schülers anpassen.

Intelligente Nachhilfesysteme sind ein weiterer Aspekt der Auswirkungen der KI auf die Bildung. Diese Systeme nutzen KI-Technologien, um den Schülern eine persönliche Anleitung und Unterstützung zu geben, ähnlich wie ein menschlicher Tutor. Durch den Einsatz von Algorithmen zur Verarbeitung natürlicher Sprache und maschinellem Lernen können diese Systeme die Antworten der Schüler verstehen und ihre Anweisungen entsprechend anpassen. Diese interaktive Feedbackschleife ermöglicht es den Schülern, individuelle Unterstützung zu erhalten, so dass sie in ihrem eigenen Tempo vorankommen und Wissenslücken effektiv schließen können.

Darüber hinaus kann die KI große Mengen von Bildungsdaten analysieren, um Verbesserungspotenziale bei den Schülern zu erkennen und geeignete Ressourcen zu empfehlen. So könnte ein KI-gestütztes Nachhilfesystem beispielsweise erkennen, dass ein Schüler Schwierigkeiten mit algebraischen Gleichungen hat, und daraufhin zusätzliche Übungsmaterialien, Videos oder interaktive Simulationen anbieten, um das Konzept zu vertiefen. Durch die Bereitstellung maßgeschneiderter Inhalte hilft die KI den Schülern, komplexe Konzepte zu verstehen und wichtige Fähigkeiten effizienter zu entwickeln.

Neben personalisiertem Lernen und Nachhilfe hat KI auch das Potenzial, die Rolle der Lehrkräfte selbst zu stärken. KI-gestützte Tools können routinemäßige Verwaltungsaufgaben automatisieren und den Lehrkräften wertvolle Zeit verschaffen, damit sie sich auf den Unterricht und die Betreuung der Schüler konzentrieren können. So können beispielsweise die Benotung von Aufgaben, die Organisation von Stundenplänen und die Erstellung von Berichten mit Hilfe von KI rationalisiert werden, so dass die Lehrkräfte mehr Zeit für die Bedürfnisse der einzelnen Schüler aufwenden können.

Die Integration von KI in die Bildung ist jedoch mit gewissen Herausforderungen verbunden. Bedenken hinsichtlich des Datenschutzes, der Datensicherheit und ethischer Überlegungen müssen berücksichtigt werden, um einen verantwortungsvollen Einsatz von KI zu gewährleisten. Außerdem müssen die Lehrkräfte darin geschult werden, KI-Tools effektiv zu nutzen und ihre Unterrichtsstrategien so anzupassen, dass sie KI-gestützte Systeme ergänzen.

Zusammenfassend lässt sich sagen, dass KI das Potenzial hat, das Bildungswesen umzugestalten, indem sie Lernerfahrungen personalisiert, intelligente Nachhilfe anbietet und die Rolle der Lehrkräfte stärkt. Die Fähigkeit, den Unterricht an die individuellen Bedürfnisse der Schüler anzupassen und Feedback in Echtzeit zu geben, kann zu besseren Bildungsergebnissen führen. Allerdings müssen die ethischen Implikationen und die praktische Umsetzung von KI im Bildungswesen sorgfältig bedacht werden. Auf unserem Weg in die komplexe Welt der KI müssen wir diese Herausforderungen meistern, um das volle Potenzial der KI zur Verbesserung von Lernerfahrungen zu erschließen.

KI im Bildungswesen: Bessere Lernerfahrungen

Die Integration von künstlicher Intelligenz (KI) in die Bildung birgt ein immenses Potenzial, doch es ist wichtig, sich mit den Herausforderungen auseinanderzusetzen, die mit einer verantwortungsvollen Umsetzung verbunden sind. Während wir uns weiter in die komplexe Welt der KI vorwagen, müssen wir diese Herausforderungen meistern, um ihr volles Potenzial zur Verbesserung von Lernerfahrungen zu erschließen.

Eines der Hauptanliegen im Zusammenhang mit KI im Bildungsbereich ist der Datenschutz und die Datensicherheit. Da KI auf große Mengen personenbezogener Daten angewiesen ist, um personalisierte Lernerfahrungen zu ermöglichen, muss sichergestellt werden, dass diese Daten auf sichere und ethische Weise erfasst, gespeichert und verwendet werden. Strenge Datenschutzprotokolle und Verschlüsselung sollten eingeführt werden, um sensible Schülerdaten zu schützen. Darüber hinaus müssen Transparenz und klare Zustimmungsmechanismen vorhanden sein, um sicherzustellen, dass die Schüler und ihre Familien vollständig darüber informiert sind, wie ihre Daten verwendet werden.

Darüber hinaus sollten ethische Überlegungen bei der Integration von KI in die Bildung im Vordergrund stehen. Während KI-gestützte Systeme personalisierte Anleitung und Unterstützung bieten können, ist es wichtig, ein Gleichgewicht zu finden und das menschliche Element in der Bildung zu erhalten. Die Aufrechterhaltung einer gesunden Lehrer-Schüler-Beziehung und die Förderung der menschlichen Interaktion im Lernprozess sind Schlüsselaspekte einer ganzheitlichen Bildung, die nicht außer Acht gelassen werden sollten.

Um KI-Werkzeuge effektiv nutzen zu können, müssen die Lehrkräfte angemessen geschult und unterstützt werden. Die Integration von KI in den Bildungsbereich erfordert Weiterbildungsangebote, die den Lehrkräften die notwendigen Fähigkeiten und Kenntnisse vermitteln. Durch umfassende Schulungen können Pädagogen nicht nur lernen, wie sie KI-gestützte Systeme effektiv nutzen, sondern auch ihre Unterrichtsstrategien anpassen, um diese Werkzeuge zu ergänzen. Um einen reibungslosen Übergang zu gewährleisten, sollten kollaborative Umgebungen gefördert werden, in denen Lehrkräfte bewährte Verfahren und Erkenntnisse über die Integration von KI austauschen können.

KI-gestützte Tools können die Rolle der Lehrkräfte durch die Automatisierung von administrativen Routineaufgaben erheblich verbessern. Die Benotung von Aufgaben, die Terminplanung und die Erstellung von Berichten können rationalisiert werden, so dass die Lehrer mehr Zeit in den individuellen Unterricht und die Unterstützung der Schüler investieren können. Indem sie den Lehrern einige dieser lästigen Aufgaben abnehmen, können sie sich auf die Förderung von kritischem Denken, Kreativität und emotionaler Intelligenz bei ihren Schülern konzentrieren.

Ein weiterer Bereich, in dem KI die traditionellen Lehrmethoden ergänzen kann, ist der Bereich der Bewertung. Durch den Einsatz von KI-Algorithmen können Bewertungen auf die Stärken und Schwächen der einzelnen Schüler zugeschnitten werden und ihnen zeitnahes Feedback geben, um ihren Lernprozess zu unterstützen. Dieser von der KI angebotene Echtzeit-Feedback-Mechanismus ermöglicht es den Schülern, ihre Missverständnisse umgehend zu beseitigen und so ein tieferes Verständnis des Lehrstoffs zu fördern.

Darüber hinaus kann KI die Zugänglichkeit von Bildung verbessern, indem sie die Lücke für Schüler mit besonderen Bedürfnissen schließt. Durch die Analyse individueller Lernprofile kann KI die Bereitstellung von Inhalten an die verschiedenen Lernstile und -vorlieben anpassen. Sie kann Schüler mit Behinderungen individuell unterstützen und für eine integrative und gerechte Lernumgebung für alle sorgen.

Bei der Weiterentwicklung der KI ist es wichtig, alle Interessengruppen in den Entscheidungsprozess einzubeziehen. Pädagogen, politische Entscheidungsträger, Schüler und Eltern sollten in Gespräche über die Integration von KI in die Bildung einbezogen werden, um sicherzustellen, dass sie mit ihren spezifischen Bedürfnissen und Werten in

Einklang steht. Durch die Förderung eines integrativen und kooperativen Ansatzes können die potenziellen Nachteile und unbeabsichtigten Folgen von KI minimiert und ihre Vorteile maximiert werden.

Zusammenfassend lässt sich sagen, dass KI das Potenzial hat, das Bildungswesen umzugestalten, indem sie Lernerfahrungen personalisiert, intelligente Nachhilfe anbietet und die Rolle der Lehrkräfte stärkt. Durch die Anpassung des Unterrichts an die individuellen Bedürfnisse der Schüler und das Angebot von Echtzeit-Feedback kann KI die Bildungsergebnisse erheblich verbessern. Entscheidend ist jedoch eine verantwortungsvolle Umsetzung, bei der Bedenken hinsichtlich des Datenschutzes, der Datensicherheit und ethischer Überlegungen berücksichtigt werden. Durch eine umfassende Schulung der Lehrkräfte und die Einbeziehung aller Beteiligten in den Entscheidungsprozess können wir die transformative Kraft der KI nutzen, um die Lernerfahrungen für alle Schüler zu verbessern. Auf unserem Weg zu einer KI-gesteuerten Bildung müssen wir die Herausforderungen und ethischen Probleme im Auge behalten und ein perfektes Gleichgewicht zwischen Technologie und menschlicher Interaktion in der Bildung anstreben.

KAPITEL 16: KI IM FINANZWESEN: DIE REVOLUTIONIERUNG DER FINANZINDUSTRIE

Künstliche Intelligenz (KI) hat bemerkenswerte Fortschritte bei der Umgestaltung verschiedener Sektoren gemacht, und eine Branche, in der es zu erheblichen Umwälzungen gekommen ist, ist das Finanzwesen. Mit dem Aufkommen der KI hat das komplizierte Netz psychologischer Muster in der KI neue Möglichkeiten eröffnet und die Art und Weise, wie das Finanzwesen funktioniert, neu gestaltet. In diesem Kapitel werden wir uns mit den Anwendungen von KI im Finanzwesen befassen und untersuchen, wie sie die Finanzbranche revolutioniert hat.

Eine der wichtigsten Anwendungen von KI im Finanzbereich ist der algorithmische Handel. Traditionell waren Handelsentscheidungen stark vom menschlichen Urteilsvermögen abhängig. KI-gestützte Algorithmen haben den Handel jedoch in neue Dimensionen geführt. Diese Algorithmen nutzen fortschrittliche Techniken des maschinellen Lernens, um riesige Datenmengen zu analysieren, Markttrends zu erkennen und Handelsgeschäfte mit beispielloser Präzision und Geschwindigkeit auszuführen.

Der algorithmische Handel hat die Finanzlandschaft revolutioniert, indem er den Händlern nahezu in Echtzeit Einblicke in die Märkte gewährt und sie in die Lage versetzt, fundierte Entscheidungen zu treffen. Durch die Nutzung der KI haben Finanzinstitute ihre Handelsstrategien erheblich verbessert, was zu höherer Effizienz und Rentabilität führt. Die Fähigkeit von KI-Systemen, sich schnell an veränderte Marktbedingungen anzupassen, hat sich als unschätzbar wertvoll erwiesen, insbesondere in volatilen Zeiten.

Ein weiterer wichtiger Bereich, in dem die KI ihre Spuren hinterlassen hat, ist die Risikobewertung. Herkömmliche Risikobewertungsprozesse beruhen oft auf historischen Daten und menschlicher Intuition, was zeitaufwändig und anfällig für Verzerrungen sein kann. KI hingegen nutzt hochentwickelte Algorithmen, um verschiedene Datensätze zu analysieren und potenzielle Risiken genauer und effizienter zu ermitteln.

Durch den Einsatz von KI zur Risikobewertung können Finanzinstitute Marktschwankungen besser vorhersagen, Anomalien erkennen und potenzielle Bedrohungen eindämmen. Dies hat nicht nur die Risikobewertungsprozesse gestrafft, sondern auch die Risikomanagementstrategien erheblich verbessert. Die Fähigkeit von KI-Systemen, kontinuierlich aus neuen Daten zu lernen, ermöglicht es ihnen, sich an aufkommende Risiken anzupassen und bietet einen proaktiven Ansatz für das Risikomanagement in der Finanzbranche.

Darüber hinaus hat die KI einen wesentlichen Beitrag zur Aufdeckung und Verhinderung von Betrug im Finanzsektor geleistet. Mit dem technologischen Fortschritt ändern sich auch die von Betrügern eingesetzten Techniken. KI-gestützte Systeme nutzen Algorithmen des maschinellen Lernens, um Muster und Anomalien zu erkennen, die auf betrügerische Aktivitäten hindeuten könnten. Durch die Analyse großer Mengen von Transaktionsdaten können diese Systeme verdächtige Transaktionen in Echtzeit erkennen und sie für weitere Untersuchungen markieren.

Dieser proaktive Ansatz zur Betrugserkennung hat den Finanzinstituten geholfen, betrügerische Aktivitäten wirksamer zu bekämpfen und ihre Kunden vor möglichen Verlusten zu schützen. Die Integration von KI-Systemen in die Betrugserkennungslandschaft hat nicht nur die Effizienz verbessert, sondern auch die Zahl der Fehlalarme minimiert, was die Belastung der Ermittler verringert und den Prozess rationalisiert hat.

KI treibt die Finanzbranche weiter voran, und die möglichen Anwendungen scheinen grenzenlos. Von der Verbesserung des Kundendienstes durch Chatbots und virtuelle Assistenten bis hin zur Verbesserung von Kreditscoring-Modellen - KI hat das Zeug dazu, das gesamte Finanzökosystem umzugestalten.

In der zweiten Hälfte dieses Kapitels werden wir diese zusätzlichen Anwendungen genauer untersuchen und das wahre Ausmaß des Einflusses von KI auf die Finanzbranche enthüllen. Doch lassen Sie uns erst einmal innehalten und Sie mit einem Gefühl der Vorfreude zurücklassen. Die Auswirkungen der KI auf das Finanzwesen sind weitreichend, und die nächste Hälfte dieses Kapitels wird noch weitere faszinierende Aspekte aufdecken. Bleiben Sie also dran, wenn wir uns eingehender mit den transformativen Kräften der künstlichen Intelligenz im Finanzwesen befassen.Im weiteren Verlauf unserer Erkundung der faszinierenden Anwendungen von KI im Finanzwesen decken wir noch weitere faszinierende Aspekte auf, die die transformativen Kräfte der künstlichen Intelligenz hervorheben. In dieser zweiten Hälfte des Kapitels werden wir uns mit weiteren Bereichen befassen, in denen KI die Finanzbranche revolutioniert.

Eine bemerkenswerte Anwendung von KI im Finanzbereich ist die Verbesserung des Kundendienstes durch den Einsatz von Chatbots und virtuellen Assistenten. Diese KI-gestützten Tools sind von unschätzbarem Wert, wenn es darum geht, Kunden individuell und effizient zu unterstützen. Durch den Einsatz von Algorithmen zur Verarbeitung natürlicher Sprache und maschinellem Lernen können Chatbots Kundenanfragen verstehen und beantworten und sie durch verschiedene Finanzprozesse leiten.

Diese intelligenten virtuellen Assistenten können Kunden bei der Eröffnung von Konten, der Überweisung von Geldern oder sogar bei der Anlageberatung auf der Grundlage ihrer finanziellen Ziele unterstützen. Die Fähigkeit von KI-Systemen, große Datenmengen schnell zu analysieren und sofortige Antworten zu geben, hat das Kundenerlebnis im Finanzsektor erheblich verbessert.

Darüber hinaus macht die KI erhebliche Fortschritte bei der Verbesserung von Kreditbewertungsmodellen. Traditionell stützten sich Kreditbewertungen stark auf historische Daten und manuelle Auswertungen, die zeitaufwändig und in ihrem Umfang begrenzt sein können. Durch den Einsatz von KI-Algorithmen können Finanzinstitute nun jedoch verschiedene Datensätze und Faktoren nutzen, um genauere Kreditbewertungsmodelle zu entwickeln.

KI-gestützte Kreditscoring-Modelle können eine Vielzahl von Informationen wie Transaktionsdaten, Online-Verhalten und die Präsenz in sozialen Medien einbeziehen, um die Kreditwürdigkeit einer Person zu bewerten. Durch die Erfassung einer umfassenderen und dynamischeren Sicht auf Kreditprofile ermöglichen diese Modelle Finanzinstituten, fundiertere Kreditentscheidungen zu treffen und den Zugang zu Krediten für Personen zu erweitern, die zuvor möglicherweise übersehen wurden.

Eine weitere bemerkenswerte Anwendung der KI im

Finanzbereich ist die Stimmungsanalyse. Traditionell erforderte die Einschätzung der Marktstimmung einen hohen manuellen Aufwand und subjektive Interpretationen. KI-Systeme können nun jedoch automatisch große Mengen an Textdaten analysieren, darunter Nachrichtenartikel, Beiträge in sozialen Medien und Finanzberichte, um die Stimmung von Einzelpersonen oder ganzen Märkten zu ermitteln.

Mit diesen Instrumenten zur Stimmungsanalyse können Finanzinstitute die öffentliche Meinung und Marktbewegungen in Echtzeit messen. Durch das Erkennen positiver oder negativer Stimmungen können die Institute ihre Handelsstrategien anpassen oder Markttrends besser vorhersagen, was letztlich zu fundierteren Anlageentscheidungen führt.

Darüber hinaus hat sich KI bei der Aufdeckung und Verhinderung von Betrug als äußerst wirksam erwiesen, was die finanziellen Verluste der Institute erheblich verringert und ihre Kunden schützt. Die Integration von KI-Algorithmen ermöglicht es Maschinen, Muster und Anomalien zu erkennen, die auf betrügerische Aktivitäten hindeuten, selbst bei komplexen und sich schnell entwickelnden Systemen.

Diese KI-gestützten Betrugserkennungssysteme können vor verschiedenen Formen von Betrug schützen, darunter Identitätsdiebstahl, Geldwäsche und nicht autorisierte Transaktionen. Durch kontinuierliches Lernen aus neuen Daten bleiben diese Systeme wachsam, passen sich an neue Betrugstechniken an und verbessern ständig ihre Erkennungsfähigkeiten.

Neben den genannten Bereichen verändert die KI auch die Finanzplanung und das Portfoliomanagement. Durch hochentwickelte Algorithmen und maschinelle Lerntechniken kann KI große Mengen an Marktdaten analysieren, Trends vorhersagen und Anlagestrategien optimieren. Dadurch können Finanzberater ihren Kunden eine präzisere und maßgeschneiderte Anlageberatung anbieten, was letztlich zu potenziell höheren Renditen und einem besseren Risikomanagement führt.

Zusammenfassend lässt sich sagen, dass die Anwendungen von KI im Finanzbereich weiter zunehmen und das gesamte Finanzökosystem umgestalten. Von Chatbots und virtuellen Assistenten, die den Kundenservice verbessern, bis hin zu genaueren und umfassenderen Kreditbewertungsmodellen - KI revolutioniert die Art und Weise, wie Finanzdienstleistungen erbracht werden.

Durch die Nutzung von KI können Finanzinstitute die Risikobewertung verbessern, betrügerische Aktivitäten bekämpfen und fundierte Anlageentscheidungen treffen. Der transformative Einfluss der KI auf die Finanzbranche kann nicht unterschätzt werden, und sie wird die Zukunft des Finanzwesens zweifellos auch in den kommenden Jahren prägen.

Wir hoffen, dass Sie zum Abschluss dieses Kapitels ein tieferes Verständnis für das komplizierte Geflecht psychologischer Muster in der KI und ihre bedeutenden Auswirkungen auf die Finanzbranche gewonnen haben. Bleiben Sie dran für weitere spannende Entwicklungen in der faszinierenden Welt der künstlichen Intelligenz.

KAPITEL 17: KI IM MARKETING: DATEN FÜR WIRKSAME KAMPAGNEN NUTZEN

In der sich rasch entwickelnden digitalen Landschaft des 21. Jahrhunderts werden Marketingstrategien ständig neu konzipiert und verfeinert, um das Unternehmenswachstum zu fördern. Eine der wichtigsten Neuerungen der letzten Jahre war die Integration von künstlicher Intelligenz (KI) in die Marketingpraxis. KI hat es Marketingfachleuten ermöglicht, riesige Datenmengen zu sammeln, neue Erkenntnisse zu gewinnen und den Weg für sehr gezielte Kampagnen zu ebnen. In diesem Kapitel werden wir untersuchen, wie künstliche Intelligenz die Marketingstrategien durch Datenanalyse und gezielte Werbung umgestaltet.

Daten waren schon immer das Lebenselixier für effektives Marketing. Mit dem Aufkommen der KI können Marketingexperten nun jedoch Daten in einem noch nie dagewesenen Umfang und Tempo verarbeiten, was eine präzisere und effizientere Entscheidungsfindung ermöglicht. Die Fähigkeiten von KI-Algorithmen gehen weit über menschliche Fähigkeiten hinaus, wenn es darum geht, Muster zu analysieren und aus riesigen Datensätzen verwertbare Erkenntnisse zu gewinnen.

Eine der wichtigsten Möglichkeiten, wie KI das Marketing revolutioniert hat, ist der Einsatz von prädiktiver Analytik. Durch die Analyse historischer Daten und die Identifizierung von Mustern sind KI-Algorithmen in der Lage, das Verhalten und die Vorlieben der Verbraucher mit bemerkenswerter Genauigkeit vorherzusagen. Diese wertvollen Informationen helfen Vermarktern, ihre Kampagnen auf einzelne Kunden zuzuschneiden und personalisierte Botschaften zu übermitteln, die auf ihre spezifischen Interessen und Bedürfnisse abgestimmt sind. Auf diese Weise können KI-gestützte Marketingkampagnen die Kundenbindung und die Konversionsraten erheblich steigern.

Eine der vielleicht wirkungsvollsten Anwendungen von KI im Marketing ist die Möglichkeit, Echtzeitdaten für eine sehr zielgerichtete Werbung zu nutzen. Herkömmliche Werbemethoden stützen sich oft auf allgemeine demografische Informationen, was zu Botschaften führt, die entweder ein Treffer sind oder nicht. KI-Algorithmen können jedoch riesige Datenmengen in Echtzeit durchforsten, z. B. Interaktionen in sozialen Medien, Online-Surfverhalten und sogar Standortdaten, um detaillierte Verbraucherprofile zu erstellen. Diese Profile ermöglichen es Vermarktern, hochrelevante Inhalte an die richtige Zielgruppe zu liefern, was die Relevanz der Werbung und die Wirksamkeit der Kampagne insgesamt erhöht.

Darüber hinaus können KI-gestützte Marketing-Tools die Verarbeitung natürlicher Sprache (NLP) und Funktionen zur Stimmungsanalyse nutzen, um die Stimmung der Verbraucher zu verstehen und Marketingbotschaften entsprechend anzupassen. So können Vermarkter sicherstellen, dass ihre Inhalte mit den Emotionen und Werten ihrer Zielgruppe übereinstimmen, eine tiefere Bindung aufbauen und die Markentreue fördern.

Neben der personalisierten Werbung spielt die KI auch eine entscheidende Rolle bei der Optimierung von Marketingkampagnen durch dynamische Preisgestaltung und Produktempfehlungen. Durch die Analyse von Kundenpräferenzen und Kaufhistorie können KI-Algorithmen maßgeschneiderte Preisstrategien entwickeln, die den Umsatz maximieren und Kunden anziehen. Darüber hinaus können KI-gestützte Empfehlungssysteme das Kundenerlebnis verbessern, indem sie relevante Produkte oder Dienstleistungen vorschlagen und so die Upselling-Möglichkeiten erhöhen.

Trotz der unbestreitbaren Vorteile, die KI für Marketingkampagnen mit sich bringt, ist ihre Umsetzung nicht ohne Herausforderungen. Datenschutzbedenken, ethische Überlegungen und die Notwendigkeit von Transparenz sind entscheidende Aspekte, die berücksichtigt werden müssen. Da KI-Algorithmen auf Nutzerdaten angewiesen sind, um personalisierte Inhalte zu liefern, ist es von entscheidender Bedeutung, strenge Datenschutzmaßnahmen einzuhalten und sicherzustellen, dass die Daten verantwortungsvoll und mit Zustimmung des Nutzers verwendet werden.

Darüber hinaus müssen Marketingexperten bedenken, dass Menschen immer noch ein gewisses Maß an Kontrolle und Intuition im Entscheidungsprozess benötigen. Während KI wertvolle Erkenntnisse liefert und bestimmte Aufgaben automatisiert, ist es wichtig, ein Gleichgewicht zwischen der Nutzung der KI-Funktionen und der Einbeziehung des menschlichen Urteilsvermögens zu finden.

Mit Blick auf die Zukunft ist zu erwarten, dass die Rolle der KI im Marketing nur an Bedeutung gewinnen wird.

Die kontinuierliche Weiterentwicklung von KI-Technologien wird zweifelsohne neue Chancen und Herausforderungen für Vermarkter mit sich bringen. Durch die Nutzung von KI für die Datenanalyse, die Personalisierung von Werbung und die Optimierung von Kampagnen können Vermarkter ein noch nie dagewesenes Potenzial freisetzen, um auf sinnvolle Weise mit ihrer Zielgruppe in Kontakt zu treten.

Nachdem die Grundlage für das Verständnis der transformativen Auswirkungen von KI im Marketing gelegt wurde, werden wir uns in der zweiten Hälfte dieses Kapitels mit konkreten Fallstudien befassen und innovative Anwendungen untersuchen, die die Branche umgestalten. Tauchen Sie mit uns ein in das komplexe Geflecht psychologischer Muster, das KI aufdeckt und neue Wege für effektive Marketingkampagnen aufzeigt. Bis dahin lassen Sie uns über die immensen Möglichkeiten nachdenken, die KI für die Zukunft des Marketings bereithält. In der sich schnell entwickelnden digitalen Landschaft des 21. Eine der wichtigsten Veränderungen der letzten Jahre war die Integration von künstlicher Intelligenz (KI) in die Marketingpraxis. KI hat es Marketingfachleuten ermöglicht, riesige Datenmengen zu sammeln, neue Erkenntnisse zu gewinnen und den Weg für sehr gezielte Kampagnen zu ebnen. In diesem Kapitel haben wir untersucht, wie künstliche Intelligenz die Marketingstrategien durch Datenanalyse und gezielte Werbung umgestaltet.

Daten waren schon immer das Lebenselixier für effektives Marketing. Mit dem Aufkommen der KI können Marketingexperten nun jedoch Daten in einem noch nie dagewesenen Umfang und Tempo verarbeiten, was eine präzisere und effizientere Entscheidungsfindung ermöglicht. Die Fähigkeiten von KI-Algorithmen gehen weit über menschliche Fähigkeiten hinaus, wenn es darum geht, Muster zu analysieren und aus riesigen Datensätzen verwertbare Erkenntnisse zu gewinnen.

Eine der wichtigsten Möglichkeiten, wie KI das Marketing revolutioniert hat, ist der Einsatz von prädiktiver Analytik. Durch die Analyse historischer Daten und die Identifizierung von Mustern sind KI-Algorithmen in der Lage, das Verhalten und die Vorlieben der Verbraucher mit bemerkenswerter Genauigkeit vorherzusagen. Diese wertvollen Informationen helfen Vermarktern, ihre Kampagnen auf einzelne Kunden zuzuschneiden und personalisierte Botschaften zu übermitteln, die auf ihre spezifischen Interessen und Bedürfnisse abgestimmt sind. Auf diese Weise können KI-gestützte Marketingkampagnen die Kundenbindung und die Konversionsraten erheblich steigern.

Eine der vielleicht wirkungsvollsten Anwendungen von KI im Marketing ist die Möglichkeit, Echtzeitdaten für eine sehr zielgerichtete Werbung zu nutzen. Herkömmliche Werbemethoden stützen sich oft auf allgemeine demografische Informationen, was zu Botschaften führt, die entweder ein Treffer sind oder nicht. KI-Algorithmen können jedoch riesige Datenmengen in Echtzeit durchforsten, z. B. Interaktionen in sozialen Medien, Online-Surfverhalten und sogar Standortdaten, um detaillierte Verbraucherprofile zu erstellen. Diese Profile ermöglichen es Vermarktern, hochrelevante Inhalte an die richtige Zielgruppe zu liefern, was die Relevanz der Werbung und die Wirksamkeit der Kampagne insgesamt erhöht.

Darüber hinaus können KI-gestützte Marketing-Tools die Verarbeitung natürlicher Sprache (NLP) und Funktionen zur Stimmungsanalyse nutzen, um die Stimmung der Verbraucher zu verstehen und Marketingbotschaften entsprechend anzupassen. So können Vermarkter sicherstellen, dass ihre Inhalte mit den Emotionen und Werten ihrer Zielgruppe übereinstimmen, eine tiefere Bindung aufbauen und die Markentreue fördern.

Neben der personalisierten Werbung spielt die KI auch eine entscheidende Rolle bei der Optimierung von

Marketingkampagnen durch dynamische Preisgestaltung und Produktempfehlungen. Durch die Analyse von Kundenpräferenzen und Kaufhistorie können KI-Algorithmen maßgeschneiderte Preisstrategien entwickeln, die den Umsatz maximieren und Kunden anziehen. Darüber hinaus können KI-gestützte Empfehlungssysteme das Kundenerlebnis verbessern, indem sie relevante Produkte oder Dienstleistungen vorschlagen und so die Upselling-Möglichkeiten erhöhen.

Trotz der unbestreitbaren Vorteile, die KI für Marketingkampagnen mit sich bringt, ist ihre Umsetzung nicht ohne Herausforderungen. Datenschutzbedenken, ethische Überlegungen und die Notwendigkeit von Transparenz sind entscheidende Aspekte, die berücksichtigt werden müssen. Da KI-Algorithmen auf Nutzerdaten angewiesen sind, um personalisierte Inhalte zu liefern, ist es von entscheidender Bedeutung, strenge Datenschutzmaßnahmen einzuhalten und sicherzustellen, dass die Daten verantwortungsvoll und mit Zustimmung des Nutzers verwendet werden.

Darüber hinaus müssen Marketingexperten bedenken, dass Menschen immer noch ein gewisses Maß an Kontrolle und Intuition im Entscheidungsprozess benötigen. Während KI wertvolle Erkenntnisse liefert und bestimmte Aufgaben automatisiert, ist es wichtig, ein Gleichgewicht zwischen der Nutzung der KI-Funktionen und der Einbeziehung des menschlichen Urteilsvermögens zu finden.

Mit Blick auf die Zukunft ist zu erwarten, dass die Rolle der KI im Marketing nur an Bedeutung gewinnen wird. Die kontinuierliche Weiterentwicklung von KI-Technologien wird zweifelsohne neue Chancen und Herausforderungen für Vermarkter mit sich bringen. Durch die Nutzung von KI für die Datenanalyse, die Personalisierung von Werbung und die Optimierung von Kampagnen können Vermarkter ein noch nie dagewesenes Potenzial freisetzen, um auf sinnvolle Weise mit ihrer Zielgruppe in Kontakt zu treten.

Nachdem die Grundlage für das Verständnis der transformativen Auswirkungen von KI im Marketing gelegt wurde, wollen wir uns nun mit konkreten Fallstudien befassen und innovative Anwendungen untersuchen, die die Branche umgestalten. Anhand dieser Beispiele aus der Praxis können wir einen Einblick gewinnen, wie verschiedene Unternehmen die KI erfolgreich zur Erreichung ihrer Marketingziele genutzt haben.

Eine solche Fallstudie ist der Einsatz von KI bei der Erstellung und Optimierung von Inhalten. Unternehmen nutzen KI-gestützte Tools, um überzeugende Inhalte zu erstellen, die bei ihrer Zielgruppe Anklang finden. Durch die Analyse von Nutzerpräferenzen, Browsing-Mustern und Interaktionen in sozialen Medien können KI-Algorithmen personalisierte Inhalte erstellen, die das Interesse der Nutzer wecken und ihr Engagement fördern.

Eine weitere faszinierende Anwendung sind KI-gesteuerte Chatbots und virtuelle Assistenten. Diese intelligenten Systeme revolutionieren den Kundenservice, indem sie schnelle und präzise Antworten auf Kundenanfragen geben. Dank der Fähigkeit, mehrere Anfragen gleichzeitig zu bearbeiten und aus den Interaktionen zu lernen, können Chatbots nahtlose Kundenerlebnisse bieten und so die Zufriedenheit und Loyalität steigern.

Darüber hinaus verändert KI die Art und Weise, wie Vermarkter das Influencer-Marketing angehen. Mithilfe von KI-Algorithmen können Unternehmen die relevantesten Influencer für ihre Marke identifizieren und dabei Faktoren wie die Demografie des Publikums, Engagement-Metriken und die Ausrichtung der Marke berücksichtigen. So wird sichergestellt, dass die Zusammenarbeit mit Influencern effektiv ist und eine hohe Investitionsrendite bringt.

Darüber hinaus verbessern KI-gestützte Datenanalysetools die Messung und Optimierung von Marketingkampagnen.

Durch die Analyse riesiger Datenmengen in Echtzeit können Marketer wertvolle Erkenntnisse über die Kampagnenleistung, das Kundenverhalten und Markttrends gewinnen. Mit diesen Erkenntnissen können Marketingfachleute datengestützte Entscheidungen treffen, Ressourcen effektiv zuweisen und Strategien für eine maximale Wirkung verfeinern.

Zusammenfassend lässt sich sagen, dass der Einzug von KI in die Marketingpraxis die Branche unwiderruflich verändert hat. Durch prädiktive Analysen, zielgerichtete Werbung, personalisierte Inhalte und Optimierungstools ermöglicht KI den Vermarktern, ihre Zielgruppen mit noch nie dagewesener Präzision und Effizienz zu erreichen. Es ist jedoch von entscheidender Bedeutung, die ethischen Erwägungen im Zusammenhang mit dem Datenschutz zu berücksichtigen und einen ausgewogenen Ansatz zu verfolgen, der die KI-Funktionen nutzt und gleichzeitig die wesentliche Rolle des menschlichen Urteilsvermögens respektiert. Bei der Betrachtung konkreter Fallstudien und innovativer Anwendungen werden wir das immense Potenzial der KI für die weitere Umgestaltung der Marketinglandschaft aufdecken. Die Stärke der KI liegt in ihrer Fähigkeit, komplexe psychologische Muster zu entschlüsseln, die Marketern neue Möglichkeiten für die Gestaltung effektiver Kampagnen und den Aufbau dauerhafter Beziehungen zu ihrem Publikum bieten.

Besuchen Sie uns im nächsten Abschnitt, wenn wir diese Fallstudien näher beleuchten und die faszinierende Welt des KI-gestützten Marketings erkunden.

KAPITEL 18: KI IM VERKEHRSWESEN: DIE ART UND WEISE, WIE WIR UNS FORTBEWEGEN

Die Technologie schreitet in einem noch nie dagewesenen Tempo voran, und ein Sektor, der davon stark beeinflusst wird, ist das Verkehrswesen. Künstliche Intelligenz (KI) hat sich als transformative Kraft bei der Neugestaltung der Art und Weise, wie wir uns fortbewegen, erwiesen. Von autonomen Fahrzeugen bis hin zu Verkehrsmanagementsystemen revolutioniert KI die Verkehrssysteme und ebnet den Weg für eine besser vernetzte und effizientere Zukunft.

Eine der bedeutendsten Entwicklungen im Hinblick auf die Auswirkungen der KI auf den Verkehr ist der Aufstieg der autonomen Fahrzeuge. Diese selbstfahrenden Autos sind mit hochentwickelten KI-Algorithmen ausgestattet, die es ihnen ermöglichen, auf den Straßen zu navigieren und Entscheidungen ohne menschliches Eingreifen zu treffen.

Die potenziellen Vorteile autonomer Fahrzeuge sind immens und reichen von verbesserter Sicherheit bis hin zu erhöhter Mobilität für Personen, die nicht selbst fahren können.

Durch den Einsatz von KI können autonome Fahrzeuge große Datenmengen in Echtzeit analysieren und so in Sekundenbruchteilen Entscheidungen auf der Grundlage sich ändernder Straßenbedingungen, Wettermuster und sogar des Verhaltens von Fußgängern treffen. Diese Fahrzeuge nutzen eine Kombination von Sensoren wie Kameras, Radare und Lidars, um ihre Umgebung wahrzunehmen und entsprechend zu navigieren. Die KI-Algorithmen verarbeiten diese Sensordaten, um ein sicheres Fahren zu gewährleisten und die Routen für eine möglichst effiziente Fahrt zu optimieren.

Neben einzelnen autonomen Fahrzeugen spielt KI auch eine entscheidende Rolle bei der Entwicklung intelligenter Verkehrsmanagementsysteme. Herkömmliche Methoden der Verkehrssteuerung sind oft ineffizient und führen zu Staus und Verzögerungen. KI-gestützte Verkehrsmanagementsysteme haben jedoch das Potenzial, die urbane Mobilität zu revolutionieren.

Diese Systeme nutzen KI-Algorithmen, um Daten aus verschiedenen Quellen zu sammeln und zu analysieren, darunter Verkehrskameras, Sensoren und GPS-Geräte. Durch die Verarbeitung dieser Daten kann die KI Verkehrsmuster erkennen, Staus vorhersehen und den Verkehrsfluss dynamisch in Echtzeit anpassen. So können beispielsweise Ampeln auf der Grundlage der aktuellen Verkehrslage synchronisiert werden, was zu einem reibungsloseren Verkehrsfluss und kürzeren Fahrzeiten führt. Darüber hinaus kann die KI den Fahrern intelligente Routenvorschläge unterbreiten, so dass sie Staus vermeiden und ihr Ziel schneller erreichen können.

Darüber hinaus hat die KI bei der Entwicklung von Systemen zur vorausschauenden Wartung von Verkehrsinfrastrukturen wie Zügen und Flugzeugen eine wichtige Rolle gespielt. Durch die kontinuierliche Überwachung der Leistungsdaten eines Fahrzeugs können KI-Algorithmen potenzielle Probleme oder mechanische Ausfälle erkennen, bevor sie auftreten. Dies ermöglicht eine vorausschauende Wartung, die das Risiko unerwarteter Ausfälle verringert und die Sicherheit insgesamt erhöht.

Auch im Bereich der öffentlichen Verkehrsmittel hat die KI erhebliche Fortschritte gemacht. Intelligente Verkehrssysteme, die auf KI basieren, werden zur Optimierung von Bus- und Bahnfahrplänen, Fahrgastströmen und Fahrkartenverkaufsprozessen eingesetzt. Diese Systeme zielen darauf ab, die Gesamteffizienz öffentlicher Verkehrsnetze zu verbessern und sicherzustellen, dass Pendler eine nahtlose und komfortable Reiseerfahrung haben.

Darüber hinaus hat die KI die Entwicklung von Mitfahrdiensten ermöglicht, die die Transportressourcen weiter optimieren. Durch den Einsatz von KI-Algorithmen können diese Plattformen Fahrgäste, die in ähnliche Richtungen reisen, mit verfügbaren Fahrern zusammenbringen und so die Zahl der leeren Plätze auf der Straße verringern. Dies führt nicht nur zu weniger Verkehrsstaus, sondern auch zu einer nachhaltigeren Nutzung von Fahrzeugen, da weniger Autos benötigt werden, um die gleiche Anzahl von Personen zu befördern.

Mit der fortschreitenden Entwicklung der KI werden die Auswirkungen auf den Verkehr voraussichtlich noch zunehmen. Von der flächendeckenden Einführung autonomer Fahrzeuge bis hin zur Optimierung von Verkehrsmanagementsystemen werden die tiefgreifenden Veränderungen, die KI mit sich bringt, unsere Städte und die Art und Weise, wie wir uns fortbewegen, umgestalten.

In der zweiten Hälfte dieses Kapitels werden wir uns eingehender mit konkreten Beispielen für KI-gesteuerte Verkehrsinnovationen befassen und die potenziellen Herausforderungen und ethischen Überlegungen untersuchen, die sich in dieser sich ständig weiterentwickelnden Landschaft ergeben. Die transformative Kraft der KI im Verkehrswesen ist grenzenlos, und ihre volle Tragweite muss erst noch erkannt werden. Lassen Sie uns gemeinsam auf diese aufregende Reise gehen und das komplizierte Geflecht der psychologischen Muster in der KI enträtseln und herausfinden, wie sie die Art und Weise, wie wir uns fortbewegen, beeinflussen werden. Bleiben Sie dran für den nächsten Teil dieses Abschnitts, in dem wir uns mit den Auswirkungen von KI auf die Verkehrsinfrastruktur und deren Folgen für die Gesellschaft befassen werden.Im Bereich des Verkehrs hat die Integration von künstlicher Intelligenz (KI) erhebliche Auswirkungen auf verschiedene Aspekte unseres täglichen Lebens. Im weiteren Verlauf unserer Erkundung dieser KI-gesteuerten Innovationen wollen wir uns näher mit den Auswirkungen auf die Verkehrsinfrastruktur und den tiefgreifenden Folgen für die Gesellschaft befassen.

Ein wichtiger Bereich, in dem die KI große Fortschritte gemacht hat, ist die Optimierung der Effizienz und Sicherheit von Verkehrsnetzen. Intelligente Verkehrssysteme, die von KI-Algorithmen unterstützt werden, haben den Betrieb von Bussen und Zügen verändert. Durch Datenanalyse in Echtzeit können diese Systeme Fahrpläne optimieren, Verspätungen vorhersagen und den Fahrgastfluss steuern, was letztlich ein nahtloses und komfortables Reiseerlebnis für Pendler gewährleistet.

Der öffentliche Verkehr hat von diesen KI-gesteuerten Fortschritten stark profitiert. Durch die Integration von KI-Technologien sind die Ticketing-Prozesse schlanker und benutzerfreundlicher geworden. Intelligente Ticketingsysteme ermöglichen es Fahrgästen jetzt beispielsweise, ihre Fahrscheine einfach über mobile Apps zu kaufen und zu entwerten, wodurch physische Karten oder Papiertickets überflüssig werden. Dies vereinfacht nicht nur den Prozess für Pendler, sondern verringert auch das Potenzial für Betrug und Einnahmeverluste.

Darüber hinaus hat die KI eine wichtige Rolle bei der Verbesserung der Wartung und Sicherheit der Verkehrsinfrastruktur gespielt. Durch die kontinuierliche Überwachung der Leistungsdaten von Fahrzeugen wie Zügen und Flugzeugen können KI-Algorithmen potenzielle Probleme oder mechanische Ausfälle erkennen, bevor sie auftreten. Eine proaktive Wartung verringert die Wahrscheinlichkeit unerwarteter Ausfälle, was zu mehr Sicherheit und weniger Störungen in den Verkehrsnetzen führt.

Darüber hinaus hat der Aufstieg der KI den Weg für das Aufkommen von Mitfahrdiensten geebnet, die die Art und Weise, wie die Menschen pendeln, revolutioniert haben. Diese Plattformen, wie Uber und Lyft, nutzen KI-Algorithmen, um Fahrgäste, die in ähnliche Richtungen reisen, mit verfügbaren Fahrern zusammenzubringen. Durch die Optimierung des Fahrzeugeinsatzes verringern Ride-Sharing-Dienste die Verkehrsüberlastung erheblich und fördern ein nachhaltigeres Verkehrsökosystem. Dies kommt nicht nur den einzelnen Pendlern durch geringere Fahrtkosten zugute, sondern trägt auch zu einer grüneren und effizienteren städtischen Umwelt bei.

Die Integration von KI im Verkehrswesen bringt zwar zahlreiche Vorteile mit sich, bringt aber auch einige Herausforderungen und ethische Überlegungen mit sich, die es zu berücksichtigen gilt. Ein Hauptanliegen betrifft die Sicherheit und den Schutz. Da die Komplexität von Verkehrssystemen mit der Integration von KI zunimmt, wird die Gewährleistung des Schutzes personenbezogener Daten und die Verhinderung von Cyberangriffen entscheidend. Es müssen robuste Cybersicherheitsmaßnahmen eingeführt werden, um sowohl die Pendler als auch die Verkehrsinfrastruktur selbst zu schützen.

Darüber hinaus wirft die Einführung autonomer Fahrzeuge

ethische Dilemmata auf. Fragen zur Haftung bei Unfällen, zum Entscheidungsprozess in kritischen Situationen und zur Verantwortung für potenzielle Schäden, die durch KI-gesteuerte Fahrzeuge verursacht werden, müssen sorgfältig geprüft werden. Politische Entscheidungsträger, Hersteller und die Gesellschaft im Allgemeinen müssen sich an laufenden Diskussionen beteiligen und Rahmenbedingungen schaffen, die ein Gleichgewicht zwischen Innovation und Sicherheit herstellen und gleichzeitig diese ethischen Bedenken berücksichtigen.

Darüber hinaus dürfen die potenziellen Auswirkungen von KI-gesteuerten Verkehrssystemen auf die Beschäftigung und die Arbeitskräfte nicht außer Acht gelassen werden. Mit dem Vormarsch der Automatisierung könnten bestimmte Berufszweige im Transportwesen, wie Taxi- und Lkw-Fahrer, von erheblichen Störungen betroffen sein. Da die KI-Technologien weiter voranschreiten, ist es von entscheidender Bedeutung, proaktive Maßnahmen zu ergreifen, um die Menschen in den betroffenen Berufszweigen umzuschulen und weiterzubilden, um einen reibungslosen Übergang zu gewährleisten und soziale und wirtschaftliche Ungleichheit zu minimieren.

Zusammenfassend lässt sich sagen, dass die Integration von KI im Verkehrswesen eine neue Ära der Effizienz, Sicherheit und des Komforts eingeläutet hat. Von der Optimierung von Verkehrsmanagementsystemen bis hin zur Verbesserung öffentlicher Verkehrsnetze haben KI-gesteuerte Innovationen die Art und Weise, wie wir uns in unseren Städten bewegen, neu gestaltet. Wie bei jeder transformativen Technologie ist es jedoch wichtig, sich mit den Herausforderungen und ethischen Überlegungen auseinanderzusetzen, die mit diesen Fortschritten einhergehen. Wenn wir ein Gleichgewicht zwischen Innovation und dem Wohlergehen des Einzelnen und der Gesellschaft als Ganzes finden, können wir das Potenzial der KI für die Gestaltung der Zukunft des Verkehrs voll ausschöpfen. Die Reise in das verschlungene Netz psychologischer Muster in der KI und ihre Auswirkungen auf Verkehrssysteme geht weiter und bietet unzählige Möglichkeiten für Erforschung und Wachstum.

KAPITEL 19: KI IN DER UNTERHALTUNG: KREATIVITÄT UND ENGAGEMENT NEU DEFINIEREN

Einführung

Künstliche Intelligenz (KI) hat jeden Aspekt unseres Lebens durchdrungen, revolutioniert Branchen und verändert die Art und Weise, wie wir leben und arbeiten. Ein faszinierender Bereich, in dem die KI bedeutende Fortschritte macht, ist die Welt der Unterhaltung. Von Spielen über Musik bis hin zur Erstellung von Inhalten - KI definiert Kreativität und Engagement neu und katapultiert diese Branchen in neue Dimensionen. In diesem Kapitel befassen wir uns mit dem komplizierten Netz psychologischer Muster in der KI und untersuchen, wie sie die Unterhaltungslandschaft umgestaltet.

KI im Spiel

Spiele waren schon immer ein kreatives Ventil, das den

Spielern ein intensives Erlebnis bietet. Mit dem Aufkommen der künstlichen Intelligenz (KI) sind die Spiele jedoch nicht nur visuell beeindruckender, sondern auch intelligenter geworden. Mithilfe von Algorithmen des maschinellen Lernens kann KI das Verhalten der Spieler verstehen, sich an ihre Vorlieben anpassen und dynamische und personalisierte Spielerlebnisse schaffen.

Ein zentraler Aspekt, bei dem sich die KI in Spielen auszeichnet, ist die Charakterentwicklung. Früher haben Spieleentwickler die Spielcharaktere akribisch entworfen, aber die KI ist jetzt in der Lage, glaubwürdige Charaktere zu entwickeln, die sich als Reaktion auf die Aktionen des Spielers weiterentwickeln und anpassen. Diese virtuellen Wesen verfügen über psychologische Muster, wodurch sie sich menschlicher anfühlen und das Spielgefühl insgesamt verbessert wird.

Außerdem eröffnet die Fähigkeit der KI, riesige Datenmengen zu analysieren, neue Möglichkeiten für die Erzählung von Geschichten in Spielen. Durch das Aufdecken von Mustern in den Benutzerinteraktionen kann die KI verzweigte Erzählungen erstellen, die den Spielern verschiedene, auf ihre Entscheidungen zugeschnittene Handlungsstränge bieten. Dies steigert nicht nur das Engagement der Spieler, sondern bietet auch ein einzigartiges und personalisiertes Spielerlebnis mit endlosen Möglichkeiten.

AI in der Musik

Die uralte Kunst der Musikkomposition wurde durch KI revolutioniert. Mit Algorithmen, die in der Lage sind, umfangreiche Musikdatenbanken zu erfassen, kann die KI nun Originalstücke komponieren, den Stil berühmter Komponisten imitieren oder völlig neue Musikgenres entwickeln. Dieser technologische Fortschritt hat das Musikschaffen demokratisiert und die Grenze zwischen menschlichen und künstlichen Komponisten verwischt.

Eine bemerkenswerte Anwendung der künstlichen Intelligenz

in der Musik ist die Schaffung von gefühlsgesteuerten Kompositionen. Durch das Verständnis der Musiktheorie und die Analyse emotionaler Hinweise können KI-Algorithmen Melodien und Harmonien komponieren, die bestimmte Stimmungen hervorrufen. Egal, ob es sich um eine schwungvolle Sinfonie oder eine melancholische Ballade handelt, KI-generierte Musik hat die Kraft, die Zuhörer zu berühren und tiefe emotionale Reaktionen hervorzurufen.

Die Zusammenarbeit zwischen Musikern und KI ist ein weiterer spannender Bereich in diesem Bereich. KI-Systeme können den Stil eines Musikers analysieren und Begleitungen in Echtzeit erstellen, die eine interaktive und improvisatorische Erfahrung bieten. Diese Verschmelzung von menschlicher Kreativität und künstlicher Intelligenz eröffnet unendliche Möglichkeiten für innovative musikalische Kollaborationen und Aufführungen.

KI in der Inhaltserstellung

Die explosionsartige Zunahme digitaler Inhalte macht schnelle und effiziente Prozesse zur Erstellung von Inhalten erforderlich. Hier erweist sich die KI als vielseitiges Werkzeug, das die Ersteller von Inhalten auf verschiedene

Weise unterstützt. Von der Generierung realistischer Bilder und Videos bis hin zur Automatisierung des Inhaltserstellungsprozesses - KI verändert die Landschaft der Inhaltserstellung.

Bei der Erstellung von Bildern und Videos können KI-Algorithmen aus riesigen Datensätzen lernen und so qualitativ hochwertige Bilder produzieren, die von denen menschlicher Künstler fast nicht zu unterscheiden sind. Diese Technologie spart nicht nur Zeit, sondern ermöglicht es den Erstellern von Inhalten auch, mit verschiedenen Stilen und Ästhetiken zu experimentieren und so die Grenzen des visuellen Geschichtenerzählens zu verschieben.

Darüber hinaus hat die Fähigkeit der KI, geschriebene Inhalte zu analysieren und zu verstehen, den Prozess der Content-Kuration revolutioniert. Mit Algorithmen, die in der Lage sind, riesige Textmengen zu durchforsten, kann KI Relevanz, Qualität und Stimmung bewerten und so bei der effizienten Zusammenstellung und Filterung von Inhalten helfen. Auf diese Weise wird sichergestellt, dass die Nutzer personalisierte und ansprechende Inhalte erhalten, die auf ihre Interessen zugeschnitten sind, und das Nutzererlebnis insgesamt verbessert wird.

Schlussfolgerung

Künstliche Intelligenz hat die Unterhaltungsindustrie unbestreitbar verändert und eine neue Ära der Kreativität und des Engagements eingeläutet. Von der KI-gesteuerten Charakterentwicklung in Spielen über emotionsgeladene Kompositionen in der Musik bis hin zu effizienten Prozessen für die Erstellung und Bearbeitung von Inhalten - KI verschiebt immer wieder Grenzen und fesselt das Publikum weltweit. Durch die Nutzung der KI definiert die Unterhaltungsbranche die Bedeutung von Kreativität und Engagement völlig neu.

KI in der Inhaltserstellung

Da die Nachfrage nach digitalen Inhalten immer weiter steigt, stehen die Ersteller von Inhalten vor der Herausforderung, schnell und effizient hochwertige Materialien zu produzieren. Hier kommt die künstliche Intelligenz (KI) ins Spiel und bietet ein vielseitiges Werkzeug, das die Landschaft der Inhaltserstellung revolutioniert.

Ein Bereich, in dem die künstliche Intelligenz einen großen Einfluss hat, ist die Erstellung von Bildern und Videos. Durch den Einsatz von Algorithmen für maschinelles Lernen können KI-Systeme riesige Datensätze analysieren und so realistische Bilder erzeugen, die von denen menschlicher Künstler kaum zu unterscheiden sind. Diese Technologie spart nicht nur Zeit, sondern ermöglicht es den Urhebern von Inhalten auch, mit verschiedenen Stilen und Ästhetiken zu experimentieren und so die Grenzen des visuellen Geschichtenerzählens zu verschieben.

Für Grafikdesigner und visuelle Künstler haben KI-gestützte Tools eine Welt der Möglichkeiten eröffnet. Sie können nun auf der Grundlage spezifischer Anforderungen oder Inspirationen einzigartige, auffällige Designs erstellen. Ganz gleich, ob es um die Gestaltung von Logos, Werbung oder Illustrationen geht, KI-Systeme können den kreativen Prozess unterstützen, frische Ideen liefern und wertvolle Zeit sparen.

In ähnlicher Weise hat die KI auch die Videoerstellung verändert. Inhaltsersteller können KI-Algorithmen nutzen, um den Videobearbeitungsprozess zu automatisieren, die manuelle Arbeit zu reduzieren und reibungslosere Arbeitsabläufe zu gewährleisten. Mit der Fähigkeit, große Mengen an Filmmaterial zu analysieren, können KI-Systeme schnell die überzeugendsten Aufnahmen identifizieren und zusammenstellen und so ansprechende und professionell wirkende Videos erstellen.

Darüber hinaus können KI-Algorithmen die Lokalisierung von Inhalten erleichtern, so dass Kreative leichter ein globales Publikum erreichen können. Durch die automatische

Übersetzung von Bildunterschriften, Untertiteln und anderen Textelementen ermöglichen KI-Tools eine schnelle und effiziente Anpassung von Inhalten, wodurch Sprachbarrieren überwunden und die Reichweite kreativer Werke erweitert wird.

Neben der Erstellung von Bildern und Videos hat die KI auch den Prozess der Inhaltserstellung revolutioniert. Angesichts der ständig wachsenden Menge an Online-Inhalten kann die Suche nach relevantem und ansprechendem Material eine entmutigende Aufgabe sein. KI-gestützte Content-Curation-Systeme können jedoch riesige Textmengen durchforsten und Relevanz, Qualität und Stimmung bewerten, um eine effiziente Aggregation und Filterung von Inhalten zu ermöglichen.

Durch die Analyse von Nutzerpräferenzen und -verhalten können KI-Algorithmen Inhaltsempfehlungen personalisieren und sicherstellen, dass den Nutzern auf ihre Interessen zugeschnittene Materialien präsentiert werden. Dies verbessert nicht nur das allgemeine Nutzererlebnis, sondern hilft auch den Autoren von Inhalten, ihre Zielgruppen effektiver zu erreichen.

Darüber hinaus stellt die KI-gestützte Kuratierung von Inhalten sicher, dass unterschiedliche Perspektiven vertreten sind. Durch den Einsatz von natürlicher Sprachverarbeitung und maschinellen Lernverfahren können KI-Systeme Voreingenommenheit erkennen und helfen, unterrepräsentierte Stimmen zu identifizieren, wodurch die Inklusivität beim Konsum von Inhalten gefördert wird.

Mit der fortschreitenden Entwicklung der künstlichen Intelligenz erforschen auch die Autoren von Inhalten das Potenzial von KI-generierten Inhalten. Dank der Fähigkeit, riesige Datenmengen zu analysieren, darunter Artikel, Forschungsarbeiten und andere schriftliche Materialien, können KI-Algorithmen informative und ansprechende Inhalte zu einer Vielzahl von Themen erstellen. Dadurch ergeben sich neue Möglichkeiten für Inhaltsersteller, ihren

Output zu erweitern und neue Nischen zu erschließen, ohne dass die Qualität darunter leidet.

Es ist jedoch wichtig zu beachten, dass KI zwar den Prozess der Inhaltserstellung unterstützen kann, aber nicht die menschliche Kreativität und das kritische Denken ersetzt. Die Zusammenarbeit zwischen KI und menschlichen Kreativen ist der Schlüssel, um das volle Potenzial dieser Technologie zu nutzen. Indem sie zusammenarbeiten, können menschliche Kreative die künstlerische Richtung, das Storytelling und die emotionale Tiefe liefern, die KI-Algorithmen nur schwer wiedergeben können.

Zusammenfassend lässt sich sagen, dass KI ein unschätzbares Werkzeug in der Welt der Inhaltserstellung geworden ist. Von der Generierung visuell beeindruckender Bilder und Videos bis hin zur Rationalisierung des Kuratierungsprozesses - KI verändert die Art und Weise, wie Inhalte erstellt, entdeckt und konsumiert werden. Da die Technologie immer weiter fortschreitet, ist es für die Autoren von Inhalten unerlässlich, KI als mächtigen Verbündeten zu begreifen und ihre Fähigkeiten zu nutzen, um ihre Kreativität und ihr Engagement für das weltweite Publikum zu verbessern. Diese Verschmelzung von menschlichem Einfallsreichtum und künstlicher Intelligenz stellt die Zukunft der Inhaltserstellung in der Unterhaltungsindustrie dar.

KAPITEL 20: DIE AUSWIRKUNGEN DER KI AUF DIE GESELLSCHAFT: CHANCEN UND RISIKEN

Abschnitt 1: Die Entwicklung der KI

Erkundung der transformativen Reise der KI von ihren Anfängen bis zum heutigen Tag mit Schwerpunkt auf den wichtigsten Meilensteinen und Durchbrüchen, die ihre rasante Entwicklung geprägt haben.

Künstliche Intelligenz (KI) hat sich zweifellos als eine der bedeutendsten technologischen Entwicklungen der letzten Zeit erwiesen. Sie hat das Potenzial, jeden Aspekt unseres Lebens zu revolutionieren, von der Art, wie wir arbeiten, bis hin zu der Art, wie wir mit der Welt interagieren. Die Entwicklung der KI war eine bemerkenswerte Reise mit bahnbrechenden Meilensteinen und transformativen Durchbrüchen, die diesen Bereich vorangebracht haben.

Die Wurzeln der künstlichen Intelligenz lassen sich bis in die Mitte des 20. Jahrhunderts zurückverfolgen, als das Konzept der intelligenten Maschinen an Bedeutung zu gewinnen begann. Im Jahr 1950 veröffentlichte der bekannte Mathematiker und Informatiker Alan Turing seine bahnbrechende Arbeit "Computing Machinery and Intelligence", in der er sich mit dem Konzept der maschinellen Intelligenz befasste und den berühmten "Turing-Test" vorstellte. Mit diesem Test sollte festgestellt werden, ob eine Maschine ein intelligentes Verhalten an den Tag legen kann, das von dem eines Menschen nicht zu unterscheiden ist.

Wirkliche Fortschritte in der KI wurden jedoch erst in den folgenden Jahrzehnten erzielt. Im Jahr 1956 organisierte eine Gruppe visionärer Wissenschaftler, darunter John McCarthy, Marvin Minsky und Claude Shannon, die Dartmouth-Konferenz, auf der sie den Begriff "Künstliche Intelligenz" prägten und die Weichen für spätere Fortschritte auf diesem Gebiet stellten. Die Konferenz löste eine Welle des Interesses und der Finanzierung aus und markierte die offizielle Geburtsstunde der KI.

In den Anfangsjahren konzentrierte sich die KI-Forschung auf die Entwicklung von Expertensystemen, die komplizierte Probleme durch Nachahmung des menschlichen Fachwissens und Denkens lösen konnten. In den späten 1950er Jahren entwickelten Allen Newell und Herbert A. Simon den Logic Theorist, ein Programm der künstlichen Intelligenz, das in der Lage war, mathematische Theoreme zu beweisen. Dieser Meilenstein zeigte, dass Maschinen menschliche Problemlösungsfähigkeiten nachahmen können, und ebnete den Weg für weitere Forschungen.

In den 1960er und 1970er Jahren stand die KI aufgrund der begrenzten Rechenleistung und des Mangels an verfügbaren Daten vor großen Herausforderungen. Dennoch erzielten die

Forscher in verschiedenen Teilbereichen wie der Verarbeitung natürlicher Sprache und dem Computersehen weitere Fortschritte. Insbesondere wurde 1979 das wissensbasierte System MYCIN entwickelt, das das Potenzial der KI im Bereich der medizinischen Diagnose aufzeigte.

In den 1980er Jahren kamen die Expertensysteme auf, KI-Programme, die große Mengen an bereichsspezifischem Wissen integrieren sollten. Diese Systeme erzielten in bestimmten Bereichen wie dem Finanzwesen und dem Gesundheitswesen bemerkenswerte Erfolge, waren aber durch ihre Unfähigkeit, sich an neue Situationen anzupassen, eingeschränkt. Dennoch wurden in dieser Zeit wesentliche KI-Techniken entwickelt, darunter regelbasierte Systeme und Algorithmen für maschinelles Lernen.

Mit dem Aufkommen des Internets und dem exponentiellen Wachstum der Rechenleistung in den 1990er Jahren erlebte die KI eine Renaissance. Das maschinelle Lernen, ein Teilbereich der KI, der sich darauf konzentriert, Maschinen in die Lage zu versetzen, aus Daten zu lernen, erlangte große Bedeutung. Forscher begannen mit der Erforschung neuronaler Netze, die von der Struktur des menschlichen Gehirns inspiriert sind, und entwickelten Algorithmen, die Muster erkennen und Vorhersagen treffen können. In diese Zeit fallen wichtige Meilensteine wie die Entwicklung von IBMs Deep Blue, das 1997 den Schachweltmeister Garry Kasparov besiegte und damit die Leistungsfähigkeit der KI bei komplexen Entscheidungsfindungen unter Beweis stellte.

Das 21. Jahrhundert hat eine neue Ära der KI-Innovation eingeläutet. Die Verfügbarkeit riesiger Datenmengen in Verbindung mit den Fortschritten bei den Rechenkapazitäten trieb das Feld in einem noch nie dagewesenen Tempo voran. Im Jahr 2011 machte IBMs Watson Schlagzeilen, als er in der Quizshow "Jeopardy!" menschliche Champions besiegte und damit die Fähigkeit der KI unter Beweis stellte, natürliche Sprache zu verstehen und zu verarbeiten.

In den letzten Jahren hat die künstliche Intelligenz in verschiedenen Bereichen bemerkenswerte Fortschritte gemacht, darunter Bilderkennung, Verarbeitung natürlicher Sprache und Robotik. Deep Learning, ein Teilbereich des maschinellen Lernens, der neuronale Netze mit zahlreichen Schichten verwendet, hat Durchbrüche in Bereichen wie autonomes Fahren, Sprachassistenten und sogar medizinische Diagnosen ermöglicht.

Wenn wir über die Entwicklung der KI nachdenken, wird deutlich, dass ihr Transformationspotenzial grenzenlos ist. Von den frühen Anfängen, als die bloße Vorstellung von intelligenten Maschinen noch wie Science-Fiction erschien, bis zum heutigen Tag, an dem KI-gestützte Systeme zu einem integralen Bestandteil unseres täglichen Lebens werden, war die Reise nichts weniger als bemerkenswert.

In der zweiten Hälfte dieses Kapitels werden wir uns eingehender mit den jüngsten Fortschritten befassen, die die aktuelle Landschaft der KI geprägt haben. Wir werden die Rolle von Big Data, die ethischen Überlegungen im Zusammenhang mit dem Einsatz von KI sowie die sich abzeichnenden Chancen und Risiken der Zukunft untersuchen. Bleiben Sie dran für die spannende Fortsetzung dieser Reise, in der wir das ungenutzte Potenzial und die Zukunft der KI aufdecken werden.

Wenn wir einen Absatz nicht vollständig abschließen, können die Leserinnen und Leser erahnen, was vor ihnen liegt, wenn wir die bemerkenswerten Fortschritte und die weitreichenden Auswirkungen der KI auf die Gesellschaft erkunden. Wir haben nur an der Oberfläche dieser transformativen Reise gekratzt, und es gibt noch so viel mehr zu entdecken. Lesen Sie weiter, um die überraschende Welt der KI und ihre bedeutsamen Auswirkungen auf unser Leben zu entdecken.Nachdem die Grundlagen der KI feststehen, werden in der zweiten Hälfte dieses Kapitels die jüngsten Fortschritte untersucht, die die aktuelle Landschaft der KI geprägt haben, sowie die sich abzeichnenden Chancen und Risiken, die vor uns liegen. Von der Macht von Big Data bis zu den ethischen Überlegungen rund um den Einsatz von KI werden wir die bemerkenswerten Auswirkungen von KI auf die Gesellschaft aufdecken.

Einer der wichtigsten Faktoren für die rasche Entwicklung der KI ist die Verfügbarkeit riesiger Datenmengen. Im heutigen digitalen Zeitalter erzeugen wir jede Sekunde eine noch nie dagewesene Menge an Daten. Diese Daten sind der Treibstoff für KI-Systeme, die damit lernen, sich anpassen und intelligente Entscheidungen treffen können. Techniken wie das maschinelle Lernen, insbesondere Deep Learning, haben unsere Fähigkeit, diese Daten zu verarbeiten und zu analysieren, in einem Ausmaß revolutioniert, das noch vor wenigen Jahrzehnten unvorstellbar war.

Die Fähigkeit von KI-Systemen, natürliche Sprache zu verstehen und zu verarbeiten, hat neue Möglichkeiten für die Interaktion zwischen Mensch und Maschine eröffnet. Sprachassistenten wie Siri und Alexa sind aus unserem Alltag nicht mehr wegzudenken, denn sie ermöglichen es uns, Aufgaben zu erledigen und Informationen nur mit unserer Stimme abzurufen. Algorithmen zur Verarbeitung natürlicher Sprache haben auch die Entwicklung von Chatbots ermöglicht, die bei der Kundenbetreuung behilflich sein können und in einer Vielzahl von Branchen Unterstützung bieten.

Im Bereich der Bilderkennung hat die KI große Fortschritte gemacht. Deep-Learning-Algorithmen können jetzt Objekte in Bildern genau identifizieren und klassifizieren, so dass Anwendungen wie selbstfahrende Autos Fußgänger, Verkehrszeichen und andere Fahrzeuge auf der Straße erkennen können. Diese Technologie hat das Potenzial, den Verkehr zu revolutionieren und ihn sicherer und effizienter zu machen.

KI hat auch im Gesundheitswesen Einzug gehalten, wo sie sehr vielversprechend ist. Mediziner können jetzt KI-Algorithmen nutzen, um medizinische Bilder wie Röntgenaufnahmen und MRTs zu analysieren und so zur Früherkennung und Diagnose von Krankheiten beizutragen. Die Stärke der KI in diesem Bereich liegt nicht nur in ihrer Fähigkeit, große Datenmengen schnell zu analysieren, sondern auch in ihrem Potenzial, Muster und Anomalien zu erkennen, die von menschlichen Experten übersehen werden könnten.

Mit der fortschreitenden Entwicklung der KI werden ethische Überlegungen zu ihrem Einsatz immer wichtiger. Die potenzielle Voreingenommenheit und Diskriminierung, die in KI-Systeme eingebettet sind, werfen Bedenken hinsichtlich Fairness und Verantwortlichkeit auf. Es hat sich beispielsweise gezeigt, dass Algorithmen zur Gesichtserkennung rassistische und geschlechtsspezifische Verzerrungen aufweisen, die die Verzerrungen in den Datensätzen widerspiegeln, mit denen sie trainiert wurden. Die Lösung dieser Probleme und die Gewährleistung, dass KI-Systeme fair und unvoreingenommen sind, ist entscheidend für ihre breite Einführung und Akzeptanz.

Die KI wirft auch Bedenken hinsichtlich der Verdrängung von Arbeitsplätzen und der Auswirkungen auf die Arbeitskräfte auf. Während KI das Potenzial hat, sich wiederholende und alltägliche Aufgaben zu automatisieren, birgt sie auch das Versprechen, neue Beschäftigungsmöglichkeiten zu schaffen und das Wirtschaftswachstum anzukurbeln. Der Schlüssel zur Abmilderung der sozialen Auswirkungen der KI-getriebenen Automatisierung liegt jedoch darin, einen reibungslosen Übergang für die Arbeitnehmer zu gewährleisten und ihnen Möglichkeiten zur Umschulung und Weiterqualifizierung zu bieten.

Neben diesen Chancen gibt es auch Risiken, die mit der breiten Einführung von KI verbunden sind. Die Möglichkeit, dass KI-Systeme gehackt und manipuliert werden können, wirft Bedenken hinsichtlich des Datenschutzes und der Sicherheit auf. Die Entwicklung von KI-gesteuerten autonomen Waffen wirft auch ethische Dilemmata auf und erfordert eine sorgfältige Regulierung. Es ist von entscheidender Bedeutung, ein Gleichgewicht zwischen den Vorteilen der KI-Innovation und den notwendigen Vorkehrungen zum Schutz vor potenziellen Risiken zu finden.

In dieser sich rasch entwickelnden Landschaft sind ethische Rahmenbedingungen, Verordnungen und Richtlinien unerlässlich, um einen verantwortungsvollen und nutzbringenden Einsatz von KI zu gewährleisten. Die Zusammenarbeit zwischen politischen Entscheidungsträgern, Forschern und Branchenführern wird entscheidend sein, um die Zukunft der KI zu gestalten und ihr Potenzial zum Wohle der Gesellschaft zu nutzen.

Zusammenfassend lässt sich sagen, dass die Entwicklung der KI eine Reise war, die die Erwartungen übertroffen hat und die Grenzen der Innovation weiter verschiebt. Von den Anfängen bis heute hat die KI zahlreiche Branchen verändert und hat das Potenzial, jeden Aspekt unseres Lebens zu revolutionieren. Während wir die Chancen der KI nutzen, müssen wir uns auch der Risiken und ethischen Aspekte bewusst sein, die sie mit sich bringt. Durch die Förderung einer verantwortungsvollen Entwicklung und eines verantwortungsvollen Einsatzes können wir das Potenzial der KI voll ausschöpfen und eine bessere Zukunft für alle schaffen. Lassen Sie uns diese spannende Reise gemeinsam antreten, während wir uns in den kommenden Kapiteln eingehender mit den Auswirkungen der KI auf die Gesellschaft beschäftigen.

Abschnitt 2: AI im täglichen Leben

Die Welt schreitet voran, und die Technologie gestaltet unseren Alltag auf bemerkenswerte Weise weiter. Von der Bequemlichkeit automatischer Assistenten bis hin zur nahtlosen Personalisierung von Produkten und Dienstleistungen hat die künstliche Intelligenz (KI) erhebliche

Fortschritte bei der Integration in verschiedene Aspekte unserer täglichen Routine gemacht. Mit jedem Tag, der vergeht, beweist KI ihr Potenzial, die Art und Weise, wie wir leben, arbeiten und mit der Welt um uns herum interagieren, zu verändern.

Einer der offensichtlichsten Bereiche, in denen KI ihre Spuren hinterlassen hat, ist der Komfort. Intelligente Geräte und virtuelle Assistenten wie Amazons Alexa, Google Home oder Apples Siri sind mittlerweile in aller Munde und bieten uns den Luxus einer freihändigen Unterstützung. Mit einfachen Sprachbefehlen können wir jetzt mühelos unser intelligentes Zuhause steuern, Erinnerungen einstellen, Musik abspielen und sogar tagesaktuelle Nachrichten empfangen. Vorbei sind die Zeiten, in denen wir diese Aufgaben manuell ausführen mussten; KI hat uns den Komfort direkt an die Hand gegeben.

Darüber hinaus hat die KI die Art und Weise revolutioniert, wie wir kommunizieren und mit anderen in Kontakt treten. Algorithmen zur Verarbeitung natürlicher Sprache haben die Genauigkeit und Effizienz der sprachbasierten Kommunikation verbessert, so dass sich virtuelle Unterhaltungen fast wie ein Mensch anfühlen. Dank dieser Fortschritte werden Sprachbarrieren überwunden, so dass Menschen aus verschiedenen Teilen der Welt mühelos miteinander kommunizieren können, was globale Verbindungen wie nie zuvor fördert. KI-gestützte Übersetzungstools wie Google Translate sind von unschätzbarem Wert, wenn es darum geht, die Kluft zwischen den Sprachen zu überbrücken und das Verständnis und die Einheit zwischen verschiedenen Kulturen zu fördern.

Neben der Bequemlichkeit hat die KI auch die Produktivität in verschiedenen Sektoren erheblich gesteigert. Viele Branchen, darunter das Gesundheitswesen, das Finanzwesen und die Fertigung, haben KI-gesteuerte Technologien eingeführt, um Prozesse zu rationalisieren, die Genauigkeit zu verbessern und die Effizienz zu steigern. Im Gesundheitswesen beispielsweise unterstützen KI-Algorithmen Ärzte bei der präziseren Diagnose von Krankheiten, der Analyse medizinischer Bilder und der Erstellung personalisierter Behandlungspläne. Dies spart nicht nur wertvolle Zeit, sondern minimiert auch Fehler, was zu besseren Behandlungsergebnissen für die Patienten führt. Auch im Finanzwesen können KI-Algorithmen riesige Datenmengen verarbeiten und komplexe Muster erkennen, um verborgene Erkenntnisse aufzudecken, die eine fundierte Entscheidungsfindung und ein Risikomanagement ermöglichen.

Personalisierung ist ein weiterer wichtiger Bereich, in dem KI unser tägliches Leben verändert hat. Von personalisierten Empfehlungen auf Online-Einkaufsplattformen bis hin zu gezielter Werbung, die auf unseren Vorlieben basiert, analysieren KI-Algorithmen riesige Datenmengen, um auf unsere individuellen Bedürfnisse und Interessen einzugehen. Streaming-Dienste wie Netflix und Spotify nutzen KI-gesteuerte Empfehlungsmaschinen, um personalisierte Wiedergabelisten mit Inhalten zusammenzustellen. Dieses Maß an Personalisierung stellt sicher, dass uns eine Auswahl präsentiert wird, die unserem Geschmack und unseren Vorlieben entspricht, so dass unsere Unterhaltungserlebnisse angenehmer und auf unsere individuellen Vorlieben zugeschnitten sind.

Die fortschreitende Integration von KI in unser tägliches Leben wirft Fragen nach den Auswirkungen auf die Gesellschaft insgesamt auf. Während die Bequemlichkeit, die Produktivität und die Personalisierung durch KI unbestreitbar sind, kommen Bedenken hinsichtlich ihrer ethischen Auswirkungen und der möglichen Verdrängung bestimmter Arbeitsmärkte auf. Die Integration von KI wirft auch Bedenken hinsichtlich des Schutzes der Privatsphäre und der Datensicherheit auf, da riesige Mengen personenbezogener Daten gesammelt und zur Unterstützung dieser Algorithmen verwendet werden.

In der zweiten Hälfte dieses Kapitels werden wir diese kritischen Fragen vertiefen und die potenziellen Risiken und Herausforderungen im Zusammenhang mit der weit verbreiteten Integration von KI untersuchen. Da KI unser tägliches Leben immer mehr prägt, ist es wichtig, sowohl die Chancen als auch die Risiken zu verstehen, um sicherzustellen, dass wir ihr Potenzial zum Wohle der Gesellschaft nutzen.

In der ersten Hälfte dieses Kapitels haben wir die unglaubliche Art und Weise erkundet, in der künstliche Intelligenz (KI) in unsere täglichen Routinen integriert ist und Bequemlichkeit, Produktivität und Personalisierung zu neuen Höhen führt. Nun wollen wir uns eingehender mit den potenziellen Risiken und Herausforderungen befassen, die mit der umfassenden Integration von KI in unsere Gesellschaft einhergehen.

Eine der ethischen Bedenken im Zusammenhang mit der KI besteht darin, dass sie die Arbeitsmärkte stören könnte. Da die KI-Technologien immer fortschrittlicher werden, besteht die Befürchtung, dass bestimmte Berufe obsolet werden und viele Menschen arbeitslos werden könnten. Es ist jedoch wichtig anzuerkennen, dass KI auch Chancen für die Schaffung neuer Arbeitsplätze und die Entwicklung von Fähigkeiten bietet. In dem Maße, wie sich die Technologie weiterentwickelt, wird die Nachfrage nach Personen, die KI-Systeme entwerfen, entwickeln und warten können, steigen. Indem wir KI annehmen und uns mit den notwendigen Fähigkeiten ausstatten, können wir uns an die sich verändernde Arbeitswelt anpassen und uns neue Möglichkeiten erschließen.

Ein weiterer wichtiger Aspekt, der berücksichtigt werden muss, ist die Frage des Datenschutzes und der Datensicherheit. Da KI in hohem Maße auf Datenanalyse und maschinelle Lernalgorithmen angewiesen ist, werden große Mengen personenbezogener Daten gesammelt, um diese Systeme zu trainieren und zu verfeinern. Es ist von entscheidender Bedeutung, klare Vorschriften und Richtlinien zum Schutz der Privatsphäre des Einzelnen festzulegen und gleichzeitig für Transparenz und Verantwortlichkeit bei der Verwendung seiner Daten zu sorgen. Das richtige Gleichgewicht zwischen der Nutzung der KI und dem Schutz der Privatsphäre ist entscheidend, um das Vertrauen der Gesellschaft zu erhalten.

Darüber hinaus stellen Vorurteile in KI-Algorithmen ein großes Problem dar. Da KI-Systeme aus historischen Daten lernen, können sie unbeabsichtigt bestehende Voreingenommenheiten und Vorurteile, die in den Daten, auf denen sie trainiert wurden, vorhanden sind, aufrechterhalten. Dies wirft Fragen zu Fairness und Inklusivität auf, da KI-Entscheidungen das Leben der Menschen in Bereichen wie Einstellungsverfahren, Kreditvergabe und Strafjustiz erheblich beeinflussen können. Um Vorurteile abzuschwächen, ist es unerlässlich, dass KI-Lösungen mit Blick auf Inklusivität entwickelt werden und dass beim Trainingsprozess vielfältige und repräsentative Datensätze verwendet werden.

Die ethischen Auswirkungen der KI beschränken sich nicht nur auf Vorurteile. Da KI-Systeme immer autonomer werden und Entscheidungen treffen, die sich auf das Leben der Menschen auswirken, wird die Notwendigkeit einer ethischen KI noch dringender. Wir müssen sicherstellen, dass KI-Algorithmen ethische Grundsätze einhalten, die Menschenrechte schützen und das Wohlergehen von Einzelpersonen oder Gemeinschaften nicht gefährden. Die Schaffung von Rechtsrahmen, ethischen Leitlinien und Industriestandards wird eine entscheidende Rolle bei der Entwicklung und dem Einsatz von KI-Systemen spielen.

Auch wenn die Integration von KI mit echten Risiken verbunden ist, darf man nicht vergessen, welch immenses Potenzial sie für die Bewältigung einiger der größten gesellschaftlichen Herausforderungen birgt. KI hat das Potenzial, das Gesundheitswesen zu verändern und zu genaueren Diagnosen, personalisierten Behandlungsplänen und verbesserten Patientenergebnissen zu führen. Im Bildungsbereich kann KI die Lernerfahrung revolutionieren, indem sie maßgeschneiderte Lehrpläne, personalisiertes Feedback und adaptive Lernsysteme bereitstellt, die auf die individuellen Bedürfnisse der Schüler eingehen. KI hat auch das Potenzial, zu Nachhaltigkeitsbemühungen beizutragen, die Ressourcennutzung zu optimieren und den Klimawandel einzudämmen.

Darüber hinaus kann KI Innovationen fördern und Durchbrüche in verschiedenen wissenschaftlichen Bereichen katalysieren. Durch die Analyse riesiger Datenmengen und die Erkennung von Mustern kann KI Forscher bei der Entwicklung neuer Behandlungsmethoden unterstützen, komplexe wissenschaftliche Rätsel entschlüsseln und Erkenntnisse aufdecken, die sonst vielleicht unbemerkt geblieben wären. In diesem Sinne fungiert die KI als leistungsstarkes Werkzeug, das die menschlichen Fähigkeiten erweitert und es uns ermöglicht, Herausforderungen zu bewältigen, die früher unüberwindbar waren.

Zusammenfassend lässt sich sagen, dass die Integration von KI in unser tägliches Leben sowohl unglaubliche Chancen als auch erhebliche Risiken birgt. Während KI den Komfort, die Produktivität und die Personalisierung steigert, müssen wir uns auch mit ethischen Bedenken, der Verdrängung von Arbeitsplätzen, dem Datenschutz und Vorurteilen auseinandersetzen. Für die Gesellschaft ist es von entscheidender Bedeutung, die Integration von KI mit Bedacht anzugehen und ein Umfeld zu fördern, das Inklusivität, Fairness, Transparenz und Verantwortlichkeit gewährleistet. Auf diese Weise können wir die immense Macht der KI zum Wohle der Gesellschaft nutzen und den Weg für eine Zukunft ebnen, in der die KI wirklich der gesamten Menschheit zugute kommt.

Abschnitt 3: KI im Gesundheitswesen

Sie befasst sich mit der revolutionären Rolle der KI im Gesundheitswesen, deckt das Potenzial für Frühdiagnosen, personalisierte Behandlungspläne und verbesserte Patientenergebnisse auf und geht dabei auch auf ethische Aspekte ein.

Künstliche Intelligenz (KI) hat sich zu einer transformativen Kraft in verschiedenen Branchen entwickelt, und das Gesundheitswesen ist keine Ausnahme. Das enorme Potenzial der KI für die Revolutionierung des Gesundheitswesens hat unter Fachleuten und Forschern für große Begeisterung und Optimismus gesorgt. Mit ihrer Fähigkeit, riesige Datenmengen zu verarbeiten und komplexe Aufgaben effizienter als der Mensch auszuführen, bietet KI zahlreiche Möglichkeiten, die Patientenversorgung zu verbessern, medizinische Durchbrüche voranzutreiben und letztlich das Wohlbefinden der Menschen weltweit zu steigern.

Ein Bereich, in dem sich KI als äußerst vielversprechend erwiesen hat, ist die Frühdiagnose. Die rechtzeitige Erkennung von Krankheiten spielt eine entscheidende Rolle für die Ergebnisse der Patienten. KI-gestützte Systeme können medizinische Bilder, Laborergebnisse und sogar die Krankengeschichte analysieren, um Muster zu erkennen, die auf das Vorhandensein einer Krankheit hinweisen können. Diese Systeme sind in der Lage, subtile Veränderungen zu erkennen, die von Menschen unbemerkt bleiben können, und ermöglichen es den Gesundheitsdienstleistern, in einem früheren Stadium einzugreifen und so möglicherweise Leben zu retten und die Behandlungsergebnisse zu verbessern.

Darüber hinaus hat die KI das Potenzial, die Behandlungspläne zu revolutionieren, indem sie auf die individuellen Bedürfnisse zugeschnitten werden. Die herkömmliche Gesundheitsversorgung verfolgt oft einen Einheitsansatz, der den einzigartigen Merkmalen und der Komplexität eines jeden Patienten nicht gerecht wird. Mit KI-gesteuerten Algorithmen können Behandlungspläne jedoch personalisiert werden, wobei die genetische Ausstattung, die Krankengeschichte, Lebensstilfaktoren und die Reaktion auf frühere Therapien berücksichtigt werden. Durch die Anpassung von Behandlungen können Gesundheitsdienstleister die Ergebnisse für die Patienten optimieren, Nebenwirkungen minimieren und das Risiko einer Unter- oder Überbehandlung mindern.

Bessere Patientenergebnisse gehen über eine genaue Diagnose und personalisierte Behandlungspläne hinaus. KI kann eine grundlegende Rolle bei der Überwachung des Krankheitsverlaufs, der Bereitstellung von Erkenntnissen in Echtzeit und der Vorhersage möglicher Komplikationen spielen. So können KI-Algorithmen beispielsweise Patientendaten analysieren, die von verschiedenen tragbaren Geräten wie Herzfrequenzmessern und Blutzuckermessgeräten erfasst werden, um Abweichungen vom Normalbereich zu erkennen und bei Bedarf Alarm zu schlagen. Dieser proaktive Ansatz für die Gesundheitsversorgung ermöglicht ein rechtzeitiges Eingreifen, wodurch die Patientensicherheit erhöht und unnötige Krankenhausaufenthalte vermieden werden.

Auch wenn das Potenzial der KI im Gesundheitswesen unbestreitbar ist, dürfen ethische Überlegungen nicht außer Acht gelassen werden. Der Einsatz von KI in der medizinischen Entscheidungsfindung wirft wichtige Fragen zu Transparenz, Verantwortlichkeit und Menschlichkeit auf. Gesundheitsdienstleister müssen die ethischen Implikationen sorgfältig abwägen, um sicherzustellen, dass der Einsatz von KI mit den Patientenrechten, dem Schutz der Privatsphäre und dem allgemeinen Wohlergehen des Einzelnen in Einklang steht. Das richtige Gleichgewicht zwischen der Nutzung der KI-Funktionen und der Beibehaltung wichtiger menschlicher Interaktionen und Beurteilungen ist entscheidend, um das Vertrauen zwischen Ärzten und Patienten zu erhalten.

Zusammenfassend lässt sich sagen, dass die KI das Gesundheitswesen, wie wir es kennen, immens verändern kann. Das Potenzial für Frühdiagnosen, personalisierte Behandlungspläne und verbesserte Patientenergebnisse hat das Potenzial, die Art und Weise, wie wir medizinische Versorgung leisten, zu revolutionieren. Allerdings sollten ethische Überlegungen bei diesen Fortschritten im Vordergrund stehen, um sicherzustellen, dass die KI verantwortungsvoll und im besten Interesse der Patienten eingesetzt wird. Bei der weiteren Erforschung der enormen Möglichkeiten, die KI im Gesundheitswesen bietet, ist es wichtig, ein ausgewogenes Gleichgewicht zwischen Innovation und dem Erhalt des menschlichen Aspekts der Medizin zu finden.

Je tiefer wir in den Bereich der KI im Gesundheitswesen vordringen, desto grenzenloser scheinen die Möglichkeiten und Chancen zur Verbesserung der Patientenversorgung und der Behandlungsergebnisse. In der ersten Hälfte dieses Kapitels haben wir das Potenzial der KI für die Frühdiagnose und personalisierte Behandlungspläne untersucht. Wenden wir uns nun der bedeutenden Rolle zu, die KI bei der Verbesserung der Gesundheitsversorgung und bei Fortschritten in der Forschung spielen kann, und berücksichtigen wir dabei auch die ethischen Überlegungen, die mit diesen Fortschritten einhergehen.

Einer der wichtigsten Vorteile der KI im Gesundheitswesen liegt in ihrer Fähigkeit, die Gesundheitsversorgung zu rationalisieren und die Erfahrungen der Patienten zu verbessern. KI-gestützte Chatbots und virtuelle Assistenten werden immer beliebter, um rund um die Uhr Zugang zu Informationen und Unterstützung im Gesundheitswesen zu bieten. Diese intelligenten Systeme können grundlegende medizinische Fragen beantworten, an die Einnahme von Medikamenten erinnern und Patienten sogar an die richtigen Stellen weiterleiten. Dies entlastet nicht nur die

Leistungserbringer im Gesundheitswesen, sondern stellt auch sicher, dass der Einzelne jederzeit Zugang zu zuverlässigen und zeitnahen Informationen hat, unabhängig von geografischen oder zeitlichen Gegebenheiten.

Neben der Verbesserung des Zugangs zur Gesundheitsversorgung birgt die KI ein enormes Potenzial für die Revolutionierung der medizinischen Forschung. Traditionell ist die medizinische Forschung ein zeit- und ressourcenaufwändiger Prozess. Mit den Möglichkeiten der KI können Forschungsaufgaben wie Datenanalyse, Literaturrecherche und die Planung klinischer Studien jedoch beschleunigt und effizienter gestaltet werden. KI-Algorithmen können riesige Mengen medizinischer Literatur durchforsten, Muster erkennen und wertvolle Erkenntnisse gewinnen, die sonst vielleicht unbemerkt geblieben wären. Diese Fortschritte können das Tempo medizinischer Durchbrüche beschleunigen und zur Entdeckung neuer Behandlungen, Eingriffe und sogar Heilmittel für komplexe Krankheiten führen.

Darüber hinaus können KI-gestützte Prognosemodelle Forschern dabei helfen, Personen zu identifizieren, die ein höheres Risiko für die Entwicklung bestimmter Krankheiten haben. Durch die Analyse einer Vielzahl von Datenpunkten, einschließlich genetischer Informationen und Lebensstilfaktoren, können KI-Algorithmen personalisierte Risikoprofile erstellen. Dieses Wissen kann den Einzelnen in die Lage versetzen, Präventivmaßnahmen zu ergreifen, fundierte Entscheidungen über seine Gesundheit zu treffen und möglicherweise die Entwicklung lebensbedrohlicher Krankheiten zu verhindern.

Auch wenn das Potenzial der KI im Gesundheitswesen beeindruckend ist, dürfen wir die ethischen Überlegungen, die mit diesen Fortschritten einhergehen, nicht aus den Augen verlieren. Wir müssen sicherstellen, dass die Privatsphäre der Patienten und die Datensicherheit an erster Stelle stehen. Das richtige Gleichgewicht zwischen der Nutzung von Patientendaten zur Unterstützung von KI-Algorithmen und dem Schutz sensibler Informationen ist entscheidend. Darüber hinaus ist Transparenz in Bezug auf die Art und Weise, wie KI-Systeme Entscheidungen treffen, unerlässlich, um das Vertrauen von Patienten und Gesundheitsdienstleistern gleichermaßen zu erhalten. Indem sie die Logik und die Gründe für KI-gesteuerte Entscheidungen verstehen, können Gesundheitsfachkräfte effektiv mit KI-Systemen zusammenarbeiten und die bestmögliche Versorgung bieten.

Wenn wir die Möglichkeiten der KI im Gesundheitswesen nutzen, dürfen wir außerdem nie die Bedeutung des menschlichen Kontakts aus den Augen verlieren. Trotz des enormen Potenzials der KI für Diagnose, Behandlungsplanung und Gesundheitsversorgung sind es die mitfühlenden und einfühlsamen Interaktionen zwischen Gesundheitsdienstleistern und Patienten, die den Kern der Medizin ausmachen. KI sollte als ein leistungsfähiges Instrument zur Verbesserung dieser Interaktionen betrachtet werden, anstatt sie zu ersetzen. Sie kann Kliniker von administrativem Aufwand entlasten und ihnen mehr Zeit geben, sich mit den Patienten auf einer persönlichen und emotionalen Ebene auszutauschen, wodurch Vertrauen und Empathie im Heilungsprozess gefördert werden.

Abschließend lässt sich sagen, dass die Auswirkungen der KI auf das Gesundheitswesen nicht unterschätzt werden können. Von der Frühdiagnose bis hin zu personalisierten Behandlungsplänen, einer rationalisierten Gesundheitsversorgung und bahnbrechenden Fortschritten in der Forschung - KI hat das Potenzial, die Art und Weise, wie wir medizinische Versorgung leisten und erleben, zu revolutionieren. Auf dem Weg in diese aufregende Zukunft dürfen wir jedoch die ethischen Überlegungen, die mit diesen Fortschritten einhergehen, nicht vernachlässigen. Wenn wir das volle Potenzial der KI nutzen und gleichzeitig die Rechte der Patienten, den Datenschutz und die Wahrung des menschlichen Aspekts der Medizin wahren, haben wir die Möglichkeit, ein Gesundheitssystem zu schaffen, das für alle wirklich transformativ ist.

Abschnitt 4: Wirtschaftliche Chancen und Störungen

Analyse der von der KI angetriebenen Wirtschaftslandschaft, Untersuchung ihres Potenzials für die Schaffung von Arbeitsplätzen, die Steigerung der Produktivität und das Wirtschaftswachstum sowie der potenziellen Störungen und Herausforderungen, die sie mit sich bringt.

Wenn wir in das Reich der künstlichen Intelligenz (KI) und ihrer Auswirkungen auf die Gesellschaft eintauchen, können wir nicht die bedeutenden wirtschaftlichen Chancen übersehen, die sie mit sich bringt. Mit ihrer Fähigkeit, riesige Datenmengen zu verarbeiten und Erkenntnisse zu gewinnen, hat KI das Potenzial, Branchen zu revolutionieren und neue Chancen für Unternehmen und Einzelpersonen gleichermaßen zu schaffen. Die Möglichkeiten scheinen endlos, und die wirtschaftliche Landschaft ist voll von Potenzial.

Einer der wichtigsten Bereiche, in denen die KI ihre Spuren hinterlässt, ist die Schaffung von Arbeitsplätzen. Während die Angst vor der Automatisierung und der Verdrängung von Arbeitsplätzen ein Grund zur Besorgnis ist, gibt es Hinweise darauf, dass die KI tatsächlich das Potenzial hat, mehr Arbeitsplätze zu schaffen als sie zu ersetzen. Einem Bericht des Weltwirtschaftsforums zufolge wird erwartet, dass KI bis 2025 etwa 12 Millionen neue Arbeitsplätze schaffen wird, was die Verdrängung von Arbeitsplätzen in bestimmten Sektoren übersteigt.

Der Einfluss der KI auf die Schaffung von Arbeitsplätzen

ergibt sich aus ihrer Fähigkeit, menschliche Fähigkeiten zu ergänzen, anstatt sie vollständig zu ersetzen. Durch die Automatisierung sich wiederholender Aufgaben und die Durchführung komplexer Berechnungen setzt die KI menschliche Arbeitskräfte frei, die sich auf sinnvollere und kreativere Aspekte ihrer Arbeit konzentrieren können. Diese symbiotische Beziehung zwischen Menschen und KI fördert ein Arbeitsumfeld, in dem die Produktivität gedeihen kann, was zu einem höheren Wirtschaftswachstum führt.

Darüber hinaus hat die Integration von KI-Technologie das Potenzial, neue Wege des Wirtschaftswachstums zu erschließen. Mit KI-gestützten Algorithmen und Vorhersagemodellen können Unternehmen tiefere Einblicke in das Kundenverhalten, Markttrends und betriebliche Ineffizienzen gewinnen. Diese Fülle an Informationen ermöglicht es Unternehmen, datengestützte Entscheidungen zu treffen, ihre Prozesse zu optimieren und neue Marktchancen zu erkennen, die zuvor nicht bekannt waren.

Im Einzelhandel beispielsweise können KI-gestützte Systeme das Surfverhalten der Kunden, ihre Kaufhistorie und ihre Aktivitäten in den sozialen Medien analysieren, um personalisierte Empfehlungen und gezielte Werbung zu liefern. Dies erhöht nicht nur die Kundenzufriedenheit, sondern steigert auch die Umsatzerlöse der Unternehmen. In der Gesundheitsbranche können KI-Algorithmen große medizinische Datensätze analysieren, um Krankheiten früher zu diagnostizieren, Behandlungspläne zu verbessern und möglicherweise Leben zu retten.

Neben den aufregenden Aussichten bringt die KI jedoch auch Störungen und Herausforderungen mit sich. Eine der größten Sorgen ist die mögliche Verdrängung von Arbeitsplätzen, insbesondere in Sektoren, die stark auf manuelle Arbeit angewiesen sind. Die Automatisierung von Aufgaben, die früher von Menschen ausgeführt wurden, könnte dazu führen, dass bestimmte Berufsrollen obsolet werden. Dies erfordert eine sorgfältige Prüfung der Arbeitskräfte und die Notwendigkeit von Programmen zur Weiterqualifizierung und Umschulung, um einen nahtlosen Übergang zu gewährleisten.

Mit der zunehmenden Verbreitung von KI-Technologien ergeben sich zudem ethische Dilemmata und gesellschaftliche Auswirkungen. Fragen wie Datenschutz, Datensicherheit und algorithmische Voreingenommenheit müssen angesprochen werden, um ein Gleichgewicht zwischen Fortschritt und Schutz herzustellen. Es müssen transparente Vorschriften und Richtlinien eingeführt werden, um den Einzelnen zu schützen und die Ausnutzung von KI-Funktionen für unethische Zwecke zu verhindern.

Die wirtschaftlichen Auswirkungen der KI sind eine sich entwickelnde Geschichte, die sowohl das Potenzial für positive Veränderungen als auch für unvorhergesehene Herausforderungen hat. Für die Gesellschaft ist es von entscheidender Bedeutung, sich auf diese sich entwickelnde Landschaft einzustellen und die damit verbundenen Chancen zu ergreifen. In der zweiten Hälfte dieses Kapitels werden wir uns eingehender mit den wirtschaftlichen Störungen, Herausforderungen und möglichen Lösungen befassen, um sicherzustellen, dass die Auswirkungen der KI auf die Gesellschaft effektiv und ethisch vertretbar genutzt werden.

Die wirtschaftlichen Auswirkungen der künstlichen Intelligenz sind eine sich entwickelnde Geschichte, die sowohl spannende Möglichkeiten als auch unvorhergesehene Herausforderungen birgt. Während sich die Gesellschaft an die sich ständig verändernde Landschaft anpasst, die von der künstlichen Intelligenz angetrieben wird, ist es von entscheidender Bedeutung, die wirtschaftlichen Chancen, die vor uns liegen, weiter zu erforschen und sich gleichzeitig mit den Störungen und Risiken zu befassen, die mit ihnen einhergehen.

Im Bereich der wirtschaftlichen Möglichkeiten hat die KI

das Potenzial, Branchen umzugestalten und neue Wege für Wachstum zu schaffen. Ein besonderer Bereich, auf den KI einen erheblichen Einfluss hat, ist das Unternehmertum. Mit der Verfügbarkeit von KI-gestützten Werkzeugen und Plattformen haben Einzelpersonen nun die Möglichkeit, ihre eigenen Unternehmen mit minimalen Ressourcen zu gründen und auszubauen. Diese Demokratisierung des Unternehmertums fördert nicht nur die Innovation, sondern schafft auch mehr Beschäftigungsmöglichkeiten im Ökosystem der Start-ups.

KI hat auch das Potenzial, die Produktivität und Effizienz in verschiedenen Sektoren zu steigern. Durch die Automatisierung von Routineaufgaben und die Rationalisierung von Prozessen können Unternehmen ihre Ressourcen auf Tätigkeiten konzentrieren, die menschlichen Einfallsreichtum und Kreativität erfordern. Diese Verlagerung des Schwerpunkts ermöglicht eine größere Wertschöpfung, was zu einem allgemeinen Wirtschaftswachstum führt. Darüber hinaus können KI-gestützte Technologien Lieferketten optimieren, Betriebskosten senken und die Entscheidungsfindung verbessern, was zu einer höheren Rentabilität für Unternehmen führt.

Darüber hinaus hat die KI das Potenzial, die Qualität von Produkten und Dienstleistungen zu verbessern und damit die Wettbewerbsfähigkeit auf dem Markt zu steigern. In der Fertigung beispielsweise kann KI-gestützte vorausschauende Wartung dazu beitragen, potenzielle Maschinenausfälle zu erkennen, bevor sie auftreten, wodurch Ausfallzeiten minimiert und die Produktionseffizienz verbessert werden. Im Finanzsektor können KI-Algorithmen große Datenmengen analysieren, um betrügerische Aktivitäten zu erkennen und die Sicherheit und Integrität von Transaktionen zu gewährleisten. Diese Fortschritte steigern nicht nur die Kundenzufriedenheit, sondern tragen auch zur wirtschaftlichen Stabilität bei.

Während wir das wirtschaftliche Potenzial der KI nutzen, dürfen wir jedoch nicht die Störungen und Herausforderungen ignorieren, die sie mit sich bringt. Eine der größten Sorgen ist die mögliche Verdrängung von Arbeitsplätzen, vor allem in Branchen, die stark auf manuelle Arbeit angewiesen sind. Da die KI Aufgaben automatisiert, die traditionell von Menschen ausgeführt werden, könnten bestimmte Berufsbilder obsolet werden. Es ist von entscheidender Bedeutung, diese Veränderungen zu antizipieren und proaktiv Weiterbildungs- und Umschulungsprogramme durchzuführen, um einen reibungslosen Übergang für die Arbeitnehmer zu gewährleisten. Durch Investitionen in Bildungs- und Ausbildungsinitiativen können wir den Menschen die Fähigkeiten vermitteln, die sie brauchen, um in der KI-gesteuerten Wirtschaft erfolgreich zu sein.

Darüber hinaus müssen ethische Überlegungen im Vordergrund stehen, wenn KI in unserer Gesellschaft an Bedeutung gewinnt. Themen wie Datenschutz, Datensicherheit und algorithmische Voreingenommenheit müssen sorgfältig behandelt werden. Es müssen transparente Vorschriften und Richtlinien eingeführt werden, um den Einzelnen vor einem möglichen Missbrauch der KI-Technologie zu schützen. Gemeinsame Anstrengungen von Regierungen, Industrievertretern und Forschungseinrichtungen sind notwendig, um Rahmenbedingungen zu schaffen, die technologische Fortschritte und gesellschaftliches Wohlergehen in Einklang bringen.

Um die mit der KI verbundenen wirtschaftlichen Risiken zu mindern, sind Zusammenarbeit und Kooperation zwischen den Akteuren entscheidend. Regierungen, Unternehmen und die Wissenschaft müssen zusammenarbeiten, um ein günstiges Umfeld für KI-Innovationen zu schaffen. Es müssen Initiativen umgesetzt werden, die Forschung und Entwicklung unterstützen, die sektorübergreifende Zusammenarbeit fördern und die Einführung ethischer KI-Praktiken erleichtern.

Darüber hinaus erfordert die Nutzung der wirtschaftlichen Vorteile der KI eine Verpflichtung zur Inklusion. Es müssen Anstrengungen unternommen werden, um sicherzustellen, dass die KI-Technologie auch marginalisierte Gemeinschaften und unterrepräsentierte Gruppen erreicht und sie an den damit verbundenen Chancen teilhaben können. Indem wir uns für Vielfalt und Inklusion einsetzen, können wir verhindern, dass sich die sozioökonomischen Ungleichheiten vergrößern, und stattdessen eine gerechtere und wohlhabendere Gesellschaft schaffen.

Zusammenfassend lässt sich sagen, dass die wirtschaftlichen Auswirkungen der KI unvergleichlich sind und enorme Möglichkeiten für die Schaffung von Arbeitsplätzen, die Steigerung der Produktivität und das Wirtschaftswachstum bieten. Wir müssen uns dieser Landschaft jedoch mit Vorsicht nähern und uns der potenziellen Störungen und Herausforderungen bewusst sein, die sie mit sich bringt. Mit proaktiven Maßnahmen wie Weiterbildungsprogrammen, ethischen Rahmenbedingungen und integrativen Ansätzen können wir die von der KI angetriebene Wirtschaftslandschaft erfolgreich navigieren. Auf diese Weise können wir die Vorteile der KI voll ausschöpfen und gleichzeitig sicherstellen, dass ihre Auswirkungen auf die Gesellschaft sowohl effektiv als auch ethisch vertretbar sind. Die Reise der wirtschaftlichen Auswirkungen der KI ist noch nicht abgeschlossen, und es liegt an uns, die Geschichte für eine bessere Zukunft zu gestalten.

Abschnitt 5: Ethische Erwägungen und Datenschutz

Untersuchung der ethischen Dilemmata im Zusammenhang mit KI, einschließlich Voreingenommenheit, Bedenken in

Bezug auf die Privatsphäre und den potenziellen Verlust menschlicher Autonomie, wobei die Notwendigkeit eines verantwortungsvollen Einsatzes von KI betont wird.

Wenn wir in die Welt der künstlichen Intelligenz (KI) eintauchen, werden wir mit einer Vielzahl von ethischen Überlegungen und Bedenken hinsichtlich des Datenschutzes konfrontiert, die sich aus der weitreichenden Integration in verschiedene Aspekte unseres Lebens ergeben. Angesichts des raschen Fortschritts der KI-Technologien ist es von entscheidender Bedeutung, die damit verbundenen Risiken und Chancen zu erforschen und gleichzeitig sicherzustellen, dass ethische Richtlinien eingehalten und die Privatsphäre des Einzelnen geschützt wird.

Eines der dringendsten ethischen Dilemmata im Zusammenhang mit KI ist die Frage der Voreingenommenheit. KI-Systeme, die auf voreingenommenen Datensätzen trainiert oder von voreingenommenen Entwicklern entwickelt werden, können unbeabsichtigt gesellschaftliche Vorurteile aufrechterhalten und sogar verstärken. Algorithmen für maschinelles Lernen lernen aus den Daten, die sie erhalten, und diese können von menschlichen Vorurteilen beeinflusst werden. Diese Voreingenommenheit kann sich in KI-Systemen manifestieren, die in Bereichen wie Einstellung, Kreditvergabe und Strafjustiz eingesetzt werden, was möglicherweise zu diskriminierenden Ergebnissen führt. Es ist zwingend erforderlich, dass wir aktiv auf die Beseitigung von Vorurteilen in der KI hinarbeiten, um eine faire und gleiche Behandlung für alle Menschen zu gewährleisten.

Bei der Diskussion über KI treten auch Datenschutzbedenken in den Vordergrund. Mit der zunehmenden Verbreitung von KI werden immer mehr personenbezogene Daten gesammelt und genutzt. KI-Systeme benötigen erhebliche Datenmengen, um effektiv zu trainieren, und stützen sich oft auf sensible Nutzerdaten. Dies wirft die Frage auf, wie diese Daten gehandhabt, gespeichert und geschützt werden. Ohne angemessene Sicherheitsvorkehrungen besteht die Gefahr des Missbrauchs, des unbefugten Zugriffs oder von Verletzungen, die die Privatsphäre des Einzelnen gefährden könnten. Die richtige Balance zwischen der Nutzung der KI und dem Schutz der Privatsphäre zu finden, ist eine entscheidende Herausforderung, die es zu bewältigen gilt.

Darüber hinaus ist der potenzielle Verlust der menschlichen Autonomie ein wichtiges ethisches Problem, das mit der KI zusammenhängt. Da KI-Systeme immer leistungsfähiger und ausgefeilter werden, wächst die Besorgnis über die Aushöhlung der menschlichen Entscheidungsfreiheit und Autonomie. Die Automatisierung von Prozessen, die früher ausschließlich unter menschlicher Kontrolle standen, wirft ethische Fragen in Bezug auf Rechenschaftspflicht, Transparenz und die Möglichkeit auf, von der KI getroffene Entscheidungen anzufechten oder anzufechten. Während KI zweifellos die Effizienz und den Komfort steigern kann, müssen wir sicherstellen, dass sie nicht die grundlegenden menschlichen Werte untergräbt oder die Bedeutung des menschlichen Urteils verwässert.

Das Aufzeigen dieser ethischen Dilemmata im Zusammenhang mit der KI sollte uns nicht davon abhalten, die immensen Chancen zu erkennen, die sie bietet. Ein verantwortungsvoller Einsatz von KI, der auf ethischen Erwägungen beruht, hat das Potenzial, transformative Veränderungen herbeizuführen. Sie kann das Gesundheitswesen revolutionieren, indem sie bei der Früherkennung von Krankheiten hilft, die Genauigkeit der Diagnose verbessert und personalisierte Behandlungen ermöglicht. KI kann die Bildung verbessern, indem sie individualisierte Lernerfahrungen ermöglicht, die auf die Stärken und Schwächen jedes einzelnen Schülers zugeschnitten sind. Sie kann sogar zum Umweltschutz beitragen, indem sie Muster und Risikofaktoren identifiziert und so proaktive Maßnahmen zur Eindämmung des

Klimawandels ermöglicht.

Um jedoch die potenziellen Vorteile der KI voll auszuschöpfen und ihre ethische Komplexität zu bewältigen, ist ein multidisziplinärer Ansatz unerlässlich. Die Zusammenarbeit zwischen Ethikern, Technologen, politischen Entscheidungsträgern und der Gesellschaft im Allgemeinen ist von entscheidender Bedeutung für die Entwicklung von Rahmenbedingungen, die einen verantwortungsvollen und ethischen Einsatz von KI gewährleisten. Wir müssen klare Standards, Richtlinien und Vorschriften festlegen, die Transparenz, Verantwortlichkeit, Fairness und die Achtung der Privatsphäre umfassen.

In dem Bestreben, die Macht der KI zu nutzen und gleichzeitig ethische Erwägungen und die Privatsphäre zu schützen, ist es von größter Bedeutung, dass wir wachsam und proaktiv bleiben. Eine kontinuierliche Überwachung und Bewertung der Auswirkungen von KI-Systemen ist unerlässlich, um mögliche Verzerrungen oder unbeabsichtigte Folgen zu erkennen und zu korrigieren. Wir müssen Entwickler und Organisationen zur Rechenschaft ziehen, damit sie sich an ethische Richtlinien halten und proaktive Maßnahmen ergreifen, um Voreingenommenheit zu bekämpfen und die Privatsphäre zu schützen.

In der zweiten Hälfte dieses Kapitels werden wir uns mit realen Beispielen von KI-Voreingenommenheit und Datenschutzbedenken befassen und die Strategien und Initiativen zur Gewährleistung eines verantwortungsvollen KI-Einsatzes näher beleuchten. Doch zunächst halten wir inne, um über die ethischen Erwägungen und Datenschutzbedenken im Zusammenhang mit KI nachzudenken. Indem wir uns mit diesen Themen auseinandersetzen, wollen wir ein Verständnis fördern, das uns in die Lage versetzt, eine Zukunft zu gestalten, in der KI eine Kraft für das Gute ist und niemanden zurücklässt.Bei der Erkundung der weitreichenden Auswirkungen von KI auf die

Gesellschaft müssen wir uns mit den ethischen Dilemmata im Zusammenhang mit Vorurteilen und Datenschutzbedenken auseinandersetzen. Die potenziellen Risiken sind erheblich, aber auch die enormen Chancen für Innovation und Fortschritt. Durch den verantwortungsvollen Einsatz von KI können wir eine Zukunft gestalten, in der diese Technologie als Kraft des Guten dient und niemanden zurücklässt.

Beispiele aus der realen Welt veranschaulichen anschaulich die Gefahren von KI-Voreingenommenheit und die dringende Notwendigkeit, dieses Problem anzugehen. Nehmen wir zum Beispiel die Gesichtserkennungstechnologie. Studien haben gezeigt, dass diese Systeme häufig rassistische und geschlechtsspezifische Verzerrungen aufweisen, die zu falschen Identifizierungen und ungerechter Behandlung führen. Solche Verzerrungen können zu einer Reihe von nachteiligen Folgen führen, von unrechtmäßigen Verhaftungen bis hin zu diskriminierender Überwachung. Das Erkennen und Beseitigen dieser Verzerrungen ist von größter Bedeutung, da sie Ungleichheiten aufrechterhalten und das Vertrauen in KI-Systeme untergraben.

Auch der Schutz der Privatsphäre erfordert unsere Aufmerksamkeit. Die Erfassung und Nutzung großer Mengen personenbezogener Daten durch KI-Systeme kann die Privatsphäre des Einzelnen gefährden. Der Schutz dieser Informationen erfordert die Entwicklung robuster Sicherheitsmaßnahmen und einen verantwortungsvollen Umgang mit ihnen. Die Wahrung der Rechte der Nutzer auf Privatsphäre sollte von den ersten Phasen der KI-Entwicklung an ein Leitprinzip sein, das sicherstellt, dass personenbezogene Daten nur für die vorgesehenen Zwecke und mit ausdrücklicher Zustimmung verwendet werden. Um ein Gleichgewicht zwischen den Vorteilen der KI und dem Schutz der Privatsphäre zu finden, müssen Transparenz, Rechenschaftspflicht und Zustimmungsmechanismen geschaffen werden, die es dem Einzelnen ermöglichen, die

Kontrolle über seine persönlichen Daten zu behalten.

Um diese ethischen Herausforderungen zu bewältigen, sind eine Reihe von Strategien und Initiativen entwickelt worden. Ein solcher Ansatz besteht darin, die Vielfalt und Inklusivität im Bereich der KI zu erhöhen. Durch die Förderung einer vielfältigen Gemeinschaft von Schöpfern und Entwicklern können wir das Risiko der Voreingenommenheit mindern, indem wir ein breiteres Spektrum von Perspektiven in die KI-Konzeption und -Entwicklung einbeziehen. Darüber hinaus fördert dieser Ansatz eine gerechtere Verteilung des Nutzens von KI-Systemen und verringert das Potenzial, bestehende gesellschaftliche Ungleichheiten zu verschärfen.

Transparenz und Erklärbarkeit sind ebenfalls entscheidende Elemente bei der Förderung eines verantwortungsvollen Einsatzes von KI. Es ist von entscheidender Bedeutung, die zugrunde liegenden Mechanismen und Entscheidungsprozesse von KI-Systemen zu verstehen, um sicherzustellen, dass sie auf faire und verantwortliche Weise arbeiten. Durch die Förderung von Transparenz sowohl in der Entwicklungs- als auch in der Einführungsphase können wir unsere Fähigkeit verbessern, Vorurteile aufzudecken und zu korrigieren, KI-Systeme zur Verantwortung zu ziehen und das Vertrauen der Öffentlichkeit zu stärken.

Die Zusammenarbeit zwischen den verschiedenen Interessengruppen ist von zentraler Bedeutung, um die ethische Komplexität der KI zu bewältigen. Ethiker, Technologen, politische Entscheidungsträger und die Gesellschaft als Ganzes müssen zusammenarbeiten, um einen umfassenden Rahmen zu schaffen, der den verantwortungsvollen und ethischen Einsatz von KI leitet. Diese Rahmenwerke sollten Prinzipien wie Fairness, Achtung der Menschenrechte und die Einbeziehung verschiedener Stimmen umfassen. Parallel dazu müssen klare Standards, Richtlinien und Vorschriften für KI-Systeme eingeführt werden, um potenzielle Risiken zu mindern und die

Einhaltung ethischer Erwägungen und des Schutzes der Privatsphäre zu gewährleisten.

Wachsamkeit und eine kontinuierliche Bewertung von KI-Systemen sind auf dem Weg nach vorn unerlässlich. Wir müssen proaktiv bleiben, wenn es darum geht, Vorurteile oder unbeabsichtigte Folgen, die beim Einsatz von KI-Technologie entstehen können, zu überwachen und zu beseitigen. Es ist von entscheidender Bedeutung, Entwickler und Organisationen zur Rechenschaft zu ziehen, wenn sie sich mit diesen Bedenken auseinandersetzen, und Möglichkeiten für Einzelpersonen und Gemeinschaften zu schaffen, ihre Bedenken zu äußern und potenziell schädliche Anwendungen von KI in Frage zu stellen.

Am Ende dieser Erkundung ethischer Überlegungen und datenschutzrechtlicher Bedenken im Zusammenhang mit KI wird deutlich, dass ein verantwortungsvoller Einsatz von KI sehr vielversprechend ist. Durch gemeinsame Anstrengungen und ein Engagement für Transparenz, Rechenschaftspflicht und Fairness können wir das transformative Potenzial der KI erschließen und gleichzeitig die Interessen und die Würde des Einzelnen in der Gesellschaft schützen.

Die Zukunft der KI liegt in unseren gemeinsamen Händen. Gestärkt durch ein Verständnis der ethischen Komplexität, die auf dem Spiel steht, können wir sicherstellen, dass KI als mächtiges Werkzeug für den Fortschritt dient und unser Leben verbessert, ohne unsere Werte zu gefährden. Lassen Sie uns den verantwortungsvollen und ethischen Einsatz von KI anstreben, um den Weg für eine Zukunft zu ebnen, in der alle von den Vorteilen profitieren und in der die Auswirkungen der KI auf die Gesellschaft einen positiven Wandel bewirken.

Abschnitt 6: KI und Bildung

Künstliche Intelligenz (KI) hat verschiedene Aspekte unserer

Gesellschaft durchdrungen, Branchen revolutioniert und die Art und Weise, wie wir leben und arbeiten, verändert. Auch die Bildung, ein für die menschliche Entwicklung grundlegender Bereich, ist vom Potenzial der KI nicht ausgenommen. In diesem Kapitel befassen wir uns mit den transformativen Auswirkungen der KI auf das Bildungswesen und erforschen personalisierte Lernerfahrungen, effiziente Verwaltungsprozesse und die Bedeutung der menschlichen Interaktion. Machen Sie sich bereit für eine Reise in die Zukunft der Bildung, in der KI eine bahnbrechende Rolle spielt.

Eine der tiefgreifendsten Auswirkungen der KI auf die Bildung ist das Aufkommen personalisierter Lernerfahrungen. Traditionelle Klassenzimmer haben oft Schwierigkeiten, den unterschiedlichen Lernbedürfnissen der Schüler gerecht zu werden. Die KI bietet jedoch eine Lösung, indem sie adaptive und maßgeschneiderte Lernerfahrungen ermöglicht. Mithilfe intelligenter Algorithmen und Datenanalysen können Pädagogen individuelle Stärken, Schwächen und Lernstile einschätzen und so Bildungsinhalte und -strategien individuell anpassen. Dieser personalisierte Ansatz steigert das Engagement der Schüler, ihre Motivation und letztlich auch ihre schulischen Leistungen. Stellen Sie sich eine Welt vor, in der jeder Schüler eine Ausbildung erhält, die genau auf seine individuellen Fähigkeiten und Interessen zugeschnitten ist - eine Bildungsutopie, die dank KI zum Greifen nah ist.

Darüber hinaus hat KI großes Potenzial bei der Rationalisierung von Verwaltungsprozessen in Bildungseinrichtungen gezeigt. Von der Automatisierung routinemäßiger Verwaltungsaufgaben bis hin zur Verwaltung von Schülereinschreibungen und Aufzeichnungen hat die Integration von KI-Technologie den Verwaltungsaufwand für Pädagogen gesenkt. Dadurch stehen den Lehrkräften mehr Zeit und Ressourcen zur Verfügung, um sich auf ihre Hauptaufgabe, das Unterrichten und die Betreuung der Schüler, zu konzentrieren. Durch die Straffung der

Verwaltungsprozesse können die Schulen effizienter arbeiten, so dass die Lehrkräfte ihre Energie auf die Förderung eines bereichernden Lernumfelds verwenden können.

Inmitten der Begeisterung über die transformative Kraft der KI in der Bildung müssen wir jedoch auch einige potenzielle Herausforderungen anerkennen, die vor uns liegen. Eine Sorge ist die mögliche Voreingenommenheit und mangelnde Transparenz von KI-Algorithmen. Da KI-Systeme auf der Grundlage vorhandener Daten trainiert werden, verfügen sie über die diesen Daten innewohnenden Verzerrungen. Wenn sie nicht angemessen behandelt werden, können diese Verzerrungen die bestehenden sozialen Ungleichheiten aufrechterhalten. Es ist von entscheidender Bedeutung, einen ethischen Rahmen zu schaffen und die Transparenz von KI-Algorithmen zu gewährleisten, um potenzielle Diskriminierung zu verhindern und soziale Gerechtigkeit im Bildungskontext zu gewährleisten.

Auch wenn KI personalisierte Lernerfahrungen bietet, darf die Bedeutung der menschlichen Interaktion in der Bildung nicht unterschätzt werden. Echtzeit-Feedback, emotionale Unterstützung und sinnvolle Verbindungen zwischen Lehrkräften und Schülern sind wichtige Elemente des Lernprozesses. Obwohl KI die Lernerfahrungen ergänzen und verbessern kann, sollte sie niemals die wesentliche Rolle ersetzen, die die menschliche Interaktion in der Bildung spielt. Das richtige Gleichgewicht zwischen KI-gesteuertem personalisiertem Lernen und echter menschlicher Interaktion ist unerlässlich, um ein ganzheitliches und erfolgreiches Bildungsumfeld zu schaffen.

Bei der Erforschung der Auswirkungen von KI auf die Bildung wird deutlich, dass das Potenzial für Wachstum und Innovation immens ist. Die transformative Kraft der KI ermöglicht es uns, uns eine Zukunft vorzustellen, in der die Bildung die Grenzen des traditionellen Klassenzimmers überschreitet und personalisierte Lernerfahrungen ermöglicht, die auf die individuellen Bedürfnisse eingehen. Gleichzeitig können Verwaltungsprozesse gestrafft werden, so dass sich die Lehrkräfte auf ihre Kernaufgaben konzentrieren können. Allerdings müssen wir uns über mögliche Herausforderungen im Klaren sein, wie z. B. algorithmische Verzerrungen und das empfindliche Gleichgewicht zwischen KI-gesteuertem Lernen und menschlicher Interaktion.

Die Reise in das Reich der KI und der Bildung geht in der zweiten Hälfte dieses Kapitels weiter, wo wir uns mit der Rolle der KI bei Bewertungsmethoden, der Entwicklung von Fähigkeiten zum kritischen Denken und der Bedeutung ethischer Überlegungen befassen. Während wir die ungenutzten Möglichkeiten aufdecken, die KI bietet, um das Bildungswesen zu revolutionieren, sollten wir über die potenziellen Risiken und Vorteile nachdenken, die vor uns liegen. Die Zukunft der Bildung wird unweigerlich mit der KI verwoben sein, und dieses Kapitel soll die Feinheiten dieser symbiotischen Beziehung entschlüsseln. Bleiben Sie dran für den nächsten Teil des Kapitels, in dem wir die unbekannten Möglichkeiten erkunden, die uns in der Welt der KI und Bildung erwarten.

In der ersten Hälfte dieses Kapitels haben wir uns auf eine Reise zu den transformativen Auswirkungen der KI auf die Bildung begeben und das Potenzial personalisierter Lernerfahrungen und rationalisierter Verwaltungsprozesse erkundet. Wir haben auch erörtert, wie wichtig es ist, sich mit potenziellen Herausforderungen wie algorithmischen Verzerrungen und dem empfindlichen Gleichgewicht zwischen KI-gesteuertem Lernen und menschlicher Interaktion auseinanderzusetzen. In der zweiten Hälfte dieses Kapitels werden wir die ungenutzten Möglichkeiten, die KI für die Revolutionierung der Bildung bietet, weiter aufdecken und dabei die Bedeutung ethischer Überlegungen betonen.

Ein wichtiger Aspekt, bei dem KI eine entscheidende Rolle im Bildungswesen spielen kann, ist der Bereich der Bewertungsmethoden. Traditionell stützen sich Beurteilungen in erster Linie auf standardisierte Tests, die oft die Fähigkeiten und das Potenzial eines Schülers nicht vollständig erfassen. Mit Hilfe der KI können wir jedoch innovative Bewertungsmethoden entwickeln, die die Schüler umfassender beurteilen. Durch den Einsatz von Algorithmen zur Verarbeitung natürlicher Sprache und maschinellem Lernen kann die KI die Arbeiten der Schüler analysieren, einschließlich Aufsätzen und Projekten, und ihnen ein individuelles und konstruktives Feedback geben. Dieses personalisierte Feedback, das durch KI möglich wird, ermöglicht es den Studierenden, ihre Stärken und Schwächen zu erkennen, und fördert so eine wachstumsorientierte Denkweise und selbstgesteuertes Lernen. Darüber hinaus können sich KI-gestützte Bewertungen an unterschiedliche Lernstile anpassen und maßgeschneiderte Herausforderungen bieten, um die individuelle Lernerfahrung zu verbessern.

Darüber hinaus ist die Entwicklung der Fähigkeit zu kritischem Denken ein grundlegendes Ziel der Bildung. KI kann einen wichtigen Beitrag zu diesem Aspekt leisten, indem sie ein wertvolles Instrument zur Förderung des kritischen Denkens wird. Mit Hilfe von KI-gestützten Simulationen und interaktiven Lernplattformen können sich Schüler in realen Problemlösungsszenarien engagieren, in denen sie komplexe Situationen analysieren, Beweise bewerten und fundierte Entscheidungen treffen. Durch den Einsatz von KI zur Förderung des kritischen Denkens können die Schüler ihre Fähigkeit zum kritischen Denken schärfen, Probleme effektiver lösen und auf innovative Weise mit anderen zusammenarbeiten.

Bei der Diskussion über die Auswirkungen der KI auf die Bildung dürfen wir die entscheidende Bedeutung der Ethik nicht übersehen. Da KI immer mehr zu einem integralen Bestandteil von Bildungsumgebungen wird, muss unbedingt sichergestellt werden, dass ihr Einsatz mit ethischen Erwägungen in Einklang steht. Dazu gehört auch die Auseinandersetzung mit den potenziellen Verzerrungen in KI-Algorithmen, um zu verhindern, dass soziale Ungleichheiten fortbestehen. Ethische Richtlinien sollten in KI-Systeme integriert werden, um Transparenz und Verantwortlichkeit in Entscheidungsprozessen zu ermöglichen. Pädagogen müssen mit den notwendigen Kenntnissen und Fähigkeiten ausgestattet werden, um die ethischen Implikationen des Einsatzes von KI in ihren Klassenzimmern zu verstehen und zu bewältigen. Durch die Förderung einer Kultur des ethischen Bewusstseins und des Verantwortungsbewusstseins können wir das wahre Potenzial der KI in der Bildung nutzen und sicherstellen, dass sie allen Schülern gleichermaßen zugute kommt.

Darüber hinaus ist es wichtig, die Auswirkungen der KI auf die Rolle der Lehrkräfte zu berücksichtigen. KI kann zwar Verwaltungsaufgaben automatisieren und personalisierte Lernerfahrungen ermöglichen, aber es ist wichtig zu erkennen, dass die Rolle der Pädagogen weit über diese Aspekte hinausgeht. Die menschliche Note, echtes Einfühlungsvermögen und die Fähigkeit, mit den Schülern auf einer emotionalen Ebene in Kontakt zu treten, sind unersetzliche Elemente der Bildung. Mit der zunehmenden Verbreitung von KI-gestütztem Lernen sollten Pädagogen weiterhin ihre Beziehung zu den Schülern in den Vordergrund stellen und eine unterstützende und inspirierende Lernumgebung schaffen. Indem sie KI als ein Werkzeug begreifen, das ihr Fachwissen ergänzt, können sich Pädagogen darauf konzentrieren, die Schüler bei der Entwicklung höherwertiger Denkfähigkeiten anzuleiten, ihre Kreativität zu fördern und ihre individuellen Leidenschaften zu unterstützen.

Am Ende dieses Kapitels wird deutlich, dass die Auswirkungen der KI auf die Bildung vielschichtig sind und ein immenses Potenzial für Wachstum und Innovation bergen. Die transformative Kraft der KI bietet uns die Chance, Bildung über die Grenzen des traditionellen Klassenzimmers hinaus neu zu denken und personalisierte Lernerfahrungen zu fördern, die auf die individuellen Bedürfnisse eingehen. Durch die Integration von KI in Bewertungsmethoden und die Entwicklung kritischen Denkens können wir den Weg für umfassendere und effektivere Bildungsansätze ebnen. Inmitten dieser Begeisterung müssen wir jedoch auf dem Boden der Tatsachen bleiben und sicherstellen, dass ethische Erwägungen bei jeder Entscheidung über die Anwendung von KI im Bildungsbereich im Vordergrund stehen.

Abschließend lässt sich sagen, dass die Zukunft der Bildung unweigerlich mit KI verbunden sein wird. Die Möglichkeiten sind riesig, und die Vorteile sind immens. Wenn wir uns die Möglichkeiten der KI zunutze machen und uns gleichzeitig der potenziellen Risiken bewusst sind, können wir ein Bildungssystem schaffen, das Schüler befähigt, Lehrkräfte unterstützt und eine lebenslange Leidenschaft für das Lernen fördert. Lassen Sie uns diese symbiotische Beziehung zwischen KI und Bildung annehmen, angetrieben von Enthusiasmus und einem gemeinsamen Engagement für die Gestaltung einer besseren Zukunft für kommende Generationen.

Abschnitt 7: Künftige Möglichkeiten und Herausforderungen

Die Zukunft der künstlichen Intelligenz (KI) birgt eine Welt voller faszinierender Möglichkeiten und potenzieller Herausforderungen. Wenn wir uns in dieses aufregende Gebiet vertiefen, wird unsere Vorstellungskraft durch die grenzenlosen Möglichkeiten, die vor uns liegen, beflügelt. Von Fortschritten in der Robotik bis hin zum Potenzial der Singularität - die Zukunft der KI ist vielversprechend, wenn auch mit einer Prise Vorsicht zu genießen. In diesem Kapitel erkunden wir die aufregenden Möglichkeiten, die uns erwarten, wobei wir uns stets der Notwendigkeit einer verantwortungsvollen KI-Entwicklung bewusst sind.

Die Fortschritte in der Robotik haben eine entscheidende Rolle bei der Revolutionierung verschiedener Branchen gespielt, und ihr Einfluss wird in Zukunft noch exponentiell zunehmen. Da die Robotersysteme immer ausgefeilter werden, gehen ihre Anwendungen weit über die Fertigungsstraßen hinaus. Sie haben das Potenzial, das Gesundheitswesen, das Transportwesen und sogar unser tägliches Leben zu verändern.

Stellen Sie sich eine Welt vor, in der medizinische Eingriffe mit unvergleichlicher Präzision von Roboterchirurgen durchgeführt werden. Diese mit fortschrittlichen KI-Algorithmen ausgestatteten Maschinen können Daten analysieren, komplexe Operationen durchführen und die Fehlerquote verringern. Sie haben das Potenzial, die Ergebnisse für die Patienten zu verbessern, die Genesungszeiten zu verkürzen und die Gesundheitsversorgung in abgelegenen oder unterversorgten Gebieten zugänglicher zu machen. Auf dem Weg in eine Zukunft voller Roboterassistenten müssen wir jedoch vorsichtig sein, was die ethischen Aspekte angeht, die sich daraus ergeben. Das Gleichgewicht zwischen Technologie und menschlichem Kontakt in der Gesundheitsfürsorge ist von entscheidender Bedeutung, um die Beziehung zwischen Arzt und Patient zu erhalten.

Der Verkehr ist ein weiterer Bereich, der durch KI-gestützte Fortschritte revolutioniert werden könnte. Selbstfahrende Autos haben bereits große Fortschritte gemacht, und mit der Weiterentwicklung der Technologie könnten unsere Straßen sicherer und effizienter werden. Mit KI am Steuer können Fahrzeuge miteinander kommunizieren, auf veränderte Straßenbedingungen reagieren und menschliche Fehler minimieren. Dies könnte zu weniger Verkehrsstaus, weniger Kohlendioxidemissionen und einer besseren Zugänglichkeit für Menschen führen, die nicht selbst fahren können. Dennoch müssen wir Bedenken hinsichtlich der Cybersicherheit und der möglichen Verdrängung von Arbeitsplätzen in der Transportbranche ausräumen.

Jenseits dieser Möglichkeiten zeichnet sich am Horizont das Konzept der Singularität ab. Singularität bezeichnet das hypothetische Ereignis, bei dem die KI die menschliche Intelligenz übertrifft, was zu einem Moment exponentiellen Wachstums und unvorhersehbarer Konsequenzen führt. Einige Futuristen stellen sich diese Singularität als eine utopische Ära vor, in der KI uns mit transformativen Durchbrüchen verblüfft, während andere vor apokalyptischen Szenarien warnen, in denen Maschinen ihre menschlichen Schöpfer überwältigen.

In Anbetracht des potenziellen Ausmaßes der Singularität ist es unerlässlich, über die ethischen Auswirkungen der KI-Entwicklung nachzudenken. Wer trägt die Verantwortung für die Handlungen der autonomen KI-Agenten? Welche Sicherheitsvorkehrungen müssen getroffen werden, um sicherzustellen, dass die Ziele der KI mit den menschlichen Werten übereinstimmen? Dies sind Fragen, die einer sorgfältigen Prüfung bedürfen, um zu verhindern, dass potenzielle Fallstricke die Wunder überschatten, die KI hervorbringen kann.

Bei der Erkundung dieser spannenden Möglichkeiten und potenziellen Herausforderungen darf die verantwortungsvolle KI-Entwicklung nicht vergessen werden. Die Sicherstellung von ethischen Standards, Transparenz und Verantwortlichkeit muss ein integraler Bestandteil der Reise in eine KI-gesteuerte Zukunft sein. Diese Verantwortung liegt nicht nur bei Forschern und Entwicklern, sondern auch bei politischen Entscheidungsträgern, Organisationen und der Gesellschaft als Ganzes.

In der zweiten Hälfte dieses Kapitels werden wir uns eingehender mit den Feinheiten der Zukunft der KI befassen. Wir werden die Überschneidung von KI mit menschlichen Emotionen, die Auswirkungen auf die Beschäftigung und die sich daraus ergebenden ethischen Dilemmata diskutieren. Freuen Sie sich auf eine fesselnde Erkundung der vielfältigen Dimensionen der Zukunft. Bleiben Sie dran, um einen tieferen Einblick in die potenziellen Risiken und Vorteile zu erhalten, die uns in der sich ständig weiterentwickelnden Welt der künstlichen Intelligenz erwarten.

Die Überschneidung von künstlicher Intelligenz und menschlichen Emotionen ist ein faszinierendes und komplexes Gebiet, das es zu erforschen gilt. Da die künstliche Intelligenz immer weiter fortschreitet, eröffnet das Potenzial von Maschinen, menschliche Emotionen zu verstehen und darauf zu reagieren, eine neue Welt der Möglichkeiten.

Stellen Sie sich eine Zukunft vor, in der KI-gestützte Systeme unsere Emotionen mit bemerkenswerter Genauigkeit erkennen und interpretieren können. Von der Gesichtserkennungstechnologie bis zu Sensoren, die physiologische Signale überwachen, können diese Systeme Daten sammeln, Muster analysieren und unsere Emotionen in Echtzeit entschlüsseln. Dies hat immense Auswirkungen auf Bereiche wie die psychische Gesundheit, den Kundenservice und sogar die Strafjustiz.

Im Bereich der psychischen Gesundheit hat die KI das Potenzial, die Diagnose und Behandlung zu revolutionieren. Durch die Analyse von Sprachmustern, Gesichtsausdrücken und physiologischen Indikatoren einer Person können KI-Algorithmen Anzeichen für psychische Erkrankungen erkennen und den Fachkräften im Gesundheitswesen wertvolle Erkenntnisse liefern. Diese Technologie könnte die Früherkennung erheblich verbessern und ein rechtzeitiges Eingreifen sowie personalisierte Behandlungspläne ermöglichen.

Im Kundenservice können KI-gestützte Chatbots, die mit Funktionen zur Erkennung von Emotionen ausgestattet sind, das Nutzererlebnis verbessern. Diese Chatbots können den emotionalen Zustand der Kunden interpretieren und ihre Antworten entsprechend anpassen, um einen einfühlsamen und personalisierten Support zu bieten. Dies verbessert nicht nur die Kundenzufriedenheit, sondern ermöglicht es Unternehmen auch, tiefere Einblicke in die Bedürfnisse und Vorlieben ihrer Kunden zu gewinnen.

Die Integration von KI und menschlichen Emotionen wirft jedoch auch wichtige ethische Überlegungen auf. Bedenken hinsichtlich des Schutzes der Privatsphäre bei der Erhebung und Analyse personenbezogener Daten treten stärker in den Vordergrund. Das richtige Gleichgewicht zwischen personalisierten Diensten und dem Schutz der Privatsphäre des Einzelnen muss gefunden werden. Darüber hinaus müssen in KI-Algorithmen eingebettete Verzerrungen angegangen werden, um eine faire und unparteiische Behandlung zu gewährleisten, insbesondere in sensiblen Bereichen wie der Strafjustiz.

Die Auswirkungen der KI auf die Beschäftigung sind ein weiterer wichtiger Aspekt, den es zu berücksichtigen gilt. Während KI das Potenzial hat, verschiedene Aufgaben zu automatisieren und die Effizienz zu verbessern, wirft sie auch Bedenken hinsichtlich der Verdrängung von Arbeitsplätzen auf. Mit dem Fortschreiten der KI-Technologie könnten bestimmte Funktionen obsolet werden, was zu Arbeitslosigkeit und wirtschaftlicher Ungleichheit führen könnte.

Die Geschichte hat jedoch gezeigt, dass der technologische Fortschritt oft neue Beschäftigungsmöglichkeiten schafft. Da die KI Routine- und repetitive Aufgaben übernimmt, können sich Menschen auf kreativere und komplexere Aufgaben konzentrieren. Der Schlüssel liegt in der Umschulung und Höherqualifizierung der Arbeitskräfte, um sich an diese Veränderungen anzupassen. Durch Investitionen in Schulungsprogramme und die Förderung einer Kultur des lebenslangen Lernens können wir Menschen mit den Fähigkeiten ausstatten, die sie brauchen, um in einer KI-gesteuerten Zukunft erfolgreich zu sein.

Mit der zunehmenden Integration von KI in unser Leben tauchen immer mehr ethische Dilemmata auf. Das Konzept der KI-Ethik beinhaltet die Klärung von Fragen der Verantwortung, Rechenschaftspflicht und Transparenz. Wer sollte für die Handlungen von KI-Systemen verantwortlich gemacht werden? Wie können wir sicherstellen, dass Vorurteile und Ungerechtigkeiten nicht durch KI-Algorithmen aufrechterhalten werden? Dies sind wichtige Diskussionen, die geführt werden müssen, um unbeabsichtigte Schäden zu vermeiden und den ethischen Einsatz von KI-Technologien zu gewährleisten.

Die Verantwortung für die Entwicklung und Regulierung von KI liegt nicht allein auf den Schultern von Forschern und Entwicklern. Politische Entscheidungsträger, Organisationen und die Gesellschaft als Ganzes müssen aktiv an der Gestaltung ethischer Rahmenbedingungen für KI mitwirken. Zusammenarbeit und ein offener Dialog zwischen den verschiedenen Interessengruppen sind von entscheidender Bedeutung, um ein Gleichgewicht zwischen Innovation und dem Schutz von Menschenrechten und Werten herzustellen.

Am Ende dieses Kapitels wird deutlich, dass die Zukunft der KI spannend und herausfordernd zugleich ist. Die Möglichkeiten sind enorm, und das Potenzial, unsere Gesellschaft zum Besseren zu verändern, ist immens. Es ist jedoch unerlässlich, dass wir uns der Zukunft mit Vorsicht nähern, stets die ethischen Implikationen berücksichtigen und auf eine verantwortungsvolle KI-Entwicklung hinarbeiten.

In der sich ständig weiterentwickelnden Welt der künstlichen Intelligenz gibt es viel zu entdecken, und die Reise ist noch lange nicht zu Ende. Das Bestreben, das volle Potenzial der

KI auszuschöpfen und sich gleichzeitig vor ihren Risiken und Fallstricken zu schützen, erfordert ständige Wachsamkeit, Zusammenarbeit und wohlüberlegte Überlegungen. Lassen Sie uns auf diesem Weg die Chancen nutzen, die vor uns liegen, und gleichzeitig sicherstellen, dass die Vorteile der KI für alle zugänglich sind.

ÜBER DEN AUTOR

Mark Spencer ist eine renommierte Persönlichkeit an der Schnittstelle von künstlicher Intelligenz und kognitiver Psychologie. Mit einem Hintergrund in Informatik und einem tiefen Interesse an menschlicher Psychologie hat Mark Spencer mehr als zwei Jahrzehnte der Erforschung gewidmet, wie künstliche Gehirne die menschlichen intellektuellen Fähigkeiten simulieren und erweitern. Seine Arbeit wird für ihre aufschlussreichen Verbindungen zwischen Technologie und menschlichem Verhalten gefeiert.

Gegenwärtig ist Mark an der Spitze der KI-Forschung und -Entwicklung tätig, wo er Projekte leitet, die die Grenzen des maschinellen Lernens und seiner Anwendungen zum Verständnis menschlichen Verhaltens erweitern. Seine Veröffentlichungen, zu denen eine Reihe einflussreicher Papiere und Präsentationen auf internationalen Konferenzen gehören, haben eine treue Fangemeinde unter Akademikern und Branchenexperten gleichermaßen gewonnen.

"Artificial Minds" ist der Höhepunkt von Marks jahrelanger

Forschung und Kontemplation. Es ist nicht nur eine Reflexion seiner beruflichen Reise, sondern auch ein zugänglicher Leitfaden, der den Leser dazu einlädt, sich kritisch mit der Technologie auseinanderzusetzen, die unsere Welt zunehmend prägt.

www.ingramcontent.com/pod-product-compliance
Lightning Source LLC
Chambersburg PA
CBHW050046230526
45470CB00004B/1420